Neues Bauen Neues Leben

Die 20er Jahre in Magdeburg

Neues Bauen Neues Leben

Die 20er Jahre in Magdeburg

Neues Bauen Neues Leben

Die 20er Jahre in Magdeburg

Christian Antz, Christian Gries,
Ute Maasberg, Regina Prinz (Hrsg.)

DEUTSCHER KUNSTVERLAG

Herausgeber
Christian Antz, Christian Gries,
Ute Maasberg und Regina Prinz

Redaktion
Christan Gries, Ulrich Kirstein,
Ute Maasberg, Regina Prinz

Idee und Konzeption
Ute Maasberg, Regina Prinz

Trägerschaft
Vierung Kunstverein Magdeburg

Lektorat
Elisabeth Roosens, Rüdiger Kern,
Anje-Fee Köllermann

Grafische Gestaltung
Frank + Schmidt,
Grafische Gestaltung GbR
Aktualisierung: Edgar Endl

Satz und Druck
Grafisches Centrum Cuno, Calbe

Bibliografische Information der Deutschen
Nationalbibliothek
Die Deutsche Nationalbibliothek verzeichnet
diese Publikation in der Deutschen
Nationalbibliografie; detaillierte bibliografische
Daten sind im Internet über http://dnb.dnb.de
abrufbar.

© 2018 Deutscher Kunstverlag GmbH
Berlin München
Paul-Lincke-Ufer 34
10999 Berlin

ISBN 978-3-422-92628-8

www.deutscherkunstverlag.de

Das Buch erschien 2000 begleitend
zur Ausstellung des Vierung
Kunstvereins Magdeburg e.V.
im MDR-Landesfunkhaus
Sachsen-Anhalt

Die Publikation und die Ausstellung im
Jahr 2000 wurde von folgenden Institutionen
gefördert:

Ostdeutsche Sparkassenstiftung
im Land Sachsen-Anhalt mit
der Stadtsparkasse Magdeburg

Lotto-Toto GmbH
im Land Sachsen-Anhalt

MDR Landesfunkhaus
Sachsen-Anhalt

Landeshauptstadt Magdeburg

Land Sachsen-Anhalt

Die Neuauflage der Publikation 2018
wurde ermöglicht durch die Unterstützung
der WOBAU Magdeburg

Inhalt

5

Xanti Schawinsky, Detailstudie

Vorwort

Ute Maasberg und Regina Prinz

Magdeburg, die »Stadt des Neuen Bauwillens«, wem ist das heute noch geläufig? Dass Magdeburg in den 1920er Jahren mit qualitätvoller Architektur, mit einem modernen Städte- und Siedlungsbau Vorbild war für zahlreiche Städte in Deutschland und Europa, ist nach den vielen politischen und gesellschaftlichen Brüchen in der Zeit nach 1933 fast vergessen. Dabei haben sich die steinernen Zeugen des Magdeburger Aufbruchs in die Moderne, die Hermann-Beims-Siedlung, die Gartenstadtsiedlung Reform, die Wohnsiedlungen in Cracau, in der Neustadt, in Sudenburg und Diesdorf, die AOK und die Stadthalle erhalten. Sie sind allen Magdeburgern bekannt. Noch heute prägen die Architekturen der 1920er Jahre unübersehbar das Gesicht der Stadt. Doch verblasst sind die Hintergründe, die kulturelle Vielfalt und die Geschichten über die Menschen, die diese Architektur schufen, die in ihr lebten und fest überzeugt waren von dem Beginn einer neuen Zeit. Ihre Vision war, dass Wohnen bezahlbar sein sollte – für alle. Nie mehr sollte ein angenehmer Ort zum Leben Luxus sein, sondern selbstverständlicher Alltag.

Es war nicht nur das Team um den Stadtbaurat Bruno Taut mit Carl Krayl, Konrad Rühl, Johannes Göderitz, Gerhard Gauger und Willy Zabel, das die baulichen Voraussetzungen dafür schuf und das Neue Bauen in Magdeburg etablierte. Dieser neuen Baugesinnung standen als Förderer und Bauherren ein perfekt vernetztes Genossenschaftswesen um Willi Plumbohm und ein politisch überaus geschickt agierender Oberbürgermeister, der Sozialdemokrat Hermann Beims, zur Seite. Seine von Weitsichtigkeit geprägten Entscheidungen führten eine operativ wirksame und gemeinschaftlich agierende Gruppe von Persönlichkeiten aus den Bereichen Kunst, Kultur, Architektur, Wissenschaft und Wirtschaft zusammen, deren gemeinsames ausgemachtes Ziel es war, Magdeburg in eine moderne Großstadt zu verwandeln. Künstler wie Walter Dexel, Johannes Molzahn und Xanti

Schawinsky prägten mit ihrer Werbegrafik, mit Fotografie und Design das erfrischende Bild von einer jungen Stadt, die sich der Welt öffnete wie in der Internationalen Theaterausstellung von 1927.

Bildung für alle möglich zu machen und das Gesundheitswesen zu verbessern, waren erklärte Ziele der jungen Weimarer Republik. In Magdeburg wurden in den 1920er Jahren zukunftweisende Ideen für die Gesundheitsversorgung entwickelt. Neue Impulse für eine pädagogische Schulreform nach Berthold Otto fanden in Magdeburg ihren Ursprung. Auch politische Ereignisse wie die in der Elbestadt gegründete Schutztruppe der Weimarer Republik, das »Reichsbanner Schwarz-Rot-Gold« sind Entwicklungen, die Magdeburg eng mit der deutschen Geschichte verbinden und ihre Bedeutung und Wirksamkeit unterstreichen.

Trotzdem sind die facettenreichen kulturellen und politischen Leistungen dieser Stadt in den 1920er Jahren heute nicht mehr so präsent. Obwohl Magdeburg den Aufbruch in die Neue Zeit sehr stringent und bewusst als gemeinschaftliche Aufgabe unternommen hatte. Ziel war es, das Image einer konturlosen Industrie- und Garnisonsstadt abzuschütteln und den Status einer Hauptstadt für ganz Mitteldeutschland zu erreichen. Der Wille zur Erneuerung und Modernisierung war das zentrale Handlungsmotiv von Politikern und Künstlern, es veränderte aber auch die Einstellung der Bürger zu ihrer Stadt. Dennoch konnte diese kurze künstlerische und politische Aufbruchsstimmung der Magdeburger eine Demontage der Moderne nicht verhindern. Magdeburg war trotz aller Versuche eine »Rote Stadt im Roten Land« zu symbolisieren auch der Gründungsort des »Stahlhelm, Bund der Frontsoldaten«, der 1931 in der NSDAP aufging.

Von den nicht immer konfliktfreien Auseinandersetzungen um die Moderne und von der Suche nach dem

Neuen berichtet dieses Buch, das nach 18 Jahren eine Neuauflage erfährt. Noch immer haben diese Forschungsergebnisse zur Stadtgeschichte nichts von ihrer Aktualität und Brisanz eingebüßt. Gerade in den letzten Jahren erleben wir, dass die Demokratie uns viel zu selbstverständlich erscheint und wir uns gar nicht mehr bewusst sind, welche Errungenschaft sie bedeutet und wie fragil sie ist. Um so wichtiger ist es, an bestimmte Dinge und Ereignisse, biografische Verflechtungen und kulturelle, gesellschaftliche und politische Errungenschaften zu erinnern, die so nicht im Gedächtnis verankert sind.

Die Modernität und die kulturelle Vielfalt der 1920er Jahre erfährt gerade in diesem Jahr in der Vorbereitung zum 100-jährigen Jubiläum des Bauhauses eine große Aufmerksamkeit. In diesem Kontext an das erfolgreiche demokratische Experiment in Magdeburg zu erinnern, gibt auch eine Orientierung für die zukünftige Entwicklung Magdeburgs. Die Bewerbung zur Europäischen Kulturhauptstadt 2025 birgt die Chance, die Vitalität einer stadtgesellschaftlichen Gemeinschaft zu beleben und sich mit den Visionen und Strategien der Akteure in der Blütezeit dieser Stadt zu beschäftigen.

Für die Neuauflage »Neues Bauen Neues Leben. Die 20er Jahre in Magdeburg« danken wir der finanziellen Unterstützung der kommunalen Wohnungsbaugesellschaft der Landeshauptstadt Wobau. Durch das Engagement von Christian Antz ist es auf diesem Wege möglich geworden, dieses Buch, das schon lange vergriffen war, nach vielen Jahren nachzudrucken. Die Texte sind in dieser Neuauflage unberührt geblieben und folgen deshalb noch der alten Rechtschreibung, das Literaturverzeichnis hat eine Aktualisierung erfahren. Wir danken dem Deutschen Kunstverlag und dem Grafischen Centrum Cuno für die »Rettung« der Daten in die Jetztzeit und die Überarbeitung im neuen System. Unseren Autoren danken wir für ihre Zustimmung zum Neudruck. Besonders möchten wir dabei an den Magdeburger Historiker Manfred Wille erinnern, der sich um die Stadtgeschichte sehr verdient gemacht hat und diese Neuauflage leider nicht mehr erleben kann. Dem Stadtarchiv Magdeburg danken wir erneut für die große Unterstützung mit dem hervorragenden historischen Bildmaterial.

Zu großem Dank sind wir dem Magdeburger Bruno Krayl, Sohn des Architekten Carl Krayl, verpflichtet. Bruno Krayl hat die gesellschaftlichen, politischen, städtebaulichen und architekturgeschichtlichen Zäsuren, die Magdeburg seit 1933 erlebt hat, miterlebt. Bis heute erhebt er seine Stimme, erinnert an die Vordenker und Protagonisten des Neuen Bauens in Magdeburg und streitet für Baukultur in der Landeshauptstadt. Er hat uns durch viele gemeinsame Gespräche bei der Vorbereitung des Buches und auch bei der Neuauflage unterstützt, begleitet und beraten. Ihm möchten wir dieses Buch widmen.

Geleitwort
Magdeburger Moderne
Aufbruch zu Neuem Bauen und Neuem Leben in den 20er Jahren des 20. und 21. Jahrhunderts

Die Welt feiert das 100-jährige Gründungsjubiläum des Bauhauses im Jahr 2019. Und sie schaut auf den von Walter Gropius in Dessau errichteten Gebäudekomplex, der seit 1996 zum UNESCO Welterbe der Menschheit gehört. Von Weimar über Dessau nach Berlin hat diese Denkschmiede während ihres Bestehens 1919 bis 1933 und in der Nachkriegsära die Menschen bis heute weltweit und nachhaltig geprägt. An den drei Schulstandorten werden 2017 bis 2022 neue Museumsbauten zur Geschichte des Bauhauses errichtet. Unter dem Leitmotiv »Experimentierfeld und Ideenschule« verbinden sich parallel elf Bundesländer zu einer »Grand Tour der Moderne« und laden Bewohner wie Besucher in 100 Stätten der Moderne in Deutschland ein.

Auch das Land Sachsen-Anhalt präsentiert dabei 90 Orte der klassischen Moderne unter dem Motto »Modern Denken« und die Landeshauptstadt Magdeburg 31 Objekte unter dem Slogan »Magdeburger Moderne«. Magdeburg wird neben der Präsentation der »Originale«, wie Sachsen-Anhalt und Deutschland auch, im Jahr 2019 ein wahres Feuerwerk von Veranstaltungen bieten, die bewusst machen werden, wie es in den 1920er Jahren zu einer derart breiten Aufbruchsbewegung gekommen ist, die die Welt bis heute geprägt hat.

Magdeburg spielte dabei eine zentrale und eigene Rolle, die heute im Vergleich zu Städten wie Berlin und Stuttgart, Hamburg und Frankfurt a. M. noch nicht im Kanon der Moderne verankert scheint. In der Zeit der Weimarer Republik hat sich Magdeburg jedoch ganz bewusst auf die Suche nach dem Neuen gemacht. In der Ära der beiden Oberbürgermeister Hermann Beims und Ernst Reuter wurden 1919 bis 1933 in allen gesellschaftlich relevanten Bereichen zukunftsweisende Ideen entwickelt und auch umgesetzt. Magdeburg als geplante Hauptstadt Mitteldeutschlands war keine Utopie, sondern ein zähes und kontinuierliches Arbeiten an innovativen Ideen, ob in der Regionalplanung, im Wohnungsbau, im Gesundheitswesen, in der Bildung oder im Sport.

Die wachsende und aufstrebende Industriestadt Magdeburg zwischen Hannover und Berlin hatte internationalen Weitblick, band querdenkende Experten aus ganz Deutschland, hatte Mut zu strategischen und auch unbequemen Entscheidungen und streifte so das Image einer preußischen Provinzstadt ab. Gerade als »Stadt des Neuen Bauwillens« wurde Magdeburg national bekannt. Dazu gehörten neben dem ersten Hochhaus Mitteldeutschlands und dem Ausstellungsgelände im Rotehorn vor allem die großzügigen und beispielgebenden Arbeitersiedlungen, die nach dem Generalsiedlungsplan von Bruno Taut um die Altstadt herum errichtet wurden.

Auch die Planung der im Wesentlichen 1925 bis 1929 erbauten und seit 1931 so genannten Hermann-Beims-Siedlung mit ihren über 2000 Wohnungen wurde vom Stadterweiterungsamt unter Leitung von Johannes Göderitz umgesetzt. Das erhaltene monumentale Ensemble ruht mit seinen abgeschlossenen Straßenräumen und den nach und nach wiederhergestellten Grünflächen in sich. Parallel wurden und werden die dreigeschossigen Wohnbauten energetisch saniert, Grundrisse den heutigen Anforderungen angepasst. Die Fassaden erhalten ihre leuchtende Farbigkeit zurück und die Wege ihre historischen Beims-Bänke und Laternen. So wird auch diese Inkunabel des Neuen Bauens 2025 ihr 100-jähriges Jubiläum international feiern können. Und schon jetzt kann der Wohnkomfort und die kräftige Farbpalette der 1920er Jahre in einer Museumswohnung bestaunt werden.

Die Wohnungsbaugesellschaft Magdeburg (Wobau) als Eigentümer der Beims-Siedlung ist sich der Signalwirkung bei der Sanierung eines der größten Flächendenkmale Deutschlands bewusst. Mit ihren über 19.000

Wohnungen und damit ungefähr 50.000 Mietern übernimmt die Wobau Verantwortung für die denkmalgerechte Sanierung und zukunftsweisende Nutzung der Beims-Siedlung oder der Reichsbank neben dem Dom aus den 1920er Jahren. Aber die Wobau greift auch die Herausforderungen des 21. Jahrhunderts auf und versucht wie damals innovative Maßstäbe in Stadtentwicklung und Urbanität Magdeburgs umzusetzen.

Während die Altstadt Magdeburgs noch 1945 planmäßig zerstört wurde, haben die vielen Bauten der Moderne den Stürmen der Bombenangriffe widerstanden und laden Bewohner und Besucher zum neuerlichen Staunen ein. Aber sie spornen auch an, die wieder aufstrebende Landeshauptstadt Magdeburg zu zukunftsweisenden Ufern zu führen. Die Reformen der 1920er Jahre geben uns einen Leitfaden, dass Mittelmaß Magdeburg nicht im Wettbewerb der deutschen Städte gewinnen lässt. Die Entscheidungen in einer wirtschaftlich und gesellschaftlich schwierigen Zeit machen Mut,

unter besseren Rahmenbedingungen nachhaltige Strategien für das 21. Jahrhundert umzusetzen. Bauten und Veranstaltungen in der Reformstadt der Moderne können den Magdeburgern eine Schubkraft verleihen, die gesellschaftlichen, kulturellen und urbanen Anforderungen zur Bewerbung Magdeburgs als Kulturhauptstadt 2025 zu meistern.

Klaus Zimmermann
Aufsichtsratsvorsitzender der Wohnungsbaugesellschaft Magdeburg
Bürgermeister und Beigeordneter der Landeshauptstadt Magdeburg

Peter Lackner
Geschäftsführer der Wohnungsbaugesellschaft Magdeburg
Vorsitzender des Stadtmarketingvereins Pro Magdeburg

»Von Magdeburg nimmt Frühlicht seinen Lauf«
Mitteldeutschland in den 20er Jahren des 20. Jahrhunderts

Christian Antz

Magdeburg als Zentrum gesellschaftlicher und kultureller Reform in Deutschland zu bezeichnen, würde dem Beobachter des Jahres 2000 vielleicht schwerlich über die Lippen kommen. In den 20er Jahren des 20. Jahrhunderts wurde in dieser Stadt jedoch Zukunft gestaltet. Die zwölfjährige Amtszeit des Oberbürgermeisters Hermann Beims (1919 – 1931) bildet nicht nur den Rahmen dieser Reformzeit, Beims verstand es, visionäres Denken und Realpolitik in kongenialer Weise zu verknüpfen. Die Unsicherheit der Weimarer Republik, politische Instabilität und wirtschaftliche Depression war für die Entwicklung der Stadt an der Elbe nicht unbedingt die beste Voraussetzung. Die spezifischen Probleme der auf ungefähr 300.000 Einwohner in der Gründerzeit herangewachsenen Großstadt (eine der zwanzig größten Städte Deutschlands) mit einer anfälligen monostrukturierten Großindustrie (Schwermetall-, Maschinen- und Anlagenbau) erforderten praktische Lösungen. Trotzdem sind die Entscheidungen von Beims angesichts der schwierigen Tagesprobleme von strategischer Weitsicht geprägt. Drei Beispiele mögen dies verdeutlichen: Inmitten der Wirtschaftskrise setzt er alle Kraft auf die Entwicklung der zukunftsweisenden außerstädtischen Großprojekte des Mittellandkanals, des Kanalhafens und des Industriereviers Rothensee. Damit einhergehend werden ab 1921 die Stadt und das Umland gleichermaßen betreffende Planungen eines »Groß-Magdeburg« vorangetrieben (Generalsiedlungs-, Bodenverteilungs-, Flächennutzungsplan). Mit dem Aufwerfen der »Mitteldeutschlandfrage« stellt Beims diese Vorstellungen 1926 in einen noch größeren Zusammenhang. Die Landschaft zwischen Braunschweig und Leipzig sollte territorial neu gegliedert und unter dem Gesichtspunkt der Verkehrs-, Wirtschafts- und politischen Geographie Magdeburg die Rolle der »Hauptstadt Mitteldeutschlands« (1927) zugestanden werden.

Gleichzeitig wird Magdeburg zum gesamtdeutschen Bollwerk der sich nur langsam entwickelnden Demokratie der Weimarer Republik. Mit der 1924 unter dem Oberpräsidenten der Provinz Sachsen, Otto Hörsing, in Magdeburg gegründeten Republikschutzwehr »Reichsbanner Schwarz Rot Gold« entsteht der größte Bekenntnisverbund zur ersten deutschen Demokratie, der 1925 bei seiner Bundesgründungsfeier in Magdeburg bereits 2,75 Millionen Mitglieder zählt. Ironie der Geschichte ist es aber auch, daß in der gleichen Stadt bereits 1918 die größte konservativ-kaiserliche Gegenbewegung entsteht. Der »Stahlhelm. Bund der Frontsoldaten« wird von dem Magdeburger Fabrikbesitzer und Hauptmann der Reserve Franz Seldte ins Leben gerufen, der als Bundesführer auch die Reichsgründungsfeier 1922 in Magdeburg ausrichtet. Mit beiden paramilitärischen Organisationen stehen sich in Magdeburg die größten politischen Antipoden der Weimarer Republik gegenüber.

Trotz dieser von Magdeburg ausgehenden deutschlandweiten politischen Entwicklungen versteht es Beims, in Magistrat und Stadtrat sozialdemokratische, liberale und konservative Kräfte von seinen Reformgedanken zu überzeugen. Unter seiner Ägide entwickelt sich in Magdeburg die »Moderne« auf dem Boden von Kreativität, Kompetenz und Reformgeist. Verbunden mit Namen wie Bruno Taut, Johannes Göderitz, Carl Krayl, Konrad Rühl, Xanti Schawinsky, Johannes Molzahn, Wilhelm Deffke, Hans Löscher und Paul Konitzer wird Magdeburg zur Stadt des »Neuen Bauens«, des »Neuen Gestaltens«, des »Neuen Lernens« und des »Neuen Gesundheitswesens«. In den 20er Jahren findet sich in kaum einer deutschen Stadt soviel Reformwille wie in Magdeburg.

Auf der Grundlage des Generalsiedlungsplanes beginnt 1921 die großräumige städtebauliche Erneuerung des modernen Gemeinwesens Magdeburg. Trotz des engen

Finanzrahmens werden vor allem im Bereich des Arbeiterwohnungsbaus durch Taut, Krayl, Rühl und Göderitz deutschlandweite Maßstäbe gesetzt, die einen Ausgleich zwischen Ökonomie und Ökologie finden und damit Magdeburg von der Industrie- zur Gartenstadt wandeln. Die »große Architektur für kleine Leute« ist jedoch nur auf der Grundlage des Baustils der »Neuen Sachlichkeit« mit seinen klaren kubischen und reproduzierbaren Formen zu finanzieren. Der mit Baugenossenschaften umgesetzte soziale Wohnungsbau ist aber nicht nur günstig zu erstellen und bedingt dadurch niedrige Mieten, er schafft auch menschenwürdige, insbesondere hygienisch fortschrittliche Lebensverhältnisse. Im »Wohnstil der Arbeiter« werden zwischen 1919 und 1932 in den neuen Siedlungen Magdeburgs 12.000 Wohnungen errichtet, die der Forderung nach Licht, Luft und Sonne in vollem Umfange genügen. Neben der Hinwendung des Wohnungsbaus zu klaren Formen setzt Taut die reine Farbe. Mit seiner Aktion »Buntes Magdeburg« will er die graue Kaiser-, Kriegs- und Nachkriegszeit von den Fassaden der Häuser und aus den Köpfen der Menschen vertreiben. Am deutlichsten läßt sich der Ausfluß des Magdeburger Reformwillens an den großflächigen Wohnsiedlungen noch heute ablesen, so daß Göderitz Magdeburg zurecht als Zentrum des »Neuen Bauwillens« (1927) bezeichnet hat.

Auch der neue Gestaltungswille Magdeburgs im Graphik-, Gewerbe- und Ausstellungsdesign ist von der Klarheit der Form und der Reinheit der Farbe sowie vom Ausgleich ökonomischer und kultureller Interessen bestimmt. Die mit graphischen und photographischen Medien gleichermaßen modern arbeitenden Werbegraphiker Schawinsky und Molzahn gestalten eine Wirtschaftsbroschüre »Hafen« ebenso wie die Theaterzeitschrift »Stichwort«. Sie vereinheitlichen in Zusammenarbeit mit der Kunstgewerbeschule und den Stadtbauämtern das äußere Erscheinungsbild Magdeburgs von Normaluhren, Straßenschildern, Kaugummiautomaten, Lichtsäulen bis hin zur Stadtreklame. Mit der Gründung der Mitteldeutschen Reklamegesellschaft MIRG (1926) wird versucht, Außenreklame und Graphikdesign auch über die Stadtgrenzen hinaus zu bündeln. Die Kultur der »Neuen Sachlichkeit« macht sich auch auf dem scheinbar nur ökonomisch geprägten Ausstellungswesen Magdeburgs breit. Durch den Unternehmer Carl Miller und den Gestalter Wilhelm Deffke wird die Rotehorninsel in Magdeburg zu einer der ersten Adressen im deutschen Messewesen. Zu den Höhepunkten zählen die Mitteldeutsche Ausstellung Magdeburg MIAMA (1922), die Ausstellung »Der Zucker« (1925), die Mitteldeutsche Handwerksausstellung und der Bau der neuen Stadthalle (1926) von Göderitz. Als geistig-kultureller Höhepunkt der Weimarer Zeit in Magdeburg kann die Deutsche Theaterausstellung (1927) zählen, bei der mit 100.000 Übernachtungen auch ein wirtschaftlicher Erfolg für die Elbestadt zu verzeichnen war. Überhaupt dürfen die städtebaulichen und stadtgestalterischen Modernisierungen, das Gesamtkunstwerk Magdeburg aus wirtschaftlicher und touristischer Sicht damals wie heute nicht unterschätzt werden.

Dem modernen komplexen Gestaltungsbegriff, der einerseits alle Lebensbereiche umfaßt und andererseits die künstlerischen Gattungsgrenzen von Malerei, Architektur, Plastik sowie den neuen Medien Photographie, Gebrauchsgraphik und Design aufhebt, ist auch das »Neue Lernen« in Magdeburg verpflichtet. Dies betrifft zum einen die Reformschulbewegung, die mit der Vision vom »Neuen Menschen« in einer »Neuen Gesellschaft« den Unterricht »vom Kinde aus« aufbaut. Gegen den Drill und die fehlende Kindgemäßheit setzt der Stadtschulrat Löscher trotz heftiger Widerstände die Magdeburger Reformpädagogik. Dazu gehören die alle sozialen Schichten betreffende Einführung von Einheitsschulen (Grundschulen) (1920) und Versuchsschulen (Kreatives

Lernen) (1922), das Institut für Jugendkunde (Lehrerfortbildung) (1922), die Anlage von Landschulheimen (Erziehung an und mit der Natur), koedukativer Unterricht (Jungen und Mädchen gemeinsam) (1924) und die Einführung von Sonderklassen für Begabtenförderung (insbesondere für Naturwissenschaften und Sprachen) (1922). Auch hier finden wir wieder die enge und fruchtbare Verbindung zur Architektur. So entstand in Magdeburg der bedeutendste Schulneubau der Weimarer Republik (Wilhelmstadt), der heute noch modern wirkende schulische Funktionalität (wie Stahlrohrmöbel) und erlebnisorientierte Lernräume (wie Schule ohne Schulbank) präsentiert. Zum anderen macht sich die Lernreform auch in der Magdeburger Kunstgewerbeschule Platz. Parallel zum Dessauer Bauhaus wird sie von Löscher, Taut, Molzahn und Deffke zu einer Hochschule moderner Formgestaltung umorganisiert, die den Nachwuchs im neuen Bauen und neuen Gestalten heranziehen soll. Gerade die Einrichtung von drei neuen Fachbereichen, der Fachschule für Graphik, für Architektur sowie für Bekleidung und Schaufensterdekoration, verdeutlicht den progressiven und wiederum Kultur und Wirtschaft verknüpfenden Ansatz der Magdeburger Reformen.

Wesentlichste Voraussetzung für die freie Entfaltung des »Neuen Menschen« ist jedoch die gesunde neue Stadt. Auch hier übernimmt Magdeburg eine gewisse Vorreiterrolle, die Xanti Schawinsky auf der berühmten Hygiene-Ausstellung 1930 in Dresden gestalterisch in Szene setzt. Unter Stadtmedizinalrat Konitzer werden Schulgesundheitspflege, Mutter-Säuglingsbetreuung, Tuberkulosefürsorge und Gesundheitsaufklärung eingeführt. Die Trinkwasserzufuhr aus der Colbitz-Letzlinger Heide oder die großräumigen Siedlungsbauten haben auch dazu geführt, daß sich die Säuglingssterblichkeit in Magdeburg zwischen 1920 und 1932 halbiert hat. Dabei muß auch auf den deutschlandweit beachteten Klinikausbau in Sudenburg (Frauenklinik, Chirurgischer Pavillon, Hautklinik) durch Göderitz hingewiesen werden. Diese Ausstrahlung hat sich bis heute die bereits 1919 in Magdeburg gegründete »Arbeiterwohlfahrt« im Bereich der Wohlfahrtspflege erhalten.

Am Ende seiner Zeit als Bürgermeister von Magdeburg hat Beims eine Bestandsaufnahme zur modernen Entwicklung seiner Stadt in der Weimarer Republik ziehen können. Auf dem Reichsparteitag der SPD in Magdeburg 1929 unter dem Motto »Die Rote Stadt im Roten Land« werden in der Broschüre »Zehn Jahre Neues Magdeburg« die Errungenschaften im Bauen, Gestalten, Lernen und Gesunden der Stadt herausgestellt. Einerseits neigt diese Darstellung zur Idealisierung als »Musterstadt«, andererseits stand Magdeburg nun einmal in den 20er Jahren im Zentrum gesamtdeutscher politischer und kultureller Entwicklung. Dieses Orientieren auf hohem Niveau hat jedoch in der Bevölkerung der Stadt bereits damals keine bleibende Identität hervorgebracht, weshalb Taut von Magdeburg nicht nur als »Frühlicht«, sondern in kulturellen Dingen auch von einer »von Gott verlassenen« Stadt spricht. Trotzdem bleibt die damalige Entwicklung Magdeburgs, in der Modernität als Mittel zum Zweck und nicht zum Selbstzweck, zur Gestaltung des alltäglichen Lebens genutzt wurde, Vorbild für das 21. Jahrhundert.

Xanti Schawinsky, Straßenkreuzung von oben

Die neue Zeit, der neue Mensch und die neue Kultur

Zur Geistes- und Kulturgeschichte der Weimarer Republik

Bernd Wedemeyer

1928 erschien in Stuttgart der großformatige umfangreiche Band »Geist der Gegenwart. Formen, Kräfte und Werte einer neuen deutschen Kultur«. Sein Herausgeber Dr. Erasmus – schon das Pseudonym deutet geschickt auf die humanistischen Tendenzen hin – beabsichtigte mit der Veröffentlichung nicht einfach nur einen »Überblick über die Bildungskräfte und Kulturwerte unserer Zeit« zu geben, sondern plante nichts geringeres, als für »jeden, der nicht blind und stumpf durch diese bewegten Zeiten« hindurchgeht, den »Sinn der heutigen Zeit und das Wesen der großen Bewegungen auf allen Lebensgebieten der Technik und Industrie, der Kunst und Weltanschauung, der Körper- und Geisteskultur« sichtbar zu machen, mit einem Wort: »die Gegenwart zu verstehen«. Wenn auch ein derartig überambitioniertes Projekt kaum Anspruch auf eine repräsentative Umsetzung gehabt haben dürfte, so hatte es Erasmus doch verstanden, als Mitarbeiter »Männer« zu gewinnen, die »jeder auf seinem Gebiet Wesentliches zu sagen« hatten und »in der Gesamtbewegung des neuen deutschen Geisteslebens« verankert waren. So schrieb der bekannte Reformpädagoge Professor Wilhelm Flitner (1889 – 1990) über »neue Wege der Erziehung und Volksbildung«, der Leiter des einflußreichen Gymnastik-Bundes und Berliner Oberschulrat Franz Hilker äußerte sich über die neue »Körperkulturbewegung« und Erich Weniger, der jugendbewegte Assistent des Pädagogikprofessors Herman Nohl (1879–1960), berichtete über die Jugendbewegung. Der noch junge Kulturhistoriker Dr. Wilhelm Lotz beschäftigte sich mit neuen Ansätzen im »Werkbundgedanken«, Günther Freiherr von Pechmann vom Bayerischen Nationalmuseum befaßte sich mit dem »Geist der neuen Baukunst«, der Dresdner Oberregierungsrat und Siedlungsexperte Dr. Max Rusch (geb. 1882) stellte Neues aus dem »Wohnungs- und Siedlungswesen« vor, und der Göttinger Zoologieprofessor Karl Henke (1895 – 1956) verfaßte einen Beitrag über moderne Malerei.[1]

Als letzter steuerte Dr. Erasmus selbst einen umfassenden Grundsatzartikel über die »neue Zeit, de(n) neue(n) Mensch(en) und die neue Kultur« bei. Darin befaßte er sich mit all denjenigen modernen kulturellen Strömungen, die »das Aufkeimen eines Neuen« in sich trugen und zum Ziel hatten, den »neuen Menschen ins Leben (zu) rufen«. Nacheinander handelte Erasmus die neuen technischen Errungenschaften ab, den Modernismus und die Globalisierung der Kultur durch Radio, Kino und Telefon. Er beschrieb die emanzipierte »neue Stellung der Frau« und die neue Kameradschaftlichkeit zwischen den Geschlechtern. Dabei stufte er den neuen Menschen insgesamt als fortschrittsorientiertes, selbständiges und handlungsfähiges Wesen ein, dessen Eigenschaften vor allem in seiner »neuen Sachlichkeit« im Denken und Handeln bestünden. Dieser »neue Sinn für die Lebenswende« zeige sich, so Erasmus, aber auch in seiner »Sehnsucht nach neuer Verbundenheit mit der Natur«, die sich in einer »praktischen Lebensreform« ausdrücke und dessen Merkmale ein neues Körperbewußtsein mit Sport und Körperkultur, das Streben nach Gesundheit durch natürliche Heilfaktoren wie Licht, Luft und Wasser, ausgewogene Ernährung, vernünftige Erholung und angemessene moderne Kleidung seien. Die größte Erkenntnis aber war für Dr. Erasmus, daß der Mensch aufgehört habe, als Typus »etwas Endgültiges« zu sein und ein »unabänderliches Schicksalsfaktum« zu besitzen, sondern mittels der neuen Wissenschaft der »Eugenik« und durch »bewußte Beeinflussung des naturhaft Gegebenen« endlich zu »Höherbildung und Wesensvollendung« gelangen könne. So sei ein neues »lebenstüchtiges Menschengeschlecht« im Entstehen begriffen, das »ernstes Verantwortungsgefühl« und »jubelnde Freude« gleichermaßen miteinander verbinde und den Prototypen des künftigen Menschengeschlechts verkörpere.[2]

Wenn auch diese Studie einer »neuen deutschen Kultur« durch einen Fortschrittsoptimismus gekennzeichnet ist, der sich angesichts der Krisen und Notstände der Weimarer Republik aus der Menge der eher negativen Gesellschaftsanalysen der Zeit abhob – obwohl auf der anderen Seite die Technikbegeisterung immer auch ein Thema der neuen Republik war – so konnten aber doch auch diejenigen Zeitgenossen den typischen Zeitgeist und die Denkklischees dieses Buches entschlüsseln, die der Materie kritisch bis fremd gegenüber standen. Einen Wiedererkennungswert etwa besaß das gängige Repertoire an modernen Themen wie Körper, Kunst und Technik, das auf das typische Bemühen der Zeit hinauslief, aus verschiedenen kulturellen Versatzstücken einen »ganzheitlichen« Lebenszusammenhang zu konstruieren, dessen Phantom immer gerade dann beschworen wird, wenn die nach Identität suchenden Zeitgenossen eine Periode als krisenhaft und zerstückelt erleben.[3] Erkennbar war die spürbare zeitgenössische Tendenz, die Lösung der gesellschaftlichen Probleme und die Suche nach Identität in festgefügte Weltanschauungen zu kanalisieren, die in ihren extremen Weltsichten häufig säkularreligiöse Züge trugen.[4] Entschlüsselbar war der zwiespältige Ansatz, fortschrittliche Elemente wie Modernisierung, Sachlichkeit und Globalisierung mit einem eher rückwärtsgewandten persönlichen Lebensentwurf zu verknüpfen, in dessen Zentrum eine »praktische Lebensreform«, ein industriell geformtes »Zurück zur Natur« stand, das die Zeitgenossen als typisch empfanden und die Ambivalenz ihrer Vision einer künftigen Gesellschaft irgendwo zwischen Industrie und Natur ausdrückte; eine Ambivalenz, die als typische Signatur der Moderne gilt.[5] Und nicht zuletzt tauchten auch in dieser Studie die bekannten Diskussionen, Reizworte, Fragestellungen und Mahnungen des Jahrzehnts nach dem ersten Weltkrieg auf, dessen »Gesicht des Jahrhunderts«, wie der Schriftsteller Frank Thiess (1890–1977) effektvoll bemerkte, die »Zerfallserscheinungen auf allen Lebensgebieten« widerspiegelte und das sich nach Oswald Spengler (1880–1936) unumkehrbar auf dem Weg in den »Untergang des Abendlandes« befand. Und obwohl bekannte Politiker und Schriftsteller dagegen hielten, ein Walther Rathenau (1867–1922) »von kommenden Dingen« schrieb und ein Hermann Graf Keyserling (1880–1946) »die neu entstehende Welt« pries, und sogar die Weimarer Republik mit den Worten Phillip Scheidemanns (1865–1939) damit begonnen habe, daß nun endgültig das »Alte, Morsche […] zusammengebrochen« sei, so waren die meisten Deutschen dennoch zutiefst verunsichert darüber, was anstelle des Alten treten könne und ob die neue Republik für sie nun »Niedergang oder Aufstieg« bedeuten würde. Einig schienen sich die Zeitgenossen lediglich in der Diagnose zu sein, vor »einer schicksalhaften Zeitenwende« zu stehen; eine typische Feststellung, die aber keinerlei Erleichterung, geschweige denn eine wirksame Therapie versprach.[6]

Merkmale der Krise

Daß die erste deutsche Demokratie von Anfang an eine »Republik der Außenseiter« war, wie sich der Historiker Peter Gay ausdrückte, lag unter anderem an den unüberbrückbaren politischen Gegensätzen und an den ideologischen Polarisierungen der Weimarer Kultur, an den politischen und gesellschaftlichen Belastungen des verlorenen Krieges, an den innen- und außenpolitisch begründeten wirtschaftlichen Krisen, die Arbeitslosigkeit, Währungsverfall und sinkende Kaufkraft hervorbrachten und an der starken nationalistischen und antidemokratischen Haltung und obrigkeitsstaatlichen Hörigkeit des Bürgertums. Die Demokratie hatte als Staatsform im Grunde keine echte Chance.[7] Deutlichstes Zeichen dafür waren die Wahlen: 1919 stimmten noch über 80 % der Wähler für die demokratischen Parteien der

Weimarer Koalition, 1933 dagegen nur noch 31 %. Zudem wurde die junge Republik von Beginn an durch zermürbende politische Unruhen und Gewalttaten erschüttert, die von Putschversuchen bis zu Mordtaten reichten und deren Triebfeder vor allem die Kräfte auf der Rechten waren. Die überwiegend völkischen Gegner der Republik konnten sich dabei auf ein starkes antidemokratisches Beamtentum, eine konservative Wirtschaft, einflußreiche antidemokratische Parteien, ein wilhelminisch geprägtes Gerichtswesen, eine monarchisch ausgerichtete Reichswehr und nicht zuletzt auf gut ausgerüstete antibürgerliche Freikorpsabteilungen und paramilitärische Verbände, rechtsradikale Einwohnerwehren, völkische Geheimbünde und eine machtvolle antidemokratische Turnbewegung stützen, die allesamt nichts anderes als den Sturz der Weimarer Demokratie im Sinn hatten.[8] Die Versuche der Sozialdemokraten, mit der 1924 in Magdeburg erfolgten Gründung des »Reichsbanners Schwarz Rot Gold« eine demokratische Wehrorganisation ins Leben zu rufen, stellten – auch aufgrund der Kritik des Reichsbanners am Parteiensystem – keine echte Alternative zu den rechtsradikalen Vereinigungen oder zum ebenfalls 1924 ins Leben gerufenen Roten Frontkämpferbund der KPD dar.[9] Zusätzlich dazu entwickelten sich politische Allianzen zwischen »Links und Rechts«, die sich hauptsächlich aufgrund ihrer gemeinsamen Ablehnung der parlamentarischen Demokratie und des Kapitalismus, ihres Hasses auf die kulturellen Einflüsse Amerikas beziehungsweise der westlichen Welt sowie über ihr Interesse an einer politischen »Ostbindung« zusammenfanden. Derartige Koalitionen weichten die politischen Fraktionen auf und verschärften noch zusätzlich die antidemokratische Stimmung. Diese »linken Leute von Rechts« – Nationalbolschewisten und Nationalrevolutionäre – bedeuteten vor allem gegen Ende der Weimarer Republik einen nicht zu unterschätzenden politischen und auch kulturellen Faktor, vor allem da einflußreiche Schriftsteller

wie Ernst Jünger (1895 – 1997) oder Ernst von Salomon (1902 – 1972), der schon in das Rathenau-Attentat verwickelt gewesen war, mit derartigen Gruppen sympathisierten.[10]

Wenn festgefügte Ordnungen fallen und bislang gültige soziale, traditionelle und religiöse Kategorien außer Kraft gesetzt werden, wenn politische und gesellschaftliche Orientierungen kaum möglich sind und die Gesellschaft sich wirtschaftlich, sozial und sozioökonomisch umstellen muß, kann dies für die Mitglieder der entsprechenden Gesellschaft sowohl Bedrohung und Krise, als auch Freiheit und Chance bedeuten. In der Weimarer Republik wurde die Situation nicht nur von sensibleren Zeitgenossen häufig als eine Mischung aus persönlicher Krise und gesellschaftlichem Zusammenbruch wahrgenommen, aus der viele keinen Ausweg sahen. »Wir waren wie Segelboote im Wind«, erinnerte sich der Karikaturist und Maler George Grosz (1893 – 1959) an die Anfänge der Republik, »Manche Boote führten Wimpel, darauf sah man drei Blitze oder einen Hammer mit Sichel oder ein Hakenkreuz am Stahlhelm – auf die Entfernung sahen alle diese Zeichen einander ähnlich. Wir hatten wenig Gewalt über unsere Boote und mußten fleißig manövrieren, damit sie bei dem herrschenden Sturm nicht umkippten«. Der Rätekommissar Ernst Niekisch (1889 – 1967) machte die Beobachtung, daß »alle Verhältnisse, die für unerschütterlich und ewig gehalten wurden, ins Schwanken geraten« seien: »Das Gefühl verbreitete sich, den Menschen werde der Boden unter den Füßen fortgezogen […]. Man lebte von der Hand in den Mund und sah sich stündlich am Rande von Abgründen und Katastrophen«. Der Nationalrevolutionär Friedrich Hielscher (1902 – 1990) glaubte, »daß dieser Staat zu den zerfallenden Ordnungen zähle, zu den Häusern auf Abbruch gleichsam, die zwar nicht mehr zu retten seien, aber wenigstens so lange erhalten werden müßten, wie man selber noch nichts

Weiblicher Akt in der Haltung zum »Lichtgebet«

Besseres gebaut hat«. Und Harry Wilde (1899 – 1978), der jugendbewegte Sekretär des »barfüßigen Propheten« und Erfolgschriftstellers Theodor Plivier (1892 – 1955), war rückblickend sogar der Ansicht, der Erste Weltkrieg habe »für die europäischen Völker größere Erschütterungen mit sich (gebracht) als fünfundzwanzig Jahre später der Zweite Weltkrieg«, da »die bürgerlichen Begriffe eines ganzen Jahrhunderts ausgelöscht« gewesen seien, und dadurch die »Auflösung der auf materielle Sicherheit gegründeten bürgerlichen Ordnung und die Lockerung aller bisher gültigen moralischen Begriffe« nach sich gezogen habe. Insgesamt gesehen, so urteilte der Theologe Josef Adelmann im Jahre 1932, gebe es wohl »kein Gebiet menschlichen Lebens [...], in dem heute nicht von einer Krise gesprochen« werde.[11]

Eine vernünftige umfassende Therapie für »das sterbende Zeitalter«, für die »völlig negative Welt« schien indes nicht in Sicht, obwohl man sich »verzweifelt [...] nach einem Helfer, einem Retter, einem Erlöser (umsah), der wiederbringen sollte, was man verloren hatte«, wie Ernst Niekisch die Suche nach Identität und Sicherheit

beschrieb, die vielfach in religiös-weltanschauliche Bereiche abglitt und zur spirituellen Sinndeutung wurde, und in der sich die umfassende Krise der Gesellschaft widerspiegelte.[12] Viele Menschen suchten und fanden Halt bei allerlei selbsternannten Propheten, Schwärmern und Erlösern, die den Ausstieg aus der Gesellschaft und den Rückzug in die eigene Lebenswelt propagierten und damit individuelle Rezepte für gesellschaftliche Probleme anboten. Der Schriftsteller Hermann Hesse (1877 – 1962) beobachtete »nach dem Ende des großen Krieges«, daß »unser Land voll von Heilanden, Propheten und Jüngerschaften, von Ahnungen des Weltendes oder Hoffnungen auf Anbruch eines Dritten Reiches« war und daß das Volk, »erschüttert vom Kriege, verzweifelt durch Not und Hunger [...] mancherlei Hirngespinsten, aber auch manchen echten Erhebungen der Seele zugänglich« gewesen ist. »Die Stunde der falschen Heilande schlug«, bemerkte auch Ernst Niekisch rückblickend, »die wunderlichsten Sozialrezepte fanden Massen von Gläubigen [...]. Allerorts tauchten wirtschaftliche, lebensreformerische, philosophische, religiöse Rezeptschmiede auf. Schließlich stellten sich auch die politischen ein«. Harry Wilde schrieb, daß in »jener Zeit [...] »fast täglich« Propheten zu sehen waren, »die ihre Heilslehren gedruckt oder mündlich an den Straßenecken feilboten«. Der Schriftsteller Oskar Maria Graf (1894 – 1967) erinnerte sich, daß »um jene Zeit massenhaft solche Sonderlinge« auftauchten: »Christenmenschen predigten in Versammlungen, Nacktkultur-Anhänger verteilten ihre Kundgebungen, Individualisten und Bibelforscher, Leute, die den Anbruch des tausendjährigen Reiches verkündeten, und Käuze, die für Vielweiberei eintraten, eigentümliche Darwinisten und Rassentheoretiker, Theosophen und Spiritisten trieben ein [...] Unwesen«. George Grosz fiel auf, daß »an allen Ecken [...] Redner« standen und »überall Haßgesänge« erschollen: »Alles wurde gehaßt: die Juden, die Kapitalisten, die Junker, die Kommunisten, das Militär, die

Hausbesitzer, die Arbeiter, die Arbeitslosen, die Schwarze Reichswehr [...], die Politiker, die Warenhäuser«. Und der Schriftsteller Alfred Kerr (1867 – 1948) resümierte rückblickend über die »Schwarmgeister« und ihre »mit wolkigen, neurasthenischen, zeternden Titeln« versehenen Schriften: »Jeder dritte Mensch ist ein Arzt an den Zeitläufen – der helfen, heilen, raten, retten will«. Dabei besaß neben den Wanderpredigern Leonard Stark (geb. 1894) und Friedrich Muck-Lamberty (1891 – 1984) der »Prophet« Louis Haeusser (1881 – 1927) wohl den größten zeitgenössischen Einfluß. Haeusser nahm mit seinem Bund – und mit zeitweiliger Unterstützung des Stahlhelms und des Jungdeutschen Ordens – 1924 sogar an den Reichstagswahlen teil und ließ sich 1925 als Kandidat für die Wahl zum Reichspräsidenten aufstellen; die Wahlen von 1924 erbrachten für Haeusser immerhin 25.000 Stimmen. Daß derartige »Erlöser« ins politische Tagesgeschehen eingreifen konnten, wirft ein grelles Schlaglicht nicht nur auf die eminente Breitenwirkung dieses archaischen Sozialprotestes, sondern spiegelt auch die schwankende psychische Befindlichkeit der Weimarer Gesellschaft, zumindest der Anfangsjahre, wider.[13]

Der »Neue Mensch« als Weg aus der Krise

Die vehemente Ablehnung der krisengeschüttelten Gegenwart, die trotz der unterschiedlich artikulierten Proteste in all den verschiedenartigen Gruppen gleichermaßen heftig war und viele Zeitgenossen einte, besaß nicht nur eine ähnlich starke Intensität, wenn es um die Beschwörung zukünftiger Utopien ging, sondern favorisierte auch ein gemeinsames Etikett, das den Visionen einen plastischen Ausdruck verlieh: den »Neuen Menschen«. Zwar war das Symbol des neuen Menschen als religiös intendiertes Kennzeichen für den Bruch mit der alten Welt und das Abstreifen des »alten Adams«

sowie als Losung für eine neue Gesellschaftsutopie immer schon ein fester Bestandteil der »säkularen Religionsgeschichte der Moderne« gewesen, in der Weimarer Zeit aber erreichte das Phänomen eine neue gesellschaftliche Qualität von bisher nicht gekanntem Ausmaß. Dabei sollte der »neue Mensch« als übereinstimmender Prototyp einer neuen Gesellschaft nicht nur zu einem geflügelten Begriff werden, auf den immer dann zurückgegriffen wurde, wenn die von der Gegenwart enttäuschten Utopisten und ihre Anhänger die glänzende Zukunft der neuen Welt beschworen, er fand sich als gängiges, wenngleich inhaltlich jeweils abweichendes Schlagwort der Zeit ganz generell in allen möglichen gesellschaftlichen und sozialen Gruppen wieder, die mit der Gegenwart mehr als unzufrieden waren und sich eine bessere Welt erhofften.[14]

So erblickte nicht nur der Schriftsteller Frank Thiess das »Sehnsuchtsidol« des »neuen Menschen« in der »radikal-antibourgeoise(n)« Jugend, die sich gegen »den Raffke, den Schieber, den nationalistischen Rückstößer und den janusköpfigen Sowohl-als-Auch-Typ(en)« auflehnte; gerade auf der Jugend, auf den »Kinder(n) der

Männlicher Speerwerfer 20er Jahre

neuen Zeit«, ruhte die Hoffnung vieler antibürgerlich eingestellter Neuerer, die eine bessere Welt ersehnten. Auch Theodor Plivier diagnostizierte die Bürgerlichkeit als das »Trümmerfeld alter Ordnung« und glaubte, durch dessen Überwindung bereits schon am »Anfang eines freien, schönen Menschentums« zu stehen. Ernst von Salomon ging noch weiter und erkannte in den antidemokratischen und am Vorbild eines »organisch« gegliederten Systems orientierten, rechtsgerichteten Bünden »das, das wir das neue nannten«; für ihn waren die Bünde »ein Symptom«, ein Halt für »die Menschen, die sich von der Zeit verraten und betrogen fühlten«. Auch Friedrich Hielscher glaubte, daß die »neue Ordnung«, aus der schließlich »neue Menschlichkeit, neuer Staat und neue Gemeinschaft wachsen könne«, wieder »bündisch und nicht mehr bürgerlich sein würde«.[15] Andere wiederum waren der Ansicht, den neuen Menschen nicht nur organisch herbeiführen, sondern ihn planmäßig erschaffen zu können. Dabei waren es nicht nur die positiven und globalen Eugenikphantasien des eingangs erwähnten Dr. Erasmus, die in der Weimarer Zeit eine Rolle spielten, sondern vor allen Dingen auch die auf das »reindeutsche« Volk verengten rassistischen Züchtungsideen der Völkischen, die zwar schon in der Vorkriegszeit entwickelt worden waren, nun aber wieder neu aufgegriffen wurden. So war der Spengler-Epigone und Nationalrevolutionär Ernst Günther Gründel (geb. 1903) der Meinung, daß nur die »planmäßige Aufartung unserer Rasse (zur) Schaffung eines neuen Menschen, des vollwertigen Menschen der Zukunft« führe. Auch für Ernst Jünger (1895–1997) deutete sich »der neue Typus, der Schlag des 20. Jahrhunderts« in dessen »sehr gleichmäßig gezüchtete(m) Körper« an, der zum Markenzeichen des neuen deutschen Menschen geworden sei. Und der völkische Turnjugendführer Edmund Neuendorff (1875–1961), der aus der Jugendbewegung stammte, formulierte schon 1927: »Als gemeinsames Ziel gilt die Erschaffung eines neuen deutschen Menschen«.[16]

Postkarte mit dem Lichtgebet von Fidus 1913

Neben der Jugend als potentieller Erbauerin einer neuen Welt stand die Lebensreformbewegung als Verkünderin eines neuen Menschen. Sie war aus einer kleinen Gruppe von Außenseitern um 1900 zu einer Bewegung geworden, deren Ansichten und Praktiken in der Weimarer Republik zum Allgemeingut zählten und nicht nur in das Neuordnungsprogramm eines Dr. Erasmus aufgenommen wurden, der die »Tendenz zur praktischen Lebensreform« als »neue(n) Wille(n) zur Gesundheit und Steigerung der Lebenskräfte« ansah und das »Verlangen nach naturgemäßer Lebensweise, nach stärkerer Ausnützung der großen gegebenen Naturkräfte in Licht, Luft, Wasser und Erde« als ein Streben nach »neue(r) Vernünftigkeit« betrachtete. Nur über Lebensreform, so hieß es übereinstimmend in der Bewegung, erreiche man »wahres Menschentum« und entwickle sich »aus dem tierischen Menschen der höhere Mensch«, nur durch Lebensreform gelange man zur Bildung eines »neuen Zeitalters« und zur Erschaffung »einer glücklichen Menschheit«, nur diese Art von »Selbsterlösung« könne die »Gesamtantwort auf die letzten Fragen des Lebens« geben.[17] Mit den körperorientierten Ansätzen der Lebensreform ging dabei gleichzeitig eine gesellschaftliche Neu- beziehungsweise Höherbewertung des Körpers einher, der in einer ungeordneten und unüberschaubaren Welt als individuelles und einzig gestaltbares Element begriffen wurde und damit als Identitätsmöglichkeit diente. Gegenüber der »Ratlosigkeit der geistigen Welt« sei, so der junge Philosoph Wolfgang Graeser (1906 – 1928) in seinem Buch »Körpersinn«, das in der Weimarer Republik zu einem regelrechten Kultbuch der Jugend wurde, der Körper und seine Formung zu einer Bewegung geworden, zu einem »neu(en) Etwas«, das sich durch seine »Aposteln und Apostolinnen […] entfaltet« und »um sich gegriffen« habe wie »eine Flamme« und nun Antworten auf die »brennendsten Tagesfragen« geben könne. Auch der ansonsten eher weltanschauungskritische Schriftsteller Klaus Mann (1906 – 1949) glaubte anläßlich einer Besprechung des Graeser-Buches bemerken zu müssen, daß »die neue Körperlichkeit […] das einzige große Phänomen« sei, das »dieser jungen Generation« die »geistig unverbunden, zwiespältig, richtungslos« wirke, miteinander gemeinsam habe: »Wir dürfen es das entscheidende Erlebnis dieser Nachkriegsjugend nennen«.[18] In denselben reformerisch-körperorientierten Gesamtkontext gehörte auch die antiurbane Bewegung der Weimarer Republik; hier war es die Siedlungsbewegung, die mit ihren – völkisch bis anarchistisch ausgerichteten – Projekten nicht nur schwärmerisch nach einer neuen Natürlichkeit in neuer Umgebung suchte, sondern die durch autarke Selbstversorgung ganz konkret eine lebensfähige Alternative zu dem als moralisch und wirtschaftlich marode empfundenen bürgerlichen System anbot.[19]

Die von »Linken« und »Rechten« gleichermaßen erklärten Feinde dieses neuen natürlichen Menschen, der gleichzeitig moderne und rückwärtsgewandte Züge trug,

waren die »Siegermächte«, der »american-style« und die »Großstadt«. Man war der Ansicht, daß die positiv konnotierte neue »deutsche Kultur« von der negativ aufgefaßten »ausländischen Zivilisation« überlagert werden würde; gerade die Völkischen wie etwa Spengler glaubten hier die »Verfallszeichen unseres Sitten- und Kulturlebens« zu erblicken. Aber auch Liberale wie Harry Wilde stimmten in die allgemeine Klage um die »Verwilderung der Sitten« durch die »Siegerländer« mit ein, obwohl gerade Wilde »die neuen Moden und Haartrachten« und die »neuen, freieren Lebensformen der Jugend« durchaus schätzen gelernt hatte.[20] Auf der anderen Seite aber besaß auch diese von vielen Zeitgenossen als »Amerikanismus« abgeurteilte Moderne ihren »neuen Menschen«, wenngleich dieser Ansatz, wie der eingangs beschriebene Sammelband von Dr. Erasmus zeigt, wesentlich fortschrittsorientierter und offener war, als die oben skizzierte reformerische Rückwärtsgewandtheit der deutschen Jugendbewegung, der Völkischen und der Lebensreform. Im Zentrum dieser Moderne, dieses modernen neuen Lebensraumes, stand dabei die »Neue Stadt« und das »Neue Wohnen« der neuen Sachlichkeit, deren nüchterner Ansatz zwar auf Funktion und Moderne ausgerichtet war, der aber ebenfalls nicht ohne Weltanschauung auskam und eigene Ansichten darüber besaß, wie das »Neue Bauen den neuen Menschen« formen sollte. Der Bauhaus-Lehrer Hannes Meyer (1889 – 1954) schrieb 1929: »die neue baulehre ist eine erkenntnislehre vom dasein. als gestaltungslehre ist sie das hohelied der harmonik. als gesellschaftslehre ist sie eine strategie des ausgleichs.« Dabei übersahen die Feinde der Neuen Sachlichkeit, daß auch ihre Gegner durch ihr säkularreligiöses Konzept des neuen Menschen dem Traditionalismus beziehungsweise der Antimoderne in einigen Bereichen nicht fern standen beziehungsweise sich ihr angenähert hatten; augenfälligste Beispiele sind hier der Rückgriff auf die Körperkulturbewegung bei Oskar Schlemmer (1888 – 1943),

Flugblatt zu Veranstaltungen der »Neuen Schar« in Erfurt 1920

die Aufnahme esoterischer Lehren wie etwa der Welt-anschauung des Mazdaznan bei Johannes Itten (1888–1967) sowie ein generelles, wenn auch latentes Interesse am Okkultismus.[21]

Als konkrete Erbauer des neuen Menschen galten viel-fach die Pädagogen, und hier besonders der noch junge Zweig der Reformpädagogik, welcher nach dem Ersten Weltkrieg einen bis dahin unerhörten Aufschwung ge-nommen hatte. Um hierbei durch »Neue Erziehung« zum »Neuen Menschen« zu werden, hatten Gustav Wyneken (1875–1964) mit seiner Freien Schulgemeinde, Paul Geheeb (1870–1969) mit den Odenwaldschulen, Hermann Lietz (1868–1919) mit seinen Landerziehungs-heimen oder auch der Pädagoge Wilhelm Flitner »Pflanzstätten neuen Menschentums« errichtet, wo das »wahre und geistige Wesen« der Schüler »verwirklicht, gerettet und fortgepflanzt werden« sollte; in seiner Schrift »Kind dieser Zeit« berichtet Klaus Mann einge-hend von seiner geistigen und körperlichen Erziehung zum »neuen Menschen«, wie sie in der Odenwaldschule von Geheeb an der Tagesordnung war.[22] Dabei wurde auch hier der antimoderne Prototyp des neuen Menschen in Opposition gesetzt zum offiziellen modernen

Menschen etwa der Neuen Sachlichkeit oder auch zum neuen mechanisch gezüchteten Menschen eines Ernst Jünger, obwohl letzten Endes die Konzepte in vielerlei Hinsicht nicht weit auseinanderlagen und sie sich vor allem über den gemeinsamen Hang zur Welt-anschauung angenähert hatten. Nicht nur der theosophisch orientierte Philosoph Verweyen bezeichnete die Negativ-folie des modernen Menschen, gegen den es sich zu wehren galt, als »Chauffeur«; in dessen »charakte-ristische(m) Typus dieses Zeitalters [...] ein unerbittlicher Tatsachensinn, die Hingabe an das Positive, Exakte [...], ein ausgesprochenes Interesse an dem Triebwerk der Räder [...] und eine möglichste Ausnutzung von Raum und Zeit im Dienste wirtschaftlicher Absichten« begegne. Die Grenzen des Chauffeurs allerdings führten »wegen wachsender Beschleunigung seines Tempos« direkt »in die Tiefe des Abgrundes« und mit ihm »der ganze moderne zivilisationstechnische Lebenswagen«.[23] Es waren diese Kritikpunkte der antibürgerlichen Bewegung, aus der vor allem zunächst an den Rändern der Gesell-schaft ein gegenmoderner Ansatz eines neuen Menschen entstand. So war es kein Wunder, daß das vermeintliche Fehlen jeglicher glaubwürdiger Utopien der bürgerlichen Politik einen Frank Thiess in Übereinstimmung mit anderen resümieren ließ: »Mit dem ›Neuen Menschen‹ in der Politik war es also nichts«.[24]

Orte des »Neuen«

Trotz der Übermacht an antidemokratischen Entwürfen und antimoderner Zivilisationskritik an der bürgerlichen Demokratie von Weimar galt die Weimarer Verfassung doch als freieste Verfassung der Welt. Obwohl sie durch diesen Nimbus auch die vehementesten Gegner besaß, trug sie durch ihre liberale Auffassung und ihre freiheit-liche Toleranz zu neuen sozialen, kulturellen und gesell-schaftlichen Veränderungen mit bei, und es war gerade diese Liberalitiät, die die Gegenbewegungen an den Möglichkeiten der Republik mit partizipieren ließ, wenngleich sich deren Projekte eher im gesellschaftlichen Untergrund abspielen sollten. Zu den offiziellen Veränderungen der Gesellschaft gehörten das allgemeine Wahlrecht, die wesentliche Verbesserung der Stellung der Frau, eine mehr oder weniger geregelte 48-Stunden-Woche, die Einführung der Arbeitslosenversicherung und damit einer sozialen Mindestabsicherung sowie freier zugängliche Ausbildungsmöglichkeiten. Zu den Auswirkungen dieser Umgestaltung zählte die Herausbildung einer politisch und gesellschaftlich engagierten Arbeiterkultur, die nicht nur über Freizeit- und Bildungseinrichtungen verfügte, sondern auch karitative, sportliche, sozialreformerische und politische Aufgaben übernahm. Vor allem in der Großstadt blühten Kultur und Kunst und entwickelte sich ein freierer Umgang zwischen den Geschlechtern, der unter anderem auch mit den liberalen Tendenzen in Erziehung, Gesundheit, Sport und Körperkultur bis hin zur reformerischen Freikörperkultur zusammenhing. So entfaltete sich eine rege moderne – und vor allem neue – Freizeitkultur,[25] wenngleich aber schon zeitgenössische Kritiker wie George Grosz zu bedenken gaben, daß dieses »scheinbar sorglose, lustige, wirbelnde Leben an der Oberfläche« doch arg täusche und sich unter »dieser lebendigen Oberfläche« ein »Sumpf« befände, dessen Ingredienzen »Bruderhaß und Zerrissenheit« seien.[26]

Es dürfte kein Wunder sein, daß in einem politischen und gesellschaftlichen Milieu, in dem trotz der vielen regressiven Momente und einer durchgängig erlebten Verzweiflung als Kehrseite der Medaille auch eine prinzipielle Freiheit spürbar und die Möglichkeit zu unkonventionellen Entscheidungen gegeben war, es auch zu ungewöhnlichen politischen und gesellschaftlichen Allianzen kommen konnte. Dabei entstanden Koalitionen, bei denen sich häufig rückwärtsgewandte und moderne

Konzepte trafen und Bindungen ins Leben gerufen wurden, deren Charakter eine mehr oder weniger gelungene Mixtur beider Weltanschauungen war. Die Weimarer Republik ist voll von derartigen, oft regional gebundenen Beispielen, die als Versuchslaboratorien der Moderne beziehungsweise der Antimoderne bezeichnet werden können und in denen die Außenseiter der Republik eine zeitlich befristete Chance erhielten, ihre neuen Vorstellungen auch in die Tat umzusetzen. Aufgrund ihrer Radikalität fanden diese Projekte dabei zwar zum größten Teil an den Rändern der Gesellschaft statt und waren häufig nur kurzlebig, vielfach aber besaßen sie eine Art Pilotcharakter, deren theoretische Konzepte die Weimarer Republik ideengeschichtlich überdauerten.

In der Pädagogik erhielt dabei der umstrittene und außenseiterische Reformpädagoge Gustav Wyneken (1875 – 1964), der im Kaiserreich ein Landerziehungsheim geleitet hatte, aber aufgrund schulinterner Konflikte aus dem Schuldienst ausscheiden mußte, kurz nach der Revolution eine erste Chance, seine Vorstellungen vom neuen Menschen auf offiziellem Gebiet umzusetzen. Das preußische Kulturministerium, das während der Revolutionszeit 1918/19 in den Händen der SPD und USPD lag, setzte den Außenseiter Wyneken als persönlichen Referenten ein, um neue Konzepte einer staatlichen Erziehung zu erproben. Wyneken entwickelte zwei unkonventionelle alternative und säkularisierende Schulerlasse, die jedoch bereits kurz darauf von konservativen Kräften beseitigt werden sollten.[27]

Darüber hinaus hatte Wyneken als Berater des bayerischen Kulturministers in der Regierung Eisner im Jahre 1918/19 Anteil an einem der politisch und personell gewagtesten Projekte, die die Weimarer Republik zu bieten hatte. Zu den Vertretern und Mitarbeitern dieser nur kurzzeitig existierenden linksgerichteten und personell häufig wechselnden Regierung gehörten der schon er-wähnte ostorientierte Publizist und Politiker Ernst Niekisch, der Schriftsteller und Kommandant der Roten Armee von Dachau Ernst Toller (1893–1939), die Schriftsteller und Bohemiens Gustav Landauer (1870–1919) und Erich Mühsam (1878–1934), sowie der Bodenreformer und Sozialökonom Silvio Gesell (1862–1930), der als Finanzminister eingesetzt wurde und eine selbstentworfene antikapitalistische Wirtschaftsform umzusetzen beab-sichtigte, die Freiland-Freigeld-Festwährung (FFF) ge-nannt wurde. Dabei setzte sich Gesell für die Einfüh-rung von sogenanntem »Schwundgeld« ein, d.h. einer Währung, die mit längerem Umlauf an Wert verlor und mit der er Kapitalismus und Spekulation bekämpfen wollte. In der Wirtschaftskrise um 1929/30 versuchte ein bayerisches Dorf im Alleingang die Theorien Gesells in der eigenen Gemeinde umzusetzen, verlor jedoch, was niemanden verwundern dürfte, dadurch schon nach kurzer Zeit seine Handelsbeziehungen nach außen.[28]

In direkter praktischer Umsetzung der gescheiterten linken Räteregierung in Bayern gründeten 1919 bei Donauwörth verschiedene Angehörige der Jugendbewegung die kommunistische Siedlung Blankenburg, die innerhalb der linken Siedlungsbewegung als Modellversuch galt und die ein neues Leben in selbstbestimmten Gemein-schaften erproben wollte. Ähnlich wie die anarcho-kommunistische Siedlung Barkenhoff des Künstlers Heinrich Vogeler (1872–1942) in der Künstlerkolonie Worpswede Beziehungen zum politisch revolutionären Bremen hatte, besaß auch Blankenburg Kontakte zum revolutionären städtischen Zentrum München. In der Folgezeit gründeten sich verschiedene ähnliche Unter-nehmungen, so etwa die anarcho-syndikalistische Siedlung Freie Erde bei Düsseldorf, die von städtischen Proletariern ins Leben gerufen wurde, die anarcho-religiöse Gemein-schaft in Sannerz bei Schlüchtern, die anarcho-ökologische Siedlung von Paul Robien bei Stettin oder die beiden Frauen(gymnastik)siedlungen Schwarze Erde und Loheland, die heute noch bestehen und als alternative Bildungsstätten fungieren. Diese Siedlungen wurden als antikapitalistische Unternehmungen verstanden, die ein »Neues Beginnen« in einer herrschaftslosen und kollektiv verwalteten »Zone« vorsahen. Viele dieser Siedlungen wurden unter anderem auch von Künstlern aufgesucht oder mitbegründet, was darauf hinweist, wie intensiv gerade die moderne Kunst in den 20er Jahren nach gesellschaftlichen und politischen Alternativen suchte. Als »offizielle« Schwestern dieser alternativen Suche sind dabei staatliche Gründungen wie das Bau-haus oder die städtischen, von modernen Architekten geleiteten Siedlungsprojekte anzusprechen, in denen die ursprünglichen und die Epoche bewegenden Versu-che, Gesellschaft, Kunst, Kultur und Körper zu einem Ganzen zu vereinigen, noch deutlich spürbar sind, wenn sie auch stark abgewandelt erscheinen.[29]

Zu den ungewöhnlicheren, aber dennoch staatlich be-ziehungsweise städtisch geförderten und damit offiziellen Projekten innerhalb von Kunst, Kultur und Architektur gehörte neben der Installierung des Bauhauses in Weimar als beispielhafte moderne staatliche Hochschule für bildende Kunst, die in der gesamten Zeit ihrer Existenz permanent angefeindet und von den Nationalsozialisten später geschlossen wurde, vor allem die Bau- und Architekturmaßnahmen in Magdeburg, die der berühmte avantgardistische Architekt und Stadtbaurat Bruno Taut (1880–1938) ab 1921 mit einer Gruppe junger enga-gierter Mitarbeiter durchführte. Magdeburg galt bald als »Stadt des neuen Bauens«, in deren Mittelpunkt der »neue Mensch«, allerdings der urban-fortschrittliche, stand.[30] Zwar mußte Bruno Taut den konservativen Kräften weichen und 1924 zurücktreten. Daß das Pilot-projekt Magdeburg aber zumindest kurzzeitig zum Ver-suchslaboratorium des neuen Menschen wurde, ließ sich nicht mehr rückgängig machen. Magdeburg wurde

nicht nur »die rote Stadt im roten Land«, wie die Sozialdemokraten auf ihrem Parteitag 1929 die Stadt nannten, sondern entwickelte sich auch zu einem Zentrum
der lebensreformerisch beeinflußten neuen Körperkulturbewegung. Es war nicht von ungefähr Magdeburg,
wo 1927 im Rahmen der Deutschen Theater-Ausstellung der internationale Tänzerkongreß, auf dem sich alle Vertreter der neuen avantgardistischen Tanzkunst versammelten, unter ihrem berühmten Protagonisten Rudolf von Laban (1879 – 1958) tagte. Unter den 300 Teil-
nehmern waren nicht nur bekannte Tanzexperten und
Kulturkritiker wie Oskar Bie, Fritz Böhme oder Hans
Brandenburg, sondern auch der Architekt Adolf Loos,
der einen Vortrag über die Physiologie des Tanzes hielt,
und Oskar Schlemmer, der sein Triadisches Ballett vorführte und die Versuchsbühne des Bauhauses vorstell-
te.[31] Darüber hinaus war Magdeburg auch eines der
wichtigsten mitteldeutschen Zentren der untereinander
stark zersplitterten Freikörperkulturbewegung, die zu
den zielstrebigsten Verkünderinnen des »neuen Menschen« gehörte. So besaß nicht nur die regionale Vereinigung »Lichtbund« ein Gelände in Magdeburg, sondern

auch eine Ortsgruppe der überregional organisierten
»Liga für freie Lebensgestaltung«, die in den 20er Jahren
zu einer der stärksten Fraktionen der FKK-Bewegung
gehörte, »ein 20 Morgen großes Gelände mit Wald und
Badegelegenheit« und »Geländeheim«.[32]

Es sollte sich aber schließlich auf die Dauer zeigen, daß
Projekte, die auf innovative Weise die von vielen Zeitgenossen empfundene Krise der Zeit mittels neuer
Theorien, Wege und Praktiken zu überwinden versuchten,
auch in den offenen, aber gleichwohl krisenanfälligen
Strukturen der Weimarer Republik kaum Chancen auf
eine langfristige Verwirklichung hatten und von einer
Mehrheit abgelehnt wurden, wenngleich aber vor allem
die künstlerischen und literarischen Anstöße der 20er
Jahre die Republik überdauern sollten und später viel-
fach wieder aufgegriffen wurden. Dabei weisen derartige Unternehmen zwar auf das mögliche kulturelle
Potential dieser krisenhaften Zeit hin, die psychische
Befindlichkeit der Bevölkerung beziehungsweise der
Gesellschaft, in der derartiges entstehen, aber genau-
sogut auch wieder rasch verschwinden konnte, stand

Die neue Zeit, der neue Mensch und die neue Kultur

jedoch diesen individuellen Ausnahmeprojekten doch zu ablehnend gegenüber, als daß aus den »neuen Menschen« und der »neuen Kultur« der innovativen gesellschaftlichen Kräfte eine flächendeckende Zustimmung hätte entstehen können. Trotzdem waren die Utopien des »neuen Menschen« in gewisser Weise ein Spiegel der Wünsche, Ängste und Sehnsüchte vieler Menschen in der Weimarer Republik, obwohl weniger die liberalen und fortschrittlichen Ideen, die Freiheit, aber auch Unsicherheit versprachen, favorisiert wurden, als vielmehr die völkischen und antidemokratischen Vorstellungen des neuen Menschen, die Ausgrenzung und Totalität, für viele Bürger aber Sicherheit bedeuteten. Schon 1924 hatte der spätere Reichspropagandaleiter Joseph Goebbels (1897 – 1945) in sein Tagebuch geschrieben: »Wohin ich gehe, kann kaum die Frage sein, zu den Jungen, die tatsächlich den neuen Menschen wollen«. Und auch der spätere Kommandant von Auschwitz, Rudolf Höss (1900 – 1947), sah in den völkischen Ideen »den neuen Morgen, [...] die neue Zukunft«.[33] Von all den vielen Projekten um die »neue Welt« setzte sich schließlich das menschenverachtende Programm des Nationalsozialismus durch.

1
Dr. Erasmus [Hg.], Geist der Gegenwart. Formen, Kräfte und Werte einer neuen deutschen Kultur, Stuttgart, 1928, S. IV.

2
Dr. Erasmus, Die neue Zeit, der neue Mensch und die neue Kultur, in: Geist der Gegenwart: S. 414–474, die Zitate auf S. 415, 422, 428, 429, 436–437, 440, 442–442, 459, 468.

3
Vgl. dazu Peter Gay, Die Republik der Außenseiter. Geist und Kultur der Weimarer Zeit, Frankfurt 1970, vor allem S. 107–137, wo Gay auf den »Hunger nach Ganzheit« in der Weimarer Republik hinweist.

4
Vgl. dazu Carl Christian Bry, Verkappte Religionen, Gotha 1924; Hans Hofer, Weltanschauungen in Vergangenheit und Gegenwart, Nürnberg 1921, 3 Bände; Erhard Schlund, Orientierung. Eine Hilfe im Weltanschauungskampf der Gegenwart, Hildesheim 1931; zusammenfassend Gottfried Küenzlen, Der Neue Mensch. Eine Untersuchung zur säkularen Religionsgeschichte der Moderne, München 1994.

5
Vgl. Wolfgang R. Krabbe, Gesellschaftsveränderung durch Lebensreform, Göttingen 1974; Ulrich Linse, Das »natürliche« Leben: Die Lebensreform, in: Richard van Dülmen [Hg.], Die Erfindung des Menschen, Köln 1998, S. 435–456, Diethart Kerbs / Jürgen Reulecke [Hg.], Handbuch der deutschen Reformbewegungen 1880–1933, Wuppertal 1998; Ulrich Beck, Risikogesellschaft. Auf dem Weg in eine andere Moderne, Frankfurt 1986; Samuel Eisenstadt, Tradition, Wandel und Moderne, Frankfurt 1979; Zygmunt Bauman, Moderne und Ambivalenz, Frankfurt 1995; Niklas Luhmann, Beobachtungen der Moderne, Opladen 1992.

6
Vgl. Geist der Gegenwart: S. III; Frank Thiess, Das Gesicht des Jahrhunderts, Stuttgart 1923; Oswald Spengler, Der Untergang des Abendlandes. Umrisse einer Morphologie der Weltgeschichte, München 1917/1922, 2 Bände; Walther Rathenau, Von kommenden Dingen, Berlin 1917; Hermann Graf Keyserling, Die neu entstehende Welt, Darmstadt 1926.

7
Vgl. aus der Fülle an Darstellungen etwa Detlev Peukert, Die Weimarer Republik. Krisenjahre der klassischen Moderne, Frankfurt 1987; Eberhard Kolb, Die Weimarer Republik, München 1998; Hans Mommsen, Aufstieg und Fall der Republik von Weimar 1918–1933, Frankfurt 1998, besonders S. 271–328; Kurt Sontheimer, Antidemokratisches Denken in der Weimarer Republik, München 1992; Fritz Stern, Kulturpessimismus als politische Gefahr, Bern 1963.

8
Vgl. dazu etwa Erwin Könnemann, Einwohnerwehren und Zeitfreiwilligenverbände, Berlin 1971; James Diehl, Paramilitary Politics in Weimar Germany, Bloomington 1977; Hans-Joachim Mauch, Nationalistische Wehrorganisationen in der Weimarer Republik, Frankfurt 1982; Rudolf Heydeloff, Staranwalt der Rechtsextremen. Walter Luetgebrune in der Weimarer Republik, in: Vierteljahreshefte für Zeitgeschichte 1984, Nr. 32, S. 373–421; Hajo Bernett, Völkische Turner als politische Terroristen, in: Sportwissenschaft 1992, Nr. 4, S. 418–439; Bernd Wedemeyer, Sport and Terrorism, in: Jim Riordan/ Arnd Krüger [Hg.], The International Politics of Sport in the 20th Century, London 1999, S. 217-233; als Übersicht Martin Sabrow, Der Rathenaumord. Rekonstruktion einer Verschwörung gegen die Republik von Weimar, München 1994.

9
Vgl. dazu Karl Rohe, Das Reichsbanner Schwarz Rot Gold. Eine Beitrag zur Geschichte und Struktur der politischen Kampfverbände zur Zeit der Weimarer Republik, Düsseldorf 1966; zum Reichsbanner in Magdeburg vgl. Manfred Wille, Die Goldenen Zwanziger. Magdeburg vom Ausgang des Ersten Weltkriegs bis zum Beginn des NS-Diktatur, Magdeburg 1994, S. 37, sowie den Beitrag von Beatrix Herlemann in diesem Band; F. Finker, Geschichte des Roten Frontkämpferbundes, Frankfurt 1981; K. Schuster, Der Rote Frontkämpferbund 1924–1929, Düsseldorf 1975; eine wichtige zeitgenössische Übersicht über die Bünde ist die Studie des Juristen Emil Julius Gumbel, Verschwörer. Zur Geschichte und Soziologie der deutschen nationalistischen Geheimbünde 1918–1924, Frankfurt 1984 [Neuausgabe].

10
Vgl. dazu etwa die mit Vorsicht zu genießenden historischen Übersichten von Ernst Otto Schüddekopf, Linke Leute von Rechts. Die national-revolutionären Minderheiten und der Kommunismus in der Weimarer Republik, Stuttgart 1960; Karl Otto Paetel, Versuchung oder Chance? Zur Geschichte des deutschen Nationalbolschewismus, Göttingen 1965 und Armin Mohler, Die Konservative Revolution in Deutschland 1918–1933, Darmstadt 1994; als Beispiel Oswald Bindrich / Susanne Römer, Beppo Römer. Ein Leben zwischen Revolution und Nation, Berlin 1991; die Autobiographie von Franz Jung, Der Weg nach unten, Leipzig 1991 [Nachdruck] bietet dazu eine Fülle von persönlichen Einblicken und Motiven.

11
George Grosz, Ein kleines Ja und ein großes Nein. Sein Leben von ihm selbst erzählt, Reinbek 1992, S. 143; Ernst Niekisch, Gewagtes Leben. Begegnungen und Begebnisse, Köln 1958, S. 173–174; Friedrich Hielscher, 50 Jahre unter Deutschen, Hamburg 1954, S. 123; Harry Wilde, Theodor Plivier. Nullpunkt der Freiheit. Eine Biographie, München 1965, S. 91–92; Josef Adelmann, Das Neuheidentum in der modernen Körperkultur, München 1932, S. 9.

12
Die Zitate bei Johannes Verweyen, Der neue Mensch und seine Ziele, Stuttgart 1930, S.9; George Grosz, Ein kleines Ja: S. 143; Ernst Niekisch, Gewagtes Leben: S. 174.

13
Das Hesse-Zitat bei Ulrich Linse, Wanderpropheten der Zwanziger Jahre, in: Künstlerhaus Bethanien [Hg.], Wohnsitz: Nirgendwo. Vom Leben und vom Überleben auf der Straße, Berlin 1982, S. 191–208, hier S. 191; Niekisch, Gewagtes Leben: S. 174; Harry Wilde, Theodor Plivier: S. 9; Oskar Maria Graf, Wir sind Gefangene, Frankfurt 1982 [1. Auflage 1927], S. 417–416; George Grosz, Ein kleines Ja: S. 143; Alfred Kerr, Die Diktatur des Hausknechts und Melodien, Hamburg 1981, S. 107; vgl. zum Gesamtphänomen: Ulrich Linse, Barfüßige Propheten. Erlöser der zwanziger Jahre, Berlin 1983, zu Haeusser vor allem S. 156–200.

14
Gottfried Küenzlen, Der neue Mensch; vgl. dazu auch Ulrich Linse, Geisterseher und Wunderwirker. Heilsuche im Industriezeitalter, Frankfurt 1996; Richard van Dülmen [Hg.], Erfindung des Menschen. Schöpfungsträume und Körperbilder 1500–2000, Köln 1998, besonders S. 323–429; Der neue Mensch. Obsessionen des 20. Jahrhunderts. Katalog zur Austellung im Deutschen Hygiene-Museum. Dresden 1999; Bernd Wedemeyer, Der neue Mensch als säkularreligiöses Heilsziel, in: Expressionismus in Thüringen. Katalog zur Ausstellung, Erfurt 1999.

15
Frank Thiess, Freiheit bis Mitternacht, Wien 1965, S.105; Justus H. Ulbricht, Bücher für die Kinder der neuen Zeit, in: Jahrbuch des Archivs der deutschen Jugendbewegung 1988–1992, H.17, S. 77–140; Harry Wilde, Theodor Plivier: S. 96; Thomas Koebner / Rolf Peter Janz / Frank Trommler [Hg.], Mit uns zieht die neue Zeit. Der Mythos Jugend, Frankfurt 1984; Ernst von Salomon, Die Geächteten, Berlin 1930, S. 246; Friedrich Hielscher, 50 Jahre: S. 123.

16
Ernst Günther Gründel, Die Menschheit der Zukunft, München 1929, S.190; Ernst Jünger, Der Arbeiter. Herrschaft und Gestalt, Hamburg, 3. Auflage 1941 [1. Auflage 1932], S. 113 und 117; Edmund Neuendorff [Hg.], Die deutschen Leibesübungen, Berlin 1927, S. 34; vgl. zu Neuendorff Horst Ueberhorst, Edmund Neuendorff. Turnführer ins Dritte Reich, Berlin 1970 und generell Peter Weingart/Jürgen Kroll/ Kurt Bayertz, Rasse, Blut und Gene. Geschichte der Eugenik und Rassenhygiene in Deutschland, Frankfurt 1988.

17
Dr. Erasmus, Die neue Zeit, S.436; Kabell, Forderungen, in: Licht-Land. Blätter für Freikörperkultur und Lebenserneuerung 1928, H. 5, S.3; Gustav Möckel, Die Körperkultur als Grundlage des Lebensreform, in: Kraft und Schönheit 1920, H. 8, S. 170–172, hier S.172; Magnus Weidemann, Einflüsse der Freikörperkultur, in: Licht-Land. Nachrichten-, Werbe- und Kampfblatt der Licht- und neudeutschen Bewegung 1924, H.1, S. 1–7, hier S. 1–2; Hermann Klaetsch, Freikörperkultur und Weltanschauung, in: Licht-Land. Blätter für Freikörperkultur und Lebenserneuerung 1932, H. 22, S. 1–2, hier S. 1.

18
Wolfgang Graeser, Körpersinn. Gymnastik, Tanz, Sport, München 1928, S. 1 und 7; Klaus Mann, Körpersinn, in: Klaus Mann, Die neuen Eltern. Aufsätze, Reden, Kritiken 1924–1933, Reinbek 1992, S. 187–191, hier S. 187; vgl. zu Graeser noch Hans Zurlinden, Wolfgang Graeser, München 1935. Zur kommerziell orientierten Körperkultur- und Fitneßbewegung der Zeit existiert bislang keine umfassende Darstellung; vgl. zu den verschiedenen Strängen etwa Michael Grisko [Hg.], Freikörperkultur und Lebenswelt, Kassel 1999; Gabriele Klein, FrauenKörperTanz. Zu einer Zivilisationsgeschichte des Tanzes, München 1994; Bernd Wedemeyer, Starke Männer, starke Frauen. Eine Kulturgeschichte des Bodybuildings, München 1996.

19
Vgl. aus der Fülle an Literatur etwa Ulrich Linse, Zurück o Mensch, zur Mutter Erde. Landkommunen in Deutschland 1890–1933, München 1983; Ulrich Linse, Antiurbane Bestrebungen in der Weimarer Republik, in: Peter Alter [Hg.], Im Banne der Metropolen. Berlin und London in den zwanziger Jahren, Göttingen 1993, S.314–344.

20
Vgl. als eines unter unzähligen zeitgenössischen Beispielen Hermann Haß, Sitte und Kultur im Nachkriegsdeutschland, Hamburg 1932, S. 10; Harry Wilde, Theodor Plivier: S. 96; zur historischen Diskussion um die Dichotomie Zivilisation – Kultur vgl. etwa George Mosse, Die völkische Revolution, Frankfurt 1991; Jost Hermand, Der alte Traum vom neuen Reich. Völkische Utopien und Nationalsozialismus, Weinheim 1988; Kurt Sontheimer, Anitdemokratisches Denken, Detlev Peukert, Die Weimarer Republik: S. 178–190 sowie die Aufsätze im Jahrbuch des Archivs der deutschen Jugendbewegung 1986/7, H. 16.

21
Das Meyer-Zitat bei Detlev Peukert, Die Weimarer Republik: S. 183; vgl. auch Corona Hepp, Avantgarde. Kulturkritik und Reformbewegungen nach der Jahrhundertwende, München 1992, hier S. 174–178; Rolf Bothe [Hg.], Das frühe Bauhaus und Johannes Itten, Ostfildern 1994, S. 83–90; Birgit Sonna, Oskar Schlemmer – Der neue Mensch. Körperkultur und Lebensreform, Microfiche-Ausgabe, Regensburg 1992; Okkultismus und Avantgarde. Von Munch bis Mondrian 1900–1915, Ostfildern 1995.

22
Gustav Wyneken, Eros, Lauenburg 1921, S. 50; Ulrich Herrmann [Hg.], »Neue Erziehung«, »Neue Menschen«. Erziehung zwischen Kaiserreich und Diktatur, Weinheim 1987; Wolfgang Scheibe, Die reformpädagogische Bewegung, Weinheim, 10. Auflage, 1994; Klaus Mann, Kind dieser Zeit, München 1965, S. 184–202.

23
Johannes Verweyen, Der neue Mensch: S. 10.

24
Frank Thiess, Freiheit bis Mitternacht: S. 19.

25
Vgl. zu einzelnen Aspekten etwa Adelheid von Saldern [Hg.], Wochenend und schöner Schein. Freizeit und modernes Leben in den Zwanziger Jahren, Berlin 1992; Franz Walter, Nationale Romantik und revolutionärer Mythos. Politik und Lebensweisen im frühen Weimarer Jungsozialismus, Berlin 1986; Kristina von Soden [Hg.], Neue Frauen. Die 20er Jahre, Berlin 1988; Ulrich Hermann, »Neue Erziehung«; Richard Saage [Hg.], Solidargemeinschaft und Klassenkampf. Frankfurt 1986; Hans Joachim Teichler [Hg.], Illustrierte Geschichte des Arbeitersports, Bonn 1987; Frank Becker, Amerikanismus in Weimar. Sportsymbole und politische Kultur 1918–1933, Wiesbaden 1993; Michael Grisko [Hg.], Freikörperkultur und Lebenswelt.

26
George Grosz, Ein kleines Ja: S. 143.

27
Vgl. dazu Wolfgang Benz / Hermann Graml [Hg.], Biographisches Lexikon zur Weimarer Republik, München 1988, S. 374–375; Christoph Führ, Die Schulpolitik des Reiches und der Länder am Beginn der Weimarer Republik, in: Ulrich Herrmann, »Neue Erziehung«, S. 161–176; Theodor Wilhelm, Der reformpädagogische Impuls, in: Ulrich Herrmann, »Neue Erziehung«, S. 177–199.

28
Vgl. dazu etwa Hermann Wilhelm, Rechtsradikalismus und Antisemitismus in München von der Jahrhundertwende bis 1921, Berlin 1989; Ulrich Linse, Gustav Landauer und die Revolutionszeit, Berlin 1974, Ernst Niekisch, Gewagtes Leben: S. 63–104; Ernst Toller, Eine Jugend in Deutschland, Reinbek 1963; Erich Mühsam, Tagebücher 1910–1924, München 1994, S. 183 ff.; zu Gesell vgl. Werner Onken, Freiland– Freigeld, in: Diethart Kerbs / Jürgen Reulecke [Hg.], Handbuch der Reformbewegungen, S. 277–288; der bayerische Modellversuch ist dokumentiert und ironisch kommentiert in Rudolf Olden [Hg.], Das Wunderbare oder die Verzauberten. Propheten in deutscher Krise. Eine Sammlung, Berlin 1932, S. 217–236.

29
Vgl. Ulrich Linse, Die Kommune der deutschen Jugendbewegung: Ein Versuch zur Überwindung des Klassenkampfes aus dem Geiste der bürgerlichen Utopie. Die »kommunistische Siedlung Blankenburg« bei Donauwörth 1919/20, München 1973; Ulrich Linse, Zurück, o Mensch: S. 89–156 und S. 221–240; Ulrich Linse, Antiurbane Bestrebungen; Ortrud Wörner-Heil, Von der Utopie zur Sozialreform. Jugendsiedlung Frankenfeld im Hessischen Ried und Frauensiedlung Schwarze Erde in der Rhön 1915–1933, Darmstadt 1996; Karl-Robert Schütze, Heinrich Vogeler, Worpswede, Leben und architektonisches Werk, Berlin 1980; Robert Landmann, Ascona Monte Verità, Frankfurt 1988; Janos Frecot / Johann Friedrich Geist / Diethart Kerbs, Fidus 1868–1948. Zur ästhetischen Praxis bürgerlicher Fluchtbewegungen, München 1972, S. 9–12.

30
Vgl. aus der Fülle an Literatur zum Bauhaus beispielhaft Peter Hahn / Christian Wolsdorff (Red.), Bauhaus-Archiv Museum für Gestaltung. Sammlungs-Katalog, Berlin, 2. Auflage 1984; zu Taut vgl. Landeshauptstadt Magdeburg [Hg.], Bruno Taut. Eine Dokumentation. Projekte – Texte – Mitarbeiter, Magdeburg 1995; Manfred Wille, Magdeburgs Aufbruch in die Moderne, Magdeburg 1995, S. 37–45; Christian Gries, Johannes Molzahn (1892–1965) und der »Kampf um die Kunst« im Deutschland der Weimarer Republik, Augsburg 1996, S. 154–213.

31
Vgl. dazu Hedwig Müller / Patricia Stöckemann, Jeder Mensch ist ein Tänzer. Ausdruckstanz in Deutschland zwischen 1900 und 1945, Gießen 1993, S. 55–71; Fritz Böhme, Rudolf von Laban und die Entstehung des modernen Tanzdramas, Berlin 1996, S. 13–38; Karin von Maur, Oskar Schlemmer, München 1982.

32
Licht-Land. Blätter für Freikörperkultur und Lebenserneuerung 1932, H. 3 und 5, S. 13 und S. 14; vgl. zur Freikörperkultur zuletzt den Sammelband von Michael Grisko [Hg.], Freikörperkultur und Lebenswelt, sowie Bernd Wedemeyer, »Zum Licht«. Die Freikörperkultur in der wilhelminischen Ära und der Weimarer Republik zwischen Völkischer Bewegung, Okkultismus und Neuheidentum, in: Archiv für Kulturgeschichte 1999, H. 1, S. 173–198.

33
Das Goebbels-Zitat in: Gitta Sereny, Albert Speer. Das Ringen mit der Wahrheit und das deutsche Trauma, München 1997, S. 87; Martin Broszat [Hg.], Kommandant in Auschwitz. Autobiographische Aufzeichnungen des Rudolf Höss, München 1964, S. 54.

Politik und Wirtschaft im Magdeburg der 20er Jahre

Manfred Wille

Hermann Beims um 1930

Das Kriegsende 1918 bedeutete für Magdeburg eine wichtige stadtgeschichtliche Zäsur. Zu den auffallenden politischen Veränderungen zählte, daß die Sozialdemokraten (SPD) – traditionell über eine starke Anhängerschaft verfügend, bisher durch das Dreiklassenwahlrecht in Preußen vom Stadtregiment ferngehalten[1] – sich jetzt der Verantwortung stellten. Die herausragende Rolle der Mehrheitssozialisten (MSPD) in der unmittelbaren Nachkriegszeit wurde durch die Wahlergebnisse Anfang 1919 (Nationalversammlung 19. Januar; Preußischer Landtag 26. Januar; Stadtverordnetenversammlung 2. März) verdeutlicht.[2] Das bürgerliche Lager, unter dem Eindruck der militärischen Niederlage und der Novemberereignisse gelähmt, geschwächt und in die Defen-sive gedrängt, überließ auch in Magdeburg den Sozialdemokraten die Führung. Ausdruck dessen war die im April 1919 erfolgte Wahl von Hermann Beims zum Oberbürgermeister. Der Wahlakt ergab ein in der damaligen zerrütteten und zerrissenen Zeit wohl einmaliges Votum für das Oberhaupt einer deutschen Großstadt. Ohne ein einziges »Nein« stellten ihn die Stadtverordneten für zwölf Jahre an die Spitze des Magistrats.[3] Die sich in den letzten Monaten des Jahres 1918 unter neuen Parteinamen konstituierenden bürgerlichen Ortsverbände paßten sich den augenblicklichen Gegebenheiten an und waren, um Ruhe und Ordnung zu sichern, zu einer – teilweise nur zeitlich begrenzten – Zusammenarbeit mit den Sozialdemokraten bereit. Diese Haltung wurde ihnen erleichtert, da Beims und Genossen es verstanden hatten, Magdeburg aus den revolutionären Erschütterungen herauszuhalten. Die Novemberrevolution reduzierte sich hier auf eine folgenlose mehrstündige Militärrevolte und eine Massenkundgebung auf dem Domplatz.[4] Es verwundert auch nicht, daß der »Große Arbeiter-und-Soldatenrat« der Elbestadt sich bereit fand, Mitglieder der überparteilichen bürgerlichen Interessenvertretung – des Bürgerrates – in seinen Reihen aufzunehmen.[5]

Mit der trügerischen Ruhe war es Anfang 1919 vorbei. Die soziale Situation spitzte sich gefährlich zu. Arbeitslosigkeit, Hunger, Not der unteren Volksschichten sowie die beruflichen Existenzsorgen der demobilisierten Soldaten ließen eine allgemeine Unzufriedenheit um sich greifen. Während die große Mehrheit der Arbeiter nach wie vor hinter der MSPD stand, nahm aufgrund der sich von Tag zu Tag weiter verschlechternden Lebensverhältnisse die politische Radikalisierung einer Minderheit schnell zu. Beeinflußt von Spartakisten/Kommunisten kam es zu Demonstrationen, Gewalttätigkeiten und Plünderungen.[6] Im Februar 1919 konnte das Wachregiment den Randalierern nur mit Waffengewalt Herr werden. Anfang April 1919 mußte die Preußische Staatsregierung über Magdeburg und die Region den Belagerungszustand verhängen.[7] Eine Einheit der Landesjäger unter General von Maercker besetzte zeitweilig die Stadt. Die vom Magistrat ins Leben gerufene Einwohnerwehr – an ihrer Spitze Vertreter des vermögenden Bürgertums – übernahm fortan den Schutz des Eigentums und unterband Plünderungen.[8]

Die angespannte Lage ließ die zeitweilige »politische Harmonie« schnell zerbröckeln und die gegensätzlichen Positionen deutlich werden. Nationalkonservative, Deutschvölkische, Rechte – bei den Wahlen 1919 eine unbedeutende Minderheit – gingen zu den sozialdemokratischen Führungskräften und zu der in der Konstitution begriffenen Republik auf Distanz. Fast unbemerkt von der Öffentlichkeit war bereits Ende 1918 in Magdeburg der Grundstein des bedeutendsten Wehrverbandes der Weimarer Zeit, der schon bald antirepublikanische Positionen vertrat, gelegt worden. Erregt über die »Schweinerei« der Revolution hatten sich am 13. November der Hauptmann der Reserve und Fabrikbesitzer Franz Seldte mit seinen Brüdern und Kameraden des Infanterieregimentes Nr. 66 getroffen, um über die Bildung einer Organisation, die den aus dem Felde heimkehrenden demobilisierten Soldaten eine Heimstatt geben sollte, zu sprechen. Am ersten Weihnachtsfeiertag hob man den Verband »Stahlhelm. Bund der Frontsoldaten 1918« offiziell aus der Taufe.[9] Im Januar 1922 fand im »Kristallpalast« die Reichsgründungsfeier statt. Seldte wurde der erste Bundesführer. Zwei Jahre später zählte der Stahlhelm bereits 100.000 Mitglieder.[10]

Mit der Übernahme des Oberbürgermeisteramtes durch Hermann Beims gab es in Magdeburg zwar ein sozialdemokratisch geführtes, jedoch kein sozialdemokratisches Stadtregiment. In der Magistratsverfassung waren die Rechte der beiden städtischen Körperschaften (Magistrat, Stadtverordnetenversammlung) verankert. Der Magistrat führte die Verwaltung. Er war nicht einseitig ausführendes Organ der von der Stadtverordnetenversammlung verabschiedeten Vorlagen, sondern verfügte ebenfalls über beschließende Kompetenzen. Es kam nur dann ein rechtswirksamer Gemeindebeschluß zustande, wenn sowohl die Stadtverordnetenversammlung als auch der Magistrat in getrennten Sitzungen ihre Zustimmung gegeben hatten. In Magdeburg gab es Anfang der 20er Jahre in beiden Gremien absolute Mehrheiten, und zwar in der Stadtverordnetenversammlung eine sozialdemokratische, im Magistrat eine bürgerliche. Beiden Seiten hätten durch ein ständiges Blockieren von Beschlüssen jede konstruktive Kommunalpolitik verhindern können.[11]

Die Zusammenarbeit der Sozialdemokraten mit dem liberaldemokratischen, die Republik bejahenden Bürgertum, das in der DDP (Deutsche Demokratische Partei) seine politisch-geistige Heimat hatte, basierte in erster Linie auf der weitgehenden Interessenübereinstimmung hinsichtlich der zukünftigen Entwicklung der Elbestadt. Zunächst kam es darauf an, in der Kaiserzeit verfolgte Ziele und verwirklichte Projekte, die während des Krieges nicht weitergeführt worden waren, aufzugreifen und in die neuen kommunalpolitischen Vorstellungen einzupassen. Dabei blieb zentrale Leitlinie, die großstädtischen Strukturen auszuformen. Im Zeitraum von 1870–1914, der bedeutendsten Periode der stadtgeschichtlichen Entwicklung der beiden letzten Jahrhunderte, war Magdeburg eine der zwanzig größten deutschen Städte geworden.[12] Die Anfang der siebziger Jahre beginnende, sich über Jahrzehnte hinziehende Beseitigung der gewaltigen Festungsanlagen (innerer Festungsring, Wegfall der Rayonbeschränkungen, äußere Festungswerke) hatten der Stadt endlich die Fesseln genommen und zunächst westlich und südlich der »Alten Altstadt«, später an der Nord- und Südfront,

Luftbild von Magdeburg um 1930

außerdem auf dem Großen Werder, der Friedrichstadt und dem Stadtfeld »Erweiterungsterrain« geschaffen.[13] Ein Bauboom bisher nicht gekannten Ausmaßes veränderte vor allem durch das Entstehen der City das Stadtgesicht. Mit den Eingemeindungen der Vorortstädte Sudenburg, Buckau, Alte und Neue Neustadt[14] sowie Rothensee und der Landgemeinden Fermersleben, Salbke, Westerhüsen, Lemsdorf, Cracau, Prester[15] uferte das städtische Terrain mächtig aus. Während sich zwischen 1850 und 1910 die durchschnittliche Fläche der größeren deutschen Städte verdoppelte[16], nahm sie in Magdeburg um das Dreifache zu. Die Stadt verfügte dank hoher Steuereinnahmen, durch Grundstücksverkäufe und bei Inanspruchnahme günstiger Kredite über die finanziellen Mittel, um umfangreiche Einebnungs-, Kanalisierungs- und Pflasterarbeiten, den Ausbau des Straßennetzes sowie vielfältige Verschönerungen des Stadtbildes durchführen zu können. Geburtenüberschüsse, Zuwanderungen vom flachen Land sowie Eingemeindungen ließen die Einwohnerschaft sprunghaft ansteigen. Zwischen 1870 und 1910 erhöhte sie sich von 84.401 auf 279.629 Personen.[17]

Den städtischen Körperschaften fiel es Anfang der 20er Jahre aus mehreren Gründen schwer, an die dynamische Entwicklung der Vorkriegszeit anzuknüpfen. In der jahrelang angespannten wirtschaftlich-sozialen Situation fehlte der Kämmereikasse das Geld, um den steigenden Anforderungen gerecht zu werden. Mit den durch den Versailler Frieden dem Reich auferlegten Bürden – Haftung für die den Siegermächten zu erbringenden Wiedergutmachungsleistungen – war es notwendig geworden, das gesamte Finanzsystem zu ordnen.[18] Zwischen dem Reich, den Ländern und Kommunen mußten die Einnahmen zugunsten des ersteren neu aufgeschlüsselt werden. In diesem Sinne schränkte die Erzbergersche Reichsfinanzreform 1920 die Steuerautonomie Magdeburgs bedeutend ein.[19] Die Stadt war gezwungen, den Bürgern höhere Kommunalabgaben – 13 Steuerzuschläge und indirekte Steuern – abzuverlangen.[20] Trotzdem schlossen Haushalts- und Nachhaushaltspläne stets mit ungedeckten Positionen ab.[21] Zu den schmalen Finanzen kam die ständig zunehmende Geldentwertung, die jede praktikable Planung unmöglich machte. Mit der im Krisenjahr 1923 galoppierenden Inflation (Hyperinflation) trieben die Kommune und ihre

Inflationsgeld Magdeburg

Bürger auf den finanziellen Kollaps zu. Am 1. Juli betrug das Finanzloch in der Kämmereikasse bereits 61,4 Billionen Reichsmark. Ständige Aufforderungen des Magistrats an die vermögenden Bürger, die Steuern im voraus zu bezahlen, und weitere Steuererhöhungen konnten den faktischen Bankrott nicht abwenden.[22] Die große Not der unteren Volksschichten nahm mehr und mehr zu. Bei den geringen Möglichkeiten der kommunalen Unterstützung hungerten und froren die Armen, Versehrten und Arbeitslosen. Im Vergleich zur Vorkriegszeit stiegen die städtischen Aufwendungen für die Armenfürsorge auf das Dreifache, die bei geringeren Unterstützungssätzen von fünfmal mehr Menschen in Anspruch genommen wurden.[23] Im Oktober 1923 kam es zu Plünderungen auf den Wochenmärkten, die fortan unter Polizeischutz gestellt werden mußten.[24]

Die im November 1923 eingeleitete Stabilisierung der Währung signalisierte das Ende der Inflation und der wirtschaftlichen Talfahrt. Die Stadtkasse begann sich, wenn auch langsam, zu füllen, denn die Steuern gingen nun wieder in »harter Währung« ein. Jetzt war der Zeitpunkt für eine aktive Kommunalpolitik gekommen.

Dazu waren zwei wichtige Voraussetzungen gegeben: Das konstruktive Zusammenwirken im Magistrat und der städtischen Körperschaften mit den Kreisen der Wirtschaft, des Handels und des Verkehrs. Charakteristisch für das Arbeitsklima in der Magistratsspitze der 20er Jahre war, daß es Oberbürgermeister Beims und Bürgermeister Paul (DDP) gut verstanden, mit den in der Kaiserzeit für zwölf Jahre in städtische Dienste getretenen Stadträten vertrauensvoll zusammenzuarbeiten, wobei die letzteren die Aufgaben ihrer Ressorts weitgehend eigenständig wahrnahmen. Zugleich wurden jedoch freiwerdende besoldete Ratsherrenstellen und leitende Positionen in den Ämtern und städtischen Einrichtungen mit Vertretern einer neuen, von außerhalb kommenden Generation aktiver, kompetenter, kreativer Fachleute besetzt. Dafür stehen in erster Linie die Namen Bruno Taut, Johannes Göderitz, Hans Löscher, Johannes Molzahn und Paul Konitzer.[25] Schon bald nach ihrem Amtsantritt verkörperten sie die »Moderne« und den Reformgeist – den »Neuen Bauwillen«, das »Neue Gestalten«, das »Neue Lernen« und das »Neue Gesundheitswesen«. Bahnbrechend für den Gedanken des Aufbruchs aus der alten Zeit hat für Magdeburg und die Einwohnerschaft Bruno Taut gewirkt.[26] Seine Tätigkeit in der Elbestadt reichte über die eines Stadtplaners und Architekten weit hinaus. Ihm ging es in erster Linie darum, Bürger, städtische Körperschaften, die Repräsentanten der Öffentlichkeit und der Wirtschaft für die Gestaltung eines modernen Gemeinwesens zu gewinnen. Dazu sollten vor allem diejenigen, die im angestaubten heimatlichen Traditionalismus verharrten, aufgerüttelt werden. In einer von Taut auf den Weg gebrachten Schriftenreihe hieß es: »Von Magdeburg nimmt Frühlicht seinen Lauf. Es mag vermessen klingen und auch sein, besonders im Hinblick auf das (bisherige M.W.) Urteil über die Stadt.«[27] Auf einer Vielzahl von Veranstaltungen versuchte der dynamische Stadtbaurat, die Elbestädter für seine Vorstellungen

Stadtbild um 1930 mit Normaluhr und Taut-Kiosk

moderner Kommunalplanung und -entwicklung zu gewinnen.

Als die Reformer ihre Tätigkeit in der Stadtverwaltung aufnahmen, war die Kasse des Kämmerers leer. Die gravierenden wirtschaftlich-sozialen Probleme der schweren Nachkriegsjahre, Inflation und Arbeitslosigkeit stellten die Linderung der sozialen Not an die erste Stelle. Zukunftsweisende Projekte mußten zurückstehen. Es war wiederum der Stadtbaurat, der es verstand, aus der Not eine Tugend zu machen. Anknüpfend an seine Vorkriegserfahrungen mit der Gartenstadt-siedlung »Reform« setzte er unmittelbar nach der Amts-übernahme mit der Aktion »Buntes Magdeburg« ein Zeichen. Ihm ging es mit dem farbigen Anstrich des Rat-hauses sowie von Bürger- und Geschäftshäusern der Innenstadt nicht nur um ein modernes gestalterisches Mittel, mit dem die Eintönigkeit der grauen, vom Zahn der Zeit angegriffenen Häuserzeilen durchbrochen werden sollte, sondern in erster Linie darum, den mit geringem finanziellen Aufwand möglichen architektonischen Neu-anfang, eine Initiative zur alternativen Stadtgestaltung, auf den Weg zu bringen. Das »Bunte Magdeburg«

brachte darüber hinaus die Stadt in ganz Deutschland ins Gespräch und erwies sich als wichtiger Faktor in der Fremdenwerbung.[28]

In den Jahren, in denen der Kommune sehr begrenzte finanzielle Mittel zur Verfügung standen, begann der sich um Taut und Göderitz gruppierende Kreis aufge-schlossener, ehrgeiziger Stadtplaner und Architekten nicht nur Projekte für das augenblicklich Mach- und Bezahlbare zu entwerfen, sondern man widmete sich in erster Linie der großräumigen Planung des modernen Magdeburgs. Die zwischen 1921 und 1927 erarbeiteten Dokumente – der Generalsiedlungs-, der Bodenver-teilungs- und der Flächennutzungsplan – setzten auf eine »geordnete ökologische städtebauliche Entwicklung« mit klar abgegrenzten Bereichen der Arbeit, des Wohnens und der Erholung.[29] Magdeburg sollte zu einem modernen großstädtischen Ensemble, zu einem Verwaltungs-, Wirtschafts-, Handels- und Industriezentrum werden. Unter Einbeziehung von Schönebeck-Frohse-Salzelmen, Barleben, Biederitz und Heyrothsberge war ein »Groß-Magdeburg« mit über 500.000, in ferner Zukunft sogar mit 700.000 Einwohnern angedacht.[30]

Nach der Besserung der allgemeinen Lage konnte Mitte der 20er Jahre schrittweise zu einer aktiven Kommunal-politik übergegangen werden. Dabei kam es darauf an, Prämissen zu setzen. Die weiter zunehmende Einwohner-schaft und die große Zahl der Wohnungssuchenden stellte den Wohnungsbau an die erste Stelle. Mit den nach Beseitigung des äußeren Befestigungsringes von der Stadt erworbenen Flächen war eine wichtige Vor-aussetzung für ein komplexes, peripheres Bauen gegeben. Auf der Grundlage der vom Reich und vom Staat Preußen geschaffenen gesetzlichen Vorgaben wurde ein mit öffentlichen Mitteln subventionierter sozialer Wohnungsbau auf den Weg gebracht.[31] Die Kommunen sollten die Ausführung übernehmen. Mit der Existenz

GESAMTSIEDLUNGSPLAN DES WIRTSCHAFTSGEBIETS MAGDEBURG UNTER EINBEZIEHUNG DER ORTE FROHSE, SALZELMEN UND SCHÖNEBECK

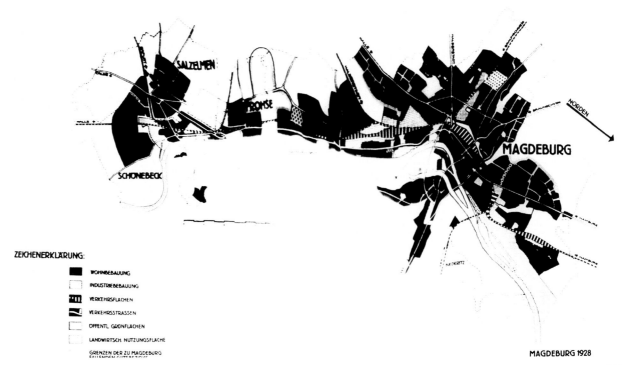

ZEICHENERKLÄRUNG:

- WOHNBEBAUUNG
- INDUSTRIEBEBAUUNG
- VERKEHRSFLÄCHEN
- VERKEHRSSTRASSEN
- ÖFFENTL. GRÜNFLÄCHEN
- LANDWIRTSCH. NUTZUNGSFLÄCHE
- GRENZEN DER ZU MAGDEBURG FALLENDEN GÜTERKREISE

MAGDEBURG 1928

Gesamtsiedlungsplan für Magdeburg mit Eingemeindungen 1928

von 16 Baugenossenschaften ergab sich in Magdeburg die günstige Möglichkeit der partnerschaftlichen Zusammenarbeit zwischen den städtischen Behörden und den Baugenossenschaften, die 1921 den Dachverband »Verein für Kleinwohnungswesen G.m.B.H.« gegründet hatten. Die Genossenschaften übernahmen unter der Leitung von Willy Plumbohm die Aufgabe des Bauherren, die Stadt wurde unter finanzieller Beteiligung Gesellschafter. Von 1919 bis 1932 entstanden 12.000 Wohnungen für 42.000 Menschen.[32] Die von der »Neuen Sachlichkeit« geprägten, weitgehend in moderner Kubusform ausgeführten Hausreihen brachten den Bewohnern – meist Beamte, Angestellte, Arbeiter – bei niedrigen Mieten Wohnraum mit besseren Sanitäranlagen sowie Luft, Licht und Sonne. Im kommunal geförderten sozialen Wohnungsbau setzte Magdeburg in der Weimarer Zeit national und auch international mit die Maßstäbe.

Die Konsolidierung des Stadthaushaltes hing nicht zuletzt von steigenden Steuereinnahmen aus dem wirtschaftlichen Aufschwung ab. Das Herzstück der Magdeburger Wirtschaft, die Großunternehmen des

Maschinen- und Apparatebaus hatten während des Krieges zum bedeutenden Teil für die Rüstung gearbeitet und daher seit Ende 1918 besonders große Probleme mit der Umstellung auf die Friedensproduktion. Dazu kam, daß die von den Kriegsgegnern verhängte, weiter anhaltende Wirtschaftsblockade den Warenexport unmöglich machte. In den Nachkriegsjahren stagnierte auch die Inlandsnachfrage. Die traditionellen Aufträge aus der Landwirtschaft, der Nahrungsmittelindustrie, von den Zuckerfabriken und dem Bergbau blieben aus. Im Vergleich mit den sogenannten Beamtenstädten wurde Magdeburg als Industrie- und Arbeitsstadt von den konjunkturellen Wechsellagen ungleich härter betroffen. So verursachten nach kurzen Konsolidierungsphasen Investitionsmüdigkeit und Absatzkrisen in einzelnen Branchen den wirtschaftlichen Abschwung mit einschneidenden sozialen Folgen. An diesem Zustand änderte sich auch nach der Stabilisierung der Währung zunächst noch wenig. Der von der Wirtschaft erhoffte Aufschwung blieb aus. Die Anstrengungen der großen Unternehmen, durch Konzentration der Produktion und durch Rationalisierungsmaßnahmen die Konkurrenzfähigkeit und die im vergangenen Jahrzehnt verlorengegangenen Absatzmärkte zurückzugewinnen, gingen in erster Linie auf Kosten der Arbeitsplätze. Einem Bericht zufolge hatten die wirtschaftlichen Umschichtungen Mitte des Jahrzehnts »schärfste Auswirkungen in allen Berufszweigen, eine Arbeitslosigkeit von noch nie dagewesenem Umfange.«[33] Die angemeldeten und vollzogenen Konkurse mittlerer und kleiner Betriebe erreichten eine bislang nicht gekannte Höhe. Gruppen der kleinbürgerlichen und mittelständischen Schichten begannen enttäuscht von der mit so großen Schwierigkeiten konfrontierten Weimarer Demokratie in das nationalkonservative Lager und nach rechts abzudriften. Dagegen näherten sich immer mehr Arbeitslose der KPD, die sich als deren Sachwalter darstellte. Die Rechten wie die Kommunisten sprachen vom Bankrott der »Novemberpolitiker«. Bei der Wahl zur Stadtverordnetenversammlung im Mai 1924 mußten die magistratstragenden Parteien SPD und DDP erdrutschartige Verluste hinnehmen. Im Vergleich mit der Kommunalwahl von vor fünf Jahren konnten die bürgerlichen Parteien, die mit einer Einheitsliste (DVP, DNVP, Zentrum) angetreten waren, ihren Stimmenanteil verdreifachen. Mit der KPD und dem Völkisch-Sozialen Freiheitsblock zogen die Links- und Rechtsextremisten ins Stadtparlament ein.[34]

Die Unzuverlässigkeit der Reichswehr bei der Bedrohung der Republik durch Extremisten sowie die zunehmende Rechtsorientierung des »Stahlhelm« ließen unter den Sozialdemokraten, aber auch im demokratischen Bürgertum, den Ruf nach der Schaffung einer republikanischen Schutzwehr immer lauter werden. Anfang 1924 ergriff der Oberpräsident der Provinz Sachsen Friedrich Otto Hörsing (SPD) die Initiative, eine sich auf ganz Deutschland erstreckende, straff gegliederte Organisation aufzubauen. Im Februar kamen in einer Magdeburger Gaststätte Sozialdemokraten und einige Mitglieder des Ortsverbandes der DDP zusammen, um das »Reichsbanner Schwarz Rot Gold« aus der Taufe zu

heben.[35] Ein Jahr später fand in Magdeburg die Bundesgründungsfeier statt. An die Spitze der republikanischen Schutzorganisation trat Hörsing. Im Januar 1925 hatte das Reichsbanner bereits 2,75 Millionen Mitglieder.[36] Mit dem »Stahlhelm« und dem »Reichsbanner« nahmen von Magdeburg die größten, sich konträr gegenüberstehenden paramilitärischen Organisationen der 20er Jahre ihren Ausgang. Die von ihnen durchgeführten Veranstaltungen und Aufmärsche prägten nachhaltig das öffentliche Leben der Elbestadt.

Willy Plumbohm

Xanti Schawinsky, Arbeiter im Hafengelände

Anfang der zweiten Hälfte der 20er Jahre zeichnete sich endlich ein hoffnungsversprechender wirtschaftlicher Aufschwung ab. Wenn auch die soziale Lage der unteren Volksschichten angespannt blieb und die Arbeitslosenzahlen nicht wie erwartet zurückgingen, so griffen unter den Magdeburgern zunehmend Optimismus und Tatbereitschaft um sich. Im Magistrat reifte der Entschluß, jetzt Vorschläge für verbesserte Standortbedingungen und Absatzchancen der Wirtschaft Magdeburgs ins Gespräch zu bringen. Im März 1926 nahm Oberbürgermeister Beims im provinzialsächsischen Landtag zu einer vielbeachteten Rede das Wort. Er beklagte die staatliche Zerrissenheit des mitteldeutschen Raumes und deren Auswirkungen auf die wirtschaftliche Entwicklung. Beims mahnte eine Änderung des Zustandes an. Als Diskussionsbeitrag zu der seit Ende des Weltkrieges angedachten Reichsreform, die ein Aufbrechen der historisch gewachsenen föderalen Strukturen und die territoriale Neuordnung Deutschlands entsprechend den herangereiften staatlichen und wirtschaftlichen Bedürfnissen des 20. Jahrhunderts anstrebte, war mit dem Vorstoß des Magdeburger Oberbürgermeisters die sogenannte »Mitteldeutschlandfrage« zum öffentlichen Thema gemacht worden.[37] Sie wurde von Politikern, Wissenschaftlern und Vertretern der Wirtschaft aufgegriffen. Schon bald zeigten sich konträre Standpunkte in bezug auf die territoriale Bestimmung Mitteldeutschlands und im Hinblick auf die Fixierung eines oder mehrerer politisch-kultureller, verkehrsgeographischer und wirtschaftlicher Zentren. Es waren klein- und großmitteldeutsche Vorschläge im Gespräch. Unterschiedliche Interessen der betreffenden Länder und Regionen fanden in divergierenden Ansichten über die wirtschaftliche Bedeutung der einzelnen Großstädte mit ihrem Umland und über das zukünftige Zentrum ihren Niederschlag.[38]

Mit seinen Vorschlägen zur administrativen Neugliederung der Mitte Deutschlands verfocht Beims natürlich auch die Zukunftschancen Magdeburgs. Die Stadt sollte aufgrund ihrer ökonomischen Kraft und der sehr günstigen verkehrsgeographischen Lage in dem vergrößerten Wirtschaftsraum eine viel bedeutendere Rolle spielen. Hinter Beims und dem Magistrat standen nahezu geschlossen die einheimischen Wirtschaftskreise. Schon seit dem Kriegsende bezeichneten sich in Magdeburg gegründete Institutionen als mitteldeutsch – »Mitteldeutsche Ausstellungsgesellschaft«; »Mitteldeutscher Verkehrsverband« – und unterstrichen damit die von ihnen angestrebte territoriale Funktion.[39]

War das Bemühen um die Stärkung der politisch-administrativ-kulturellen und wirtschaftlichen Position Magdeburgs im sogenannten mitteldeutschen Raum auch gerechtfertigt, so trug die vom Oberbürgermeister und anderen Repräsentanten der Elbestadt angestrebte »Metropolstellung« von Anfang an visionäre, den tatsächlichen Verhältnissen und Entwicklungsmöglichkeiten nicht entsprechende Züge. Während zum Beispiel der Vorsteher des Stadtparlamentes Otto Baer im Rückblick auf das Jahr 1926 dazu aufgerufen hatte, im einmütigen Handeln »Magdeburg zur wirklichen Provinzhauptstadt werden zu lassen«,[40] hatte der Oberbürgermeister bereits 1922 im Geleitwort einer Publikation als kommunalpolitische Zielvorgabe formuliert, die »Hauptstadt der Provinz Sachsen zur Metropole Mitteldeutschlands« auszubauen.[41] In einem fünf Jahre später erschienenen Magdeburg-Buch trug dann das erste Kapitel die Überschrift »Die Hauptstadt Mitteldeutschlands«.[42] Offen blieb weiterhin, was eigentlich unter Mitteldeutschland zu verstehen sei. Daher blieben alle an den Begriff geknüpften Ziele und Projekte letztlich eine Fiktion.

Den Magdeburger Visionären und Optimisten müssen bei ihren Plänen und Hoffnungen bezüglich der zukünftigen Stellung und Rolle der Stadt die Mitte der 20er Jahre erzielten kommunalpolitischen Erfolge

Katalog zur Mitteldeutschen Ausstellung MIAMA 1922

zugute gehalten werden. Neben den beachtenswerten Reformansätzen auf mehreren Gebieten, den neuen Wohnsiedlungen und Kommunalbauten, dem erweiterten Verkehrsnetz schlug das Ausstellungsgeschehen zu Buche.[43] Vor allem der Unternehmer und Kommunalpolitiker Carl Miller (DDP, später DVP) hatte sich als Präsident der Mitteldeutschen Ausstellungsgesellschaft und des Verkehrsverbandes große Verdienste beim Abbau und bei der Überwindung kommunaler Defizite – Ausstellungswesen, Einbindung der Stadt in den Flugverkehr, Belebung des Tourismus – erworben. Die auf Initiative Millers im Jahre 1922 mit großem Zuspruch durchgeführte »Mitteldeutsche Ausstellung Magdeburg« (MIAMA) ermunterte die Stadt in den folgenden Jahren zu weiteren viel beachteten Schauen.[44] Carl Miller – der

in der kommunalpolitischen Bedeutung ebenbürtig neben dem Oberbürgermeister steht – war es auch, der die Anfrage der deutschen Volksbühnenvereine, eine Jahrestagung in Magdeburg durchzuführen, aufgriff und vorschlug, dieselbe mit einer Ausstellung über das Theater zu verbinden.[45] Die »Deutsche Theaterausstellung« – unbestritten der geistig-kulturelle Höhepunkt der Stadtgeschichte in der Weimarer Zeit – fand von Mai bis September 1927 statt. Persönlichkeiten des In- und Auslandes besuchten die Elbestadt. Die Presse berichtete ausführlich über das bedeutende Ereignis. In jenen Monaten empfand sich Magdeburg als ein europäisches »Kultur-Mekka«. Bei den Offiziellen herrschte berechtigte Freude und Genugtuung.[46] Der Vormarsch der Elbestadt im sogenannten Mitteldeutschland schien sich zu bestätigen.

Jedoch sollten diese Hoffnungen nur von kurzer Dauer sein. Während die gesamtwirtschaftliche Entwicklung Deutschlands noch aufwärts verlief, ging es seit 1927/28 in Magdeburg schon wieder bergab.[47] Eine der wichtigsten Ursachen dafür lag in der einseitigen Struktur der Magdeburger Industrie, die zum überwiegenden Maße auf Maschinen-, Apparate- und Armaturenbau ausgerichtet war. Die während des Krieges und in den folgenden Jahren unterbliebene Investitionstätigkeit hatte international gesehen zu einem Rückstand in der Produktionstechnik und damit auch zu abnehmenden Exportmöglichkeiten geführt. Im Verwaltungsbericht des Magistrats 1928/29 hieß es: »Während andere deutsche Großstädte noch voll beschäftigt sind, hat Magdeburg bereits schwere Anzeichen der Wirtschaftskrise aufzuweisen«.[48] Auf der Stadtverordnetenversammlung im Oktober 1929 stellte der Oberbürgermeister fest, daß der »Niedergang der Magdeburger Wirtschaft« nicht gestoppt werden konnte und »der Rückgang der Magdeburger Industrie enorm« sei.[49] In dieser Situation unternahmen die Verantwort-

Winternothilfe in der Kaserne Jerichower Straße 1932

lichen der Stadt verstärkte Anstrengungen, das Industrieprofil durch die Ansiedlung neuer, zukunftsweisender Unternehmen zu verbreitern. Als Standort boten sich die weitgehend im städtischen Besitz befindliche Gemarkung Rothensee und ein Teil der Gemarkung Barleben an. Erste Überlegungen in bezug auf ein Großindustriegebiet im Norden der Stadt gingen bereits auf die Vorkriegszeit zurück.[50] Sie erhielten in den 20er Jahren im Zusammenhang mit dem Mittellandkanal und der Anlage des Kanalhafens immer deutlichere Konturen. Die städtischen Körperschaften begriffen den Ausbau des Hafengeländes und die Schaffung des Industriereviers Rothensee als eine Einheit. Die Verwirklichung beider Projekte bildete für sie eine »Lebensfrage der Stadt«.[51] Anfang der dreißiger Jahre siedelten sich hier die »Großgaserei Mitteldeutschland A.G. Magdeburg«, ein Großkraftwerk und eine Zinkhütte an. Damit war ein hoffnungsvoller Anfang für vermehrten Warenumschlag und die Industrieerweiterung gemacht worden.

Diese Erfolge konnten jedoch das immer tiefere Hineingleiten der einheimischen Wirtschaft in die nun allseits ausgebrochene Wirtschaftskrise nicht aufhalten. Bereits Ende 1929 gab es − bezogen auf je 1.000 Einwohner − in Magdeburg mehr Unterstützungsempfänger als in den meisten deutschen Großstädten. Die Stadt

war nicht mehr in der Lage, die anschwellenden Aufwendungen für die Wohlfahrtsfürsorge aufzubringen. Als der Antrag des Magistrats, mehrere Steuern zu erhöhen, von den Stadtverordneten zurückgewiesen wurde, drohte das Rathaus in der Finanzpolitik handlungsunfähig zu werden. Ein lebenswichtiger Bereich der kommunalen Selbstverwaltung funktionierte nicht mehr. Deshalb fanden jetzt die Praktiken der Notverordnungspolitik des Reiches in Magdeburg Einzug. Ende November 1930 sah sich der Präsident des Regierungsbezirkes gezwungen, hier einen Staatskommissar einzusetzen. Die vom Magistrat angedachten Steuererhöhungen wurden nun »per Dekret« in Kraft gesetzt.[52] Den offen und verdeckt agierenden Feinden der Republik kam die »Stadtdiktatur« gelegen, um mit Hinweis auf das allseitige Versagen des »Weimarer Systems« die politische Auseinandersetzung anzuheizen. Wenn auch in den Wahlen 1929/30 die sozialdemokratische Position in der Elbestadt unangefochten blieb, so konnten doch Nationalsozialisten und Kommunisten Schritt für Schritt immer mehr Unzufriedene auf ihre Seite ziehen.[53]

Mit Beginn der 30er Jahre näherte sich die Amtszeit von Oberbürgermeister Beims dem Ende. Er, der in dem zurückliegenden Jahrzehnt für die Stadt unermüdlich tätig gewesen war und mit seinen Amtskollegen viel erreicht hatte, wurde jetzt mit den Schwierigkeiten, die an die Nachkriegsperiode erinnerten, konfrontiert. Am meisten bestürzte ihn die täglich mehr um sich greifende soziale Not. Er litt mit den Arbeitslosen, stellte die Frage, was mit diesen »überflüssigen Menschen«, den »Allzuvielen« denn geschehen solle? [54]

Vor dem Ausscheiden aus dem in schwerer Zeit ausgeübten Amt konnte der Oberbürgermeister auf beachtliche kommunalpolitische Erfolge zurückblicken. Vor allem fallen der Wohnungsbau, die modernen Kommunaleinrichtungen und die Fortschritte bei der Erweiterung des Verkehrsnetzes ins Auge. Magdeburg war ein anerkannter und angenommener Tagungs- und Ausstellungsort geworden. Die Reformen im Bildungs- und Gesundheitswesen, das aufblühende geistig-kulturelle Leben fanden allgemeine Beachtung.

Die Stadt, die Ende der 20er Jahre über 300.000 Einwohner zählte, mußte jedoch auch herbe Rückschläge hinnehmen. Alle Bemühungen um die staatliche Neuordnung Mitteldeutschlands waren gescheitert. Die »Metropolillusionen« hatten einen argen Dämpfer erhalten. Schwer trafen Beims auch diesbezügliche Entscheidungen des Reiches und des Staates Preußens. Die Behörden des Provinzialverbandes waren nicht wie erhofft von Merseburg an die Elbe umgesiedelt. Im Gegenteil,

wichtige Institutionen wanderten ab – so im September 1930 die Reichsbahndirektion und das Kulturamt. Der »Preußische Lehrerverband« ging nach Berlin. [55] Auch über Verlegungen der Oberpostdirektion und des Finanzamtes wurde spekuliert. Die städtischen Behörden bangten nun sogar um den Status einer »Provinzial-Hauptstadt«. Als zwei Magdeburger Landtagsabgeordnete zu dieser Frage eine feste Zusage von der Preußischen Staatsregierung erbaten, fiel die Antwort zwar zuversichtlich, jedoch nicht voll befriedigend aus. [56]

Entgegen den Erwartungen war auch das Projekt »Groß Magdeburg« über wenige Eingemeindungen nicht hinausgekommen. [57] Aufgrund der prekären Finanzlage ging die Einbindung der Stadt in den innerdeutschen Flugverkehr auf ein Minimum zurück. [58] Zwei Jahre nach der glanzvollen Theaterausstellung erwog das Stadtparlament, wegen des fehlenden Geldes keine weiteren Ausstellungen zu veranstalten und die heimischen Bühnen zu schließen. [59]

Das weitere Voranschreiten der Weltwirtschaftskrise mit ihren wirtschaftlich-sozialen und politischen Folgen verdeckte schon bald die im zurückliegenden Jahrzehnt erzielten Leistungen. Nach der Errichtung des NS-Regimes wurden alle Reformansätze rückgängig gemacht oder außer Kraft gesetzt.

1
Vgl. Ingrun Drechsler,
Die Magdeburger Sozialdemokratie
vor dem Ersten Weltkrieg,
Oschersleben 1995, S. 170 ff.

2
Vgl. Manfred Wille, Magdeburgs
Aufbruch in die Moderne.
Kommunalpolitik vom Ausgang des
Ersten Weltkrieges bis zum Beginn
der NS-Diktatur, Schriftenreihe des
Stadtplanungsamtes Magdeburg,
Nr. 39II, 1995, S. 20.

3
Manfred Wille, Magdeburgs
Aufbruch, S. 21.

4
Vgl. GA, 9.11.1918; VS,
10.11.1918.

5
Vgl. Manfred Wille, Magdeburgs
Aufbruch, S. 14f.

6
Manfred Wille, Magdeburgs
Aufbruch, S. 18.

7
MZ, 10.4.1919.

8
Vgl. Bericht über die Verwaltung und den Stand der Gemeinde-Angelegenheiten der Stadt Magdeburg für die Zeit vom 1. April 1919 bis 31. März 1920. 1. Teil, Verwaltungsbericht [im folgenden: Verwaltungsbericht 1920], Magdeburg 1921, S. 37 ff.

9
Vgl. Manfred Wille, Magdeburgs Aufbruch, S. 15.

10
Manfred Wille, Magdeburgs Aufbruch, S. 15.

11
Vgl. Hermann Beims, Die Sozialdemokraten in der Stadtverwaltung Magdeburg, in: Die Rote Stadt im Roten Land, Magdeburg 1929, S. 25 ff.

12
Im Jahre 1910 stand Magdeburg an der 16. Stelle, vgl. Jürgen Reulecke, Geschichte der Urbanisierung in Deutschland, Frankfurt/M. 1985, S. 203.

13
Vgl. Friedrich Wilhelm Hoffmann, Geschichte der Stadt Magdeburg. Neu bearbeitet von G. Hertel und Fr. Hülße, Magdeburg 1885, S. 562 ff.

14
Vgl. ebenda, S. 555 ff.

15
Vgl. Berichte über die Verwaltung und den Stand der Gemeinde-Angelegenheiten der Stadt Magdeburg 1908/09 und 1910/11.

16
Jürgen Reulecke, Geschichte der Urbanisierung in Deutschland, Frankfurt/M. 1985, S. 81.

17
Vgl. Friedrich Wilhelm Hoffmann, Geschichte der Stadt Magdeburg. Neu bearbeitet von G. Hertel und Fr. Hülße, Magdeburg 1885, S. 600; Statistisches Jahrbuch der Stadt Magdeburg 1914–1924, Magdeburg 1925, S. 9.

18
Vgl. Wolfgang R. Krabbe, Die deutsche Stadt im 19. und 20. Jahrhundert. Eine Einführung, Göttingen 1989, S. 165 ff.

19
Vgl. Verwaltungsbericht 1920/21, S. 22.

20
Vgl. Manfred Wille, Magdeburgs Aufbruch, S. 27 f.

21
Vgl. Verwaltungsbericht 1921/26, S. 15 f.

22
Vgl. Manfred Wille, Magdeburgs Aufbruch, S. 28.

23
Stadtarchiv Magdeburg [im folgenden: StaM], Rep. 18.4, Bü 132, Magistratsvorlage 11.4.1924.

24
MZ, 21.10. u. 25.10.1923.

25
Vgl. dazu die Beiträge in: Magdeburg, hrsg. vom Magistrat der Stadt Magdeburg, Berlin 1927.

26
Vgl. Annegret Nippa, Bruno Taut. Eine Dokumentation. Projekte-Texte-Mitarbeiter, Schriftenreihe des Stadtplanungsamtes Magdeburg, Nr. 20, 1995.

27
Frühlicht. Eine Folge für die Verwirklichung des Neuen Baugedankens. Herausgeber Bruno Taut, Heft 1, Herbst 1921, Magdeburg o.J., S. 2.

28
Vgl. Karl Heinz Hüter, Neues Bauen in Magdeburg, in: form und zweck. Fachzeitschrift für industrielle Formgestaltung, H. 2/1983, S. 26.

29
Ebenda, S. 25 ff.

30
Vgl. MA, 4. Jg., 1927, S. 719.

31
Vgl. zum Wohnungsbau der 20er Jahre in Magdeburg Marta Doehler/Iris Reuther, Magdeburg – Die Stadt des Neuen Bauwillens, Heft 391, Magdeburg 1995. Regina Prinz, Neues Bauen in Magdeburg. Das Stadtbauamt unter Bruno Taut und Johannes Göderitz [1921–1933], Diss. München 1997.

32
Ermittelt aus dem Statistischen Jahrbuch der Stadt Magdeburg 1914–1924, S. 36; MA, 1930, S. 8 und Angaben in anderen Dokumenten.

33
Verwaltungsbericht 1921/26, S. 17.

34
Statistisches Jahrbuch der Stadt Magdeburg 1914–1924, S. 67.

35
Vgl. den Beitrag von Beatrix Herlemann in diesem Band und Helga Gotschlich, Zwischen Kampf und Kapitulation. Zur Geschichte des Reichsbanners Schwarz-Rot-Gold, Berlin 1987, S. 13 ff.

36
Ebenda, S. 33.

37
Vgl. MA, 1927, S. 809 ff. und der Beitrag von M. Tullner in diesem Band.

38
Vgl. Hanns Thormann/Erich Staab, Der mitteldeutsche Raum. Seine natürlichen, geschichtlichen und wirtschaftlichen Grenzen, Merseburg 1929, S. 3 ff.

39
Vgl. Manfred Wille, Magdeburgs Aufbruch, S. 78.

40
StaM, Rep. 18.4., Bü 70, S. 2.

41
Magdeburg. Seine Entwicklung – Seine Zukunft, Bd. II der Bücherreihe Deutsche Stadt – Deutsches Land, hrsg. von Erich Köhrer, Berlin 1922, S. 4.

42
Magdeburg, hrsg. vom Magistrat der Stadt Magdeburg, Berlin 1927, S. 7.

43
Vgl. ebenda, S. 169 ff.

44
Vgl. Manfred Wille, Magdeburgs Aufbruch, S. 79.

45
Vgl. Die Deutsche Theater-Ausstellung 1927. Eine Schilderung ihrer Entstehung und ihres Verlaufes, Magdeburg 1928, S. 7.

46
Vgl. zum Beispiel MA, 5. Jg., 1928, S. 1.

47
Vgl. Manfred Wille, Magdeburgs Aufbruch, S. 88.

48
Verwaltungsbericht 1928/29, S. V.

49
Vgl. MA, 6. Jg., 1929, S. 755 f.

50
Vgl. StaM, Rep. 18.4, Bü 64a, Magistratsvorlage 10.12.20.

51
Vgl. MA, 8. Jg., 1931, S. 54.

52
Vgl. GA, 30.11.30.

53
Vgl. MA, 9. Jg., 1932, S. 324.

54
Vgl. MA, 1929, S. 756.

55
Vgl. Manfred Wille, Magdeburgs Aufbruch, S. 95.

56
Vgl. GA, 17.4.1931.

57
So war es nicht gelungen, Schönebeck-Frohse-Salzelmen, Barleben, Biederitz und Heyrothsberge für die Eingemeindung zu gewinnen.

58
Vgl. Verwaltungsbericht 1931/32, S. 359; StaM, Rep. 18.4., Bü 136, Magistratsvorlage 10.6.1932.

59
Vgl. MA, 1930, S. 143.

Stadtansicht von Magdeburg um 1919

Magdeburg und das Mitteldeutschlandproblem in den 20er Jahren

Mathias Tullner

Mit dem Ende der preußischen Monarchie und ihres autoritären Machtstaates durch die Novemberrevolution von 1918 eröffneten sich für Magdeburg neue Perspektiven, nicht nur weil demokratische Verhältnisse eingetreten waren. Mit der Beseitigung des alten preußischen Staates schien die Stadt auch ihre über zweihundertjährige spezifische Rolle als preußische Militärbastion überwinden und eine gänzlich neue Stadtentwicklung einleiten zu können.

Die Elbestadt hatte seit ihrer fast vollständigen Zerstörung im Jahre 1631 und ihrer daran anschließenden Zugehörigkeit zur brandenburg-preußischen Monarchie eine wechselvolle Geschichte erlebt. Seit dem vollen Einsetzen der Industrialisierung in der zweiten Hälfte des 19. Jahrhunderts waren ihr aus der besonderen Stellung innerhalb Preußens gegenüber einer Reihe von vergleichbaren deutschen Städten wie Leipzig, Dresden, Köln, München und tendenziell auch gegenüber Hannover erhebliche und prägende Entwicklungsnachteile erwachsen.[1] Noch bis zur Mitte des vorigen Jahrhunderts hatte Magdeburg eine in etwa vergleichbare Bevölkerungszahl wie diese Städte aufzuweisen, hinsichtlich der wirtschaftlichen Bedeutung nahm es unter den preußischen und deutschen Städten sogar eine Spitzenstellung ein.[2]

Diese für Magdeburg nachteiligen Entwicklungen hingen mehr oder minder mit der spezifischen Stellung der Stadt innerhalb der preußischen Monarchie, nämlich mit ihrer Funktion als stärkste Festung des Landes und den daraus sich ergebenden Konsequenzen, zusammen. Zwar wurde der letzte Festungskommandant im Jahre 1912 abberufen, die Folgen der jahrhundertelangen Dominanz des allmächtigen und allgegenwärtigen Militärs und der davon ausgehenden Rollenzuweisung für die Stadt und ihre Bürger hatten jedoch langzeitliche und tiefgreifende Wirkung. Die Zitadelle auf der Elbinsel und verschiedene Festungswerke innerhalb des Stadtgebietes bestanden noch nach 1918. Die Zitadelle wurde erst nach 35 Jahre andauernden Verhandlungen mit wechselnden preußischen Regierungen im Jahre 1927 an die Stadt verkauft, die von dieser Zeit an über das innerstädtische Gelände verfügen konnte. Schon die gewählten Ausmaße des Bauwerks hatten bis dahin ein gravierendes Hindernis für die Stadtentwicklung dargestellt.

Zu den Faktoren, die eine bedeutendere Entwicklung Magdeburgs gehemmt haben, gehörte auch, daß die Elbestadt immer mehr in den Schatten der nahen Reichshauptstadt Berlin geraten war. Auch bei den für das Industriezeitalter extrem wichtigen Eisenbahnverbindungen verlor die Stadt, nachdem sie noch um 1850 einen frühen Eisenbahnknotenpunkt darstellte, zunehmend an Bedeutung, weil die entscheidenden Wirtschafts- und Kommunikationsströme zwischen Berlin und dem Rheinland mehr und mehr an Magdeburg vorbeigingen.

Für die Repräsentanten Magdeburgs gab es nach 1918 noch einen weiteren Aspekt, der bei den Überlegungen und Planungen für eine neue Stellung der Stadt in der Region und in Deutschland eine Rolle spielte. Man wollte Möglichkeiten schaffen, um den tiefgreifenden Bruch den die Zerstörung der Stadt im Jahre 1631 bereitet hatte, auszugleichen und eine ähnliche Stellung wie vordem zu erreichen.[3] Vor dieser Katastrophe hatte Magdeburg zu den wichtigsten Städten im Reich gehört. Hermann Beims, Oberbürgermeister der Stadt, faßte diesen Umstand wie folgt zusammen: »Magdeburgs Ansehen war zu Ausgang des Mittelalters vor der letzten Zerstörung unter den deutschen Städten groß; es war wohl die größte Stadt Deutschlands zu jener Zeit. Nach der Zerstörung durch Tilly schlug es der preußische Staat in die Fesseln der Festung und so konnte es im Wettbewerb mit den anderen Städten nicht gleichen

Zitadellengelände auf der Elbinsel

Schritt halten. Nachdem aber nun die Fesseln zerbrochen sind, holt es unter den Städten der deutschen Republik kräftig auf. Wir wollen die alte Geltung Magdeburgs durch emsige Arbeit neu befestigen.«[4] Solche Überlegungen wiesen noch über das Ziel, eine ähnliche Bedeutung wie die eingangs erwähnten Städte zu erlangen, hinaus, man wollte Magdeburg an der Spitze deutscher Stadtentwicklung sehen. Die Modernisierungskonzeption und die damit verbundene Überwindung von bestehenden Entwicklungshindernissen unter den neuen Bedingungen der Weimarer Demokratie war zwar ehrgeizig, aber durchaus nicht unerreichbar. Dennoch haftete Projektionen, die sich an der Stellung Magdeburgs im Reich vor 1631 orientierten, von vornherein ein illusionärer Zug an.

Auf die »Geltung« der Stadt richteten sich seit 1919 eine Reihe von Strategien und Maßnahmen der Stadtverwaltung und verschiedener Interessengruppen der Stadt. Die Ziele waren dabei umfassend und schlossen bei einer durchgreifenden Modernisierung der Stadt deren erhebliche Vergrößerung und eine Ausweitung der wirtschaftlichen, politischen sowie kulturellen Stellung im mitteldeutschen Raum und im Reichsmaßstab ein.[5]

Unter den Städten, deren Stellung und Entwicklung Magdeburg erreichen wollte, befanden sich mit München und Dresden Landeshauptstädte bedeutender deutscher Länder. Wie Magdeburg war auch Hannover nach 1866 preußische Provinzialhauptstadt gewesen. Die Leinestadt war in ihrer Entwicklung um 1918 noch nicht weit an Magdeburg vorbeigezogen, die Stadtentwicklung hatte jedoch eine ganz andere Dynamik angenommen. Mit Blick auf die Hauptstadtfunktion der genannten Städte wollte man die eigene Stadtentwicklung entscheidend vorantreiben, im Rahmen einer allgemein als notwendig erachteten Neugliederung der deutschen Republik im territorial extrem zersplitterten mitteldeutschen Raum strebte Magdeburg eine bedeutende Position an. Dies bedeutete zunächst die volle Durchsetzung der Stellung als Provinzhauptstadt in der eigenen Provinz Sachsen.

Die Funktion Magdeburgs als Hauptstadt der preußischen Provinz Sachsen war zwiespältig. Sie konnte die eigentlich damit verbundene Rolle als politischer, wirtschaftlicher und kultureller Mittelpunkt der Provinz nur sehr unvollkommen ausüben, weil ihr wegen ihrer vorrangigen militärischen Stellung in Preußen enge Grenzen gesetzt

waren. Eine Folge davon war, daß auch die Verwaltungs-
beziehungsweise Regierungsbehörden und damit zusammenhängende Einrichtungen auf mehrere Städte
der Provinz aufgeteilt waren.[6] Nach Einrichtung des
Provinzialverbandes erhielt dieser seinen Sitz wie vordem schon die Provinzialständeversammlung in der
Stadt Merseburg, die damit an Bedeutung gewann. Keine
andere der preußischen Provinzhauptstädte besaß eine
ähnlich schwache Stellung wie die Elbestadt innerhalb
der Provinz Sachsen.[7] Mehrfach hatte Magdeburg seit
Ende des 19. Jahrhunderts wegen des Widerstandes
anderer Städte, vor allem der Stadt Halle, bereits
Rückschläge bei Versuchen hinnehmen müssen, seine
Stellung als Provinzialhauptstadt auszubauen.[8]

Um die Mitte der 20er Jahre versuchte die Elbestadt
erneut, die öffentliche Meinung dafür zu gewinnen, ihre
volle Stellung als Provinzialhauptstadt zu erreichen.[9]
Trotz großer Anstrengungen und einiger propagandistischer
Erfolge gelang es jedoch nicht, die in Merseburg
konzentrierten Behörden des Provinzialverbandes und
andere für die ganze Provinz wichtige Behörden und
Einrichtungen nach Magdeburg zu bekommen. Im Jahre
1927 scheiterte im Provinziallandtag der Provinz
Sachsen abermals – und wie sich herausstellen sollte,
endgültig – der Versuch, den Sitz des Provinzialverbandes
mit dem Landtag von Merseburg nach Magdeburg zu
verlegen.[10]

Die Stadt Magdeburg war durch ihre besondere Stellung
in der preußischen Monarchie zu einer eher schläfrigen,
in ihrer urbanen Entfaltung gehemmten, preußischen
Provinzstadt geworden, für die eine Konzentration von
Militär und Beamtenschaft charakteristisch war.[11]

Dennoch stellte sich die Ausgangslage für die ehrgeizigen
Projekte der Stadtverwaltung und verschiedener Interessengruppen der Bürgerschaft nicht aussichtslos dar.

Trotz aller Hemmnisse hatte es im Zusammenhang mit
der Industrialisierung eine immerhin beträchtliche
Industrie- und Handelsentwicklung gegeben. Die Stadt
war zum Industrie- und Wirtschaftszentrum mit einer er-
heblichen Konzentration der Arbeiterschaft geworden,
wenn auch mit geringeren Entwicklungsschüben als in
anderen deutschen Großstädten. Allerdings lag der
Schwerpunkt der Wirtschaft auf dem Schwermaschinen-
bau und auf der Zuckerindustrie und dem Handel mit
landwirtschaftlichen Produkten. Als Wirtschaftszentrum
galt Magdeburg, abgesehen von der im Laufe des Ersten
Weltkrieges enorm ausgebauten Rüstungsindustrie,
als regionaler Mittelpunkt der Magdeburger Börde und
unmittelbar angrenzender Landschaften. Aber dies
bedeutete keinen unüberwindlichen Nachteil gegenüber
anderen regionalen Zentren und es waren bereits vor
dem Ersten Weltkrieg Maßnahmen eingeleitet worden,
die auf eine neu profilierte und dimensionierte
Wirtschaftsentwicklung abzielten.[12]

Politisch dominierte nach 1918 in Magdeburg die
Mehrheits-Sozialdemokratie (MSPD). Zum Oberbürger-
meister der Stadt wurde am 24. April 1919 ohne
Gegenstimme Hermann Beims gewählt.[13] Auf dieser

breiten Basis ging die neu und demokratisch gewählte Stadtverwaltung zielstrebig daran, die kommunale Modernisierung einzuleiten. Mit der »Mitteldeutschen Ausstellung Magdeburg« (MIAMA) im Jahre 1922 wurde eine erfolgreiche Ausstellungstätigkeit der Stadt begründet. Andere Ausstellungen, besonders die »Deutsche Zuckerausstellung« im Jahre 1925, erzielten ein hohes Maß an Akzeptanz bei der Wirtschaft der Stadt und der Region und verschafften ihr Geltung als mitteldeutsches Ausstellungszentrum. Um die Mitte der 20er Jahre war in der Öffentlichkeit von Stadt und Region Magdeburg eine allgemeine Aufbruchsstimmung eingetreten.

Nach ersten Erfolgen im kommunalen Bereich steuerte die politische Führung der Stadt Magdeburg mit Unterstützung der in und um die Stadt ansässigen Wirtschaftsvertreter eine neue Seite ihrer auf »Geltung« gerichteten Bestrebungen an. Es handelte sich um den Versuch, eine zentrale Funktion als »Metropole«, nicht nur innerhalb der Provinz Sachsen, sondern in Mitteldeutschland zu erreichen.

Die Lage für die Entstehung eines großen deutschen Landes oder einer Reichsprovinz[14] Mitteldeutschland war nicht ungünstig. Die von der Weimarer Nationalversammlung ungelöste Frage einer Neugliederung der deutschen Länder (»Reichsprovinzen«) schwelte in den 20er Jahren weiter. Gerade in Mitteldeutschland standen die aus dem Kaiserreich überkommenen Regionalstrukturen im krassen Gegensatz zu der dynamischen Wirtschaftsentwicklung im mitteldeutschen Raum.

Die Entstehung eines mitteldeutschen Wirtschaftsraumes war ursprünglich vor allem mit dem Anbau und der Verarbeitung von Zuckerrüben verbunden.[15] Daneben war der Braunkohlebergbau, der Maschinenbau und die Kaliproduktion charakteristisch. Zum Ende des Jahrhunderts kam eine sich stürmisch entfaltende Groß-

Hermann Beims

chemie und die Elektroenergieerzeugung hinzu. Der Schwerpunkt der Industrialisierung innerhalb der Provinz Sachsen hatte in der Frühphase in der Magdeburger Region gelegen. Die Herausbildung der chemischen Großindustrie und die Erzeugung von Elektroenergie aber hatte ihre Hauptstandorte im Süden der Provinz Sachsen und im Leipziger Raum. Von dieser Entwicklung war die Magdeburger Wirtschaftsregion nur indirekt erfaßt worden. Damit hatten sich auch in Mitteldeutschland die wirtschaftlichen Schwerpunkte in die weiter südlich gelegenen Regionen um Halle, Bitterfeld und Leipzig verschoben.

Weit über Wirtschaftskreise hinaus bestand in Mitteldeutschland während der Zeit der Weimarer Republik auch bei Politikern und in der gesamten Öffentlichkeit namentlich in den Provinzen Sachsen und Thüringen, aber auch im Leipziger Raum, in Anhalt sowie in Braunschweig weitgehende Einigkeit darüber, daß der bisherige Zustand der territorialen Zersplitterung nicht hinnehmbar sei. Die jeweiligen Lösungsvorstellungen aber differierten teilweise erheblich voneinander.[16]

Eines der wichtigsten Probleme, das durch eine Reichsreform gelöst werden mußte, war die Überwindung der
Ausnahmestellung Preußens im Reich, das sowohl hinsichtlich der Einwohnerzahl als auch der Fläche das
bei weitem größte deutsche Land war. Demgegenüber
standen Zwergstaaten wie Schaumburg-Lippe oder
Kleinstaaten wie Braunschweig und Anhalt im mitteldeutschen Raum. Es bestanden verschiedene Konzeptionen, die von der Auflösung Preußens bis zu seiner
extremen Vergrößerung reichten, oder auf die Verschmelzung des übrigen Reichsgebietes mit Preußen
hinzielten. In der Provinz Sachsen und zeitweilig auch in
Thüringen gab es weitgehende Übereinstimmung darüber,
daß eine Zusammenfassung des mitteldeutschen
Raumes als föderale Einheit innerhalb des preußischen
Staates erstrebenswert sei. Die Pläne für eine Vergrößerung Preußens trafen aber auf energischen
Widerstand seitens des Freistaates Sachsen und auch
der anhaltischen Staatsregierung.[17]

Thilo von Wilmowsky

Neben dem Provinziallandtag und der Provinzialverwaltung
der Provinz Sachsen und dem Wirtschaftsverband
Mitteldeutschland[18] gingen von der Stadt Magdeburg
wesentliche Initiativen für eine Neugliederung Mitteldeutschlands aus. Diese zeigten sich besonders im
Wirken ihres Oberbürgermeisters Hermann Beims.

Beims war in vielfältigen Funktionen mit der Provinzial-
politik beziehungsweise der preußischen und auch der
Reichspolitik verbunden.[19] Mit seinem Eintreten für die
Herstellung eines mitteldeutschen Landes beziehungs-
weise einer Reichsprovinz verband er das Ziel, die Stadt
Magdeburg als neue Hauptstadt zu etablieren. Beims
hatte im Verein mit Vertretern der mitteldeutschen
Wirtschaft und der Führung des Provinzialverbandes die
»Mitteldeutschlandfrage« im Merseburger Provinzial-
landtag aufgeworfen, die Frage der Überwindung der
Zersplitterung Mitteldeutschlands.

Diese Debatte erreichte eine große Resonanz in der
mitteldeutschen Öffentlichkeit. Sie war einerseits Bestandteil der allgemeinen Diskussion um die Reichsreform und reflektierte andererseits das besonders
drängende Problem der Zersplitterung des wirtschaftlich
aufstrebenden Raumes. Beims hatte in der Eigenschaft
als Fraktionsvorsitzender seiner Partei im Landtag zu
Merseburg in Übereinstimmung mit dem gesamten
Landtag den Zusammenschluß der Provinz Sachsen mit
den Freistaaten Anhalt, Thüringen und Braunschweig
vorgeschlagen.[20] Aus der Sicht der Wirtschaft begründete

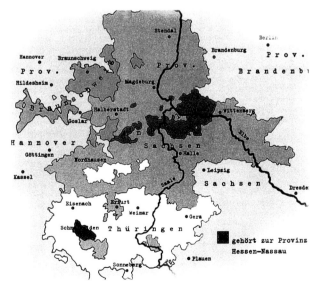

Beims-Plan für Mitteldeutschland

Tilo von Wilmowsky, Vorsitzender des Wirtschaftsverbandes Mitteldeutschland und Fraktionsvorsitzender der DNVP im Provinziallandtag, die Dringlichkeit der Überwindung der mitteldeutschen Zersplitterung.

Beims hatte vor dem Provinziallandtag und auch sonst bei öffentlichen Anlässen vermieden, den Anspruch Magdeburgs als Hauptstadt des meist »Mitteldeutschland« oder »Mittelland« genannten neuen Gebildes zu formulieren. Dennoch bestand darin eines seiner Hauptziele. Dafür vertraten eine Vielzahl von Magdeburger Abgeordneten verschiedener Parlamente, Mitglieder in bedeutenden Gremien sowie die Publizistik der Stadt diesen Standpunkt mit teilweise großer Vehemenz.[21] Ein innerhalb oder außerhalb des preußischen Verbandes gebildetes neues mitteldeutsches Land mit Magdeburg als Landeshauptstadt hätte für die ehrgeizigen Ziele der Stadt, für ihren beschriebenen Geltungsanspruch, völlig neue Perspektiven geschaffen. Hierin schien eine echte Möglichkeit dafür zu liegen, die Elbestadt erfolgreich auf den Weg zu einer vergleichbaren Stellung wie München oder Dresden zu bringen.

Die Magdeburger Pläne stießen jedoch in Mitteldeutschland selbst, vor allem bei der Stadt Halle, aber auch in Leipzig und in anderen Städten keineswegs auf Unterstützung. Die »Mitteldeutschlanddebatte« nahm vom Jahre 1927 an eine für die Magdeburger Pläne ungünstige Richtung. Dabei spielte zunächst eine Rolle, daß sich die Realisierung einer neuen mitteldeutschen staatlichen Einheit innerhalb der deutschen Republik als sehr schwierig erwies und keine entscheidenden Fortschritte gelangen. Immer deutlicher wurde auch, daß die stärkste Motivation für die Mitteldeutschlanddebatte in der dynamischen und hochmodernen Wirtschaftsentwicklung lag. Auf die Einheit Mitteldeutschlands drängten jedoch vor allem die Vertreter der Chemie, der Elektroenergieerzeugung und der Braunkohlenindustrie im

Süden der Provinz Sachsen und im Leipziger Gebiet. Damit wies der industrielle Schwerpunkt von der Stadt Magdeburg weg. Wirtschaftsgeographen, die sich an der Debatte beteiligten, rechneten zu Mitteldeutschland mehrheitlich die Altmark nicht dazu und wollten somit die Nordgrenze unmittelbar nördlich der Stadt Magdeburg ziehen.[22] Damit war die Elbestadt in einem künftigen Mitteldeutschland bereits geographisch am Rande gelegen.

Den Widerständen gegenüber einer Ausweitung der Stellung Magdeburgs in Mitteldeutschland setzte die Stadtverwaltung ihre Modernisierungskonzeption entgegen. Dazu gehörte neben einer großzügig geplanten Wirtschaftsentwicklung auch eine gänzlich neue Haltung gegenüber dem, nun nicht mehr durch Militärinteressen behinderten, Bauen.[23] Die Bautätigkeit in Magdeburg zielte in einem wichtigen Punkt auch auf die Schaffung von Tatsachen mittels entsprechender Gebäude in der Landeshauptstadtfrage eines künftigen mitteldeutschen Landes hin. Dafür war vor allem die Rotehornpark-Insel ausersehen. Die Erschließung des Inselgeländes war mit dem Bau der Sternbrücke 1922 begonnen worden. Hier fanden immer erfolgreichere Ausstellungen statt, die Magdeburg einen guten Ruf als Messestadt einbrachten. Höhepunkt sowohl der Ausstellungtätigkeit wie auch des Ausbaus der Rotehornpark-Insel zum Forum der künftigen mitteldeutschen Landeshauptstadt war die Deutsche Theaterausstellung von 1927 und die dafür in Rekordzeit errichteten hochmodernen Bauten mit der Stadthalle im Zentrum.[24] Die Theaterausstellung war von den maßgeblichen Kräften in erster Linie als Mittel, das Ansehen der Stadt zu steigern und ihre Stellung zu stärken, gesehen worden.[25] Mit dieser Dritten Deutschen Theaterausstellung – die beiden ersten hatten in Berlin beziehungsweise in Wien stattgefunden – erreichte Magdeburg den Höhepunkt der kommunalen Entwicklung in den 20er Jahren. Die

Johannes Göderitz, Planung für die Bebauung der Elbinsel

Stadtverwaltung ließ in dieser Situation Pläne aus-arbeiten, die eine 700.000 Einwohner zählende Metro-pole an der Elbe vorsahen.[26]

Die bis 1927 errichteten Bauten auf der Rotehornpark-Insel waren erst der Anfang eines weit ehrgeizigeren Projektes. Von der neuen Stadthalle ausgehend soll-ten bis zum Zitadellengelände beziehungsweise der Strombrücke über die Elbe Bauten für eine zukünftige Landesregierung und das Landesparlament errichtet werden. Dazu zählten auch Gebäude für ein Landes-funkhaus des Mitteldeutschen Rundfunks. Schließ-lich war auch noch ein neues Rathausgebäude als »Funktionsrathaus« vorgesehen, da die bestehenden Gebäude nicht mehr ausreichten, um die Bediensteten der Stadtverwaltung aufzunehmen.

Zur Errichtung der Bauten für die zukünftige mitteldeutsche Landesverwaltung ist es nicht gekommen. Das hing mit dem Stocken der Reichsreform beziehungsweise dem Ausbleiben einer Lösung in der Mitteldeutschlandfrage und dem stärker werdenden Widerstand gegen die »Metropolitanpläne« Magdeburgs zusammen. Die durch die Provinzialverwaltung in Merseburg 1927 ausge-arbeitete Denkschrift »Mitteldeutschland auf dem Wege zur Einheit«[27], die zur Grundlage für das Vorgehen des Provinziallandtages und der Provinzialverwaltung in der Mitteldeutschlandfrage wurde, zielte in der Hauptstadt-frage keineswegs darauf ab, Magdeburg zu erheben. Im Jahre 1928 trat die Stadt Leipzig mit einem eigenen Mitteldeutschlandkonzept auf den Plan, das die Einbe-ziehung des Freistaates Sachsen in das künftige Mittel-deutschland vorsah und damit eine großmitteldeutsche Lösung ins Spiel brachte.[28] Mit diesem Vorstoß der

Stadt Leipzig wurde die Position Magdeburgs im Wettbewerb um die Landeshauptstadtfunktion in einem künftigen Mitteldeutschland noch fraglicher.

Zu den weit gespannten »Metropolitanplänen« der führenden Kräfte Magdeburgs gehörten umfangreiche Eingemeindungsprojekte. Ohne diese Eingemeindungen war das ehrgeizige Ziel einer 700.000 Einwohner zählenden Stadt in absehbarer Zeit nicht zu erreichen. Vorgesehen war die Anbindung einer größeren Anzahl von Umlandgemeinden sowie der Stadt Schönebeck. Doch auch hier gelangen nur Teilerfolge. Diesdorf, der Biederitzer Busch, Gut Zipkeleben, Kreuzhorst und Forst Pechau wurden eingemeindet und so eine beträchtliche Erweiterung der Stadtfläche erzielt. Die Eingemeindung von Schönebeck, Frohse, Salzelmen sowie Barleben, Biederitz und Heyrotsberge wurde nicht erreicht. Besonders das Mißlingen des bereits sehr weit gediehenen Schönebeck-Projektes bremste die ausgreifenden Pläne der Stadt Magdeburg. Letztlich scheiterten sie, weil die gegen die Eingemeindung gerichteten Kräfte in Schönebeck und anderen Orten

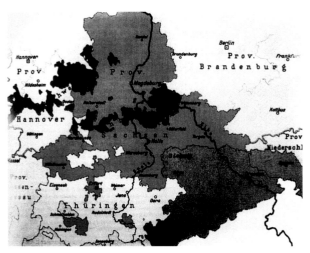

Mitteldeutschland aus der Sicht der Stadt Leipzig

massiv von der preußischen Regierung und von Reichsbehörden unterstützt wurden. Die Behörden sahen die Magdeburger Hauptstadtpolitik kritisch. Dies betraf sowohl die preußische Staatsregierung in Berlin wie auch das Ober- und Regierungspräsidium in Magdeburg selbst. Es setzten von den preußischen und den Reichsbehörden bald direkte Maßnahmen ein, die auf eine Beschneidung der Stellung Magdeburgs zielten und somit in der mitteldeutschen Hauptstadtfrage erhebliche Hindernisse aufrichteten. Trotz heftiger Proteste der Stadtverwaltung und der Bürgerschaft wurde die Reichsbahndirektion Magdeburg zugunsten von Hannover, Hamburg und Halle aufgelöst. Entgegen ursprünglicher Zusagen der preußischen Regierung erhielt die Elbestadt, die wegen der Besonderheiten ihrer Geschichte über keine Hochschuleinrichtung oder Akademie verfügte, keine der zwei für die Provinz Sachsen vorgesehenen preußischen Lehrerakademien. Diese kamen nach Halle und nach Erfurt. Schließlich erhielt im Jahre 1928 auch das Landesarbeitsamt für die Provinz Sachsen, Anhalt und Thüringen seinen Sitz in Erfurt.[29]

Die Gegensätze zwischen der Elbestadt und Preußen waren in einem Maße angewachsen, daß man seitens des Magdeburger Magistrats bei der Berliner Regierung anfragte, ob man dort den Plan verfolge, Magdeburg auch noch die formale Stellung der Provinzialhauptstadt aberkennen zu wollen. Die Vorbehalte der Stadt kleidete der Bürgermeister Prof. Otto Landsberg 1927 in den Satz: »Die Sonne der Gunst von Berlin ist (uns) wenig zuteil geworden«.[30] Und Oberbürgermeister Beims selbst erklärte im gleichen Jahr: »Der Leidensweg, den Magdeburg seit dem Dreißigjährigen Kriege gehen mußte, dauert an. Für diese mitteldeutsche Zentrale zeigt Staat und Reich nicht das Interesse, das wir angesichts der Bedeutung unserer Stadt beanspruchen müssen.«[31]

Luftaufnahme vom Industriegebiet am Mittellandkanal

Die preußische Staatsregierung setzte zwar den »Metro-politanplänen« der Stadt Magdeburg in Mitteldeutschland Widerstand entgegen, dennoch erhielt die Elbestadt in den Fragen, die den Vorstellungen der Berliner Behörden entsprachen, sogar massive Unterstützung. Dies traf vor allem bei der Durchsetzung Magdeburger Wirtschaftsinteressen bei der Trassenführung des Mittellandkanals zu. Gegen die Konkurrenz von Leipzig und der Großchemie um Leuna setzte die preußische Regierung die Trasse über Magdeburg durch. Dies bedeutete langfristig eine erhebliche Aufwertung des Wirtschafts- und Verkehrsstandortes der Elbestadt am »blauen Kreuz« von Elbe und Mittellandkanal. Auch in der Ansiedlungspolitik von neuen Industrien konnte sich die Elbmetropole auf die preußische Staatsregierung stützen.

Magdeburg selbst hatte nicht immer eine glückliche Hand bei der Einleitung neuer und zukunftsträchtiger Entwicklungen. Ein Beispiel dafür war das Flugwesen. Hier hatte man mit Hans Grade einen der berühmten deutschen Flugpioniere in der Stadt, der den Motorflug in Deutschland begründete, aber dann Magdeburg verließ.[32] Die Elbestadt konnte sich nicht zu einem bedeutenden Standort der Fliegerei oder gar des Flugzeugbaus entwickeln, wie es zum Beispiel im nahen Dessau durch die Unternehmungen von Hugo Junkers geschah.

Dennoch schien es mit dem Flugwesen in Magdeburg aufwärts zu gehen. Man unterhielt in der Zeit der Weimarer Republik zeitweilig mehrere Flugplätze, darunter sogar einen »Wasserflugplatz« auf der Elbe. Der »Wasserflugplatz« war jedoch eine ausgesprochene Fehlentwicklung, die die Etablierung eines zukunftsträchtigen Flugplatzes im deutschen und europäischen Luftverkehr eher behinderte. Im Jahre 1928 hatte man sich nach einigem Hin und Her entschlossen, bei Heyrotsberge einen modernen Flughafen zu errichten, der sich mit den wichtigsten deutschen Flughäfen messen können sollte. Die angedachten Dimensionen entsprachen dem Magdeburger Hauptstadtkonzept. Mit dem zu spät und zu halbherzig betriebenen Flugplatzprojekt gelang es jedoch nicht, der Konkurrenz von Berlin, Hannover und vor allem von Halle die Stirn zu bieten. Halle hatte gegen den heftigen Widerstand von Leipzig den Bau des Schkeuditzer Flughafens durchgesetzt. Damit war ein mitteldeutscher »Großflughafen« entstanden, der wesentlich günstiger im deutschen Luftraum postiert war. Magdeburg fand sich schließlich im deutschen Luftverkehr weitgehend marginalisiert wieder. Allerdings waren die natürlichen Voraussetzungen für Magdeburg durch die Nähe zur Reichshauptstadt Berlin für einen bedeutenden Standort des Luftverkehrs ohnehin nicht günstig. Eine wirkliche Bedeutung konnte Magdeburg als Luftfahrtstandort nicht erreichen.

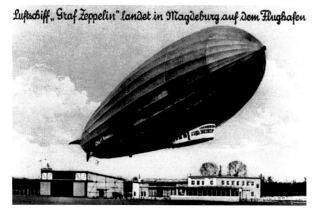

Luftschiff „Graf Zeppelin" landet in Magdeburg auf dem Flughafen

Postkarte von der Landung des Zeppelins in Magdeburg

Die sich im Jahre 1928 verschlechternden Bedingungen für Magdeburg im Wettbewerb um die mitteldeutsche Landeshauptstadt hatten auch in der Lage der Stadt selbst Ursachen. Das zeigte sich in einer krisenhaften Entwicklung der Magdeburger Maschinenbauindustrie, die bereits vor der Weltwirtschaftskrise des folgenden Jahres eintrat.[33] Bis zu diesem Zeitpunkt war es nicht gelungen, die Strukturschwächen der Magdeburger Wirtschaft entscheidend zu bekämpfen.

Bei der Eröffnung des 43. Landtags der Provinz Sachsen am 6. Februar 1928 hatte Oberpräsident Prof. Waenting die Bemühungen des Provinziallandtages um die Neugliederung Mitteldeutschlands gewürdigt und dann hinsichtlich der führenden Persönlichkeiten in diesem Prozeß ausgeführt: »Die Namen Beims, Wilmowsky und Dr. Hübener werden mit der Geschichte dauerhaft verknüpft werden.«[34] Hermann Beims zog sich jedoch im Laufe des Jahres 1928 nicht ganz freiwillig aus der vordersten Linie der Mitteldeutschlanddebatte zurück. Damit verlor Magdeburg seinen wichtigsten Fürsprecher in dieser Angelegenheit. Der Grund dafür bestand darin, daß Beims von der Berliner Parteiführung der Sozialdemokratie in seinen Aktivitäten im Zusammen-

hang mit der Lösung der Mitteldeutschlandfrage gebremst wurde. Beims war dem 1928 gegründeten »Bund zur Erneuerung des Reiches« unter Führung des ehemaligen Reichskanzlers Hans Luther (DVP) beigetreten, was die Kritik der SPD-Führung erregte.[35] Der erzwungene Rückzug aus dem »Lutherbund« bei fast gleichzeitigem Rückzug vom Amt des Vorsitzenden des Provinzialausschusses der Provinz Sachsen führte dazu, daß die Initiative in der Mitteldeutschlandfrage in der Provinz Sachsen auf den Landeshauptmann Erhard Hübener und die Provinzialverwaltung in Merseburg überging. Hübener aber entwickelte seine Projektionen vornehmlich aus der Sicht des preußischen Verwaltungsfachmannes, die sich von den Sichtweisen und Beweggründen von Beims und seinem Anhang erheblich unterschieden. Außerdem arbeitete Hübener eng mit dem Wirtschaftsverband Mitteldeutschland unter Führung von Tilo von Wilmowsky und Sitz in Halle zusammen und betrachtete die Stadt Magdeburg keineswegs als künftige Hauptstadt eines mitteldeutschen Landes beziehungsweise als Reichsprovinz.

Hübener entwickelte im Jahre 1929 den Plan der Dreiteilung Mitteldeutschlands in die Länder (oder Reichsprovinzen) Sachsen, Thüringen und Sachsen-Anhalt.[36] Diesen Plan hat er im November 1929 fast zeitgleich in Magdeburg und Halle in der Öffentlichkeit erläutert. Es handelte sich bei diesem Plan um eine gegenüber den von Beims entwickelten Vorstellungen im Jahre 1927 wesentlich kleinere Einheit, die er mit »Sachsen-Anhalt« beschrieb, nämlich im wesentlichen lediglich um die beiden Regierungsbezirke Magdeburg und Merseburg der Provinz Sachsen und um das Land Anhalt unter Einschluss aller Enklaven, die zu anderen deutschen Ländern gehörten. Die thüringischen Gebiete mit der Stadt Erfurt sollten dagegen zu Thüringen kommen.

Zur Hauptstadtfrage eines künftigen Sachsen-Anhalt machte Hübener keine Angaben. Nach Lage der Dinge kamen dafür Magdeburg oder Halle in Frage. Bereits damals gab es keine Anzeichen dafür, die anhaltische Landeshauptstadt Dessau in die Diskussion einzubeziehen. Dennoch hatten sich dem Hübener-Plan die Aussichten Magdeburgs, Hauptstadt eines – wenn auch verkleinerten – mitteldeutschen Landes zu werden, nicht verbessert. Der Hauptgrund dafür bestand in der Konzeption der Kreise um Hübener, die neben verwaltungstechnischen Überlegungen vor allem wirtschaftliche Gesichtspunkte berücksichtigte. Dabei war eindeutig von den Bedürfnissen und der Entwicklung der großen Chemie, der Braunkohlenförderung und der Elektroenergieerzeugung ausgegangen worden, die ihren Schwerpunkt im Raum Halle-Merseburg-Bitterfeld hatten. Als später unter den gänzlich anderen Bedingungen der deutschen Kriegsniederlage im Zweiten Weltkrieg und sowjetischer

Besatzung die Hauptstadtfrage für das sich tatsächlich bildende Land Sachsen-Anhalt gelöst werden musste, setzte sich Erhard Hübener, der erster Ministerpräsident dieses Landes wurde, in dieser Tradition für Halle als Landeshauptstadt ein. Nach 1927 wurde zwar in der Magdeburger Öffentlichkeit die Debatte um die Funktion Magdeburgs als »Metropole« in einem zu bildenden mitteldeutschen Land weiter fortgesetzt, die Diskussion verlor aber Konturen, da sich Magdeburger Vertreter nicht in einer nunmehr immer breiter werdenden Debatte behaupten, beziehungsweise die öffentliche Meinung in Mitteldeutschland oder wenigstens in der Provinz Sachsen und Anhalt auf Magdeburger Interessen festlegen konnten.

Wegen der krisenhaften Wirtschaftsentwicklung, die sich mit dem Einsetzen der Weltwirtschaftskrise von 1929 dramatisch verstärkten, mußten die Pläne zum weiteren Ausbau der Stadt zunächst aufgeschoben und dann aufgegeben werden. Die Hauptstadtpläne Magdeburgs in Mitteldeutschland erwiesen sich unter den eingetretenen Bedingungen immer mehr als undurchführbar.

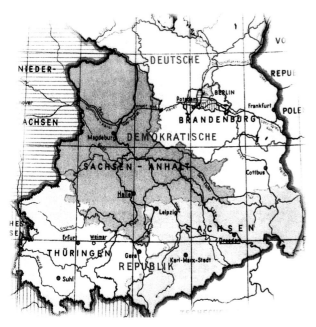

Mitteldeutschland aus der Sicht von Erhard Hübener

Hinsichtlich des von Erhard Hübener konzipierten Landes Sachsen-Anhalt hat es wegen des Stillstandes der Reichsreformbestrebungen insgesamt keine weiteren Schritte zur Realisierung gegeben. Daher kam eine Debatte über eine Landeshauptstadt von Sachsen-Anhalt gar nicht erst in Gang. Nachdem im Jahre 1931 Hermann Beims aus dem Amt des Oberbürgermeisters von Magdeburg schied und ihm Ernst Reuter nachfolgte, bildete die Frage der mitteldeutschen oder sachsen-anhaltischen Hauptstadt für die Elbestadt angesichts der tiefen Krise keinen ernsthaften und aktuellen Diskussionspunkt mehr. Während der NS-Diktatur verschwand das Thema vollends aus der öffentlichen Diskussion, da die nationalsozialistischen Machthaber gänzlich andere Ziele auch hinsichtlich der Regionalentwicklung in Mitteldeutschland verfolgten.

1

Im Jahre 1919 hatte Magdeburg 286.041 Einwohner und war damit die mit Abstand größte Stadt der Provinz Sachsen. Vgl. Monatsberichte des Statistischen Amtes der Stadt Magdeburg, N. F., 1. Jg. [1924], Nr. 1, S. 1. Die zum Vergleich herangezogenen Städte hatten im Jahre 1914 folgende Einwohnerzahlen: Magdeburg: 293.524, Köln: 640.731, Leipzig: 625.845, Dresden: 619.157 [1910], Hannover: 324.705. Vgl. Statistisches Jahrbuch Deutscher Städte, 21. Jg., Breslau 1916, S. 48 ff.

2

Vgl. Hans Ulrich Wehler, Deutsche Gesellschaftsgeschichte, 2. Bd., Von der Reformation bis zur industriellen und politischen Doppelrevolution 1815, 1845/49, 2. Aufl., München 1989, S. 180.

3

Zur Zerstörung der Stadt Magdeburg 1631 und der historischen Folgen vgl. vor allem Ausst. Kat.: »…gantz verheeret!« Magdeburg und der Dreißigjährige Krieg. Beiträge zur Stadtgeschichte des Kulturhistorischen Museums Magdeburg, Halle/Saale 1989.

4

Hermann Beims, Zur Deutschen Theaterausstellung in Magdeburg, in: MA., Nr. 19, 13. Mai 1927, S. 326.

5

Vgl. den Beitrag von Manfred Wille in diesem Band.

6

Der Provinziallandtag für die Provinz nahm seine Tätigkeit im Jahre 1825 in Merseburg auf. Die Stadt Halle erhielt bereits im Jahre 1694 eine Universität. In Halle wurden zudem noch eine Reihe anderer Behörden wie das Oberbergamt konzentriert. Nachdem die Anzahl der Oberlandesgerichte in der Provinz auf eines begrenzt worden war, hatte dies seinen Sitz in Naumburg. Auch in einigen anderen Städten wie Erfurt und Halberstadt befanden sich Behörden mit Bedeutung für die ganze Provinz.

7

Dies wurde besonders im Zusammenhang mit der Neugliederungsdebatte in der Zeit der Weimarer Republik wahrgenommen und als Mangel empfunden. Vgl. Mitteldeutschland auf dem Wege zur Einheit. Denkschrift über die Wirkung der innerstaatlichen Schranken, hrsg. vom Landeshauptmann der Provinz Sachsen, Merseburg 1927, S. 70 ff.

8

Einen Höhepunkt erreichten die Auseinandersetzungen um den Sitz des Provinzialverbandes, als Ende des 19. Jahrhunderts die Notwendigkeit bestand, neue Gebäude für dessen Tätigkeit zu errichten. Da keine Einigung darüber erzielt werden konnte, in welche Stadt der Provinzialverband zu verlegen sei und die Stadt Merseburg günstiges Baugelände zur Verfügung stellte, entschied man sich schließlich für einen Verbleib in Merseburg, wo am 7. September 1892 der Grundstein für das Ständehaus gelegt worden ist. 1895 wurde es seiner Bestimmung übergeben. Vgl. Mathias Tullner, Landtagsgebäude und Landtage in Sachsen-Anhalt, hrsg. vom Präsidenten des Landtags von Sachsen-Anhalt, Magdeburg 1997 [Parlamentarische Schriftenreihe, Heft 9], S. 53 ff.

9

Vgl.: StaM, Rep. 18.4, Bü 70, Bl. 2 ff.

10

Eine Debatte im Merseburger Landtag über die Notwendigkeit der Verlegung des Provinzialverbandes in eine der Großstädte der Provinz führte zu einem – wenn auch denkbar knappen – Votum für den Verbleib in Merseburg. Damit war die Diskussion, ob der Verband seinen Sitz in Magdeburg oder Halle nehmen sollte, noch gar nicht eröffnet worden. Selbst bei einem positiven Ausgang für die Verlegung wäre eine Landtagsmehrheit für Magdeburg nicht sicher gewesen. Vgl. Verhandlungen des 42. Provinziallandtages der Provinz Sachsen vom 15. bis 19. März 1927 und vom 28. März bis 1. April 1927, Merseburg 1927, S. 42.

11

Die Militärführung zeigte sich mit dem geistigen und kulturellen Leben in Magdeburg ganz zufrieden, wie es zum Beispiel General Paul von Hindenburg, kommandierender General des IV. Generalkommandos der preußischen Armee der Zeit nach der Jahrhundertwende, zum Ausdruck brachte: »Magdeburg, mein Standort, wird oft von solchen, die es nicht kennen, unterschätzt. Es ist eine schöne alte Stadt, deren »Breiter Weg« und deren ehrwürdiger Dom als Sehenswürdigkeiten gelten müssen …Was der nächsten Umgebung Magdeburgs an Naturschönheiten versagt ist, hat man durch weit ausgedehnte Parkanlagen zu ersetzen gewußt. Auch für Kunst und Wissenschaft ist durch Theater, Konzerte, Museen, Vorträge und dergleichen gesorgt. Man sieht also, daß man sich dort auch außerdienstlich wohl fühlen kann.« Generalfeldmarschall von Hindenburg, Aus meinem Leben, Leipzig 1934, S. 56.

12

Dabei ging es vor allem um Eingemeindungen im Norden der Stadt und um die Erschließung des Industriegeländes im neuen Stadtteil Rothensee.

13

Vgl. StaM, Rep. 18.4, Bü 64, Bd. 1, S. 146 f. und den Beitrag von Manfred Wille in diesem Band.

14

In der Debatte um die Neugliederung Mitteldeutschlands wurde seitens der führenden Persönlichkeiten begrifflich nicht zwischen »Land« oder »Reichsprovinz« unterschieden. Vielmehr wurden diese Begriffe weitgehend synonym verwendet. Bei den meisten Interessengruppen lag der Diskussion ein Verständnis vom »dezentralisierten Einheitsstaat« im Sinne von Hugo Preuß zugrunde, wie er ihn im Zusammenhang mit der Weimarer Verfassung prägte.

15

Vgl. Gustav Aubin, Entwicklung und Bedeutung der mitteldeutschen Industrie, Halberstadt 1924, S. 15; Erich Neuss, Sachsen und Anhalt. Zur wirtschaftlichen Einheit des mitteldeutschen Raumes, in: Sachsen und Anhalt, Jahrbuch der Historischen Kommission für Sachsen und für Anhalt, Bd. 9, 1933, S. 12.

16

Die verschiedenen Entwürfe sind im Jahre 1929 u.a. übersichtlich zusammengefasst worden bei: Hanns Thormann, Erich Staab, Der mitteldeutsche Raum, Merseburg 1929.

17

Die sächsische Staatsregierung versuchte mit Unterstützung vor allem Bayerns unter ihrer Führung einen Block mitteldeutscher Länder mit antipreußischer Stoßrichtung zu schaffen. Sie scheiterte aber damit. Vgl. Sächsisches Hauptstaatsarchiv Dresden, Gesandtschaft Berlin, Nr. 399.

18

Zur Geschichte des Wirtschaftsverbandes vgl. v.a. Matthias Buchholz, Der Wirtschaftsverband Mitteldeutschland 1921–1936, Sachsen-Anhalt. Beiträge zur Landesgeschichte, Heft 13, Halle/Saale 1998.

19

Beims war Vorsitzender des Provinzialausschusses der Provinz Sachsen, Landtagspräsident des Provinziallandtages, Mitglied des preußischen Staatsrates und noch in anderen Funktionen etwa im Deutschen Städtetag aktiv.

20

Vgl. die Reden von Hermann Beims und Tilo von Wilmowsky in: Die Verhandlungen des 42. Provinziallandtages der Provinz Sachsen vom 15. bis 19. März 1927 und vom 28. März bis 1. April 1927, Merseburg 1927, S. 40 ff.

21

Unter den Schriften, die sich für die Stadt Magdeburg mit großem Nachdruck einsetzten, fiel die des Magdeburger Journalisten Feldhaus auf. Vgl. Erich Feldhaus, Die mitteldeutsche Frage, Magdeburg 1926.

22

Vgl. Thormann/Staab, S. 16ff.

23

Vgl. den Beitrag von Regina Prinz in diesem Band.

24
Vgl. den Beitrag von Olaf Gisbertz in diesem Band.

25
Vgl. Hermann Beims: Zur Deutschen Theaterausstellung in Magdeburg, in: MA, 4. Jg., Nr. 19, 13. Mai 1927, S. 326.

26
Vgl. Johannes Göderitz, Magdeburg, die Stadt des neuen Bauwillens, in: MA, 4. Jg., Nr. 41, 14. Oktober 1927, S. 719.

27
Mitteldeutschland auf dem Wege zur Einheit, hrsg. vom Landeshauptmann Dr. Erhard Hübener, Merseburg 1927.

28
Der Leipziger Stadtrat Walter Leiske hatte im Auftrag der Stadtverwaltung wegen der Pläne der Provinz Sachsen eine umfangreiche Denkschrift verfaßt, die nicht nur auf eine großmitteldeutsche Lösung des Problems hinauslief, sondern auch den Anspruch der Stadt Leipzig auf die Hauptstadtfunktion begründete. Vgl. Leipzig und Mitteldeutschland, hrsg. von Stadtrat Dr. Leiske, Leipzig 1928.

29
Vgl. MA., Nr. 47, 22.11.1930.

30
MA, Nr. 1, 7.1.1927.

31
MA, Nr. 5 vom 4.2.1927.

32
Vgl. Manfred Wille, Hans Grade, in: Persönlichkeiten der Geschichte Sachsen-Anhalts, hrsg. von Mathias Tullner, Halle/Saale 1998, S. 194 ff.

33
Vgl. Manfred Wille, Die Goldenen Zwanziger. Magdeburg vom Ausgang des Ersten Weltkriegs bis zum Beginn der NS-Diktatur, Magdeburg 1994, S. 113 f.

34
Verhandlungen des 43. Landtags der Provinz Sachsen vom 6. bis 11. Februar 1928, Merseburg 1928, S. 1.

35
Dabei ging es vor allem darum, daß nach Ansicht der sozialdemokratischen Parteiführung der »Lutherbund« eine Politik betrieb, die sich gegen das »sozialdemokratische Bollwerk«, das Land Preußen, richtete.

36
Vgl. Landesarchiv Magdeburg [Landeshauptarchiv], Rep. C 92, Nr. 662, Bd. 2, Bl. 4 f.

Stadthalle in der Parteitagspublikation »Rote Stadt im Roten Land« 1929, Farbtafel 2

Neues Bauen und Politik
Der Sonderfall Magdeburg

Regina Prinz

Ihrem Aufsatz über moderne Architektur und die Politik in Deutschland zwischen 1918 und 1933 hat Barbara Miller-Lane eine Abbildung aus dem Magdeburger Kontext, eine kolorierte Ansicht der 1927 von Johannes Göderitz errichteten Stadthalle, vorangestellt.[1] Das Bild wird weder im Text erwähnt noch in einen historischen Zusammenhang eingeordnet. Die Autorin assoziierte ganz richtig, daß es in diesem Bild um die Verbindung von Politik und Architektur geht. Es ist das Deckblatt einer Publikation, die die Magdeburger Sozialdemokraten 1929 anläßlich des reichsweiten Parteitags in ihrer Stadt veröffentlichten. Der Ort der Veranstaltung war die neu erbaute Stadthalle.

Das Bildzitat ist symptomatisch für den Umgang mit der Architekturgeschichte Magdeburgs. Einige Objekte und die Tatsache von Bruno Tauts Amtszeit als Stadtbaurat sind zwar einem größeren Publikum bekannt, doch eine genauere Betrachtung und Einordnung in die Architekturgeschichte Deutschlands blieb bisher aus.[2]

Hermann Beims bei der Einweihung der Steubengedenktafel an der Stadthalle

Die Verwendung der Stadthalle als Sinnbild des Parteitags der Sozialdemokraten verweist auf eine Besonderheit der Stadtgeschichte: In Magdeburg herrschte eine sehr enge Wechselwirkung zwischen Politik und Architektur, die es genauer zu untersuchen gilt. Unter welchen Bedingungen erfolgte die Berufung eines Avantgardisten wie Bruno Taut auf die Stelle des Stadtbaurats? Warum konnte sich das Neue Bauen in dieser Stadt so widerspruchslos als allgemeine Architektursprache durchsetzen? Warum nannte sich Magdeburg ab 1927 sogar offiziell die »Stadt des neuen Bauwillens«?

Im 19. und bis zum Beginn des 20. Jahrhunderts hatte Magdeburg keine spezifischen Merkmale ausgebildet. Mit dem Namen der Stadt verband sich keine Messe, keine kulturelle Besonderheit wie zum Beispiel Oper oder Theater, keine Universität. Am bedeutendsten war Magdeburg als industrielles Zentrum Mitteldeutschlands und als größte Festungsstadt Preußens.[3]

Schon vor dem Ersten Weltkrieg versuchten die Stadtväter dieser Einschätzung entgegenzuwirken. Einer der häufig diskutierten Pläne war der Aufbau eines eigenen Messegeländes mit Stadthalle, das auch für kulturelle Veranstaltungen genutzt werden sollte. Zudem erfolgten seit 1914 konkrete Planungen über den Anschluß Magdeburgs an den Mittellandkanal, die entscheidenden Einfluß auf die weiteren städtebaulichen und wirtschaftlichen Entwicklungen haben sollten. Alle Projekte wurden immer vor dem Hintergrund diskutiert, das »Stiefkind« Magdeburg aus seiner Bedeutungslosigkeit zu heben.

Mit dem Ende der Monarchie 1918/19 konstituierte sich in Magdeburg erstmals ein demokratisches Stadtparlament, bei dem die SPD die absolute Mehrheit erlangte. Damit endete eine langwährende Zeit der Unterdrückung und Bevormundung der zahlenmäßig starken Arbeiterschaft.[4] Neben den Sozialdemokraten waren in der Stadtverordnetenversammlung die Vertreter der Bürgerlichen, die Demokratische Partei (DDP), die Nationalliberalen (DVP) und auch die USPD vertreten. Die SPD konnte zwar im Parlament die absolute Mehrheit erreichen, im Magistrat hielt sich aber eine Mehrheit der bürgerlichen Parteien. Es war also möglich, alle Vorlagen, die die SPD in der Stadtverordnetenversammlung vorlegte, in zweiter Instanz zu boykottieren. Diese Konstellation forderte einen Oberbürgermeister, der in der Lage seine würde, eine Brücke zwischen sozialdemokratischen und bürgerlichen Interessen zu schlagen. Mit dem Sozialdemokraten Hermann Beims war diese Person gefunden. Mit ihm erklärten

Bruno Taut

sich die bürgerlichen Parteien von Anfang an einverstanden. Es wurde kein eigener Gegenkandidat aufgestellt.

Hermann Beims entwickelte sich zur entscheidenden und prägenden Persönlichkeit Magdeburgs in den 20er Jahren. Sein Einfluß auf den politischen und künstlerischen Werdegang der Stadt kann nicht hoch genug eingeschätzt werden.[5] Seine 1919 begonnene Tätigkeit dauerte bis 1931 zwölf Jahre ununterbrochen an, er trug als einziger Oberbürgermeister der Weimarer Republik so lange die Verantwortung für eine Stadt in Magdeburgs Größenordnung.[6]

Beims charakterisierte die Stimmung nach dem Ende der Monarchie folgendermaßen: »Eine Weltenwende ist angebrochen, das alte Deutschland ist gestorben, ein neues richtet sich auf.«[7] Der politische Umbruch bedeutete für ihn die Möglichkeit zu einem vollständigen Neubeginn, zu einem Aufbruch in eine neue Zeit.[8] Beims war fest davon überzeugt, daß es gelingen würde, eine verbesserte und gerechtere Welt aufzubauen.[9] Nicht Umsturz, sondern kontinuierliches Arbeiten in den Gemeinden war für ihn dabei der richtige Weg, gerade die Großstädte boten als »Keime der Nation«[10] das entscheidende Zukunftspotential. Die Kommune war sein zentrales Betätigungsfeld, ein Infragestellen der demokratischen Staatsform lehnte er kategorisch ab.

Mit dieser Einstellung konnte Beims die Demokraten für sich gewinnen. Zudem stützte er sein Arbeitsprogramm auf die kommunalen Pläne, die er als Stadtverordneter bereits vor dem Krieg kennengelernt hatte. Er griff die zuvor diskutierten Initiativen auf und setzte neue Akzente. Bei allen politischen Handlungen war auch für ihn das Motiv, dem »Stiefkind« Magdeburg mehr Geltung und Einfluß zu verschaffen, grundlegend.

Carl Krayl, Entwurf für das Hochhaus am Kaiser-Wilhelmplatz

Eine der ersten folgenreichen Maßnahmen des Oberbürgermeisters war die Berufung von Bruno Taut zum
neuen Stadtbaurat. Auf eine Anzeige in verschiedenen
Tageszeitungen zu Beginn des Jahres 1921 hatten sich
35 Architekten und Baufachleute gemeldet.[11] Neben
einigen Stadtbauräten aus der Region befanden sich
auch erfahrene Baubeamte unter anderem aus Berlin,
Dortmund, Breslau, Kattowitz, Köln und Braunschweig
unter den Bewerbern. Ein Unterausschuß bestehend
aus zwei Demokraten und einem Sozialdemokraten
beschloß am 3. März 1921 einstimmig, den traditionell
geschulten und in der Bauverwaltung erfahrenen Baurat
Karl Elkart[12] und Bruno Taut[13] zur endgültigen Wahl in
der Stadtverordnetenversammlung vorzuschlagen. Taut
war den Magdeburgern durch seine architektonischen
Arbeiten für die Arbeitersiedlung »Reform« und den
Kaufmann Adolf Mittag bereits ein Begriff. Er hatte aber
nicht die geforderte akademische Ausbildung[14] und
keinerlei Erfahrung in der Bauverwaltung.[15] In den
Kriegsjahren war er vornehmlich publizistisch tätig
gewesen. In der politischen Umbruchzeit trat er unter
anderem mit der Gründung des »Arbeitsrats für Kunst«
für eine radikale Erneuerung von Kunst und Architektur
hervor. Bei der Wahl für den neuen Magdeburger Stadtbaurat am 17. März 1921 erfolgte eine Entscheidung nach
Parteien: Die SPD stimmte für Bruno Taut, die USPD,
DDP und DVP gegen ihn.[16]

Die eindeutige Haltung der SPD ist dem politischen
Instinkt des Oberbürgermeisters Hermann Beims zuzu-
rechnen, der die Energie, vielleicht auch den »Feuereifer«[17]
dieses Mannes witterte und hoffte, mit ihm mehr Dinge
in Bewegung setzen zu können als mit einem routinierten
Verwaltungsfachmann. Es war eine Entscheidung für
eine moderne experimentelle Architekturrichtung. Es
gibt in Deutschland keine andere Stadt, die einem
Avantgardisten zu diesem frühen Zeitpunkt eine leitende
Position in der Bauverwaltung übertrug. Taut wurde zum
»Präzedenzfall«[18] des Architekturgeschehens, wie er
diese Tatsache später selbst treffend charakterisierte.
Die gesamte Magdeburger SPD blieb bei ihrer Haltung
zu Taut: Alle seine Aktivitäten und Handlungen wurden
befürwortet, es war ja »ihr« Stadtbaurat. Die Demokraten
schwankten hingegen zwischen wohlwollendem Interesse und kritischer Distanz, die Rechtsparteien lehnten Tauts Arbeit grundsätzlich ab.

Das Spektrum der Tätigkeiten des neuen Stadtbaurats
kann an dieser Stelle nicht gewürdigt werden, es sei nur
erwähnt, daß Taut in den ersten beiden Jahren ein
provokatives Konzept der Öffentlichkeitsarbeit verfolgte,
mit dem er die Bevölkerung durch Vorträge, Zeitungsartikel,
Farbaktivitäten und Bauprojekte aufzurütteln versuchte.[19]
Bald nach seiner Amtseinsetzung entbrannte ein
genereller Streit für und wider den neuen Stadtbaurat.

Dieser wurde in den jeweiligen parteinahen Zeitungen, in der sozialdemokratischen »Volksstimme« und in der demokratischen »Magdeburgischen Zeitung« ausgetragen.

Als Taut beispielsweise im Oktober 1921 einen provokanten Entwurf für ein Hochhaus vorlegte, das den Breiten Weg abschließen und zugleich die Überleitung zur neuen Geschäftsstadt im Norden herstellen sollte, gab es sehr unterschiedliche Reaktionen. Die sozialdemokratische Zeitung »Volksstimme« druckte eine Zeichnung des Hochbauamtes auf der Titelseite ab und kommentierte begeistert: »Magdeburg würde durch den Bau zeigen, [...] daß es praktisch arbeitend alle andern Städte Mitteldeutschlands überragen will. Durch den Bau würde Magdeburg weithin erkennbar zeigen, daß in seinen Mauern der Wille und die Kraft beharrlich am Werke sind, Kühnes, Hervorragendes, Musterhaftes – trotz der schweren Zeiten – zu schaffen [...]. Das wird die Vorwärtsstrebenden wie ein Magnet nach Magdeburg ziehen!«[20] Das Hochhaus sollte zum Identifikationsobjekt der zukunftsorientierten modernen Stadt werden. Mit Tauts Entwurf wollte man plakativ und anschaulich für den Aufbruch in die Moderne investieren.

Die »Magdeburgische Zeitung« stand dem Hochhausprojekt nicht ablehnend gegenüber, man zeigte sich interessiert und verständnisvoll: »Wir wissen sehr wohl, daß der Tautsche Plan auf manchen Bürger Magdeburgs wie eine Bombe wirken muß. Hier wagt ein Neuerer einen Schritt, den viele zunächst nicht verstehen werden können!«[21] Gleichzeitig wurden aber zahlreiche Leserbriefe abgedruckt, die sich in ihrer Kritik an Taut nicht zurückhielten: so war unter anderem von der »Neuerungswut und Experimentiersucht des expressionistischen Baurates«[22] die Rede, eine dezidierte Meinungsäußerung der Demokraten blieb allerdings aus.

Kaufhaus Barasch

Tauts Farbaktivitäten, die auf eine schnelle und plakative Veränderung und Modernisierung Magdeburgs abzielten, provozierten jedoch eine eindeutige Stellungnahme der Demokraten. Nach der Fertigstellung der Bemalung des Kaufhauses Barasch durch Oskar Fischer im Herbst 1921 forderte die »Magdeburgische Zeitung« in einem offenen Brief an Taut: »Schutz dem Breiten Wege!«[23] Die exponierte Lage des Gebäudes am Alten Markt im Zentrum Magdeburgs hätte geschont werden müssen: »Nie und nimmer aber dürfte es der Experimentiersucht eines Ultraexpressionisten überlassen werden.«[24] Die Bemalung füge sich nicht in das Straßenbild ein, außerdem würde das Haus nach dem Verblassen der Farben wie ein »schrecklich tätowierter Indianer«[25] aussehen. Die »Magdeburgische Zeitung« warnte Taut vor weiteren Experimenten, die »alle Sympathien und alles Wohlwollen« zerstören würden.

Die sozialdemokratische »Volksstimme« hingegen feierte die bunte Erneuerung des Magdeburger Stadtbildes ausgiebig und nützte die Gelegenheit, die bürgerliche Presse und ihre politischen Mentoren heftig anzugreifen: »Im deutschnationalen Jargon würde man von einem Dolchstoß in den Rücken sprechen. Denn die Kriegslage ist die, daß zurzeit das gesamte Spießertum der Stadt in Front gegen Taut steht. Dieser, ›hergelaufene Berliner‹, der unsern schönen Kaiser-Wilhelm-Platz mit einem Wolkenkratzer verschandeln will; [...] Der Mann, der die Häuser bemalen läßt, daß den guten am grauen Star leidenden Hausbesitzern, Anstreichermeistern und sonstigen Nachteulen der Vergangenheit buchstäblich grün, gelb, blau und braun vor den Augen wird, dieser›total verrückte Kerl‹, der überall in den Froschsumpf des Magdeburger Kunstlebens Bewegung brachte, wird jetzt in der bürgerlichen Presse von hysterischen Weibern, verknöcherten Banausen und schnoddrigen Bengeln angekreischt, verulkt, mit faulen Eiern beworfen. [...] Taut ist der Baumeister der Sozialdemokraten! Das ist des Rätsels Lösung.«[26] An dieser Stelle wurde die Vereinnahmung des Stadtbaurates für sozialdemokratische Ziele erstmals deutlich ausgesprochen, mit der Taut selbst gar nicht einverstanden war.[27] Er empfand jegliche Kritik als persönlichen Angriff auf seine künstlerische Arbeit.

Doch der Streit um ihn hatte politische Folgen. Kurz nach dem Schlagabtausch in den Zeitungen folgte eine Stadtverordnetenversammlung, in der um Taut gestritten wurde. Der Magdeburger Geschichtsverein hatte sich gegen die farblichen Veränderungen, die Taut am Breiten Weg vorgenommen hatte, ausgesprochen und einen Antrag zum Schutz des »historischen Charakters« der Stadt eingereicht.[28] Taut verteidigte daraufhin in einer ausführlichen programmatischen Rede seine Arbeit und verwahrte sich dabei ausdrücklich gegen unqualifizierte Einmischungen.[29] Er räumte auch Fehler und mißlungene Farbgestaltungen ein, doch es ging ihm um eine generelle Haltung: »Das Magdeburger Publikum muß erst mal die Angst vor dem Neuen überwinden.«[30] Zuletzt appellierte Taut an die Stadtverordneten, seine Arbeit nicht unter dem Blickwinkel der Politik zu behandeln und ihn voll und ganz zu unterstützen.

Im Anschluß an diese Rede äußerte keine Partei generelle Zweifel oder weitere Kritik an dem Stadtbaurat. Die SPD stellte daraufhin einen Antrag auf ein Vertrauensvotum, das von allen Parteien positiv beantwortet wurde. In einer Stadt wie Magdeburg, in der große Teile der Bevölkerung eine bürgerlich-konservative Haltung einnahmen, wurde ein provokant moderner Architekt, der noch dazu dem linken Lager nahestand, von der gesamten Stadtverordnetenversammlung in seiner Arbeit offiziell bestätigt. Der Wille zur Erneuerung und Modernisierung in dieser Stadt war so bedeutend, daß er an diesem Punkt alle Parteien einigen konnte. Zwar war die Unterstützung, die Taut in der Stadtverordnetenversammlung erfahren hatte, nicht von langer Dauer, sie muß aber dennoch als bemerkenswerte Tatsache hervorgehoben werden. Für Taut bedeutete dieses Ereignis eine Bestätigung seiner künstlerischen Arbeit, er verkündete stolz den » Sieg der Farbe.«[31]

Die »Volksstimme« feierte ebenfalls den Triumph des Stadtbaurates und paraphrasierte die Schlußbemerkung von Hermann Beims: »Der Oberbürgermeister erklärte, daß für die große Baukunst starke Persönlichkeiten sich ungehindert müssen auswirken können und daß jede große Kunst zu der Zeit, als sie neu war, für verrückt erklärt wurde. Er verstünde nicht alles was Taut mache, aber er wisse, daß geistige Aufregung einen Vorteil bedeute, und eine starke Erweckung der Geister Taut zumindest gelungen sei. Der Streit um Taut endete mit einem Siege Tauts. [...] Das Neue ist immer mächtiger als das Alte.«[32]

Hermann Beims hatte sich an dieser Stelle zum ersten Mal öffentlich zum persönlichen Mentor von Taut gemacht. Von hier an intensivierte sich die Zusammenarbeit von Oberbürgermeister und Stadtbaurat. Beims zeigte sich zunehmend an Tauts Arbeiten interessiert, er schätzte dessen universellen Ansatz und nannte ihn den

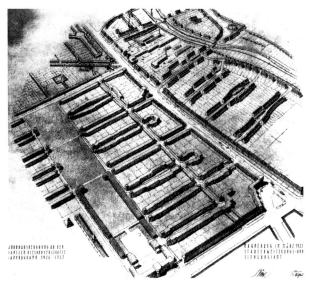

Siedlung Diesdorf im geplanten Gesamtumfang

»Kulturdezernenten«[33] Magdeburgs. Taut spürte das Interesse und die Unterstützung und betonte in seiner Argumentation bewußt die politischen Vorteile, die die Stadt haben würde, wenn sie sich zu einem Kunstzentrum entwickelte: »In meiner hiesigen Tätigkeit habe ich, wenn alle anderen Gründe versagten, immer damit den letzten Trumpf ausgespielt, dass das Ansehen der Stadt in Deutschland steigt, wenn sie sich zu Leistungen aufrafft, die auch außerhalb der Stadtmauern Beachtung finden.«[34] Grundsätzlich verband Taut und Beims die Überzeugung, daß es vor allem darum ging, den Kampf für eine »Neue Zeit«[35] zu gewinnen.

Die Unterstützung, die Beims Taut gab, erwiderte dieser mit Vorschlägen zur Modernisierung seiner Kommune. In einem Brief vom Februar 1923 berichtete Taut ausführlich von seiner Reise nach Holland und betonte, daß die moderne Architektur hier zum großen Teil durch die Unterstützung der Sozialisten ermöglicht wurde: »Es ist wirklich in höchstem Maße erstaunlich, wie in Rotterdam und besonders in Amsterdam bei den sehr umfangreichen Wohnungsbauten (es handelt sich hier um ganze Stadtteile) ausschließlich junge moderne Architekten beschäftigt worden sind. Es sind dabei Dinge zutage getreten, die so unerhört modern sind, dass Engländer, Belgier usw. nur immer die Köpfe schütteln. In dieser Beziehung steht Holland wirklich ganz und gar einzig da und, wie mir der Redakteur von »Het Volk«, Ankersuit, sagte, ist die Hinzuziehung der jungen modernen Architekten in ganz großem Maßstabe ein Verdienst der Sozialisten gewesen.«[36]

Der gegenseitige Nutzen von Politik und Architektur stellte sich bei Taut klar dar: »Die künstlerischen Leistungen brauchen wegen ihrer notwendigen eigenen Frische auch die Frische einer geistigen Bewegung, die sie trägt.« Taut appellierte deshalb an die »Klugheit der Führer«, diesen wechselseitigen Bezug zu verstehen und sich dafür einzusetzen.

In Hermann Beims hatte er selbst einen tatkräftigen und klugen Führer gewonnen, der ihn während der gesamten Amtszeit als Stadtbaurat förderte und protegierte. Er empfahl Beims eindringlich, sich am holländischen Vorbild zu orientieren und als Politiker das Neue Bauen zu unterstützen. Diesen Ratschlag machte der Oberbürgermeister sich zu eigen und so wurde die Förderung von Kunst und Architektur zu einem entscheidenden Bestandteil seiner Arbeit zum Aufbau eines neuen und modernen Magdeburgs.

Das Jahr 1924, in dem Bruno Taut sein Amt als Stadtbaurat aufgab, wurde zur politischen Zerreißprobe in Magdeburg. Die SPD mußte sich im Wahlkampf zur Stadtverordnetenversammlung gegen den Vorwurf, keinerlei konkrete politische Ziele erreicht zu haben, zur Wehr setzen. Bei der Wahl verlor sie ihre absolute Mehrheit. Erst Anfang 1925 fand eine Konsolidierung und die Bei-

Siedlung Diesdorf, Harbker Straße um 1927

legung des heftig geführten Parteienstreits statt. Die allgemeine Stimmung wurde optimistischer, der Titel der ersten Ausgabe der »Volksstimme« lautete: »Vom Magdeburg der Zukunft. Nicht zagen, sondern wagen!«[37] Die politische Einigkeit hielt für die nächsten Jahre an, nicht zuletzt weil sich ab 1925 vielfältige Perspektiven für Magdeburg abzeichneten. Mit der Aussicht, das »Stiefkind« Magdeburg aus seiner benachteiligten Position zu holen, schlossen sich die zerstrittenen Parteien zusammen und betrieben eine gemeinsame systematische Aufbauarbeit.

Ein entscheidender Auftrieb für eine geeinigte Kommunalpolitik war der Plan, Magdeburg zum Zentrum des Wirtschaftsraumes »Mitteldeutschland« zu machen. Die Idee, die von Hermann Beims erstmals formuliert und massiv forciert wurde, fand begeisterte Aufnahme bei allen Parteien und rückte ins Zentrum der innerstädtischen Diskussion.[38] Diese Zielsetzung förderte die Zusammenarbeit erheblich. Man wollte beweisen, daß der Führungsanspruch der Stadt gerechtfertigt war.

Hinzu kam, daß der administrative Schwerpunkt der Provinzialverwaltung von Merseburg in eine andere Stadt in Sachsen-Anhalt verlegt werden sollte.[39] Magdeburg wollte nun darauf hinarbeiten, den Zuschlag dafür zu bekommen. Das gemeinsame Ziel war: »Magdeburg ist Provinzialhauptstadt bisher nur dem Namen nach und weil es die größte Stadt der Provinz ist. Wirtschaftlich, politisch, verkehrstechnisch und auch geistig will sie es erst werden.«[40]

In der Hoffnung auf positive Veränderung begann zwischen 1925 und 1927 eine fruchtbare politische Aufbauarbeit, die einen deutlichen Schwerpunkt auf die Errichtung neuer Siedlungs- und Kommunalbauten und den Aufbau eines Messe- und Ausstellungswesens legte. Die allgemein verbesserte ökonomische Situation nach der Inflation 1923 und die reichsweite Einführung der Hauszinssteuer im April 1924 beförderten diese Maßnahmen.

Bruno Taut hatte einen eingespielten Mitarbeiterstab im Hochbauamt hinterlassen, der nun ohne Verzögerungen seine Arbeit aufnehmen konnte: Während sich sein Nachfolger Johannes Göderitz auf die Leitung des Hochbauamtes, den Kommunalbau und die Planung eines Ausstellungsgeländes auf der Elbinsel konzentrierte,[41]

lag ein entscheidender Schwerpunkt bei der Errichtung von neuen Siedlungen. Hier arbeiteten drei Personen intensiv zusammen: Konrad Rühl, der Leiter der Städtebauabteilung im Hochbauamt, Gerhard Weisser, der Leiter des städtischen Wohnungsamtes, und Willy Plumbohm, der Leiter des Magdeburger Vereins für Kleinwohnungswesen und zugleich Fraktionsvorsitzender der Sozialdemokraten im Stadtparlament. Durch ihre Initiative und die maßgebliche Unterstützung des Oberbürgermeisters konnte relativ schnell und effektiv ein umfangreiches Wohnungsbauprogramm begonnen werden, das für die Größe der Stadt von beachtlichem Ausmaß war. Sämtliche Bauvorhaben wurden in der Stadtverordnetenversammlung mit den Stimmen der Sozialdemokraten und Demokraten verabschiedet.

Nach zwei Jahren intensiver Bautätigkeit konnten bereits die ersten Ergebnisse im Kommunal- und Wohnungsbau vorgeführt werden. Bei allen Beispielen hatten Tauts Nachfolger ohne Zögern die moderne Architektursprache fortgeführt. Im Siedlungsbau folgte man vor allem dem holländischen Modell. Die Neubauten wurden in allen nach 1927 verfaßten Stadtführern und Publikationen als die Errungenschaften des nunmehr modernen Magdeburgs gefeiert. Die Neuauflage einer

Baugeschichte widmete beispielsweise dem »Neuen Bauwillen« ein eigenes Kapitel und dokumentierte dabei den Kommunal- und Siedlungsbau der Stadt in Wort und Bild.[42]

Zu den ersten sichtbaren Leistungen gehörte die 1924 begonnene, umfangreiche Wohnungsanlage an der Großen Diesdorfer Straße. Diese Siedlung erfuhr eine ungeteilte Akzeptanz und avancierte zum Vorzeigeobjekt des Wohnungsbaus. Über alle Parteigrenzen hinweg wurde sie als Höhepunkt des Neuen Magdeburgs gefeiert. Diese große Einigkeit in Politik und Presse ist eine Besonderheit, die hervorgehoben werden muß. Vergleicht man beispielsweise die Reaktionen auf den modernen Wohnungsbau in Frankfurt, so zeigt sich, daß hier von Anfang an starke Meinungsverschiedenheiten sowohl in der Politik als auch in der Presse herrschten.[43] In Altona konnte sich ein großangelegter Siedlungsbau innerhalb von Gustav Oelsners Generalsiedlungsplan erst gar nicht etablieren, da die SPD keine Koalitionspartner für derartige Pläne fand.[44]

In Magdeburg wurde die Siedlung zum Sinnbild einer Modernität, mit der sich auch konservative Magdeburger identifizieren konnten, denn durch sie war es möglich, sich von anderen Städten deutlich abzuheben. In einer Publikation zum Thema Mitteldeutschland heißt es deshalb: »Vor einigen Jahren beschloß man jedoch, nicht mehr nur Baulücken auszufüllen, sondern einmal in ganz großen Zügen gewissermaßen einen Stadtteil zu schaffen, um an ihm die Möglichkeiten aufzuzeigen, die das neue Bauen im Flach- und Hochbau hat. So entstand nördlich und südlich der Großen Diesdorfer Straße [...] eine neue kleine Stadt, deren Entwicklung noch nicht abgeschlossen ist, die aber schon jetzt von den Städtebauern und Architekten mit unter die Dokumente des neuen Bauwillens gerechnet wird. [...] Auch sonst hat Magdeburg seit Jahren in der vorderen Reihe derer gestanden, die sich aus der Tradition loszulösen versuchten, um für die neue Zeit die neue Form zu finden.«[45] Der entscheidende Vorteil gegenüber anderen Städten sollte Magdeburg eindeutig als künftige Hauptstadt Mitteldeutschlands legitimieren.

Im Zuge dieser Aufbauphase nach 1925 wurde auch die Vorkriegsplanung einer Stadthalle wieder aufgegriffen. 1925 begann Johannes Göderitz damit, eine größere Anlage mit Stadthalle, Volkshaus, Planetarium und Forum für größere Festlichkeiten zu planen.[46] Mit dem Projekt sollte im Zuge der Vorbereitungen zur Deutschen Theaterausstellung begonnen werden, die für 1927 in Magdeburg vorgesehen war. Im Vorfeld der Realisierung kam es zu einer Auseinandersetzung zwischen den Parteien über die Größe des Gebäudes. Die Sozialdemokraten verfochten ein erweitertes Bauprogramm mit Versorgungseinrichtungen, um das immer größere Begleitprogramm der Theaterausstellung unterbringen zu können. Bei den übrigen Parteien wurde mehr Sparsamkeit und die Realisierung der kleineren »Elbhalle« angemahnt, letztlich aber doch das erweiterte Bauvolumen genehmigt. Die Sozialdemokratische »Volksstimme« griff in der Auseinandersetzung die bürgerlichen Parteien in einem Zeitungartikel heftig an

Entwurf der Elbhalle

und thematisierte dabei erstmals die politische Vereinnahmung der Neubauten: »Hochmögende Herrn haben an eine peinliche Tatsache erinnert: Wir haben einen sozialdemokratischen Oberbürgermeister. [...] Wenn dieses Monumentalgebäude, das in künftigen Jahrzehnten und Jahrhunderten einmal Zeugnis ablegen wird von der Tatkraft der Magdeburger, unter dem, ›sozialdemokratischen Regime‹ gebaut wird, dann ist das einigermaßen fatal. Diese Gedankengänge bürgerlicher Herren sind eigentlich verständlich. Denn als nach Krieg und Revolution die Sozialdemokraten in die öffentlichen Verwaltungen eintraten, hat man sich die Sache doch so gedacht, daß die Proleten zunächst einmal dazu benutzt werden, Trümmer, Brocken und Schmutz beiseitezuräumen. Wenn diese lieblichen Hinterlassenschaften des zu-sammengebrochenen Alten beseitigt sind und einige Ruhe eingetreten ist, dann kommen wir, die Baumeister, ans Werk und bauen unsre Welt von neuem auf. So kalkulierten die Leute auf der anderen Seite. Aber siehe da, die Roten wollten nicht nur Kärrner und Handlanger, sie wollten Bauherren sein und wurden auch welche. Sie gingen ans Werk und gaben der Welt trotz Zusammenbruch, Putschen, Inflation doch ein andres Gesicht, bauten den Hallen der Zukunft Fundamente.«[47]

Johannes Göderitz, Stadthalle

Bei der wachsenden Zahl der fertiggestellten Siedlungs- und Kommunalbauten und vor allem bei einem repräsentativen Gebäude wie der Stadthalle ging es natürlich zunehmend um die Frage, auf welches Partei-konto diese bleibenden Ergebnisse der Kommunalpolitik zu verbuchen waren. Die Sozialdemokraten machten die moderne Architektur immer mehr zu ihrem parteipolitischen Markenzeichen. Insbesondere der Oberbürgermeister war sich bewußt, daß durch eindrucksvolle moderne Bauwerke die Schaffenskraft und das Ansehen seiner Partei sichtbaren Ausdruck finden konnten. Das rief natürlich den Neid der bürgerlichen Fraktionen auf den Plan, die ja diese Bauten mit beschlossen und unter-stützt hatten. Die Aggressivität, mit der die SPD ihre Erfolge zu verteidigen suchte, ist bezeichnend. Die Ergebnisse ihrer ersten Regierungszeit wollten sie mit niemandem teilen.

Im Januar 1927 war diese Art der Auseinandersetzung erstmals kurz angeklungen, sie hatte aber zu dem Zeit-punkt noch keinerlei politische Folgen. Bis zur Eröffnung der Theaterausstellung im Sommer 1927 wurden der-artige Diskussionen bewußt unterdrückt, der politische Konsens sollte erhalten bleiben. Im Januar 1927 wurde für die Stadthalle ein beschleunigtes Bauprogramm veranschlagt, um ihre Fertigstellung bis zur Theateraus-stellung im Mai auch wirklich zu erreichen. Tatsächlich gelang es, das Gebäude bis zur Einweihung innerhalb dieser viereinhalb Monate aufzurichten. Damit hatte Magdeburg das Defizit einer größeren Veranstaltungs- und Messehalle endlich behoben. Durch die massige und wuchtige Architektursprache war es dem Architekten Johannes Göderitz gelungen, die Ansprüche der Stadt-väter jeglicher politischer Couleur zu befriedigen. Für die Bürgerlichen war die Stadthalle ein angemessen großer Repräsentationsbau mit demonstrativer Monumentali-tät, den man für Messen, Kongresse und Konzerte nut-zen konnte. Mit dem nüchternen und kargen Äußeren dieser Halle konnte man sich problemlos anfreunden.[48]

Für die Sozialdemokraten hingegen bedeutete die Halle ein »Volkshaus«, ein Versammlungsort politischer Art, wie Beims sie bei der Einweihung bezeichnete: »Wir leben in einer neuen Zeit mit neuen Ansprüchen und diese

Ansprüche setzen sich durch. Ein Volkshaus haben wir schaffen wollen, ein Haus für das Volk, damit es seine Obliegenheiten in zweckmäßiger Weise erfüllen kann.«[49]

Vor allem aber war die Halle für alle Parteien ein Beweis für die Leistungsfähigkeit der Stadt. Mit diesem Bau hatte man den architektonischen Grundstein für ein Verwaltungszentrum der Provinzialhauptstadt Magdeburg auf der Elbinsel gelegt, für das bereits Pläne von Göderitz angefertigt worden waren. Die Aufbauarbeit bis zur Eröffnung der Theaterausstellung hatte für die Stadt eine große Kraftanstrengung bedeutet. Mit Blick auf das große Ziel wurde sie von allen Parteien aktiv mitgetragen. Der Erfolg und die Anerkennung der Veranstaltung machte das Jahr 1927 im allgemeinen Empfinden zu einem Höhepunkt der Stadtentwicklung. Aus dieser positiven Erfahrung resultierte ein neues Selbstverständnis, das auch in einer umfangreichen Publikation zu Magdeburg in der Reihe »Deutschlands Städtebau« deutlich formuliert wurde: »Die Zeit ist endgültig vorbei, in der sich die Magdeburger in fatalistischer Ergebung als Festungsgefangene betrachteten. Vorüber ist die Zeit, in der Magdeburg als eine tote Stadt angesehen werden durfte. Die neue Zeit hat Magdeburg zur modernen Großstadt gemacht, und es braucht seine Geltung nicht hinter andere gleichartige deutsche Städte zurückzustellen.«[50]

Endlich war es gelungen, das Gefühl des »Stiefkindes« abzuschütteln und sich selbstbewußt in die Reihe der übrigen deutschen Großstädte einzufügen. Entscheidend war dabei, daß man sich in einem neuen Kleid, mit zahlreichen modernen Neubauten, präsentieren konnte. Sie waren die Repräsentanten des aufstrebenden, tatkräftigen und modernen Magdeburg geworden, mit dem sich Sozialdemokraten wie Bürgerliche gleichermaßen identifizieren konnten. Mit diesen Bauten hatte man bewiesen, daß der Stadt als Impulsgeber die politische

großen Gemeinſchaften zeigt einen ſozialen und kulturellen Aufſtieg wie nie zuvor! Das ſind die Lichtſeiten der Republik!

NEUE BAUKUNST IN MAGDEBURG

Der ſozialiſtiſch geführten Stadtverwaltung von Magdeburg iſt es zu danken, daß im Wohnungsbau der Gedanke der Gemeinnützigkeit ſiegte, ihr iſt es auch gutzuſchreiben, daß ſich modernerBauwille durchſetzen und in der alten Feſtungs= ſtadt bedeutendeWerke ſchaffen konnte. Sozialdemokraten holten Bauleute heran, die den Mut hatten, das Neue konſequent und zielbewußt zu geſtalten. Wenn vom neuen Magdeburg die Rede iſt, kann von ſeiner neuen Architektur nicht geſchwiegen werden.
Als unſere Fraktion in der Stadtverordneten=Verſammlung die Mehrheit bildete, wählte ſie gegen die Stimmen aller anderen Fraktionen den bekannten Architekten Bruno Taut zum Stadtbaurat. Die wirtſchaftlichen Verhältniſſe ließen damals allerdings die Ausführung großer Bauprojekte nicht

Die Allgemeine Ortskrankenkaſſe: Untere Halle

36

SPD-Parteitagspublikation »Rote Stadt im Roten Land« 1929

und ökonomische Vorrangstellung in Mitteldeutschland auch wirklich zustand. In dieser Hochphase des Erfolgs gab sich Magdeburg 1927 den Beinamen die »Stadt des neuen Bauwillens«. Der Ausdruck, den Johannes Göderitz erstmals in der obengenannten Publikation anwandte,[51] etablierte sich zu einem stehenden Begriff der Magdeburger. Die allgemeine Akzeptanz des Neuen Bauens, das den Kommunal- und Siedlungsbau als auch die Stadthalle mit einschloß, stellt eine Besonderheit in Deutschland dar. In keiner anderen Stadt wurden die Entwicklungen der modernen Architektur so einhellig begrüßt und unterstützt wie in Magdeburg. Die Architektursprache der 20er Jahre konnte sich in Magdeburg als einheitlicher Stil durchsetzen.

Nach dem Höhepunkt des Jahres 1927 traten die Sozialdemokraten deutlich selbstbewußter auf. Sie stellten sich nun mit anderen sozialdemokratisch geführten Städten auf eine Ebene und verglichen die kommunalpolitischen Ergebnisse. Magdeburg sollte als vorbildlich geführte sozialdemokratische Gemeinde in das reichsweite parteiinterne Gespräch gebracht werden.

67

Neues Bauen und Politik

Hermann Beims erreichte als Mitglied im Kommunalpolitischen Beirat, einem Expertengremium der Partei-
zentrale, eine Konferenz zwischen dem 20. und
22. September in Magdeburg stattfinden zu lassen.
500 Teilnehmer versammelten sich in der neuen Stadthalle, um das Thema »Kulturarbeit und Wohnungswirt-
schaft« in den Gemeinden zu behandeln. Sowohl der
Tagungsort als auch das Thema waren kein Zufall. Noch
während der letzten Wochen der »Deutschen Theaterausstellung« präsentierte man hier die Stadt als Beispiel
gelungener Kommunalpolitik. Nach dieser partei-
internen Versammlung tagte noch in derselben Woche
der Deutsche Städtetag und der Hauptausschuß des
Preußischen Städtetages in Magdeburg. Auch vor
diesen politischen Gremien konnte Beims die Stadt als
lebendiges kulturelles Zentrum vorführen.

Die »Volksstimme« erstellte anläßlich dieser kommunalen
Höhepunkte eine eigene 15seitige Beilage mit dem
Titel »Das Rote Rathaus«.[52] Magdeburg wurde hier als
»neue Stadt« und als sozialdemokratische Muster-
kommune des Deutschen Reiches gefeiert. Neben
Aufsätzen zur politischen Entwicklung der Stadt standen
die architektonischen Neuerungen im Zentrum dieser
Beilage. Vor allem das Thema der Kommunalpolitischen
Konferenz, das Wohnungswesen, wurde ausführlich behandelt. Die Magdeburger SPD versuchte, das eigene
System der Wohnungspolitik als mögliches Muster für
andere Kommunen in Vorschlag zu bringen.[53] »Beispiele
Magdeburger Architektur«, insbesondere die Bauten
auf dem neuen Ausstellungsgelände, die Stadthalle mit
dem Messeturm, die Arbeiten der Bauhütte und des
Architekten Carl Krayl wurden in zahlreichen Bildern
und Texten vorgeführt. Als Mentor und Initiator der
modernen Baubewegung hob man Bruno Taut hervor. Er
habe die Architekten Göderitz, Rühl und Krayl nach sich
gezogen und den Startschuß für das Neue Bauen in
Magdeburg gegeben.[54]

Zeitschrift »Das Rote Hochwasser« 1929

An ihrem neuerworbenen Status als sozialdemokratische
Vorzeigestadt arbeitete die Magdeburger SPD auf
Parteiebene weiter. Sie beteiligte sich an einem der
ersten Filme der Kommunalpolitischen Zentralstelle.
Dieser wurde als Werbematerial für das Wahljahr 1928
unter dem Titel »Was wir schufen« produziert und sollte
»die Leistungen sozialdemokratischer Politik im Gemeinde-
bereich in Abgrenzung von Bürgerlichen und Kommunisten«[55] herausstellen. Man arbeitete dabei mit einem
Kontrast von Alt und Neu. Magdeburg kam in diesem
Film häufig als Beispiel vor. Zu sehen sind unter anderem
Bilder vom neuen Arbeitsamt, von der Stadthalle und
natürlich von der Siedlung an der Großen Diesdorfer
Straße. Sie wurde neben Tauts Hufeisensiedlung in Berlin
als exemplarisches Beispiel für eine »sozialdemokratische
Wohnweise« gefeiert.[56] Da der Film in einem Filmbus
reichsweit in allen Kommunen gezeigt wurde, kann man
davon ausgehen, daß das Beispiel Magdeburg dadurch
weite Verbreitung erlangte.

Hermann Beims konnte die Aufmerksamkeit der Partei-
kreise 1929 noch einmal auf sich ziehen: Es gelang ihm,

den reichsweiten Parteitag der SPD in seine Stadt zu holen. Zwischen dem 26. und 31. Mai tagten die Delegierten in der Stadthalle. Der Parteivorstand des Kreises Magdeburg veröffentlichte ein eigenes Buch mit dem Titel »Die Rote Stadt im Roten Land«. Die eingangs erwähnte kolorierte Zeichnung von der Stadthalle wurde dem Buch vorangestellt. Die imposante Seitenansicht des Gebäudes, beflaggt mit der Reichs- und der Stadtfahne und flankiert vom Aussichtsturm des Ausstellungsgeländes, avancierte damit zum Leitmotiv des Parteitags. Hier manifestierte sich der Zweck der Halle, wie er Beims schon bei der Eröffnung im Jahr zuvor vor Augen geschwebt hatte, sie wurde zur »Volkshalle«, zum politischen Versammlungsort. Die Sozialdemokraten konnten sie als Symbol des erfolgreichen und aufstrebenden »Roten Magdeburgs« der Parteispitze als Konferenzort zur Verfügung stellen. Nur in diesem Kontext ist das Bild der Stadthalle verständlich. Es symbolisiert den Endpunkt einer kontinuierlichen Aufbauarbeit der »Roten Stadt im Roten Land«, einer sozialdemokratisch geführten Musterkommune. Architektur war in dieser Stadt zum entscheidenden Ausdrucksmittel der Sozialdemokraten geworden. Nach zehnjähriger Aufbauarbeit präsentierte sich die Stadt in einem modernisierten Erscheinungsbild.

Es ist kein Zufall, daß in diesem Buch nur Hermann Beims' Aufsatz über »Die Sozialdemokratie in der Stadtverwaltung« mit Photographien von den architektonischen Neuerungen in Magdeburg bebildert wurde. Das Neue Bauen in Magdeburg war zu seinem Markenzeichen und zum sichtbaren Ergebnis seiner persönlichen Kommunalpolitik geworden. Und so heißt es dann auch im Text: »Sozialdemokraten holten Bauleute heran, die den Mut hatten, das Neue konsequent und zielbewußt zu gestalten. Wenn vom neuen Magdeburg die Rede ist, kann von seiner neuen Architektur nicht geschwiegen werden.«[57] Beims besonderes Verhältnis zum

SPD-Wahlkampfbroschüre »10 Jahre Neues Magdeburg«, Farbtafel 14

Neuen Bauen wurde von seinen Parteigenossen ironisch in einer humoristischen Zeitschrift, die anläßlich des Parteitags erschien, kommentiert: »Dieses Stadtoberhaupt charakterisiert sich durch seine vierkantige Denkungsart. Erkennbar wurde das nach kurzer Regierungszeit in den neuen Wohnhäusern, die in Magdeburg gebaut wurden. Sie sind in ihrer Form konsequentester Kubismus, gemildert durch mollige rundliche Hausfrauen.«[58]

Neues Bauen und Politik

Xanti Schawinsky, französische Werbebroschüre für Magdeburg

Für Magdeburgs Sozialdemokraten wurde die zehn-
jährige Aufbauarbeit ihrer Kommunalpolitik 1929
erfolgreich abgeschlossen. Entsprechend selbstbewußt präsentierte sich die Partei im November 1929
im Wahlkampf anläßlich der Neuwahl zur Stadtverordnetenversammlung. Die Parteispitze gab eine
eigene Broschüre unter dem Titel: »Zehn Jahre Neues
Magdeburg« heraus, in der sie die Erfolge ihrer
Kommunalpolitik detailliert in Wort und Bild vorführte.[59]

Die tatsächliche kommunalpolitische Situation sah zu
diesem Zeitpunkt aber anders aus, Magdeburg hatte
deutliche Einbrüche erlitten. Nach dem Erfolgsjahr
1927 zeichneten sich keine wirklichen Verbesserungen
in der politischen und wirtschaftlichen Stellung der
Stadt ab. Bereits 1928 gab es massive ökonomische
Probleme. Grund dafür war der einseitige Schwerpunkt
der Magdeburger Industrie im Bereich Maschinenbau
und Apparatetechnik.[60] Nach dem Krieg hatte die Stadt
den Anschluß an die internationalen Standarts eingebüßt, was zu einem Verlust von Absatzmöglichkeiten
führte. Rationalisierungsmaßnahmen und zahlreiche
Entlassungen waren die Folge. Die Situation war 1928
so akut geworden, daß die Stadt sich dazu entschloß, ein
eigenes städtisches Wirtschaftsamt einzurichten.
Neben der Untersuchung der Ursachen für die schlechte Konjunktur sollte hier vor allem Wirtschaftswerbung
betrieben werden. Zu diesem Zweck holte man sich den
Bauhauskünstler und Designer Xanti Schawinsky nach
Magdeburg, um von ihm unter anderem Broschüren und
Informationsmaterial gestalten zu lassen.[61] Die Stadt
verzeichnete aber bei der Anwerbung weiterer Industrien keine nennenswerten Erfolge.[62]

Die Talsohle wurde durch die Weltwirtschaftskrise ab
1929 noch verstärkt. Im Herbst 1929 mußte auch
Hermann Beims feststellen: »Der Rückgang der
Magdeburger Industrie ist enorm.«[63] In Magdeburg lag
die Zahl der Erwerbslosen weit über dem Reichsdurch-
schnitt. Ein Großteil des Haushaltsetats, insgesamt
28%, mußte für eine wachsende Anzahl von Wohlfahrts-
empfängern ausgegeben werden.[64]

Die Stadt konnte nicht annähernd das erreichen, was
1926 und 1927 noch in greifbarer Nähe schien. Im
Gegenteil, die potentielle Hauptstadt Mitteldeutschlands
mußte nach 1928 etliche Rückschläge einstecken: Im
Jahr 1931 wurde die Reichsbahndirektion in Magdeburg

Beilage zur Magdeburgischen Zeitung · Sonntag, 17. November 1929 · Nr. 631 · 1. Beil., Seite 5–8

Unser gutes Steuergeld? Die S.P.D. gibt es aus
und die Demokraten
Alles rot und rötlich.

Allgem. Verwaltung

Gärten

10 Steuern

Licht, Wasser

Wohlfahrt

Volksschulen

Hafen

Wohnungsbau

Krankenhäusern

Grundstück- Kämmerei

†Bürobedarf

Polizei

Theater

Und das bleibt für die anderen

Hochbau · Kanal · Acker · Mün.Schulen · Stiftsch.

Vom S.P.D.-Polypen auf dem Rathause greifen 14 Arme nach 14 sogenannten Dezernaten, d. h. Verwaltungsabteilungen

Die meisten Felder sind r o t und zeigen damit, daß die S.P.D. die Ausgaben beherrscht u. das Geld dafür in der Hand hat.

Einige, auch recht stattliche, Felder sind rötlich und zeigten das Herrschaftsgebiet der Demokraten ab.

Einige wenige, g a n z k l e i n e Felder blieben w e i ß und stellen das Arbeitsbereich sich neutral verhaltender, allerdings oft auch mit der roten Mehrheit stimmender Stadträte und des einzigen D. B. P.-(bes.) Stadtrats dar.

Die Felder sind m a ß s t a b g e t r e u und stellen im genauen Verhältnis die S u m m e n dar, die von den Dezernenten verwaltet werden.

Wahlkampf in der »Magdeburgischen Zeitung«

trotz heftiger Proteste aller Parteien geschlossen.[65] Dasselbe geschah schon 1930 mit dem Kulturamt der Stadt. Das Landesarbeitsamt der Provinz wurde nach Erfurt umgesiedelt. Die Verlegung der Provinzialverwaltung von Merseburg scheiterte 1929 an der Rivalität zwischen den Städten Halle und Magdeburg.[66] All diese Maßnahmen schürten die Angst, daß die Elbestadt nun auch noch ihre Stellung als Provinzialhauptstadt verlieren würde.[67]

Die euphorische Aufbruchstimmung, mit der man noch das Jahr 1927 abgeschlossen hatte, war mit einem Schlag vorüber. Der Wahlkampf zur Stadtverordnetenversammlung im Jahr 1929 gibt die auseinanderdriftende Stimmung der Parteien wieder. Zwar konnte die SPD bei der Wahl 1929 einen Teil ihrer Stimmen wiedergewinnen, doch die Parteienlandschaft veränderte sich bis zur Reichstagswahl 1931 gewaltig. Hier gelang es den Nationalsozialisten bereits, einen großen Stimmenanteil zu erreichen. Eine Radikalisierungstendenz auch nach links war eindeutig.

Die »Magdeburgische Zeitung« konstatierte: »Magdeburg steht völlig isoliert, verlassen, verraten und verkauft da.«[68] Sie sparte dabei nicht an Schuldzuweisungen. Die

Gründe für die schlechte Situation lagen für die Bürgerlichen auf der Hand: Eine sozialdemokratisch dominierte Stadt konnte die Mächtigen des Industrie- und Wirtschaftslebens nicht zu Investitionen anreizen, denn: »Die Wirtschaft wendet sich von solcher politischen Einseitigkeit angeekelt ab.«[69] Die sozialdemokratische Politik wurde als Mißwirtschaft und Geldverschwendung angeprangert.

Auch der Siedlungsbau wurde kritisiert. Zwar erfuhren die Wohnungsbaumaßnahmen keine generelle Ablehnung,[70] doch man warf der SPD vor, die Siedlungsanlagen nur gebaut zu haben, um sich mit dieser Leistung plakativ zu profilieren: »Man will nicht an den vorhandenen Straßen bauen, weil man dort nichts › Großes ‹ zeigen kann, sondern sich bescheiden einordnen muß.«[71] Die Bürgerlichen nahmen damit Bezug auf die zahlreichen Werbeaktionen und Propagandamaßnahmen der SPD. Sie wehrten sich gegen die Behauptung, daß allein die Sozialdemokraten für die Ergebnisse der kommunalpolitischen Arbeit verantwortlich seien: »Die Sozialdemokratie [...] greift mit begehrlicher Hand ein in das öffentliche Leben, mehr, sie wagt in unglaublicher Überzeugung die Behauptung, daß sie allein es sei, die Magdeburgs Gemeindearbeit im letzten Jahrzehnt geschaffen habe.«[72] »Leider ist das »sozialistische« Bauen noch nicht erfunden, man baut noch, wie es die Technik vorschreibt.«[73]

Die Vorwürfe der bürgerlichen Parteien waren nicht ganz von der Hand zu weisen. Die Sozialdemokraten hatten alle Hebel in Bewegung gesetzt, die positiven Entwicklungen in der Kommunalpolitik, insbesondere die baulichen Ergebnisse als ihre ureigenen Erfolge zu verbuchen. Alle Neubauten waren aber zusammen mit der demokratischen Partei beschlossen worden. In ihrer parteipolitischen Propaganda waren sie dabei einen Schritt zu weit gegangen und brachten damit die

Xanti Schawinsky, Entwurf für eine Broschüre zum Neuen Bauen

eingespielte Koalition ins Wanken. Gleichzeitig war aber auch der Neid der übrigen Parteien deutlich spürbar, den »Proletariern«, wie sich die Sozialdemokraten schon im Streit um die Stadthalle selbst bezeichnet hatten, wollte man die Errungenschaften nicht allein überlassen.

Doch die Förderung von moderner Architektur und das Wagnis, einen avantgardistischen Architekten auf die Stelle des Stadtbauamtes berufen zu haben, war eindeutig auf die Initiative der Sozialdemokraten, insbesondere auf den Oberbürgermeister zurückzuführen. Beims geriet deshalb besonders in die Kritik: Es wurde ihm vorgeworfen, seine Parteiinteressen über alles andere gestellt und vor allem sein persönliches Renommée gefördert zu haben.[74] Als Hermann Beims 1931 das Amt des Oberbürgermeisters an seinen Nachfolger Ernst Reuter abgab, wurde ihm jeglicher positiver politischer Impuls abgesprochen. Als er noch im selben Jahr tödlich verunglückte, widmete ihm die »Magdeburgische Zeitung« nicht einmal mehr einen Nachruf.

Trotz dieser ungerechtfertigten Haltung schwenkten die Bürgerlichen nicht in das Lager der prinzipiellen Kritiker des Neuen Bauens um. Zu sehr waren die Neubauten auch ein Bestandteil ihrer eigenen Konzeption von einem aufstrebenden, sich verändernden Magdeburg geworden. Das zahlenmäßig bedeutende bürgerliche Potential griff den modernen Siedlungs- und Kommunalbau in Magdeburg nie formal an oder diffamierte ihn als »Kasernenstil«, wie das andernorts üblich war.[75] Die moderne Architektur der 20er Jahre war zum Sinnbild eines aufstrebenden und sich verändernden Magdeburg geworden. Den Aufbruch der Stadt in eine neue Zeit, in der sie als künftige »Hauptstadt Mitteldeutschlands« entscheidenden Einfluß erlangen wollte, unterstützten alle Parteien. Neben dem »Alten«, historisch wertvollen Magdeburg hatte man das »Neue« Magdeburg eingeführt, dessen spezifischer Charakter sich in der Bezeichnung »Stadt des Neuen Bauwillens« manifestierte. In diesem Sinne hoben die Bürgerlichen nachträglich sogar Bruno Tauts Farbenaktivitäten hervor, obwohl sie noch 1924 so radikal mit dem »Versager« abgerechnet hatten.[76]

Hermann Beims hatte in der Beziehung zu Taut ein persönliches Interesse für Architektur entwickelt. Im

Laufe der 20er Jahre übernahm er zusehends die Rolle des Bauherrn für das moderne Magdeburg. Die Neubauten in der Elbestadt wurden zum prägnanten Ausdrucksmittel seiner sozialdemokratisch geprägten Kommunalpolitik. Als Resultat präsentierte sich die »Rote Stadt im Roten Land« auf dem SPD-Parteitag in einem neuen architektonischen Gewand. Parteiintern konnte sich Magdeburg als Musterbeispiel sozialdemokratischer Kommunalpolitik durchsetzen und einen hohen Bekanntheitsgrad erreichen. Das Magdeburger Modell ist ein interessantes Beispiel parteiinterner Ideologie. Es dokumentiert das erhöhte Selbstbewußtsein, das die Sozialdemokraten nach jahrelanger kommunalpolitischer Arbeit in Magdeburg erworben hatten.[77]

Mit den zunehmenden Streitigkeiten und Radikalisierungstendenzen ab 1931 brach die Einigkeit in bezug auf die »Stadt des Neuen Bauwillens« gänzlich zusammen.

Nach dem Ende der Regierungszeit von Hermann Beims konnte kein politischer Konsens mehr erreicht werden. Daran wird deutlich, wie sehr die Bezeichnung »Stadt des Neuen Bauwillens« lediglich ein gedankliches Konstrukt für den Aufbruch in eine »Neue Zeit« war, an den zeitweise alle Parteien fest geglaubt hatten.

Magdeburg hatte sehr ernsthaft und mit ambitionierten künstlerischen Mitteln versucht, aus seiner politischen Randlage herauszukommen. Ein starker Wille und auch ein besonderer »Bauwille« war in dieser Zeit eindeutig spürbar. Auch wenn die Stadt aus verschiedensten Gründen keine tiefgreifende Veränderung in ihrem Status herbeiführen konnte, hat sie sowohl in der Architektur als auch in der Kommunalpolitik der 20er Jahre bedeutende Ergebnisse hinterlassen. Aufgrund dieser Erfolge wurde die Stadt sowohl von den Nationalsozialisten als auch zu DDR-Zeiten bewußt ignoriert.

1
Barbara Miller-Lane: Die Moderne und die Politik in Deutschland zwischen 1919 und 1945, in: Vittorio M. Lampugnani, Romana Schneider (Hg.), Moderne Architektur in Deutschland 1900 bis 1950, Expressionismus und Neue Sachlichkeit, Stuttgart 1994, S. 225–249.

2
Der Aufsatz gibt einen Teil der Ergebnisse wieder, die die Autorin in ihrer Dissertation behandelt hat. Regina Prinz, Neues Bauen in Magdeburg, Das Stadtbauamt unter Bruno Taut und Johannes Göderitz 1921–1933, München Diss. 1997. Vgl. auch die Dissertationen von Ute Maasberg und Olaf Gisbertz und ihre Beiträge in diesem Band.

3
Die Gründe sind historischer und geographischer Art, auch die Nähe zu Berlin spielte eine entscheidende Rolle, vgl. Manfred Wille, Magdeburgs Aufbruch in die Moderne, Magdeburger Kommunalpolitik vom Ausgang des ersten Weltkrieges bis zum Beginn der NS-Diktatur, hg. von der Landeshauptstadt Magdeburg, Magdeburg 1995, Prinz, Neues Bauen, S. 12 f.

4
Vgl. Ingrun Drechsler, Die Magdeburger Sozialdemokratie vor dem Ersten Weltkrieg, Ziethen 1995; 43% der Einwohner gehörten der Arbeiterschaft an.

5
Lediglich eine kleine Publikation der Friedrich-Ebert-Stiftung existiert zu Beims: Ernst E. Meckel (Hg.), Hermann Beims, Magdeburgs großer Oberbürgermeister 1919–1931, Beiträge zur Gedenkveranstaltung der Friedrich-Ebert-Stiftung anläßlich des 60. Todestages von Hermann Beims, Magdeburg 1992, vgl. auch Prinz, Neues Bauen, S. 28 f.

6
Die meisten seiner Parteikollegen im Reich traten ihr Amt erst in der zweiten Hälfte der 20er Jahre an. Vgl. Susanne Miller, Sozialdemokratische Oberbürgermeister in der Weimarer Republik, in: Kurt Schwabe, Oberbürgermeister, Büdinger Forschungen zur Sozialgeschichte, Boppard 1981, S. 109–124.

7
Zit. nach »Die Umwälzung in Magdeburg«, in: VS Nr. 265, 10.11.1918.

8
»Aber wir stehen am Anbeginn einer neuen Zeit, und das Neue, das jetzt werden will, drängt sich für manchen gar zu sehr und ungestüm ans Licht. [...] Das Neue wird bei manchen Widerspruch erwecken, anderen wird es nicht genügen.« Hermann Beims in »Stadtverordnetensitzung« in: MZ Nr. 351, 16.5.1919. Vgl. auch den Aufsatz von Bernd Wedemeyer in diesem Band.

9
»Es muß sich aus diesem Zusammenbruch erholen, und aus den Geburtswehen der neuen Zeit, die wir jetzt erleben, wird eine neue Welt, eine neue Gesellschaftsordnung erstehen, die alle Gegensätze zwischen den Volksgenossen auslöscht«, H. Beims in: »12. Sitzung der Stadtverordneten«, in: VS Nr. 114, 17.5.1919.

10
Hermann Beims zit. nach: »Oberbürgermeister Beims über Magdeburgs Zukunft« in: MZ Nr. 554, 25.9.1920.

11
Liste der Bewerber in: StaM, Rep. 28, PA Taut, Nr. 339.

12
Karl Elkart (geb. 1880) studierte an der Technischen Hochschule Stuttgart und machte 1907 die Staatsprüfung zum Regierungsbaumeister. Ab 1907 war er Stadtbaumeister in Altona, ab 1912 Stadtbaurat in Bochum und ab 1918 Stadtbaurat in Spandau.

13
Vgl. Regina Prinz. Neues Bauen, S. 53 f.

14
Taut hatte lediglich die Baugewerkschule in Königsberg absolviert und sich an der Technischen Hochschule Charlottenburg durch Kurse fortgebildet.

15
In der Zeit vor dem Krieg konnte er zusammen mit seinem Bruder Max und Franz Hoffmann in einer Bürogemeinschaft erste architektonische Erfolge im Wohnungs- und Industriebau erzielen.

16
StaM, Rep. 18/4, Bü 65, Protokollbuch 1921.

17
Simone Hain in: »Ex oriente lux«, Deutschland und der Osten, in: Vittorio M. Lampugnani, Romana Schneider (Hg.), Moderne Architektur in Deutschland 1900 bis 1950, Expressionismus und Neue Sachlichkeit, Stuttgart 1994, S. 141.

18
Bruno Taut, zit. in: »Das Programm des Stadtbaurats«, in: MZ Nr. 507, 22.7.1921.

19
Vgl. den Aufsatz von Ute Maasberg in diesem Band und Prinz, Neues Bauen, S. 67 f.

20
»Das Bureauhaus in Magdeburg«, in: VS Nr. 236, 8.10.1921.

21
»Ein Hochhaus auf dem Kaiser Wilhelm Platz?«, in: MZ Nr. 685, 30.9.1921.

22
»Das Hochhaus auf dem Kaiser-Wilhelm-Platz« in: MZ Nr. 688, 1.10.1921.

23
»Schutz dem Breiten Wege!«, in: MZ Nr. 721, 14.10.1921.

24
Ebenda

25
Ebenda

26
»Auch ein Dolchstoß«, in: VS Nr. 244, 18.10.1921.

27
»Für mich gibt es nur eine Partei und das ist die der Bauenden d.h. in jeder Bedeutung des Wortes. Aus meiner Gesinnung habe ich seit der »Stadtkrone«, die im Jahre 1916 entstanden ist, keinen Hehl gemacht und tue es auch heute nicht«. StaM, Rep. 35, Ha 20, B. Taut in einem Brief an Ernst v. Niebelschütz vom 14.11.1921.

28
»Der Magdeburger Geschichtsverein gegen Bruno Taut«, in: MZ Nr. 765, 31.10.1921.

29
»Wer sich ein Urteil über meine Arbeiten erlaubt, der muß sich auch über positives Schaffen in solchen Dingen ausweisen, sonst könnte jeder Kegel- oder Skatklub herkommen und mich kritisieren.« Bruno Taut zit. in: »Sitzung der Stadtverordneten«, in: VS Nr. 271, 19.11.1921.

30
Bruno Taut, ebenda

31
»Gestern war in der Stadtverordnetensitzung eine sehr lebhafte Kunstdebatte. Ich habe eine grosse Rede gehalten mit dem Erfolg, dass mir von allen Seiten, sogar von der deutschnationalen – mit Ausnahme des Redakteurs der Magdeburger Tageszeitung – das vollkommene Vertrauen ausgesprochen wurde. Nachdem dies die beiden Körperschaften getan haben, kann ich von einem Siege der Farbe sprechen.« StaM, Rep. 35, Ha 19, B. Taut in einem Brief an W.C. Behrendt vom 18.11.1921.

32
»Taut siegt!« in: VS Nr. 271, 19.11.1921.

33
»Ich werde hier vom Oberbürgermeister scherzhaft der Kulturdezernent genannt, und es ist tatsächlich so, daß man bei allen Dingen, die es hier gibt, erst einmal ganz gründlich eingreifen muß.«, StaM Rep. 35, Ha 18, B. Taut in einem Brief an P. Behrens vom 12.10.1922.

34
StaM, Rep. 35, Ha 19, B. Taut in einem Brief an Althoff vom 18.4.1923.

35
»Dass der Träger einer neuen Kunstrichtung auf vielfachen Widerspruch stösst und dass er unter der Abneigung, wenn nicht gar Feindschaft vieler einflussreicher Personen zu leiden hat, das dürfte Ihnen am besten bekannt sein. Dieser Kampf muß eben gekämpft werden […]«, StaM, Rep. 28, PA Taut, Nr. 339, Hermann Beims in einem Brief an Bruno Taut vom 4.5.1923.

36
StaM, Rep. 35, Hh 6, Bruno Taut in einem Brief an Hermann Beims vom 20.2.1923.

37
VS Nr. 1, 1.1.1925.

38
Vgl. den Aufsatz von Mathias Tullner in diesem Buch und Prinz, Neues Bauen, S. 163 f.

39
Diese Initiative ging auf den Landeshauptmann Eberhard Hübner zurück. Vgl. Prinz, Neues Bauen, S. 166 f. Magdeburg war zwar nominell die Provinzialhauptstadt, alle entscheidenden Ämter und Institutionen befanden sich in Merseburg.

40
»Ist Magdeburg die Provinzialhauptstadt?« in: VS Nr. 237, 10.10.1926.

41
Vgl. den Aufsatz von Olaf Gisbertz in diesem Band.

42
Ernst v. Niebelschütz, Magdeburg, Berlin 1929, vgl. dort das Kapitel »Der neue Bauwille«.

43
DNVP und NSDAP lehnten das Wohnungsbauprogramm generell ab. Auch die SPD hielt in der Diskussion um die May-Siedlungen keine einheitliche Linie ein, sie bevorzugte ein stärker genossenschaftlich orientiertes Modell. Vgl. Dieter Andernacht, Gerd Kuhn, Frankfurter Fordismus in: Ernst May und das neue Frankfurt 1925–1930, Berlin 1986, S. 56 f., vgl. die Übersicht auf S. 49.

44
Vgl. dazu: Christoph Timm, Gustav Oelsner und das Neue Altona, Kommunale Architektur und Stadtplanung in der Weimarer Republik, Hamburg 1984, S. 122 f.

45
Erich Feldhaus, Die Mitteldeutsche Frage, Magdeburg o.J. (1927), S. 48.

46
Vgl. dazu: Magdeburgs Stadthalle, in: MA 1927, Nr. 37, S. 538–542; und: »Die kommende Theaterausstellung« in: MZ Nr. 386, 1.8.1926.

47
»Das A und B der Stadthalle« in: VS Nr. 13, 16.1.1927.

48
Vgl. die Besprechung von E. Feldhaus: »Die Halle der Tausende« in: MZ Nr. 268, 28.5.1927, Sonderbeilage zur Theaterausstellung.

49
Hermann Beims zit. in: »Zehn Millionen Steine werden reden!«, in: VS Nr. 125, 31.5.1927.

50

Hermann Beims in: Herbert Germar
(Hg.), Deutschlands Städtebau,
Magdeburg, S. 5.

51

Johannes Göderitz, ebenda,
S. 26–34.

52

Sonderbeilage der Volksstimme,
»Das rote Rathaus«, anläßlich der
Kommunalpolitischen Woche
vom 20.–24. September 1927, VS
Nr. 224, 24.9.1927.

53

»Was in Magdeburg gebaut wurde«
in: Das Rote Rathaus, S. 4–5.

54

»Beispiele Magdeburger Architektur«
in: Das Rote Rathaus, S. 7.

55

Georg Fülberth, Konzeption und
Praxis sozialdemokratischer
Kommunalpolitik 1918–1933,
Marburg 1984, S. 70.

56

Zit. in: Die Gemeinde 1928, Bd. 5,
S. 639–641. Vgl. auch: Jahrbuch
der Deutschen Sozialdemokratie
1928, Berlin o.J. (1929), S. 193;
Vorwärts, 28.4.1928, zit. in: Die
Gemeinde 1928, Bd. 5, S. 464,
Stichwort Kommunalpolitische
Zentralstelle. Kurz erwähnt auch bei
Jürgen Kinter, Arbeiterbewegung
und Film 1895–1933, Hamburg
1985, S. 263.

57

Hermann Beims, Die Sozial-
demokratie in der Stadtverwaltung
Magdeburg, in: Die Rote Stadt im
Roten Land, S. 13–38, S. 37.

58

Zit. in: Magdeburg, Land und Leute,
in: Das rote Hochwasser«, Respekt-
losigkeiten zum Magdeburger Parteitag
der SPD, Magdeburg 1929.

59

Otto Winzer (Hg.), Zehn Jahre Neues
Magdeburg, Wie die Stadt unter
zielbewußter Führung aus Kriegs-
und Wirtschaftsnot sich aufrichtete
und ein Gemeinwesen von hohem
Ansehen wurde, Magdeburg 1929.

60

Vgl. dazu Wille, Magdeburgs
Aufbruch, S. 88 f.

61

Vgl. dazu den Beitrag von
Andreas Krase in diesem Band.

62

Der Verwaltungsbericht der Stadt
Magdeburg, berichtet: »Die weiterhin
absinkende Konjunktur hatte eine
große Anzahl von Zusammenbrüchen
wirtschaftlicher Unternehmungen
zur Folge, so daß sich die Tätigkeit
des Amtes mehr denn je auf die
Beobachtung und Erhaltung der
heimischen Wirtschaft als auf die
Neuansiedlung anderer Industrien
erstreckte.« Magdeburg 1930,
S. 360–361.

63

Hermann Beims, zit. in: Arbeit der
Stadtverordneten, MA 1929, Nr. 42,
S. 753–760, S. 755.

64

Manfred Wille, Magdeburgs
Aufbruch, S. 98 f.

65

Vgl. »Reichbahnbescheid gegen
Magdeburg, Die Direktion wird
1931 aufgelöst und auf die Bezirke
Hannover und Halle verteilt« in:
MZ Nr. 524, 25.9.1930, und »Der
Kampf um die Reichsbahndirektion«,
in: MZ Nr. 541, 3.10.1930.

66

Vgl. dazu: Thomas Klein (Hg.),
Lebenskreise, Lehr- und
Wanderjahre eines Minister-
präsidenten, von Erhard Hübener,
Köln, Wien 1984.

67

Vgl. dazu die Anfrage an das
Staatsministerium, abgedruckt in:
MZ Nr. 627, 15.11.1930.

68

»Verlassen, Verlassen…« in: MZ
Nr. 553, 21.10.1928.

69

Ebenda

70

»Um es gleich vorweg zu sagen, und
gegen alle Wahlfälschungen zu
sichern: Jawohl, wir sind für die
Fortsetzung des Wohnungsbaus!
Jawohl, wir wünschen, daß soviel
Wohnungen noch geschaffen
werden, als notwendig sind, damit
jeder wieder in Frieden sein
eigenes, wenn auch noch so kleines
Heim erhält. Wir sind sogar, wenn es
die finanziellen Verhältnisse
zulassen, für ein verstärktes
Tempo.«, in: »Kalte Sozialisierung
in der Stadt Magdeburg«,
MZ vom 3.11.1929.

71

Ebenda

72

Georg Zehle, zit. in: »Dr. Zehle
gegen die rote Herrschaft« in:
MZ Nr. 628, 15.11.1929.

73

Georg Zehle, zit. ebenda

74

Vgl. dazu: »12 Jahre SPD
Herrschaft in Magdeburg«, in:
MZ Nr. 262, 16.5.1931.

75

Spätestens seit dem Bau der
Weißenhofsiedlung in Stuttgart
1927 wurde von den Konservativen
Parteien Deutschlands heftig gegen
das Neue Bauen polemisiert. Vgl.
dazu Prinz, Neues Bauen, S. 281 f.

76

Erich Feldhaus, Die Mitteldeutsche
Frage, Gedanken über Verwaltungs-
reform und Verwaltungssitz Magdeburg, Magdeburg o.J. (1927), S. 48.

77

Vgl. dazu Dieter Rebentisch,
Programmatik und Praxis
sozialdemokratischer Kommunal-
politik in der Weimarer Republik, in:
Die alte Stadt 1985, H. 1,
S. 33–56, S. 5.

Johannes Göderitz, Stadthalle von Süden

»Mit dem Frühling um die Wette bauen«
Johannes Göderitz in Magdeburg

Olaf Gisbertz

Johannes Göderitz, Stadthalle von Innen

An der Universität Carolo-Wilhelmina in Braunschweig wurde zum 80. Geburtstag von Johannes Göderitz[1] ein »Altmeister der Städtebauplanung«[2] gewürdigt. Der Architekt, Städtebauer und Wissenschaftler Johannes Göderitz hatte sich erst nach den Wirren des Zweiten Weltkrieges in Braunschweig niedergelassen. Dabei hatte er schon als junger Architekt im Magdeburg der 20er Jahre sämtliche Grundlagen für sein Lebenswerk gelegt. Konsequent verfolgte er seine architektonischen und städtebaulichen Ideen auch in den Jahren des Nationalsozialismus. Als Geschäftsführer der Deutschen Akademie für Städtebau-, Reichs- und Landesplanung sowie im

Johannes Göderitz um 1927

und August Endell, partizipierte von den städtebaulichen Ideen eines Theodor Goecke und engagierte sich selbst als Mitbegründer einer »Studiengruppe für freie und angewandte Kunst«[3] an der Berliner Hochschule.

Offenbar lernte er in dieser bewegten Zeit auch den jungen Bruno Taut kennen. Wenig später sollte dieser kreative Kopf revolutionärer Künstlergruppen, wie dem »Arbeitsrat für Kunst« und der »Gläsernen Kette«, den Lebensweg von Johannes Göderitz endscheidend beeinflussen. Unmittelbar nach seiner umstrittenen Wahl zum Magdeburger Stadtbaurat berief Bruno Taut den um acht Jahre jüngeren Göderitz zu seinem persönlichen Assistenten. In dieser Funktion begleitete Johannes Göderitz sämtliche architektonischen Planungen und künstlerischen Aktionen seines Mentors in der von Inflation und Arbeitslosigkeit der frühen Weimarer Jahre gebeutelten Nachkriegszeit.

Mit vereinten Kräften wurde Magdeburg zu einem einzigartigen Gesamtkunstwerk der Moderne geformt, zu einer »Stadt des Neuen Bauwillens«, die den Vergleich mit Berlin oder Frankfurt nicht zu scheuen brauchte. Ehe zahlreiche Siedlungsbauten das moderne Gesicht der Elbestadt formten, setzte 1922 die von Taut und Göderitz entworfene Halle »Land und Stadt« ein markantes Zeichen. Zunächst als landwirtschaftliche Ausstellungshalle geplant, war sie das gebaute Credo einer funktionalen Architektur aus Glas, Beton und Eisen für Magdeburg.

Die Halle umschrieb ursprünglich eine rechteckförmige Arena von rund 750 Quadratmetern, die von bogenförmigen Stahlbetonbindern mit einer Spannweite von 35 Metern überdeckt und durch ein mittleres Oberlicht erhellt wurde. Scharfkantige, dramatische Pfeiler an der Vorhalle und prismatisch geformte Vorbauten, die, weit gespannten Flügeln gleich, den Besucher festlich

Planungsstab von Albert Speer versuchte er, sich auch in schwierigen Zeiten seine künstlerischen Ideale zu bewahren.

1888 in Bitterfeld geboren, begann Johannes Göderitz, nach einer humanistischen Schulausbildung in Halle und Wittenberg, 1908 das Studium der Architektur an der Technischen Hochschule Berlin-Charlottenburg. Schon hier geriet er in das kreative Umfeld der Berliner Vorkriegsmoderne. Er hörte Vorlesungen bei Peter Behrens

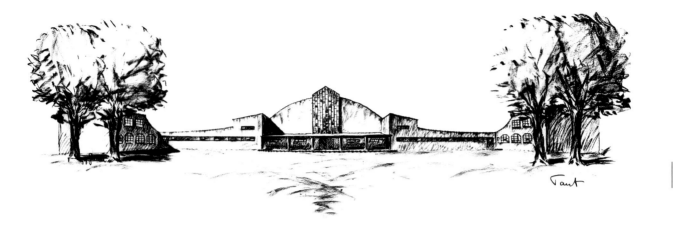

Halle »Land und Stadt«, Entwurf Walter Günther

empfangen, wurden in expressionistischer Manier einem ausgewogenen Verhältnis von Form und Zweck im Inneren gegenübergestellt. Die funktionale Eleganz und die Rhythmik der schwungvoll geformten Stahlbetonbinder begeisterte noch Jahre später Johannes Göderitz. Er charakterisierte die Halle 1927 als »ersten großen Wurf«[4] der sozialdemokratisch geführten Stadtverwaltung. Erst 1958, anläßlich der Handballweltmeisterschaft, erfuhr der Bau gravierende Veränderungen. Das gläserne Oberlicht und die auffälligen Rundfenster an den Treppenaufgängen längs der Vorhalle wurden beseitigt und der Bau unter dem Namen »Hermann-Gieseler-Halle« zu einer reinen Sportarena umfunktioniert.

Bruno Taut kehrte 1924 nach Berlin zurück und avancierte dort zu einem prominenten Siedlungsarchitekten. Johannes Göderitz blieb und schuf in Magdeburg zahlreiche Industrie-, Verwaltungs- und Wohnbauten. Zunächst beschäftigte er sich mit dem Ausbau des Städtischen Schlacht- und Viehhofes in der Magdeburger Wilhelmstadt (Stadtfeld). Bei der Architektur der Erweiterungsbauten durchdrangen sich Funktionalität und Monumentalität im Gegensatz zu den wilhelminischen Vorkriegsbauten. Hochaufragende Backsteinfassaden in schlichter, dekorativer Gestaltung und Form, bei der Schweinemarkthalle beeindruckend aus einzelnen kubischen Wandscheiben symmetrisch zusammengefügt und von weit auskragenden Stahlbetondächern überspannt, vereinte Göderitz mit einer Klaviatur funktionaler Stahlbetonstützen im Inneren. Er folgte damit dem von den Wegbereitern der Moderne um 1910

geprägten Ideal der Architektur als »werbendes Mittel der Industrie«. Der modernen Bauprogrammatik seiner Zeit entsprechend übertrug er dieses architektonische Leitbild schließlich auch auf repräsentative Bauaufgaben.

Obwohl Johannes Göderitz als kommissarischer Leiter des Hochbauamtes, unterstützt von seinem Assistenten Fritz Kneller – einem jungen Architekten und versierten Entwurfszeichner mit »großen Ideen«[5] – auf allen Gebieten der kommunalen Architektur agierte, begründete 1927 vor allem der termingerechte Bau der Stadthalle

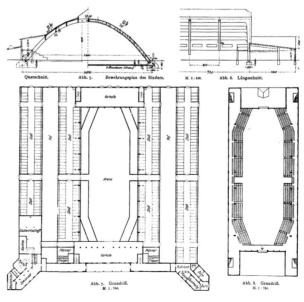

Halle »Land und Stadt«

Johannes Göderitz, Chirurgischer Pavillon in Sudenburg

anläßlich der Deutschen Theaterausstellung seine unangefochtene Wahl zum Magdeburger Stadtbaurat.[6] Er übernahm damit ein Amt, das nach dem Rückzug von Bruno Taut führungslos geblieben war.

Es war Ilse Molzahn, die Ehefrau des bekannten Grafikers Johannes Molzahn, die 1927 die Bauarbeiten an der Stadthalle in der Magdeburger Presse feuilletonistisch begleitete und den Wettstreit zwischen Johannes Göderitz und den herannahenden Frühlingtagen beschwor.[7] Schließlich erwies sich Johannes Göderitz als ein zuverlässiger Meister des architektonischen Fachs. Der »klirrende Kubus«[8] der Stadthalle bestach durch einen symmetrischen Aufbau, eine gestaffelte Anordnung der Bauteile und eine lebhafte Fassadenstruktur, aber auch durch eine klare Organisation der Räume und Flure.

Die gewaltigen Dimensionen des »Großen Saals« bewältigte Göderitz mittels einer freitragenden Eisenkonstruktion. Dieses Skelett tritt aber weder im Inneren noch am Außenbau in Erscheinung. An den Außenseiten formen große Glasflächen und Mauerwerk, das expressiv mit Eisenschlemmklinkern verkleidet ist, einen hochgestimmten, plastischen Rapport. Im Inneren wurden zur Verbesserung der Akustik das Eisenskelett und alle Wandflächen im Großen Saal mit Holz vertäfelt. Nur in den Nebenräumen ließ Göderitz Unterzüge und Betonstützen frei sichtbar.

Die dezente Modernität überzeugte sogar Reichskunstwart Edwin Redslob: »Im Festsaal der Halle wird das von allen Seiten gleichmäßig einströmende Publikum angesichts der klaren Raumwirkung der gestaltenden Motive wirklich im Sinne einer Gemeinschaft festlich verbunden. Dieses Verhältnis für die Verbindung der praktischen und der festlichen Seite, diese Feierlichkeit also, die erreicht wird, nachdem man vorher den Vorteil einer klaren praktischen Organisation empfunden hat, scheint mir das Vorbildliche des Baues zu sein.«[9]

Die Halle erreichte demnach eine feierliche, monumentale Wirkung ohne Zuhilfenahme aufwendiger Ornamentik. Göderitz setzte ganz auf den Effekt, der sich aus der Wucht der symmetrisch angeordneten Baumassen ergab. Vollständig wurde auf das Ornament aber nicht verzichtet. Es korrespondierte gleichsam mit der architektonischen Großform. Das Wechselspiel zwischen U-förmigen, hohen Wandflächen und niedrigen Glasflächen an den Längsseiten der Halle verstand Göderitz aber nicht etwa als überflüssiges Beiwerk, sondern als ein Mittel ästhetischer Formbildung.

Johannes Göderitz, Krankenhaus Sudenburg von Nordwesten

»Mit dem Frühling um die Wette bauen«

Johannes Göderitz, Krankenhaus Sudenburg, Hautklinik

Johannes Göderitz, Volksschule in der Schmeilstrasse

Mit dem Bau der Stadthalle triumphierte Johannes Göderitz in feierlicher Strenge über die von Oberbürgermeister Hermann Beims beklagte »neue Unsachlichkeit«[10] der politischen Debatten. Er überzeugte damit seine Kritiker und entwarf, zum Leidwesen der Privatarchitekten, die gesamte Kommunalarchitektur nach einheitlichen ästhetischen Maßstäben.

In den Jahren 1924–1933 zeichnete Johannes Göderitz für beinahe 70 öffentliche Bauten der Stadt Magdeburg gleichzeitig als verantwortlich. In den späten Jahren erreichte seine Architektur ein Maß sicherer Reife. Besonders bemerkenswert erscheint der 1927 fertiggestellte Chirurgische Pavillon im alten Krankenhaus Sudenburg, nahe der von Bruno Taut entworfenen Siedlung »Reform«. Der breitgelagerte, dreigeschossige Baukörper mit erhöhtem Mittelrisalit und seitlichen Kopfbauten erinnert mit seinen roten, weiß verfugten Backsteinfassaden und dem durchlaufenden Balkon an holländische Vorbilder, insbesondere an die schlichte Wohnhausarchitektur der Rotterdamer Wohnsiedlung »Spangen« von Jacobus Johannes Pieter Oud. Obwohl nur ein Teil des ursprünglich geplanten Bauvolumens realisiert wurde, kann der Bau zu den Meisterwerken von Johannes Göderitz gezählt werden. In unmittelbarer Nachbarschaft entstand wenige Jahre später mit der in drei Bausegmenten gegliederten Hautklinik ein weiterer Klinikbau, mit dem Göderitz die Erweiterung des Krankenhauses Sudenburg in den 20er Jahren zum Abschluß führte. Die konventionelle Grundrißdisposition, die harmonische Verteilung der Baumassen und die Rücksichtnahme auf die benachbarte Bebauung hat Göderitz als einen Vorzug seiner moderaten Architekturauffassung allgemeingültig beschrieben:

»Jede Aufgabe, auch die geringste, wurde so angefaßt, daß nach einer ganz nüchternen Programmaufstellung zunächst die Eingliederung des Einzelhauses an die vorhandene oder geplante Nachbarschaft nach städtebaulichen Gesichtspunkten erfolgte. Hieraus ergab sich die äußere Erscheinung unter Berücksichtigung der gewählten Konstruktionen, der Materialien und der Zweckbestimmung. Die befriedigendste Arbeit für den heutigen Architekten ist es sicher, wenn die Aufgabe eine funktionelle Gliederung der Baumassen ermöglichte.«[11]

Göderitz vollzog damit eine Gradwanderung zwischen Tradition und Moderne. Nur selten brach er mit architektonischen Konventionen. Seine in den Weimarer Jahren errichteten Schulgebäude in Rothensee und in der Wilhelmstadt (Stadtfeld) stehen für diesen Paradigmenwechsel. In Abstimmung mit der preußischen Regierung begann der Magistrat die Kindererziehung in den städtischen Schulen zu beeinflussen. Dabei war besonders die in sozialdemokratischen Kreisen diskutierte Reformpädagogik maßgebend. Bei der 1929 fertiggestellten Volksschule in der Schmeilstraße konnte Göderitz die Forderungen der Schulreformer sinnfällig erfüllen. Hier folgte die Anordnung der Bauteile der inneren Raumdisposition: An den niedrigen Bautrakt mit der Hausmeisterwohnung und einem großzügig geöffneten Klassentrakt schloß sich im rechten Winkel ein hochaufragender Gebäudetrakt mit Turnhalle, Umkleidekabinen und kleiner Aula unter dem Dach an. Einzelne Gartenparzellen sowie ein angrenzender Sportplatz ermöglichten den von der Schulreform propagierten Unterricht im Freien.

Wie bei diesem Schulgebäude verpflichtete sich Göderitz bei sämtlichen kommunalen Hochbauten einer sachlichen und zugleich traditionsverbundenen Formensprache. Die zweckorientierten Bauten repräsentierten trotz Verwendung moderner Bautechniken und Baustoffe in ihrer ästhetischen Gestaltung und architektonischen Wirkung eine solide und anspruchsvolle Moderne. Doch handelte Göderitz nicht nur nach formalästhetischen Prinzipien.[12] In seinen Schriften über die »Stadt des neuen Bauwillens«

Johannes Göderitz, Nutzungsflächenplan Magdeburg 1927

übersetzte er seine Architektur auch in das Reformkonzept des »Neuen Bauens« und definierte sie als integralen Bestandteil eines wissenschaftlich fundierten Städtebaus.

Aus wirtschaftlichem Kalkül und kultureller Verantwortung erprobte Johannes Göderitz, der schon von seinem Amtsvorgänger in Magdeburg beschworenen Kongruenz zwischen Bebauungsplan und Wohnung Gestalt zu geben. Deshalb widmete er sich mit wissenschaftlicher Akribie der fordistischen Optimierung der Siedlungsgrundrisse und dem Entwurf eines typisierten Interieurs für ein Wohnen in Sonne, Luft und Licht.

Gemeinsam mit Konrad Rühl – der bis 1928 dem Städtebaudezernat vorstand – ersann Johannes Göderitz aus dem seit 1923 vorliegenden Generalsiedlungsplan letztlich einen großräumigen Bebauungsplan für das Magdeburger Stadtgebiet und stellte die Planungsziele auf ein neues gesetzliches Fundament. 1928 wurde auf seine Initiative eine neue Bauordnung erlassen. Sie sah eine planvolle Stadterweiterung mit der Trennung von Arbeits-, Wohn- und Erholungsflächen, eine Abstufung

der Bauhöhen von der Innenstadt zu den Außenbereichen und ein hierarchisch gegliedertes Grünflächensystem vor. Zur Durchsetzung dieser Ziele gliederte er das vormals selbständig geführte Stadterweiterungsdezernat wieder dem Hochbauamt an und bemühte sich tatkräftig um eine städtebauliche Koordination der Planungsziele, explizit mit dem »Siedlungsverband für den engeren mitteldeutschen Industriebezirk« in Merseburg.

Doch aufgrund fehlender interkommunaler Planungsdirektiven konnte er diese weitsichtige Freiflächenpolitik für den Wohn- und Siedlungsbau nur in Ansätzen realisieren. So unterstützte er die nur selten erfolgreiche Eingemeindungsstrategie der Magdeburger Kommune und schöpfte beim Bau vieler Wohnsiedlungen nahezu alle seine planungsrechtlichen Möglichkeiten aus. Damit wollte er die Stadt zu einem »gut funktionierenden und schön aussehenden organischen Gebilde«[13] formen.

Mit Ausnahme der 1924 begonnenen Hermann-Beims-Siedlung verlegte sich das Hochbauamt beim gemeinnützigen Wohnungsbau aber lediglich auf die städtebauliche Kontrolle, beriet die lokalen Baugenossenschaften hinsichtlich der Baufinanzierung, aber kaum in Bezug auf die formale Gestaltung der Siedlungen. Daher mußte sich Göderitz nach dem Bau von rund 12.000 Wohnungen eingestehen, daß der gemeinnützige Siedlungsbau in Magdeburg nicht die gleichen architektonischen Qualitäten erreichte wie in anderen Städten des »Neuen Bauens«.[14]

Gleichwohl führten die städtebaulichen Ideen von Johannes Göderitz im Magdeburger Wohnungsbau zu einer ständigen Überprüfung seiner betriebswirtschaftlichen Planungsindikatoren. Göderitz, der wie Konrad Rühl frühzeitig der 1926/27 gegründeten »Reichsforschungsgesellschaft für Wirtschaftlichkeit im Bau- und Wohnungswesen« (RfG, seit 1928 e.V.) beigetreten war,

Thermosplattenhaus auf der Theaterausstellung 1927

STÄDTISCHES HOCHBAUAMT MAGDEBURG
STADTBAURAT GÖDERITZ
MAGISTRATSBAURAT DR. KNELLER, BAUAMTMANN GUNTHER

← GASPASSAGE

Ausstellungsdokumentation »Bauten der Technik« 1930

propagierte mit der Optimierung der Verwaltungsstrukturen im Hochbauamt, der wissenschaftlichen Erforschung neuer Baumethoden und -techniken und der konzentrierten Anlage von Großsiedlungen einen ökonomisch rentablen Wohn- und Siedlungsbau. Die Rationalisierung des Baustellenbetriebes, die Typisierung und Standardisierung der Bauelemente beurteilte er nicht nur als technische Notwendigkeiten, sondern war sich auch ihrer ästhetischen Konsequenz für die Siedlungsarchitektur bewußt. Dem erstaunten Magdeburger Publikum demonstrierte er seinen Thesenkatalog zur Optimierung des Wohnungsbaus auf verschiedenen »Probebaustellen«:

Seine zwei Systemfertighäuser, die er 1927 auf dem Gelände der »Deutschen Theaterausstellung« errichten ließ, waren wie die Werkbundhäuser von Walter Gropius und Bruno Taut in Stuttgart mit ihren typen- und zweck-orientierten Interieurs Bekenntnis zu einem neuen »umfassenden Lebensgefühl«. Mit einer »Haushaltungs-betriebsküche« entwickelte Johannes Göderitz für den Magdeburger Wohnungsbau den Prototyp einer Küche zur Anpassung der »Möbel an die Raumverhältnisse«.[15] Bei aller Notwendigkeit zur Minimierung und Standardi-sierung der Wohnungsgrundrisse entsprechend den Subventionsmodellen der mehrfach novellierten Hauszinssteuer stand diese Arbeitsküche, die Göderitz erstmals in dem nach seinen Entwürfen errichteten Altersheim St. Georgii von 1926 einsetzte, in Magdeburg am Beginn einer grundlegenden Wohnreform.

Mit zahlreichen Ausstellungen und Podiumsdiskussionen, wie etwa einer städtebaulichen Vortragsreihe in der Magdeburger Volkshochschule, verschrieb sich Göderitz in Magdeburg wie sein Amtsvorgänger Taut einer aufklärerischen Didaktik zur »Erziehung des Volkes zur Kunst«. Dennoch lief Johannes Göderitz als »Stadtbaurat preußischer Prägung«[16] niemals Gefahr, den radikalen Baudoktrinen der »Avantgarde« kritiklos nachzueifern. Er vertraute auf einen ökonomisch wie kulturell vertretbaren Städtebau, nicht auf die dogmatische Anwendung des Zeilenbaus und die schematische Regulierung des Wohnens nach dem Sonnenstand, 1929/30 in Karlsruhe-Dammerstock von den einen als architektonische Innovation gefeiert, von den anderen als »diktatorische Methode«[17] verpönt.

Den landespolitischen Zielen des Magdeburger Magistrats waren wegen einer fehlenden Städtebaugesetzgebung enge Grenzen gesetzt. So rückte zwangsläufig auch die Neugestaltung der Innenstadt in das städtebauliche Blickfeld von Johannes Göderitz. In der Lösung innerstädtischer Verkehrsprobleme durch großzügige Straßendurchbrüche und Umgehungsstraßen erkannte er die Voraussetzung für die »Citybildung«, der planvollen Entwicklung der Innenstadt zu einem Geschäfts- und Dienstleistungszentrum, dem es nach einheitlichen ästhetischen Prinzipien eine adäquate Fassung zu geben galt. Diese Überzeugung teilte Johannes Göderitz mit dem 1931 zum Magdeburger Oberbürgermeister berufenen Ernst Reuter. Das Städtische Hochbauamt beaufsichtigte daher in den späten Weimarer Jahren den Bau mondäner Geschäfts- und Bürogebäude am Breiten Weg, neue Visionen für die Umgestaltung der

Domumgebung und den Bau von Bürotürmen für die Innenstadt als Attribute einer großstädtischen Baukultur, neben nicht mehr ausgeführten Entwürfen zu einem neuen Rathaus auf der Elbinsel. In den frühen dreißiger Jahren begann in Magdeburg mit dem Abbruch einzelner Häuser überdies eine »Sanierung der Altstadt«.

In diesem Kontext ließ Johannes Göderitz Werbeflächen, Normaluhren und Informationssäulen nach Entwürfen von Walter Dexel in der Innenstadt aufstellen.[18] Neben der Zusammenarbeit mit der Magdeburger Kunstgewerbeschule richtete er im Hochbauamt eine grafische Arbeitsstelle ein, deren Leitung er 1929 dem Bauhaus-Fotografen Xanti Schawinsky (1904–1979) anvertraute.[19] Einheitlich gestaltete Plakatwände, Fotocollagen und Informationsbroschüren, ein aufeinander abgestimmtes Ausstellungsdesign und die Phalanx der Kommunalarchitektur bezeugten seine künstlerische Affinität zur eleganten Großstadtästhetik der späten 20er Jahre.[20] Deshalb unterstützte er auch sämtliche Bereiche der bildenden Kunst.

1929 wurde Göderitz Dezernent des Städtischen Theaters und gehörte 1930 zu den Gründungsmitgliedern des Magdeburger »Vereins für Werkkunst«. In diesen Positionen lenkte er an übergeordneter Stelle das gesamte künstlerische Geschehen in Magdeburg, organisierte Ausstellungen zu allen Fragen einer zeitgemäßen Formgebung und pflegte intensive Kontakte zum Bauhaus und anderen Institutionen der modernen Kunst. Auf diese Weise versuchte Göderitz auf den Säulen von Architektur, Städtebau und Kunst ein ganzheitlich wirkendes Kontinuum moderner Stadtgestaltung zu schaffen.

Mit wenig Sinn für die Progressivität seiner Ideen versetzten die Nationalsozialisten Johannes Göderitz 1933 aber kurzerhand in den vorzeitigen Ruhestand. Nur ein Rudiment seiner Magdeburger Stadtplanung hat die

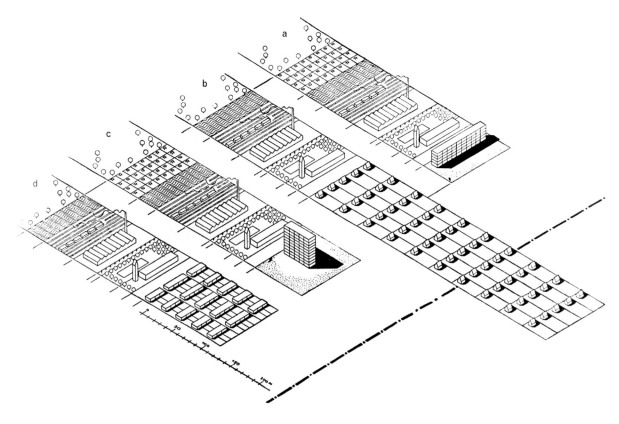

Planzeichnung zum Buch »Die gegliederte und aufgelockerte Stadt« 1957

Zeiten überdauert.[21] Daß die Göderitzschen Pläne den biederen Anforderungen an den Städtebau des Nationalsozialismus angepaßt und in modifizierter Form sogar noch für den »sozialistischen Wiederaufbau« nach 1945 zum Vorbild erhoben wurden, beweist etwa der Straßenverlauf der innerstädtischen Ost-Westachse oder die städtebauliche Gestaltung der Wohnbebauung Olvenstedt.[22]

1936 ging Johannes Göderitz nach Berlin, wo er die Geschäftsführung der »Deutschen Akademie für Städtebau-, Reichs- und Landesplanung« übernahm. Noch auf den Ideen der Gartenstadttheorie basierend, antizipierten seine städtebaulichen Pläne sogar einige

Merkmale der »Charta von Athen«. Vor diesem Hintergrund formulierte Johannes Göderitz in den Kriegsjahren sowohl die Ziele einer »organischen Stadterneuerung«[23] als auch alle wesentlichen Thesen für das bedeutsame städtebauliche Leitbild nach 1945: »Die gegliederte und aufgelockerte Stadt«.[24]

1
Der vorliegende Beitrag basiert auf der von der Rheinischen Friedrich-Wilhelms-Universität Bonn im Mai 1997 angenommenen Dissertation des Verfassers: »Bruno Taut und Johannes Göderitz in Magdeburg. Architektur und Städtebau in der Weimarer Republik«, Berlin 2000.

2
Dem früheren Stadtbaurat Johannes Göderitz zum Gedenken. Er war ein Altmeister der Städtebauplanung, in: Braunschweiger Zeitung. 1.4.1978. (Staatsarchiv Wolfenbüttel) 27 Slg. Johannes Göderitz.

3
Helmut Wilhelm Ahuis u.a. (Hg.), Johannes Göderitz zum 80. Geburtstag am 24. Mai 1968, Stuttgart 1968, S. 96.

4
Johannes Göderitz, Die Stadt des neuen Bauwillens. Die städtischen Hochbauten der letzten Jahre, in: Magdeburg. Hrsg. v. Magistrat der Stadt Magdeburg, Berlin-Halensee 1927 (= Deutschlands Städtebau), S. 26–34.

5
Heinz Meyer (Magdeburg) im Gespräch mit dem Verfasser. 6.6.1994. Kneller signierte seine Entwurfszeichnungen und Vorstudien zumeist mit dem Kürzel »Kn«.

6
Brief des Magistrats an den Architekten Felix Marx (Berlin), 1927: »[…] 1 Jahre hat die Stadt einen Stadtbaurat gesucht, die Wahl fiel auf Johannes Göderitz, der sich für die Stadt verdient gemacht hat [Stadthalle etc.] […].« StaM, Rep. 28, Pers. 3497.

7
MZ, vom 23.4.1927.

8
Carl Krayl, Die Stadthalle von Stadtbaurat Göderitz und Mitarbeitern, in: Das Neue Magdeburg, Sonderbeilage zur Volksstimme (Magdeburg), Jg. 38, 30.5.1927, Nr. 124.

9
Edwin Redslob, zit. nach Erich Feldhaus, Die Stadthalle zu Magdeburg, Magdeburg 1927, o.S.

10
Beims in der Stadtverordnetenversammlung vom 12.4.1928, zit. nach VS (Magdeburg). 39. Jg, 14.1.1928, Nr. 12.

11
Johannes Göderitz, Ein Jahrzehnt Städtebau- und Hochbaupolitik in Magdeburg, in: MA, 7. Jg, 1930, Nr. 1, S. 11.

12
Norbert Huse, Neues Bauen 1918 bis 1933. Moderne Architektur in der Weimarer Republik, Berlin 1985, S. 47.

13
Johannes Göderitz, Hygiene des Städtebaus und des Wohnungswesens, in: MA, 5. Jg., 1928, Nr. 1, S. 9.

14
Bruno Taut bezeichnete Magdeburg daher als ein Nebenzentrum des »Neuen Bauens«. Bruno Taut, Die neue Baukunst in Europa und Amerika, Stuttgart 1927, S. 44.

15
Michael Gasteiger, Kleinwohnungen und Großmöbel, in: MA, 7 Jg., 1930, Nr. 36, S. 633.

16
Rudolf Hillebrecht, Zum Geburtstag (von Johannes Göderitz), in: Ahuis u.a. (Hg.), Johannes Göderitz, S. 1.

17
Adolf Behne, Dammerstock, in: Die Form, Jg. 9, 1930, H. 6, S. 163–166.

18
Vgl. den Beitrag von Christian Gries in diesem Band.

19
Vgl. den Beitrag von Andreas Krase in diesem Band.

20
Ludwig Hilberseimer, Großstadtarchitektur, Stuttgart 1927, S. 98–103.

21
Hans Berger, Magdeburg. Klassenkampf und Dominanten, in: Klaus von Beyme u.a. (Hg.), Neue Städte aus Ruinen. Deutscher Städtebau der Nachkriegszeit, München 1992, S. 301.

22
Werner Durth und Niels Gutschow, Träume in Trümmern. Stadtplanung 1940–1950, Braunschweig/Wiesbaden 1993, S. 146.

23
Johannes Göderitz, Organische Stadterneuerung und ihre wirtschaftlichen Grundlagen, in: Raumforschung und Raumordnung, 2, 1941, S. 72–76.

24
Johannes Göderitz/Roland Rainer/Hubert Hoffmann, Die gegliederte und aufgelockerte Stadt, Tübingen 1957.

Carl Krayl, Holzschnitt »Landschaft« 1919

Carl Krayl und die Idee der farbigen Stadt

Ute Maasberg

Die Lust an der Farbe, an großen und intensiven farbigen Gesten ging aus von der expressionistischen Malerei am Anfang des 20. Jahrhunderts und beherrschte den Lebensrhythmus der 20er Jahre. Sie blieb nicht nur Bestandteil der Malerei, sondern griff auf die Skulptur, Reklamekultur, Mode und Architektur über. Den feldgrauen Zeiten des Wilhelminismus und des Ersten Weltkrieges wurde ein fröhlicher, bunter, chaotischer Schrei nach Farbe entgegengesetzt. Die Farbe symbolisierte eine Befreiung von falscher Tradition und dem Ballast bürgerlicher Konvention. Analog zur Musik Arnold Schönbergs suchten die Maler des Expressionismus nicht mehr den harmonischen Gleichklang, sondern die Auflösung des Bildes in Dissonanzen. Die neue Farbintensität stützte sich nicht mehr auf den Materiecharakter. Die Farbe sollte Empfindungen entfesseln: »Die Farbe ist wiedergefunden, die Gestaltung neu gefühlt, ihre Grenzen unbegrenzt geworden: brecht aus den Fesseln, die wieder um Euch gelegt werden sollen, glaubt nicht den falschen Propheten, die Euch sagen, gestaltet die Form neu, statt formt uns neue Gestalt. Ich sage Euch: gestaltet, was ihr müßt, nicht was ihr könnt. Vertieft, was man von Euch verbreitert haben will. Alles fließt: folgt den Grenzen nach Raum, die Farbe läuft mit und die Linien überschneiden tausendfach begrenzte Unendlichkeit. Liebt die gewandelten Seelen: vor Eurer Sehnsucht werden ihre Gesichte zu Kristallen, in denen sich ewiges Licht bricht!« Dieser impulsive Aufruf für die Farbe und die Öffnung der Sinne und der Empfindung stammt nicht etwa aus der Feder des Architekten Bruno Taut, sondern von Josef Achmann, einem Maler aus der Künstlergruppe »Das Junge Franken«, 1919 veröffentlicht in der Zeitschrift »Die Sichel«. Er traf damit nicht nur den Tenor, den der spätere Magdeburger Stadtbaurat Taut in seinen Publikationen[1] anschlug und der als wichtiges Grundelement in die utopischen Projekte Tauts und seiner Freunde aus dem Kreis der »Gläsernen Kette« einfloß, er beschrieb ein Lebensgefühl, das durch alle Reihen schaffender Künstler ging.

Dieses Zitat aus »Schlaget die Sicheln/denn die Ernte ist reif« führt uns gleichzeitig auf die Fährte eines Bau-Künstlers, der, bevor er sich für die gesamten 20er Jahre als führender Vertreter des Neuen Bauens in Magdeburg profilierte, Mitglied dieser in Nürnberg ansässigen expressionistischen Gruppe aus Dichtern, Lyrikern, Pädagogen und Malern war: des Architekten und Künstlers Carl Krayl.

Der bisher von der Forschung vernachlässigte Carl Krayl, allenfalls im Schatten des weitaus bekannteren Taut, als Mitglied der »Gläsernen Kette« und Mitarbeiter im Team des Städtischen Hochbauamtes unter Leitung des Stadtbaurats Taut erwähnt, hatte während seiner Tätigkeit im Architekturbüro Carl Brendel Anschluß an den Kreis der »Jungen Franken« erhalten.[2]

Krayl, der auch über Kontakte im Arbeitsrat für Kunst verfügte und sich im April 1919 an der »Ausstellung für unbekannte Architekten« in der Berliner Galerie von Israel Ber Neumann beteiligt hatte, erhielt im Kreis der »Jungen Franken« wesentliche Impulse, die sein frühes grafisches Werk mitbeeinflußten, ihn aber auch in seinem politischen Anspruch und in seinem religiösen Weltbild maßgeblich prägten. Religiöse Heilserwartung und messianisch-aktivistische Tendenzen spiegeln sich in den Texten und lyrischen Beiträgen der »Jungen Franken« für die ab Juli 1919 erscheinende Zeitschrift »Die Sichel« wieder. Krayl, der als Mitarbeiter der Hefte 5–6, 1919 und 1–3, 1920 erwähnt ist, hat den Hang seiner Mitstreiter zu christlichen Motiven und meist alttestamentarischen Themen geteilt. Seine grafischen Blätter, die in den ersten Veröffentlichungen des »Frühlicht« als Beilage der »Stadtbaukunst alter und neuer Zeit« dokumentiert sind, verweisen nicht nur auf ein großes zeichnerisches Talent, sondern auch auf seine tiefe Gläubigkeit.

Wir haben hier keine bleibende Stadt,
sondern wir suchen die zukünftige.
Hebr. 13, 14.

FORMEN

29

Carl Krayl, »Formen«, Titelblatt zum »Frühlicht«

Der Holzschnitt »Landschaft« im Novemberheft 1919 war der einzige künstlerische Beitrag Krayls für die »Sichel«. Die Begeisterung für kubistische und futuristische Tendenzen, die auch in seinen frühen Magdeburger Arbeiten noch spürbar nachhallen, die Reduzierung des Gegenständlichen auf das Erfassen der Bewegung und auf das Sinnlich-Erfahrbare offenbart er in diesem Blatt. Vor einer stilisierten Berglandschaft türmen sich schräg in die Bildfläche gesetzte karge Häuserfronten. Eine durch grobe Grate angedeutete aufgehende Sonne setzt förmlich dazu an, mit ihren Strahlen eine mit breiten Strichen zerfurchte Stadtlandschaft zu durchkämmen und suggeriert dabei eher ein apokalyptisches Inferno denn eine heile fränkische Idylle. Haus, Landschaft und Himmel mit in kurzen Linien erscheinenden Wolken verkörpern eine von innerer Spannung fast zerberstende magische Einheit.

Ein Gedicht der »Jungen Fränkin« Maria Luise Weissmann »Die fremde Stadt« könnte zu diesem Motiv Anregung geboten haben: »Der Himmel ist aus viel Cement gemauert,/Mit einer Tüncherfarbe grell bemalt/Von jenem Blau, das Litfaßsäule uns entgegenstrahlt;/Aus Winkeln dumpf und schwer, Verhängnis lauert/Und Ecken starren, o so todumschauert, –/Klippen, – ich Woge, jählings dran zerschellt/Bis mich die Flut zerschmettert weiterwellt./In diesem Autopfiff, der Nächte überdauert,/Ging mir die ewge Seligkeit verloren –/– Oh Engelsstimmen, oh Gesang der Harfen,/Gebetshauch, Palmenduft, oh Flügelwehn! –/Ich stoße mich an fest verrammten Toren,/Ich starre rings in tausend Schreckenslarven, –/Ich bin so müd und darf nicht schlafen gehn.«[3]

Auffällig und charakteristisch für die Dichter des »Jungen Frankens« und nachhaltig auch für das Denken und die Schriften von Carl Krayl ist der starke heimatliche Bezug und die Naturliebe sowie der Aspekt einer metaphorisch geprägten Lyrik, die mit einer starken Farbintensität einherging, wie zum Beispiel in einem Gedicht von Anton Schnack: »Sie so verklärt: ich, der im Dunkeln saß, ich, der Musiken kannte, gewaltig, Akkorde in Es,/Rote Gemälde, Gelächter (ganz moll), Frauen in Seiden und fürstlichen Pelzen, Springquellen im Grün,/Der ich sternüberfunkelte Länder durchstreifte, Gärten, in denen Verwunderte saßen, in denen die Fackeln hochbrannten in gewaltigen Feuerblühn,/Der ich an Fenstern lehnte, ovalen gebogen, von pergamentener Färbung, daran vorüber das Huschen von Antlitzen in Bronce von indischer schweigsamer Noblesse/[...] Ueber der Stirne der Sterne des fränkischen Lands voll Bächlein, schläfrigem Main, Horizont von Zinnober [...].«[4]

Die Auseinandersetzung mit christlichen Themen, die in Achmanns Holzschnitten[5] anklingt aber auch von den Dichtern Friedrich Schnack[6] und Julius Maria Weber[7] sowie vom Dichter und Pädagogen Leo Weismantel intensiv verarbeitet[8] wurde, fand bei Krayl ihren Widerhall in den Darstellungen »Turm des neuen Doms«, im »Ruf zum neuen Bauen« und in den Glaspalästen und Domtürmen der »Frühlicht«-Hefte. Krayl war intensiv an der Gestaltung dieser von Bruno Taut initiierten Zeitschrift beteiligt und dürfte auch die inhaltliche Ausrichtung mitbeeinflußt haben. Im zweiten »Frühlicht« übernahm Krayl die Aufmachung des Titelblatts mit der Zeichnung »Formen«. Auf der letzten Seite findet sich »Das zarte Haus in Glas und Farbe«. Dazwischen ist neben Illustrationen von Paul Gösch und Max Taut ein Ausschnitt aus E.T.A. Hoffmanns »Rat Krespel« veröffentlicht, zu dem Krayl 1920 eine gleichnamige Grafik angefertigt hatte.[9] Fast jedes Heft enthielt mindestens eine Illustration von Carl Krayl. Ein christlich-religiöser Tenor kristallisierte sich schon in der zweiten »Frühlicht«-Ausgabe heraus. Ab dem vierten Heft finden sich zahlreiche Zitate und mehrseitige Textbeiträge aus dem alten und neuen Testa-

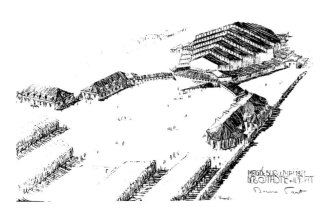

ment. Bruno Taut schätzte nicht nur das grafische Talent Krayls, sondern begeisterte sich auch für dessen geistige Ideenwelt. Es verwundert daher nicht, daß Bruno Taut Krayl bereits vor der offiziellen Amtseinführung als Stadtbaurat am 21.7.1921 als Mitarbeiter nach Magdeburg holte.

Mit der Begründung, daß »die Pflege der Baugesinnung und der künstlerischen Architektur sehr viel zu wünschen übrig ließ« richtete der neue Stadtbaurat ein eigenes Entwurfsbüro ein und besetzte dieses mit dem »begabten Baukünstler« Carl Krayl als erstem Architekten.[10] Zusammen mit Johannes Göderitz, Erich Weishaupt und Konrad Rühl wurde Krayl Mitglied eines hochmotivierten und engagierten Teams,[11] mit dem Taut seine Arbeit in der Öffentlichkeit repräsentieren konnte.[12]

Krayl wurde gleich im Mai 1921 mit der Projektierung der Halle »Land und Stadt« betraut. Ende des Monats standen erste Pläne für dieses Objekt zur Präsentation bereit. Krayls Anteil an der ersten Planungsphase für diesen im Ursprung als großräumige Gemeinschaftshalle vorgesehenen Bau war sehr umfangreich. Alle bekannten Perspektivzeichnungen für die verschiedenen Standorte am Schroteplatz und auf dem Rotehorngelände stammten aus seiner Hand. Auch die Entwurfsidee kann auf Krayl zurückgeführt werden. Bei der Konzeption für diesen Bau griff er auf rein technische und funktionale Überlegungen zurück und kontrastierte sie mit einem barocken Formenrepertoire. Der schlichte unspektakuläre Bau mit einem rhombenförmigen Grundriß erhielt dadurch eine monumentale Codierung, die mit einer spannungsvoll inszenierten Kohlezeichnung unterlegt wurde. Bereits in den grafischen Blättern wie »Vision« und »Der Turm des neuen Domes« und in seinem Wettbewerbsentwurf für das Hygiene-Museum in Dresden 1920 läßt sich dieser Hang zu barocken und gotischen Formen deutlich nachweisen.

Sein phantasievolles malerisches Talent konnte Krayl bei der ab Sommer 1921 anlaufenden Aktion, die gesamte Stadt in Farbe erstrahlen zu lassen, unter Beweis stellen. Ein Jahr später, 1922, vermerkte Walther Greischel in der Kunstzeitschrift »Das Feuer«: »Im Begriff restloser

Verwirklichung steht der Tautsche Plan, die ganze Stadt auszumalen. Der entrüstete Widerstand weiter Kreise der Bürgerschaft ist überwunden und die Ausführung vollzieht sich mit verblüffender Schnelle. Heute schon sind so viele Fassaden bemalt, daß nur wenige Stellen fehlen damit ganze Straßenzüge farbig belebt erscheinen. Man kann getrost prophezeien, daß nach Ablauf eines weiteren Jahres schon weite Strecken als farbige Bilder sich darbieten werden. Der Hauptanteil dieser Lösungen ist dem von Taut herangezogenen Carl Krayl zugefallen, der – modern vom Scheitel bis zur Sohle – den alten Häusern sehr leuchtende Gewänder überstreift [...].«[13]

Taut hatte Krayl die Verantwortung für die großräumige Planung und Ausführung der farbigen Innen- und Außenbereiche Magdeburgs anvertraut. Er selbst propagierte und repräsentierte die Entwicklungen und Auswirkungen der Farbe in Magdeburg eher nach außen durch seine Kontakte zu renommierten und international anerkannten Architekten und Künstlern.[14]

Die Reklamewirkung für die Stadt war enorm. 1921 bis 1924 erschienen in zahlreichen Bau- und Kunstzeitschriften[15] sowie in den sozialistischen und bürgerlichen Tages- und Wochenzeitungen[16] Beiträge über die baulichen und farbigen Veränderungen unter Stadtbaurat Taut. Durch die ab Juli stattfindende »Mitteldeutsche Ausstellung Magdeburg« (MIAMA) wurde die Idee der farbigen Stadt auch von der internationalen Presse aufgegriffen.[17] Taut selbst beschränkte seine publizistischen Beiträge zur Farbe und baulichen Entwicklung in der Amtsphase als Stadtbaurat primär auf Veröffentlichungen in der »Magdeburgischen Zeitung« und Magdeburger »Volksstimme« sowie auf Beiträge im »Frühlicht«. Erst in seinen Vorträgen »Baugedanken der Gegenwart« und »Wollen und Wirken«[18] von 1923 thematisierte er die Magdeburger Farbaktion auf nationaler und internationaler Ebene. Nach außen stellte er die Idee der farbigen Stadt als sein Produkt dar. Nur in seinem Beitrag »Mein erstes Jahr als Stadtbaurat« im »Frühlicht« ging Taut auf die leitende Rolle seines Mitarbeiters ein. »Hierbei muß ich besonders auf Carl Krayl hinweisen, ohne dessen künstlerisch sichere und selbständige Mitarbeit mir die geschehene Durchführung der Farbigkeit nicht möglich gewesen wäre.«[19]

Carl Krayl hatte als Leiter der Beratung für Häuserbemalungen die Aufgabe, Geschäftsinhaber und Hausbesitzer für die Idee der farbigen Stadt zu gewinnen und mit ihnen die möglichen Lösungen zu besprechen, beziehungsweise sie für neue Gestaltungsideen zu gewinnen. Diesen Aufgabenbereich schien er dank seiner persönlichen Überzeugungsarbeit und -kraft gut bewältigt zu haben. Dafür spricht nicht nur der große Umfang der bis zu Beginn der MIAMA realisierten Häuserbemalungen im Juli 1922, sondern auch eine Bemerkung von Taut, in der er besonders die menschlichen Qualitäten hervorhob, mit denen Krayl selbst »Hausbesitzer für eigenartige Lösungen« gewinnen konnte.[20]

Neben den Projekten privater Auftraggeber wurden die städtischen Bauten und die vom Städtischen Hochbauamt bearbeiteten Objekte bis 1923 unter der Leitung von Krayl farbig gestrichen. Auch die Bemalung der von Taut 1921 fertiggestellten Siedlungsabschnitte der Gartenstadt »Reform«, der 1921 durch den Mieter-Bau- und Sparverein errichteten Kleinwohnungsbauten in der Braunschweiger Straße sowie der Siedlungsbauten in Alt Fermersleben und in der Westerhüser Straße gehen auf Krayls schöpferische Gestaltungsideen zurück.

Taut schien ihm bei der Durchführung der Bemalungen in Magdeburg relativ freie Hand gelassen zu haben, denn bereits 1921 schrieb Krayl in einem Brief an Lina Krayl: »Taut ist ganz begeistert von mir, weil ich in meiner Wiedersehensfreude die wunderbarsten Anstriche mache. Ganz toll u. bald werde ich wohl ermordet werden, wenn ich so weiter mache.«[21] Von Morddrohungen und anonymen Briefen, in denen Taut das gleiche Schicksal wie Erzberger angekündigt wurde, wenn er mit der Pinselei nicht aufhöre, schrieb Krayl auch in seinen Lebenserinnerungen.[22]

Dokumentieren läßt sich Krayls Eigenständigkeit auch durch das persönliche Exemplar des vom Hochbauamt 1922 herausgegebenen »Führer zur Besichtigung der farbigen Häuserbemalungen in Magdeburg«.[23] Fast alle der ohne Angabe des Verfassers aufgeführten Objekte gingen auf seinen Einfluß zurück. Inwieweit Krayl auch an der Auswahl der beteiligten Maler beteiligt war, ist nicht gesichert. Es ist aber anzunehmen, daß zumindest die Kontakte zu den nicht aus Magdeburg stammenden Künstlern über die Berliner Beziehungen von Bruno Taut hergestellt wurden.[24]

Der Bildplan

Spontanität, spielerische Lust und Intuition waren maßgeblich für die vielfältige Bildprogrammatik und den Auftrag der Farbe, aber ganz ohne planerisches Ziel wurden die Hausbemalungen nicht realisiert.

Bereits in seiner Einführungsrede als Stadtbaurat hatte Taut auf die kurz bevorstehende Mitteldeutsche Ausstellung aufmerksam gemacht. Das anvisierte neue farbige Bild der Stadt sollte nicht nur nach innen wirken und eine Änderung auf die Psyche und das ästhetische Bewußtsein der Bewohner ermöglichen, sondern auch nach außen strahlen und zur Repräsentation für Magdeburg instrumentalisiert werden. Der Reichskunstwart Edwin Redslob, der als erster in einer von Taut angeregten Vortragsreihe[25] sprach, griff diese Intention im

Oktober 1921 auf: »In der Bemalung der Häuser führt Magdeburg, dank Stadtbaurat Taut, und hat hier den richtigen Weg erkannt, der nebenbei eine gute Propaganda für die Stadt bedeutet.«[26]

Stadtmarketing spielte gerade in der Diskussion mit den Geschäftsleuten eine entscheidende Rolle. Die Durchführung der Bemalungen schien dadurch erschwert, daß man vom Willen und der finanziellen Unterstützung der Hausbesitzer abhängig war. Im Ortsstatut gab es zwar verwaltungstechnische Voraussetzungen, den Marktplatz, den Breiten Weg und einige andere Plätze und Straßen der Stadt unter Aufsicht des Hochbauamtes und Stadtbaurats zu gestalten.[27] Eine gesetzliche Verfügung aber hatte Bruno Taut abgelehnt: »Es gibt nur die Möglichkeit, die einzelnen Hausbesitzer und vor allem die ausführenden Malermeister zu überzeugen.«[28] Seine Intention war es, durch Appelle erzieherisch wirksam zu werden.[29]

Taut suchte nach neuen Strategien, die Innenstadt zu beleben und interessanter zu gestalten. Dabei führte er auch ökonomische Argumente wie die Förderung des Konsumverhaltens ins Feld, mit denen gerade die Geschäftsleute für neue Gestaltungsfragen und Reklamen zu gewinnen waren. Taut stellte die Forderung, den Einfluß des Künstlers auf die Reklame zu vergrößern und die Einbeziehung in die Architektur zu berücksichtigen. Eine gut eingefügte Reklame kann alles gut machen, so Taut: »d.h. die Kauflust wecken und gleichzeitig das Straßenbild bereichern«.[30] Taut bewertete die Reklame auch als einen zukünftigen »wesentlichen Kulturfaktor«: »Ein Haus mit einem Geschäft im Erdgeschoß wird sie dann nicht bloß zum ersten Stock ›verzieren‹, sondern sie wird das ganze Haus darauf stimmen, d.h. es farbig behandeln. Auf diese Weise wird die Reklame zum Bahnbrecher der farbigen Stadt werden, eine Konsequenz, die sich übrigens in einzelnen Beispielen anbahnt.«[31]

Die Förderung der subtilen Reize, die er bereits bei seinem Pavillon für die Glasindustrie auf der Kölner Werkbundausstellung als maßgebliche Intention aufgeführt hatte, bildeten auch bei der Idee einer farbigen Stadt Magdeburg eine entscheidende Rolle: »Was heute die Nerven am meisten angreift, ist tatsächlich das ewige Grau der Wände und Häuser, die uns überall begegnen. Daß wir heute so empfindlich dagegen sind, hängt mit den Zeitverhältnissen zusammen, die uns [...] in der Erfüllung des Erholungsbedürfnisses verkürzen und uns überall zur materiellen Vereinfachung zwingen. Und sonderbarerweise übernimmt die gar nicht sentimentale Reklame hier eine Rolle des Ausgleichs, indem sie die Farbe nicht entbehren kann [...]. Oft ist eine buntbeklebte Litfaßsäule noch die einzige Rettung für den abgestumpften Blick.«[32]

Tauts Stadtmarketingstrategie schien gerade bei den größeren Geschäftsinhabern, wie Barasch und Hauswaldt, Mittag, Hirte und Behne, einen Resonanzboden gefunden zu haben. Bis 1921 waren die Häuser Hirte, Behne, Barasch am Breiten Weg, Häuser in der Schwerdtfeger-, Lödischehofstraße, Am Brücktor, Am Alten Markt sowie die Bemalung der Normaluhr am Kaiser-Wilhelm-Platz fertiggestellt. Bis zum Beginn der MIAMA im Juli 1922 erstrahlte der Kernstadtbereich schwerpunktmäßig um den Alten Markt herum samt Rathaus in Farbe. Zu den circa 80 neu bemalten Häusern der Altstadt kamen bunte Zeitungskioske und großflächige Reklamewände hinzu. In den Außenbereichen waren es vorzugsweise die neuen Kleinwohnungssiedlungen der Magdeburger Siedlungsgenossenschaften in der Gartenstadt »Reform«, Alt Fermersleben, Lemsdorf, Rothensee und Olvenstedt, die ab 1921 unter Leitung von Krayl farbig behandelt wurden. Die Bauten des Mieter-, Bau- und Sparvereins in der Westerhüser Straße waren bereits vor dem 1. Weltkrieg erstellt worden und erhielten 1922 einen neuen Anstrich. Das Ziel

geschlossen bemalter Straßenzüge, in denen man sich wie in einem Bild bewegen konnte, war zwar nur in kurzen Streckenabschnitten realisiert, aber Bruno Taut und Carl Krayl konnten parallel zur MIAMA einen eigenständigen Beitrag zum neuen Bild der Geschäftsstadt und zum Wohnen in der Stadt liefern. Ihre Intention, eine alternative Bauausstellung auszurichten, die über den Rahmen eines festen Ausstellungsgeländes herauswachsen konnte, erhärtet sich durch den 1922 gezielt zur MIAMA vom Hochbauamt herausgegebenen »Führer zur Besichtigung der Hausbemalungen in der Stadt Magdeburg«. Die gesamte Stadt wurde kurzerhand zu einer einzigen großräumigen Ausstellung umgewandelt. Dabei waren längst nicht alle der umgesetzten Farbvorschläge von Krayl und Taut aufgelistet, sondern nur markante Gebäude an städtebaulich differenzierten Lokalisationen vorgestellt. Anhand der Farbe wurde der Besucher in Bereiche geführt, die ihm beim Besuch des Ausstellungsgeländes verschlossen blieben.

So konnten sich die Leistungen und zukünftigen Ziele des Städtischen Hochbauamtes doch noch visualisieren lassen, denn auf dem eigentlichen Ausstellungsgelände hatten die zahlreichen Planungen von Bruno Taut und seinen Mitarbeitern, die in Heft 1 und 2 des »Frühlicht« 1921 veröffentlicht waren, keine Umsetzung gefunden. Die Idee einer Ausstellung für Siedlungszwecke und einer Art Gartenstadt-Ausstellung mit einer Reihe von Musterhäusern war mit der Argumentation fallengelassen worden, daß der Charakter des Parkgeländes beeinträchtigt werde.[33] Bruno Taut konnte nur einen geringfügigen Einfluß auf die Ausstellungsplanung nehmen.

Der farbige Führer aber verschaffte den Besuchern der Stadt nicht nur ein Bild vom historischen Magdeburg, sondern auch von der zukünftigen Stadt. Er war gleichzeitig ein Orientierungsleitplan, der Einblick in die neuen Bau- und Siedlungsprojekte der Magdeburger Siedlungsgenossenschaften unter Beteiligung des Städtischen Hochbauamtes und Bruno Tauts gab. Durch das Begehen der Stadt wurde nicht nur auf die vorhandenen städtebaulichen Situationen aufmerksam gemacht, sondern auch eine Basis für die Diskussion über mögliche Stadterweiterungspläne und Veränderungen im Stadtgefüge geschaffen. Wie an einem didaktischen Leitfaden führte man die Besucher durch die verschiedenen Straßen der Altstadt bis hinaus in die neuen Siedlungsbereiche »Reform«, Lemsdorf, Neue Neustadt, Olvenstedt und Rothensee. Selbst kleine Objekte, wie die von Krayl bemalte Normaluhr am Kaiser-Wilhelm-Platz oder die Zaunreklame von Günther Vogeler, verwiesen auf städtebaulich brisante Plätze, für die Taut eine neue Planung projektiert hatte. Bereits mit der Architekturausstellung im Rathaus und der Ausstellung »Alt- und Neu-Magdeburg« im Oktober 1921 hatte Bruno Taut auf die Auseinandersetzung mit den historischen und aktuellen Fragen um die Stadtgestaltung und auf die städtebauliche Ausrichtung von Magdeburg aufmerksam gemacht. Aus diesem Grundansatz setzten Taut und Krayl die Farbe nicht nur als dekoratives und funktionelles Element für die Architektur ein, sondern auch zur Visualisierung und öffentlichen Auseinandersetzung mit der Stadt als räumlichem Gefüge.

Der »Führer« durch die farbige Stadt verschaffte dem Besucher einen Überblick über die Intensität und Qualität bereits realisierter Ausführungen und nahm auch kritisch Stellung zu mißlungenen Projekten. Negativbeispiele, die ohne Einwirkung des Städtischen Hochbauamtes durchgeführt worden waren, wie der Schinkelsaal im Herrenkrug oder das Hotel »Haus Prag« in der Bärstraße, wurden öffentlich gebrandmarkt, dagegen andere Bemalungen, wie die Westerhüser Straße von Krayl, und die Siedlung »Reform« von Taut und Krayl als besonders bemerkenswert hervorgehoben.

Mit den bemalten Objekten wurden die Architektur der Stadt, aber auch die städtischen Grünzonen, die großzügigen Garten- und Parkanlagen des 19. Jahrhunderts gezeigt. Mit kurzen Kommentaren gab man Hinweise auf bemerkenswerte und favorisierte Bauten, wie den Kristallpalast in der Leipziger Straße. Die Wirkung von Farbe und Glas dokumentierten Taut und Krayl mit dem blau bemalten gläsernen Cycadeenhaus der Gruson-Gewächshäuser.[34]

Mit Ende der MIAMA flaute die Farbbewegung in Magdeburg sichtbar ab. 1923 wurden nur wenige Bauten, wie die Städtische Sparkasse in der Münzstraße, Bauten in der Grünearm- und Peterstraße fertiggestellt. Noch nicht einmal das von Krayl projektierte Gesamtbild der Westerhüser Straße, dessen erster Abschnitt während der MIAMA 1922 zum Vorzeigeobjekt für das Wohnen in Farbe geworden war, wurde mehr vollendet.

Das Bild der farbigen Stadt[35]

Denkmalpflegerische Aspekte, wie die Rekonstruktion von historischer Architektur und Farbe und Konservierung von vorhandener Substanz besaßen für Krayl und Taut 1921 keine Bedeutung. Sie wollten der Stadt ein neues, zeitgemäßes Gesicht geben. Die Stadt wurde zu einem Kunstwerk stilisiert, das durch die Gemeinschaftsarbeit der Baukünstler und Maler zu einem neuen Wesen erwachen konnte und mit ihr auch die Bewohner der Stadt verändern sollte.

Zum vielfältigen Erscheinungsbild der farbigen Architektur wurde auch das abstrakte Wandbild als Mittel zur Flächengestaltung herangezogen. Seine Präsenz im Stadtbild erfüllte nicht nur eine dekorative und gestalterische Funktion, sondern war gleichsam Ausdruck einer sozialen und didaktischen Komponente.

Die Kunst sollte der Allgemeinheit zugänglich gemacht und die Bestrebungen der modernen Künstler in Berührung und Einklang mit dem Volk gebracht sowie die Isolation von Kunst und Künstler überwunden werden. Die Kunst der Straße und die Kunst am Bau wurden zu neuen Schlagwörtern. Der revolutionäre Anspruch und Aufbruch der deutschen Künstler und Architekten nach 1918, der sich bereits in der Publikation »JA! Stimmen« des »Arbeitsrates für Kunst« offenbart hatte, wurde parallel auch in der Sowjetunion von den Künstlern aus dem Umfeld Kasimir Malewitschs vollzogen. Nach der Februarrevolution 1917 fand die suprematistische Kunst politische Anerkennung. Malewitsch unterstützte in Moskau und Petrograd die Reorganisation des russischen Kunstlebens. Die abstrakte Kunst gelangte in die Museen: »Wir brauchen kein Kunstmuseum, in dem man tote Werke anbetet, sondern eine lebendige Werkstatt des menschlichen Geistes.«[36]

Unter den in Magdeburg tätigen Hausmalern fehlten die bekannteren modernen Künstler, mit denen Taut noch 1919 im Rahmen des »Arbeitsrats für Kunst« Kontakt hatte, wie Karl Schmidt-Rottluff, Heinrich Campendonk, Georg Tappert und César Klein. Alle hatten sich in den »JA!Stimmen« zur Farbe im Stadtbild geäußert. Aus dem näheren Umfeld von Taut und dem Arbeitsrat für Kunst wurde der für zahlreiche Projekte von Taut bereits tätige Franz Mutzenbecher[37] aus Berlin verpflichtet. Der gerade nach Berlin übergeMaler Oskar Fischer stand am Beginn seiner künstlerischen Laufbahn und galt als hoffnungsvolles Talent. Karl Völker[38] gehörte zur »Hallischen Künstlergruppe« und erhielt erst 1924 durch seinen Beitrag für die von der Internationalen Arbeiterhilfe herausgegebene »Hunger-Mappe« eine überregionale Bedeutung. Neben Wilhelm Höpfner[39], Günther Vogeler[40] und Kurt Tuch[41] zählte auch er zum Kreis provinzieller Kunstschaffender. Lilli Loebell war Schülerin am Bauhaus in Weimar.

Freude, Schönheit und Harmonie wollten die Maler der Stadt vermitteln. Dabei wurde jeder Monotonie entgegengearbeitet. Vielfältigkeit und Abwechslung waren angestrebt: »Der Breite Weg muß einer bunten Wiese und nicht einem Rapsfeld gleichen.«[42] Konrad Nonn erwähnte in seinem Beitrag über »Das bunte Magdeburg« den allseitigen Ansatz der Bemalungen, bei denen auch bewußt positive und negative Beispiele nebeneinandergesetzt wurden, um »aus dem Kunterbunt und Durcheinander eine Harmonie der Disharmonien zu schaffen.«[43] Diesen Aspekt hob auch Konrad Rühl in seinen »Erinnerungen an Bruno Taut« hervor: »Es war auch nicht immer nur Spaß, sondern sollte aufrüttelnder Anschauungsunterricht sein, wenn die groteske Formlosigkeit der Selterwasserbuden, Normaluhren, ja auch der Häuser und ganzer Straßenzüge in der falschen Stuckpracht der Gründerjahre durch Farbe noch deutlicher oder unkenntlich gemacht wurde.«[44]

Die Vision des siebten Gesichts von Jerusalem, die 1920 noch Bestandteil eines »Frühlicht«-Beitrages war und 1921 im komplett bemalten Wohnhaus und Farblaboratorium von Krayl künstlerisch umgesetzt wurde, konnte mit dem Beginn der Stadtmalaktionen ihre weltliche Gestalt annehmen: »Und der Bau ihrer Mauern war von Jaspis, und die Stadt von lauterm Golde, gleich dem reinen Glase. Und die Gründe der Mauern und der Stadt waren geschmückt mit allerlei Edelgesteinen. Der erste Grund war ein Jaspis, der andere ein Saphir, der dritte ein Chalcedonier, der vierte ein Smaragd, der fünfte ein Sardonix, der sechste ein Sardis, der siebte ein Chrysolith, der achte ein Beryll, der neunte ein Topasier, der zehnte ein Chrysopras, der elfte ein Hyazinth, der zwölfte ein Amethyst.«[45]

Die Farbenpalette von lichtechten und ungemischten Farben, die Krayl zu Verfügung stand, war allerdings nicht so umfangreich. Nach einer Beschreibung von

Oskar Fischer, Abstraktes Fassadenbild und Kaufhaus Barasch

Carl Krayl und die Idee der farbigen Stadt

Friedrich Paulsen verwendete man: »ein schönes Eisen-oxydrot, Ultramarinblau, Chromgelb, Malachitgrün, Schwarz und Weiß. Kobaltblau ist leider zu teuer, es wäre vielfach schöner als Ultramarin. Zu diesen Farben kommen Schwarz und Weiß und die durch Mischung herzustellenden Farben, besonders etliche braune Töne.«[46]

Das Haus Hirte, Breiter Weg 54, Ecke Alter Markt wurde bereits im Juni 1921 nach einem Entwurf von Bruno Taut bemalt. Die Wandflächen erhielten ein vornehmes, gedämpftes Rot, die Lisenen und das Gebälk ein leuchtendes Grün. Das Haus Louis Behne, Breiter Weg/Ecke Bärstraße, mit einer blauen Wandfläche über der Erdgeschoßzone und gelb bemaltem Akanthusfries, war im Juli fertiggestellt.[47] Im August und September häuften sich besonders in der »Magdeburgischen Zeitung« die Berichte über die fertiggestellten Hausbemalungen. Als total bunt wurden die Bemalungen Krayls am Haus Hirte, Ecke Stephansbrücke und Petersberg beschrieben. Das rote Haus gegenüber den Stephanshallen war mit blauen und grünen Querstreifen, gelben Fensterrändern mit weißen Holzteilen versehen. Die Ornamente am Haus hatte Krayl gelb malen lassen. Die Betonung der architektonischen Werte bei den Hausbemalungen hob insbesondere Hellmut Mebes hervor. Ihm wurde beim Haus Hirte »jetzt erst klar, dass der Baumeister die überlange Höhe dieses Mietkastens wettmachen wollte.«[48] Die Veränderung des architektonischen Eindrucks durch die Farbe empfand er als interessanten Effekt: »Es überrascht bei den drei kleinen, bisher unscheinbaren Häusern in den Altstadtgassen, daß man bei aller Einfachheit und Harmlosigkeit durchaus gelöste, feine Kleinhausarchitektur findet – die organische Behandlung mit abgesetzten Farben läßt uns mit einem Male sehen, wie die Fassade gegliedert ist, wie sie sich aus verschiedenflächigen Wandteilen aufbaut, wie die Stockwerke durch hübsche Gesimse deutlich gemacht und die Fenster durch lustige Vorsätze und Rücksprünge betont und in das Ganze gefügt sind.«[49]

Bis Ende August waren auch die Häuser Barasch, Breiter Weg 148, Breiter Weg 97 gegenüber dem Zentraltheater, das Zollhäuschen an der Strombrücke in Weiß, Grün und Rot, ein Haus in der Knochenhaueruferstraße in Weiß mit leuchtend grünen Fenstereinfassungen und -läden, das Haus Moses am Ratswaageplatz in Grün bemalt.[50] Hellmut Mebes vermittelte im September ein Stimmungsbild von den bisherigen Leistungen: »Geht man nachmittags von der Johanniskirche über den Alten Markt dem Breiten Weg zu, so gibt das Zusammenstehen von Hirte und Barasch schon eine kleine Vorstellung der einstigen Wirkungen. Wenn mit so viel Verständnis Haus um Haus weiter behandelt wird (es sind noch mehrere in Arbeit), so wird wenigstens am Breitenweg und am Markt, bald ein Straßenraum herauskommen, so wundervoll und städtebaulich wertvoll, wie ihn wenige Städte bieten können.«[51]

Mit der Bemalung kleiner Zeitungskioske, für die das Hochbauamt bereits im Mai Vorschläge entworfen hatte, sorgte Krayl durch bunte Farben und kristallin-futuristische Formen zusätzlich für neue Lebendigkeit im Straßenbild.[52] Insgesamt fertigte man zwölf in zwei verschieden großen Typen aus Holz.[53] Ein knallbuntes Gewand erhielt auch die von Krayl bemalte Normaluhr auf dem Kaiser-Wilhelm-Platz. Bewußt dekonstruktiv und formzerstörend wurde dieses historistische Objekt auf jeder Seite anders, in Weiß, Gelb, Grün und Schwarz bemalt.[54]

Besonders spektakulär wirkte das abstrakte Fassadenbild am Kaufhaus Barasch, von dem aus Karlsruhe stammenden Maler Oskar Fischer im August 1921 ausgeführt. Die Hintergründe für die Vergabe des Auftrags sind unbekannt. Es ist aber anzunehmen, daß über Adolf Behne Kontakte zu Taut hergestellt worden sind.[55] Adolf Behne widmete dem jungen abstrakten Maler Oskar Fischer 1921 in der Reihe Werkstattbesuche im »Cicerone« einen Beitrag.[56]

Carl Krayl, Wilhelm Höpfner und Lilli Lobell, »Gesellschaftshaus Klosterbergegarten«

Fischer war Mitglied der Karlsruher Künstlergruppe »Rih«, zählte auch zur »Novembergruppe«,[57] gehörte aber nicht dem Kreis um den »Arbeitsrat für Kunst« an. Bereits in seinen frühen Arbeiten kam der Farbe eine große Rolle zu. In seinen Aquarellen und Zeichnungen brachte er sie in ungebrochener Leuchtkraft zum Ausdruck.[58] Oskar Fischer übermalte die komplette Fassade des Kaufhauses am Breiten Weg mit einem abstrakten Wandbild aus einfachen geometrischen Formen. Die gesamte Ornamentik auf der Fassade wurde beseitigt. Durch den Umbau war das Erdgeschoß mit einer vollkommen verglasten Schaufensterfront aufgelöst. Nur unter dem Dachgeschoß blieb ein breites grau gestrichenes Gesims übrig. Es sollten die Form und die pure Fläche des Baus zum Ausdruck gebracht werden. In den Farben Grün, Grau und Weiß entwarf Fischer ein aus der Fläche herausentwickeltes Bild, das mit einem rhythmischen Takt die vorgegebenen Fenstereinschnitte und -abstände, die Kreuzteilung der Fenster und die Stockwerksunterteilungen als Grundmuster aufnahm. Mit verschieden großen, rechteckigen Flächen, die schwarz gerahmt waren, wurde dieses Thema variiert. Es entstand der Eindruck, das Haus stünde hinter einem bunten, bleigerahmten Glasfenster. Walter Curt Behrendt beschrieb die Fassade als bunten Teppich,[59] auf

Konrad Nonn machte es den Eindruck eines nebelartig wirkenden Theaterhintergrundes, der sich durch den Platzabschluß am Alten Markt ergab.[60]

Durch den Verzicht auf Symmetrie konnte der Eindruck eines Flächenausschnitts suggeriert werden. Geschwungene Bogenlinien verbanden die verschiedenen geometrischen Formen- und Farbelemente miteinander. Die Fenster erhielten im Erdgeschoß gemalte Gesimse, im Dachgeschoß wurden die Wandöffnungen umrahmt.

Oskar Fischer konnte durch die dem Kubismus entlehnten Formen eine flächige Auflösung der Fassade erreichen. Die in kleine Felder aufgeteilte Wand wirkte der schweren Front entgegen, die wuchtig auf die Schaufenster im Erdgeschosses drückte. »Das Ganze eine erfrischende, rein und schön in ihren Maßen abgewogene Formfügung, die nicht als beliebig der Wand des Hauses aufgetragene Fremdform erscheint, sondern als ihre unmittelbare rhythmische Gliederung in Farbe und Linie und als strenger Ausdruck ihrer Lebendigkeit.«[61]

Fischer, so der Magdeburger Architekt Heinz Meyer, der dem Maler bei der Arbeit assistierte, entwarf dieses Wandbild eigenhändig ohne Vorbereitungen direkt auf

Carl Krayl und die Idee der farbigen Stadt

Häuserzeile Alt Fermersleben 5–7

die Wand. Auch die weiteren Hausbemalungen in Magdeburg wurden, abgesehen von der Außenbehandlung des Rathauses, ohne eine genehmigungspflichtige Vorstudie, sondern nur anhand einer Farbskizze spontan aufgetragen.[62]

Nicht alle »Stadtmummelgreise«[63] erhoben sich zu einem Protest, wie die Zeitschrift »Kornscheuer« 1921 vermerkte oder Bruno Taut in einem Brief an George Scheffauer erwähnte: »Ich habe hier in einer Weise streichen lassen, eins davon dem abstrakten Maler Oskar Fischer, das augenblicklich den Sturm der Magdeburger Bürgerschaft erregt.«[64] Von Zeitzeugen ließ sich erfahren, daß gerade die Bemalung des Kaufhauses als belebend empfunden wurde und das Grün der Fassade so schön vom Rathaus aus anzusehen war.[65]

Ab Mai 1921 begannen sich die Malaktivitäten noch zu intensivieren. Der Außenanstrich des Rathauses wurde durch die aus Halle stammenden Brüder Karl und Kurt Völker vorgenommen (Farbtafel 3), im August 1921 die Bemalung der Rathausinnenräume durch Franz Mutzenbecher.

Der Breite Weg und die Münzstraße ergaben 1922 bereits einen farbigen Gesamteindruck. Nach einem Vorschlag von Krayl wurde das Haus des 10. Mai, Breiter Weg 146 in Weiß und Rot bemalt, die Lettern der Inschrift waren in Gold hervorgehoben. Das Haus gegenüber war als Gegenstück in Grün, Weiß und Rot gehalten. Die Ornamente des Rokokohauses, Breiter Weg 26 gegenüber der Piano- und Musikalienhandlung Heinrichshofen, waren von Krayl farbig hervorgehoben, das Zwerchhaus und die Säulen weiß gestrichen. Das schmale Nachbarhaus wurde in Gelb behandelt.[66] Krayl schien bei seiner Konzeption besonders Wert darauf gelegt zu haben, mäßiger Architektur durch die Farbe einen neuen Ausdruck zu verleihen und sie hervortreten zu lassen.

Der von Konrad Nonn als formal unschönes Gebäude beschriebene gelbe Backsteinbau der »Volksstimme«, Große Münzstraße 3, wurde durch die Farbe in seinem ursprünglichen Charakter einfach unterdrückt. Es war in Schwarz, Rot und Gelb gestrichen. Die gelben Backsteinflächen waren mit blau bemalten Steinen ornamentiert. Die flankierenden Erkerbauten waren an jeder Seite anders behandelt.[67]

Gänzlich bunt, in allen Farben des Regenbogens wurde auch die von Krayl bearbeitete Häusergruppe in der Kaiserstraße 14/15 beschrieben.

In den Außenbereichen und Neubaugebieten der Stadt wurden die Farbanstriche Krayls noch radikaler und intensiver. Der Farbpinsel war nicht mehr zu stoppen. Die Außenbemalung des Gesellschaftshauses im Klosterberge-Garten, einem klassizistischen Gebäude von 1828, das ursprünglich auf einen Entwurf von Friedrich Schinkel zurückgeht, wurde 1922 für Repräsentationszwecke der Stadt genutzt und befand sich nicht weit entfernt von der Sternbrücke. Der Weg über diese führte direkt zum Eingang der MIAMA. Auch das blau gestaltete Cyadeenhaus der Gruson Gewächshäuser befand sich in unmittelbarer Nachbarschaft.

Krayl wählte für das Sockelgeschoß Rot, auch die Säulen waren rot gestrichen. Die Wände dagegen wurden ultramarinblau bemalt mit malachitgrünen Pilastern und weißen Gesimsen, deren Ornamentik durch Gelb hervorgehoben war.[68] In der »Kunstchronik« wurde das Gesellschaftshaus mit einem »knallenden Blau« beschrieben, »unterbrochen durch rote Fugung der Quader. Die Pilaster des Untergeschoßes färbte er rot, die des Obergeschoßes zartgrün. Die Säulen, die das Obergeschoß zieren, sind weiß, in den Tiefen der Kannelüren rot. Die Kapitelle ebenso. Daß diejenigen der Untergeschoßpilaster dunkelgrün sind, soll nicht verschwiegen werden.«[69] Die Gestaltung des Festsaales wurde Wilhelm Höpfner in Zusammenarbeit mit Lilli Loebell übertragen. Höpfner griff bei seiner Deckengestaltung auf Elemente der Supraportenmalerei des Barock zurück und übersetzte sie ins Phantastische. Die ausgefransten Formen am Rande der Decke über den Obergadenfenstern entsprechen dem expressionistischen Formenrepertoire. Diese verdichten sich zum Zentrum hin zu einem Lineament aus kleinteiligen und kristallinen Formen. Lilli Loebell stellte in ihrer Fensterbemalung den ausfächernden spitzen und gezackten Formen der Decke weiche, abstrakt figurative Formen entgegen. Es wurden von ihr nur die oberen Fenster des Raumes farbig bemalt. Die frag-

mentarisch versetzen Formentorsi sind am Primitivismus orientiert und wirken sehr modern.

Farbige Dekonstruktion

Bevor sich Krayl mit seinen farbig gezeichneten und gedachten phantastischen Landschaften und Bauten 1919–1921 mit der modernen Malerei und Graphik beschäftigte, hatte er bei Carl Anton Meckel Einblicke in die praktische Anwendung der Farbe erhalten; mit Farbe wollte Meckel ein malerisches Bild der mittelalterlichen Stadt wiedergeben. Krayl aber destruierte und dekomponierte bewußt dieses romantisierende und historisierende Stadtideal der Jahrundertwende mit seinen Bemalungen in Magdeburg.

Als kontinuierliche gestalterische Grundidee zeigt sich, daß er zum einen die Akzentuierung der architektonischen Gestalt von Einzelbauten anstrebte, aber auch einen neuen rhythmischen Gesamteindruck der Straßenzüge vermitteln wollte. Dabei sollte die Summe aus einzelnen und individuellen Gestaltungsvarianten durch eine expressive Farbigkeit zu einem großflächigen farbigen Gesamtbild verbunden werden. Eine neue harmonische Wirkung stand im Vordergrund, mit der sich für den Betrachter andere, noch unbekannt gebliebene Eindrücke ergeben konnten.

Ähnlich seinen phantastischen Zeichnungen versuchte Krayl eine Harmonie der Architektur und des Straßenzuges bewußt aus der Gegenüberstellung von Dissonanzen herzuleiten. Die Farbe, so Bruno Taut im »Frühlicht«, muß »anderen Gesetzen folgen als die Form und kann ein eigenes Thema anschlagen und verfolgen, ein Thema, das nicht unbedingt parallel zu laufen braucht, sondern die Form durchkreuzen, sich von ihr trennen, eine Dissonanz hervorbringen und eine Auflösung dieser Dissonanzen in Wiedervereinigung darstellen kann.«[70]

So ergaben sich subtile Reize und neue Wiedererkennungswerte für das Auge des Betrachters. Auch Konrad Nonn machte 1922 im Zusammenhang mit der Gegenüberstellung von Reklamewand und Reklamezaun am Zentraltheater auf diesen Aspekt aufmerksam.

Die von kubistischer Malerei und vom Futurismus inspirierte Bemalung der Normaluhr am Kaiser-Wilhelm-Platz war bewußt auf eine Dekonstruktion der ursprünglichen Gestalt angelegt. Die Malerei wurde nicht nur als formgebendes, sondern auch als formzerstörendes Element verwendet. In diesem Sinn erwähnte Otto Haesler nach seinem Besuch in Magdeburg 1922 die »farbigen Zerstörungen«.[71]

Mit dem Vorbild anonymer Volkskunst arbeitete Krayl bereits in seinen naiven Zeichnungen. Das Unbewußte, Unbefangene und Kindliche spiegelte sich in den spontan wirkenden Farbäußerungen in der Siedlung »Reform« wider, die Krayl 1921/22 maßgeblich mitgestaltete. Alles wurde in Farbe gefaßt: Fassaden, Giebelwände, Fenster, Türen, Innenräume, Stallungen. Es fällt auf, daß bewußt gegen Symmetrien, gegen monotone Reihungen von Farbtönen und Farbflächen gearbeitet wurde.

Offenbar sollte sich nichts in einer Regelmäßigkeit wiederholen. Das Erscheinungsbild der verschiedenen Häusergruppen wurde vom menschlichen Auge zu einem vielfältigen Farbpuzzle zusammengesetzt.

Auch für die Häuserzeile Alt Fermersleben 5–7, Fort 1, die im August 1921 im Rohbau fertiggestellt war,[72] dokumentieren heute nur noch Schwarzweiß-Fotografien und die im »Frühlicht« reproduzierten Aufnahmen einen annähernden Eindruck der ursprünglich von Krayl angebrachten Farbigkeit. Die Aufnahme der Rückfront zeigt, daß Krayl durch seinen farbigen Anstrich die flächenhafte Ausdehnung des Baukörpers unterstreichen wollte, um den vertikalen Gestaltungselementen entgegenzuarbeiten. Der Fond des Erdgeschosses war von den Obergeschossen farbig abgesetzt. Ein breites, aufgeputztes Gurtgesims diente als Trennung der Farbeinheiten. Der Wandanstrich der beiden Obergeschosse war einheitlich. Im Kontrast zu diesen großflächigen Wandanstrichen waren die herauskragenden Treppenhäuser in fünf verschieden farbige rechteckige Felder aufgegliedert. Breite, aufgeputzte Gesimse, deren Anstrich mit anderen im Bau verwendeten Farben korrespondierte, wurden als optische Trennungslinien eingeflochten. Um die Verbindung zur Wandfläche zu untermalen, hob Krayl den Bereich um die Toilettenfenster im ersten Obergeschoß durch breite aufgeputzte Rahmen als stehende Rechteckform farbig hervor. Die farbigen Gliederungselemente scheinen auf den ersten Blick einheitlich zu sein. Doch läßt sich bei näherem Hinsehen feststellen, daß Krayl ähnlich wie in »Reform« feine Überraschungsmomente einsetzte, die den vorgegebenen Rhythmus unterbrachen. Die Bemalung der aufgeputzten Gesimse und Flächenrahmen wurde variationsreich gestaltet. Ein weiteres Beispiel für seine Vorgehensweise zeigte sich in der Westerhüser Straße (heute Otto-Richter-Straße), die weit außerhalb des Zentrums in Sudenburg im Westen der Stadt liegt. Der gesamte Straßenzug wurde zwischen 1905 und 1914[73] mit einer dreigeschossigen Wohnbebauung durch den Mieter-, Bau- und Sparverein errichtet. Neben zahlreichen Fotodokumenten[74] und zeitgenössischen Berichten liegt heute ein Restaurierungsbericht vor. Die 1995 durchgeführte Befundung, die vom Magdeburger Diplomrestaurator Dietmar Sauer zusammen mit Studenten der Fachhochschule in Potsdam im Rahmen der Praktika »Ausbildung am Bau« vorgenommen wurde, kann heute als ein erster Leitfaden für die anvisierte Rekonstruktion der Bemalungen von Krayl verwendet werden.[75]

Ursprünglich war von Krayl projektiert, dem gesamten Straßenzug mit 36 Häusern eine neue Farbgestaltung zu geben. In einem Brief an J.J.P. Oud vom 10. Juli 1922 berichtete er: »Ferner habe ich in Form der Bauberatung die erste gänzliche farbige Straßenbemalung in Arbeit, 36 Häuser schlimmster Art 4 Stockwerke hoch. Bis jetzt sind 12 Häuser gestrichen. Einen kleinen Ausschnitt von einem der Häuser lege ich bei. Hauptfarbe: Ultramarinblau. Malerei: Gelb, grün, rot und weiß. Leider gibt die Photographie sehr wenig von dem Eindruck des Hauses wieder.«[76]

Das von ihm anvisierte Gesamtbild wurde aber nie vollständig umgesetzt. Über die im »Führer durch die farbigen Hausbemalungen in Magdeburg« erwähnten zwölf Hausanstriche wurden keine weiteren realisiert.

Dabei stand gerade dieser Straßenzug im Zentrum vieler zeitgenössischer Berichte[77] über das farbige Magdeburg. Konrad Nonn vom »Zentralblatt der Deutschen Bauverwaltung« schrieb: »Ein Gang durch die Westerhüser Straße zeigt, daß diese ödeste aller Kasernenstraßen durch die Hand des Malers ihr Recht, Daseinsfreude zu äußern, wieder erhalten hat. Die Grundsätze, die wir am Haus der Volksstimme angewendet fanden, sind hier weiter durchgeführt und haben zu einem geschlossenen einheitlichen Straßenbilde verarbeitet werden können.« Nur ein Haus schien ihm zu stark aus dem Rahmen zu fallen. Nonn zitierte ein Kind der Straße mit den Worten: »Hier hat der Blitz eingeschlagen.«

Die Fläche beschrieb er mit einem Tiefen Blau, »über die unschönen Gipsformen und Fensterwände hinweg sind in willkürlicher Anordnung einzelne Farbenpunkte verteilt, eine zickzackartige grellgelbe Linie zuckt von oben her sich gabelnd über einen großen Teil der Fassade hinweg. Der Zweck, die ›Architektur‹ völlig zu unterdrücken, ist erreicht. [...] Diese Straße ist ein Beispiel, wie es in einer ungeschützten Straße gelungen ist, ein einheitliches Vorgehen zu erzielen. Erleichtert wurde dies offenbar dadurch, da es sich nicht um eine Geschäftsstraße, sondern um eine Wohnstraße handelte.«[78]

Auch Friedrich Paulsen behandelte den Straßenzug Westerhüser Straße eingehend in der »Bauwelt«: »Ein dreistöckiges Haus ist blau gestrichen und hat ein Gewirr von handbreiten Linien, vorzugsweise in chromgelb. Da in dieser Straße auch alle anderen Häuser farbig behandelt, d.h. keinen einzigen steingrauen Fleck zeigen, wirkt das Haus (vom Volk als Blitzhaus bezeichnet) wohl

Braunschweiger Straße 60/61

fremdartig und gewaltsam, aber nicht als Mißklang. Fast alle übrigen Häuser sind in der Art farbig geworden, daß die glatten Flächen einen Ton erhielten. Die Fensterumrahmungen, etwaige Säulen, Pilaster, Verdachungen, Gesimse, bildhauerischen Schmuckstücke sind dann in abstechenden Farben gestrichen, etwa gelbe Säulen, blaue und weiße Gesimse, schwarze Fugen usw. Diese Häuser wirken fast sämtlich fröhlich, hoffnungsvoll.«[79] Adolf Behne dagegen verwarf den Anstrich als angeblich Form zerstörende »Malerei im Stil der Novembergruppe (d.h. mißverstandener Expressionismus)«.[80]

Dieser von allen Berichterstattern und auch von Krayl im Brief an Oud explizit hervorgehobene Bau, war das Haus Westerhüser Straße Nr. 2. Hier befand sich die Geschäftsstelle des 1900 gegründeten Mieter-, Bau- und Sparvereins. Von der ursprünglichen Bemalung sind heute nur wenige Reste vom ultramarinblauen Fond der Wand erkennbar. Ein noch erhaltenes Schwarz-Weiß-Foto zeigt die lebendig gestaltete Front des Baus. Die am Kubismus orientierte Bemalung mit einem Geflecht aus auf- und absteigenden Linien scheint die Architektur

förmlich zu durchwirken. Der Spieltrieb der Zeichnungen von Krayl fand mit diesem großflächigen Wandbild seinen monumentalen Ausdruck. Das Formenreservoire seiner abstrakten und dynamischen Linienstrukturen wurde hier nochmals durchgespielt. Mit einer belebten Rhythmik instrumentalisierte Krayl die Farben zur organischen Durchdringung des Hauses. Durch die Bewegung der geschwungenen und getreppten Linien wollte er eine faktische Bewegung der Wand und der inneren Bewegungen im Gebäude sichtbar machen. An der Oberfläche sollte sich das innere Wachstum verdeutlichen und in den von unten bis zum Dach heraufwachsenden Strukturen eine Verbindung zum unendlichen Raum eingehen. Gleichzeitig markierte diese großflächige Bemalung auch das vom Arbeitsrat für Kunst angestrebte Ziel, die Kunst in ihrem sozialen und öffentlichen Charakter zu fördern und der Allgemeinheit zugänglich zu machen.

Krayl betrachtete wie Taut die Kunst als Mittler eines sozialen Gedankens und wollte die Bewohner dieser Straße am westlichen Ende der Stadt mit moderner Malerei konfrontieren.

Geschäftshaus Kaiser-Wilhelm-Platz

Bei den weiteren Ergebnissen des Restauratorenteams fällt auf, daß beim Farbentwurf besonders auf eine Betonung der vorhandenen Stuckornamente geachtet und eine symmetrische Anordnung, sowie eine gleichbleibende rhythmische Folge der Farben angestrebt wurde. Dagegen sprechen die bisher bekannten Anstriche für Krayl. Auch anhand der vorliegenden Fotos des Gesamtstraßenzuges lassen sich aus den Grauwertabstufungen am Haus Nr.1 die für Krayl typischen, formzerstörenden Anstriche erkennen. Die Stuckornamente wichen nur zum Teil vom Fond der Wand ab. Auch entwickelte Krayl aus dem vorgegebenen Formen neue, aufgemalte Ornamente.

Bei der Bemalung der Siedlungshäuser in der Braunschweiger Straße ging Krayl ganz anders vor. Die ersten Bauten des vom Mieter- Bau- und Sparverein erworbenen Grundstücks in Sudenburg wurden 1922 in Kooperation mit dem Verein für Kleinwohnungswesen[81] errichtet. Dieser Tatbestand erklärt, warum die beiden Bauten nicht im »Führer durch die Häuserbemalungen in Magdeburg« aufgenommen waren. Der heute nicht mehr erkennbare Anstrich läßt sich nur durch zwei

vorliegende Schwarzweißfotos dokumentieren. Krayl wählte für beide Häuser einen differenzierten Anstrich. Dieser unterscheidet sich von allen bisherigen Bemalungen in Magdeburg und zeigt einen Wandel zu großflächigen und malerischen Formen. Der Baukörper des Hauses Nr. 60 ist, soweit erkennbar, nur durch zwei Grundfarben gegliedert. Mit einem dünnen Strich wurden die großflächigen Anstriche voneinander getrennt. Die sparsam verwendete Farbe teilt die schlichte, eher karge Grundstruktur der Architektur in zwei ineinandergreifende große Bereiche und betonte die Hauptmassen des Gebäudes. Krayl schien hier der Idee von einem Haus im Haus gefolgt zu sein. Auf der Giebelfront zur Straßenseite hin wirkte die Bemalung wie ein auf der Wand ausgebreiteter gestaffelter Turmbau. Die Farbigkeit läßt sich als sehr leuchtend vorstellen. Im Kontrast zu diesem aufstrebenden Farbcorpus scheint die Bemalung auf dem Nachbargebäude den Flächencharakter der Wand betonen zu wollen. Diese Bemalung wirkte verstärkt durch die rahmenden Fallrohre wie ein auf die Wand projiziertes abstraktes Bild. Im Gegensatz zu der großflächigen Bemalung in der Westerhüser Straße 2, wird das Wandbild auf das Zentrum der Fassade

Carl Krayl und die Idee der farbigen Stadt

Carl Krayl, Hauswaldt-Pavillon auf der MIAMA 1922

Hauswaldt-Pavillon Innen

beschränkt. Der raumdurchdringende Charakter entfällt. Stattdessen kommt es durch die abstrakten Formen zu einer Verfremdung des Hauses. Die farbigen Ornamente verselbständigen sich und spielen mit der Architektur.

Die abstrakten organischen und geometrischen Figuren entsprechen keiner Logik, sie sind frei erfunden. Krayl arbeitete hier mit assoziativen Kürzeln, offenen und atektonischen Formen, Abbreviaturen und notenschlüsselähnlichen Elementen, die um die drei übereinanderliegenden Fensterpaare gruppiert wurden. Krayl schien durch die von Oskar Schlemmer und Willi Baumeister realisierten Wandreliefs in ihrem Zusammenspiel von geometrischen und organischen Formen inspiriert, fand aber zu einem individuellen Ausdruck. Dieses Wandbild scheint gleichzeitig mit der Ausmalung eines der 1922 neueingerichteten Geschäfte in den Kolonnaden des Rathauses ausgeführt worden zu sein. Auch hier kommt eine abstrakte und sehr poetische Formensprache zum Ausdruck.

Von der Farbe und Kunst zur Architektur, ein Weg zum Neuen Bauen

Das Gestaltungsmittel, das die Architektur unmittelbar mit der Malerei verbindet, ist die Farbe. Farbe dient als Verstärkungselement der architektonischen Raumgestaltung und läßt die Dimensionen des Raumes zur Wirkung kommen. Die utopischen Architekturlandschaften, die Traumstädte, Visionen und Kompositionen von Carl Krayl waren alle in Farbe gedacht. Ähnlich wie die holländischen Maler und Architekten aus der Gruppe »de Stijl« suchte Krayl eine Verschmelzung der künstlerischen Disziplinen und war von der Entwicklung der modernen Malerei beeinflußt. Kubismus, Expressionismus und Futurismus fanden bei Krayl noch 1921 in den Außenbemalungen ihren Nachhall und wurden mit den Bestrebungen des Konstruktivismus und Neo-Plastizismus

kombiniert. Die von Theo van Doesburg propagierte elementare »Nieuwe Architectuur«, die sich aus den Komponenten Funktion, Fläche, Masse, Zeit, Raum, Licht, Farbe und Material zusammensetzte, kristallierte sich bei Carl Krayl erst nach 1922 stärker heraus. Ökonomische und funktionelle Prinzipien beherrschten aber bereits seine ersten, noch während seiner Beschäftigung im Hochbauamt 1921 und 1922 entstandenen Entwürfe, die bisher ausschließlich Bruno Taut zugeschrieben wurden. Beim Entwurf für das zehngeschossige Geschäftshaus auf dem Kaiser-Wilhelm Platz versuchte Krayl 1921 der rationalistischen Bauweise ein künstlerisches Bauen entgegenzustellen. In seinen Perspektivzeichnungen ließ er die Gebäudemassen wie eine gefühlte und gedachte Einheit mit Verve und Pathos emporschwingen. Die Architektur beginnt sich rhythmisch aufzutürmen und auszudehnen wie ein modellierter Körper. In diese zu einem Hof gruppierten Gebäudeteile wurde ein Kinobau, dessen plastische Schwellform bereits in den frühen grafischen Blättern »ohne Titel« und »Formen zum Bauen« angelegt war, eingepaßt.

Bereits in seinem mit Carl Brendel durchgeführten Wettbewerbsbeitrag für eine Kirche in Nürnberg 1914[82] setzte Krayl auf eine malerische Darstellung der Architektur, die in die Natur und Landschaft eingebettet war. Durch die Betonung der schneebedeckten Dachflächen und eine weiche Linienführung, ergab sich aus der winterlichen Schneelandschaft eine in sich ruhende Wirkung der Architektur und ein reizvolles Stimmungsbild. Krayl und Brendel hoben sich damit von den anderen Entwürfen ab. Im Entwurf für das Geschäftshaus dagegen setzte Krayl auf ein neues, lautes, hektisches und verrücktes großstädtisches Lebensgefühl. Die Zeichnungen sind von hastigen Schraffuren, stark bewegten und ausgreifenden Schwingformen erfüllt. Die Beziehungen zur zeitgenössischen Musik des Expressionismus und dem rhythmischen Lebensgefühl allgemein scheint

Carl Krayl, AOK

in plastisch körperhaften Formen Ausdruck gefunden zu haben. Die Abkehr vom schwärmerisch romantischen Ideal der Reformbewegung und von jugendstilhaften verschnörkelten Figurationen, die Bruno Taut noch 1921 für den Umbau des Kaufhauses Mittag plante, hatte Krayl bereits vollzogen. Mit dem Bau des Hauswaldt-Pavillons auf der Mitteldeutschen Ausstellung 1922 zog Krayl nochmals alle Register seiner futuristischen, expressiven und (de-)konstruktivistischen Außenbemalungen und verschmolz seine Malerei mit einer Form von Anti-Architektur.

Das bewußt Chaotische und dekonstruktive »Aufbau-Prinzip« verbarg sich bereits in den schiefen Stützen am Eingangsbereich. Das kompliziert strukturierte Gebäude

Carl Krayl, Kraftwerkzentrale der Konsumgenossenschaft

Carl Krayl, Freier Wassersportverein

»Volksstimme«- Pavillon mit Carl, Lina und Inge Krayl 1927

wurde im Auf- und Grundriß durch Rauten-, Trapez- und Dreiecksformen bestimmt. Sämtliche Bauteile waren individuell durchgearbeitet und erfuhren wie in einer Materialcollage eine neue Bewertung. Jeder Blickwinkel ergab eine andere Sichtweise.

Die scheinbaren Ungereimtheiten und das bewußt Unperfekte, die Freude am Spiel bewies Krayl bereits in seinen graphischen Blättern. Technische Elemente waren in seinen Zeichnungen »Einen Lichtgruß aus meinem Sternenhaus« und »Das strahlende Haus zur Schaukel« in eine neue Erscheinungswelt transformiert und von ihrer Zweckgebundenheit erlöst. Dieses Spiel mit befreiten Elementen zeigt sich auch im Innern dieses Pavillons. Die Stalaktitendecke, die Kurt Schwitters Merzbau assoziieren läßt, verfremdete die Kakao-trinkstube zu einem bizarren Erlebnisraum. Die Dekomposition der gegenständlichen Welt wurde demonstrativ an diesem scheinbar instabilen Baukörper visualisiert. Krayl leitete mit dem Hauswaldt-Pavillon endgültig den Beginn einer Elementarisierung seiner Bauformen ein. Der schrille farbige Anstrich, den Krayl noch einmal an diesem Bau demonstrierte, wurde 1923 durch die Faszination für Materialfarben abgelöst.

Carl Krayl und die Idee der farbigen Stadt

1923 markiert das Ende der expressionistischen Farbigkeit und gleichzeitig das Ende der experimentellen Phase. Bedingt durch Inflation, Bauuntätigkeit und Mangelwirtschaft kam der Farbe während der ersten Nachkriegsjahren die entscheidende Bedeutung zu, die nicht realisierbaren Möglichkeiten einer neuen Architektur malerisch durchzuspielen

Carl Krayl 1927

Die wandelnde Bedeutung der Farbe zeigt sich bei Krayl im Bau der Centralgenossenschaft und Land-Credit-Bank 1923–1924.[83] Hier verwendete er verschiedenfarbige Ziegelsteine, Dachziegel und bunte Kacheln. Die geometrischen Ornamente im Flurbereich zeigen einen Einfluß der Kachelmuster, die Theo van Doesburg für die Villa de Vonk von J. J. P. Oud 1917 entworfen hatte. Der Einfluß der holländischen Architektur kennzeichnet auch seinen ersten »großen Wurf«, den Verwaltungsbau der AOK, den Krayl zusammen mit Maximilian Worm 1926/27 realisierte. Die Hauptfassade erhielt eine einheitliche Gestaltung aus Backstein. Der symmetrische Aufbau wird im Zentrum von einer großflächigen gläsernen Fläche aus Luxfer-Prismen durchbrochen. Backstein hatte Krayl bereits für seinen Entwurf des Geschäftshauses am Kaiser-Wilhelm-Platz 1921 vorgesehen. Das rationelle Konstruktionsprinzip wurde auch hier durch die aus der Wand heraustretenden Pfeiler kenntlich gemacht. Doch im Gegensatz zu dem fünf Jahre zurückliegenden Entwurf, gelang es Krayl, sich vom kleinteiligen gotisierenden Formenrepertoire abzuwenden. Die Pfeiler wurden nicht fialenturmartig über die Dachtraufe hinausgezogen, sondern als schmale Scheiben in monumentaler Reihung als autonome Elemente zu dem Baukörper gesetzt. Die einzelnen Fassadenelemente, wie Fenster, Treppenhaus, Eingang, Pfeiler, Wand sind rational und ihrer Funktion entsprechend gestaltet. Einen Schritt zum Rationalismus und zu starker Abstraktion zeigte Krayl beim Entwurf des Boots- und Vereinshauses für den Freien Wassersportverein 1925, der 1926/27 realisiert wurde. Der schlichte langgestreckte kubische Körper wurde zur Flußseite hin auf Stützen gestellt. Durch diese aus funktionalen Überlegungen heraus konzipierte Konstruktion erhält der Bau durch das Abheben von der Erde eine schwebende Leichtigkeit. Die Wirkung eines Schiffsmotivs wird verstärkt durch die horizontale Ausrichtung der Fenster, mit der die fließende Bewegung des vorbeiströmen-

Denkmal des Deutschen Freidenkerverbandes auf dem Westfriedhof

den Wassers aufgenommen wird. Die Verbindung von Außenraum und Architektur kennzeichnet alle seine Siedlungsprojekte in Magdeburg. Durchgrünte Innenhöfe, individuelle Platz- und Straßensituationen lassen erkennen, daß Krayl den sozialen Anspruch seiner Wohnungsplanungen auch im Außenraum verwirklichte. Die Farbe diente Krayl in seinen ab 1925 realisierten Projekten zum Sichtbarmachen der architektonischen Verhältnisse, zur Rhythmisierung der Architektur und Betonung der verschiedenen Funktionseinheiten. Sie wurde organisches Ausdruckselement der Architektur. Fenster und Türen wurden in Rot, Gelb, Blau, Grün und Schwarz gestrichen. Die Fassaden dagegen behandelte Krayl nur noch fragmentarisch farbig. Graue und weiße Anstriche wurden vornehmlich mit den Materialfarben von Sockeln, Lisenen und Bändern aus roten und gelben Ziegelsteinen kontrastiert. Der Versuch ausgehend von den Bedürfnissen das Wesentliche zu finden und ihm Form zu geben, vollzog Krayl wie andere Architekten der Avantgarde.

Seine eigene Wohnung im Bunten Weg, die er noch 1921 als religiöse Kernzelle und Ort der Kontemplation mit einer individuellen Malerei überzogen hatte, paßte Krayl den auf der Stuttgarter Werkbundausstellung und

im Neuen Frankfurt propagierten neuen funktionsgerechten Standards an. Die wilde Farbigkeit der Möbel und Wände von 1921 wurde überstrichen.

Neue ökonomische und funktionelle Grundprinzipien bestimmten seinen zweiten Ausstellungsbau 1927 auf der Deutschen Theaterausstellung. Der kubische Körper erhielt durch das große Schaufenster, den Reklameturm und die Typographie seine Bestimmung als Ausstellungspavillon. Die Wortescapaden der Dada-Künstler, die Krayl in seinen frühen Zeichnungen beschäftigten, wurden zur Grundlage einer neuen Universalreklame. Die Verwendung von aufgegriffenen Markenartikeln in die Collage-Kunst hatte den Weg zu einer Reklame für den Dadaismus bereitet und wurde nach 1923 zunehmend zu einer neuen Typographie umgestaltet, die auch für die Architektur neue Perspektiven eröffnete. Die Typographie des Schriftzuges »Volksstimme« konnte sich auf dem reduzierten Baukörper stärker entwickeln und prägte die Architektur.

Das Wesen des Rationalismus und die fundamentalen Gesetzmäßigkeiten der Formbildung seiner Architektur, die Krayl bereits 1920 in seinen graphischen Kompositionen vorbereitet hatte, verdeutlichte er am 1930 realisierten Denkmal des Deutschen Freidenkerverbandes auf dem Westfriedhof in Magdeburg. Hier übersetzte er nicht nur das dynamische Prinzip seiner »Formen« in eine Großplastik, sondern zitierte Architekturelemente, die symbolisch auf das Moment der Behausung verweisen. Durch einen Sockel schaffte Krayl eine Distanz der plastischen Figuration zur umgebenden Natur und verstärkte so den monumentalen Charakter der Anlage. Vor eine Reihe aus virtuell ins Unendliche gesteigerten sich durchdringenden Scheiben und Kuben, plazierte Krayl einen dominanten vertikalen Baukörper und verband ihn mit breiten wolkenbügelartigen Winkelformen. Die so visualisierte Spannung von plastischen Elementen und zwischenräumlichen Bezügen, läßt sich als Krayls individueller Ausdruck des suprematistischen Weltbildes lesen. Die Grundstruktur des übereckgestellten Quadrates löste Krayl vollkommen zu einem polygonalen Körper auf und akzentuierte so die aufwärtsstrebende Bewegung als kollektiven Gestus. Eine große Kugel als Symbol der elementaren menschlichen Existenz, die im

Ursprung mit einer Bronzemaske hinterlegt werden sollte, wurde der emblematischen Reihung von Architekturelementen vorangestellt.[84] Krayl knüpfte mit der rationalistischen Gesamthaltung der komplett aus Beton gefertigten Anlage an die Tradition des europäischen Denkmals an.[85] Gleichzeitig kommt durch das dezidiert rationalistische Element die symbolische Dimension des Zeitlosen zum Tragen. Der soziale und kollektive Anspruch der Architektur von Krayl, die in Magdeburg durch zahlreiche sozialistische Freidenker, zu denen auch der Oberbürgermeister Hermann Beims zählte, mitgetragen wurde, findet an diesem Ort seine utopische Dimension im räumlich-plastischen Denken wieder. Der kollektive Geist, der die Wohnzeilen der 20er Jahre mitgeschaffen hat, schuf sich hier sein eigenes Wohngehäuse und gleichsam wie in einer Vision sein eigenes Denkmal. Drei Jahre später wurden sämtliche Errungenschaften der modernen Architektur und sozialistischen Baupolitik durch die Machtübernahme der Nationalsozialisten zunichte gemacht. Damit erhielt das Lebenswerk von Carl Krayl eine unüberbrückbare Zäsur.

1
Zum Beispiel in: »Auflösung der Städte« 1920 und »Der Weltbaumeister« 1920.

2
Josef Achmann, Alexander Abusch, Julius Maria Becker, Oskar Birkenbach, Georg Britting, A. Lubelsky, Willi Reindl, Maria Reinhold, Alfred Seidl (Ass Si), Hermann Sendelbach, Anton und Friedrich Schnack, Maria Luise Weissmann und Leo Weissmann. Auch der im Juni 1919 inhaftierte Dichter Ernst Toller, Vorsitzender der Arbeiter-, Bauern- und Soldatenräte in München und neben Gustav Landauer führende Kraft derbayerischen Räterepublik, zählte als symbolische Leitfigur mit zu den Gründungsmitgliedern. Die Gründung der Vereinigung »das junge Franken« wurde im Oktoberheft »Der Weg« 1919 veröffentlicht. Hier heißt es, daß sich die Gruppe vor einigen Wochen zusammengeschlossen habe. Möglicherweise lag die Gründung aber bereits vor der Verhaftung von Ernst Toller.

3
Aus: Der Weg 1919, H. 10, S. 10.

4
Anton Schnack, Sie und Ich, in: Die Sichel 1919, H. 1, S. 4.

5
Zum Beispiel die Holzschnitte »Heilige Familie« 1918 und 1920, »Kreuzigung« und »Maria unterm Kreuz« 1920.

6
In den Gedichtbänden »Das kommende Reich Gottes« 1920.

7
1919 in »Gedichte«, erschienen in der Reihe »Der jüngste Tag« im Kurt Wolff Verlag.

8
In: »Die Bettler des lieben Gottes« 1918 und seinem Schauspiel: »Die Reiter der Apokalypse« 1919. Das Stück wurde am 25.3.1919 im Stadt-Theater Würzburg uraufgeführt.

9
Die Zeichnung »Das Haus des Rats Krespel« ist verschollen. Sie war neben den Blättern »Baustudie«, »Domstraße«, »Platz«, »Die lustige Insel« auf der Kunstausstellung im Landesausstellungsgebäude 1920 in der Abteilung der Novembergruppe vertreten.

10
Bescheinigung von Taut für Krayl vom 23.1.1924, in: PA Krayl, Rep. 28, 343, Sign. 3730 im StaM.

11
Siehe zur Organisation auch: Bruno Taut. Bruno Tauts Auszug aus Magdeburg, in: Bauwelt 1924, H. 5, S. 68.

12
Taut wurde mehrfach vorgeworfen, seine Arbeit auf andere abzuwälzen. Siehe dazu: MZ Nr. 41 vom 23.1.1924.

13
Wilhelm Greischel, Bruno Taut, in: Das Feuer 1922, H. 8, S. 97.

14
Zum Beispiel Walter Gropius, Peter Behrens, Ewald Dülberg, Hans Poelzig, zu den Herausgebern und Publizisten Guido Bagier, Walter Curt Behrendt, Friedrich Paulsen, Dr. Konrad Nonn, Herbert Ihering, Adolf Behne, Max Osborn und Herman George Scheffauer.

15
Zum Beispiel Friedrich Paulsen, Abstrakte Fassadenmalerei, in: Bauwelt 1921, H. 44; Friedrich Paulsen, Das farbige Magdeburg, in: Bauwelt 1922, H. 39, S. 673–674; Wilhelm Kästner, Stadtbaurat Bruno Taut Magdeburg, in: Moderne Bauformen 1922, S. 289–299; Notizen, in: Kunstblatt 1922, S. 316.

16
Zum Beispiel Adolf Behne, Fassadenerneuerung, in: Sozialistische Monatshefte 1921, Jg. 27, S. 1077 f.; Berliner Illustrierte, Okt. 1921; Erich Köhrer, Farbiges Magdeburg, in: Berliner Tageblatt vom 1.12.1921; Magdeburger Baupläne, in: Berliner Tageblatt vom 31.12.1921.

17
Hermann George Scheffauer, Bruno Taut. A Visionary in Practice, in: Arch. Revue 1922, Dez., S. 155–159; Jacobus Johannes Pieter Oud, Bouwkunst en kubisme. Uitweding bij eenige afbeeldingen, in: De Bouwwereld 1922, S. 418–424; Theo van Doesburg, De Beteekenis van de kleur in binnen- en buitenarchitectuur, in: Bouwkundig Weekblad 1923, S. 232–234.

18
Taut hielt seinen ersten Vortrag in Düsseldorf (Immermannsbund), Köln (Gesellschaft der Künste) Rotterdam (Opbouw) und Amsterdam (Architectura et Amicitia) siehe: Resumeé meines Vortrages, gehalten in der Architectura et Amicitia, Amsterdam am 13.2.1923 in Rep. 35, Hh 6 im StaM; vollständige Fassung ohne Titel, Vortrag von Bruno Taut 1923 Februar in Düsseldorf, Köln, Rotterdam und Amsterdam im Bestand Reichskunstwart Edwin Redslob im Bundesarchiv Berlin R 32/160 und abgedruckt unter dem Titel: Vom gegenwärtigen Geist der Architektur, in: Hellweg 1923, S. 487–489 sowie »Architektonische Vortragsreise (Febr. 1923) im besetzten Gebiet Deutschlands und Hollands, in: Bouwkundig Weekblad 1923, S. 292–295; Wollen und Wirken, Vortrag von Bruno Taut, gehalten im Haag am 22.9.1923 und in Utrecht am 27.9.1923 im Nederlands Architectuurinstituut Rotterdam, Kopie im Taut-Archiv Kristiana Hartmann.

19
Bruno Taut, Mein erstes Jahr ›Stadtbaurat‹, in: Frühlicht 1922, H. 4, S. 130.

20
Siehe PA Krayl. Rep. 28, 343, Sign. 3730 im StaM.

21
Brief an Lina Krayl vom Mai 1921. Im Nachlaß Carl Krayl/Bruno Krayl Magdeburg.

22
Bemerkungen. Niedergeschrieben am Rande meines sichtbaren Lebensbuches. Handschriftliches Manuskript im Nachlaß Krayl/Bruno Krayl, Magdeburg.

23
Auf dem im Nachlaß von Krayl befindlichen Exemplar vermerkte Krayl mit einem Namenskürzel seine eigenhändigen Entwürfe.

24
Taut suchte für die Neubesetzungen der Kunstgewerbeschule über Hans Poelzig und besonders über Walter Gropius Künstler der Avantgarde für Magdeburg zu gewinnen. Siehe dazu: Brief von Hans Poelzig vom 15.7.1922. Poelzig empfiehlt den Bildhauer Vocke für die Kunstgewerbeschule. In: PAdStb Rep. 35, Ha 20 im StaM.

25
Bürger und städtische Körperschaften der Stadt sollten mit dieser Vortragsreihe eine Einführung »in den Sinn und Gedanken der Kulturaufgaben der Städte« erhalten. Neben Edwin Redslob mit seinem Vortrag »Die Führerstellung der Baukunst« referierte Oud am 28.3.1923 und Gropius am 8.5.1923.

26
Der Reichskunstwart über Magdeburger Kulturfragen, in: MZ Nr. 703 vom 7.10.1921.

27
Konrad Nonn, Das bunte Magdeburg, in: Zentralblatt der Deutschen Bauverwaltung 1922, Nr. 98, S. 573.

28
Bruno Taut, Die Farbe im Stadtbild, in: Stenographischer Bericht über die Verhandlungen des Städtetages für die Provinz Sachsen und den Freistaat Anhalt 1922 in Magdeburg, S. 75, Kopie im Taut-Archiv Kristiana Hartmann, TU Braunschweig.

29
Vgl. dazu: Stadtbaurat Taut und die Hausbesitzer, in: MZ Nr. 498 vom 19.7.1921.

30
Bruno Taut, Reklame und Farbe, in: Die Reklame 1922, H. 147, Sonderheft Verkehrsreklame, S. 170.

31
Ebenda

32
Ebenda

33
Otto Peters, Mitteldeutsche Ausstellung in Magdeburg, in: Zentralblatt der Deutschen Bauverwaltung 1922, Nr. 65, S. 393–395.

34
Farbbeschreibung, in: MTZ vom 29.7.1923.

35
Die Farbbeschreibungen des Innenstadtbereichs wurden durch verschiedene zeitgenössische Äußerungen in Beiträgen der Volksstimme, Magdeburgischen Zeitung, Magdeburgischen Tageszeitung, Magdeburger General-Anzeiger und aus den oben erwähnten Artikeln der Bau- und Kunstzeitschriften zusammengestellt. Einige der hier beschriebenen Bauten in der Altstadt sind durch die Zerstörung Magdeburgs im 2. Weltkrieg nicht mehr existent.

36
Wladimir Majakowski, in: Malewitsch – Mondrian und ihre Kreise, Ausstellungskatalog Kölnischer Kunstverein 1976, S. 55.

37
Franz Mutzenbecher verband mit Bruno Taut bereits eine langjährige Zusammenarbeit. Neben den gemeinsamen Projekten der Kirche in Unterriexingen, Nieden, dem Glashaus und dem Ledigenheim in Berlin, hatte Mutzenbecher 1914/15 in Zusammenarbeit mit Paul Mebes die Entwürfe zur Ausmalung des Nordstern-Versicherungsgebäudes in Berlin Schöneberg geliefert. Neben dekorativen Malereien für die Hirsch-Kupfer-Werke in Berlin 1919 war Mutzenbecher 1920 mit Ausmalungen für das Varieté-Theater am Moritzplatz in Berlin und am Modehaus Müller in Frankfurt/Oder beschäftigt sowie an der Ausmalung des Clubzimmers und Festsaals im Ledigenheim von Bruno Taut beteiligt, siehe Fragebogen von Franz Mutzenbecher vom 20.3.1921 im Familienarchiv Mutzenbecher, Staatsarchiv Hamburg, Sign. VIII 7e.

38
Neben Karl war auch der Landschaftsaquarellist Kurt Völker mitbeteiligt, beide betrieben gemeinsam eine vom Vater übernommene Malerwerkstatt. Der künstlerische Motor dieses Unternehmens war eindeutig Karl Völker. Er dürfte Bruno Taut bereits 1920 beim Wettbewerb um das Volkshaus in Halle begegnet sein. Die Jury, der unter anderem Bruno Taut und Hans Poelzig vorsaßen, bedachte den Entwurf von Karl Völker und Clemens Vaccano mit dem ersten Preis.

39
Höpfner war neben Bruno Beye, Franz Jan Bartels, Max Dungert, Hans-Heinz Stuckenschmidt, Robert Seitz, Rudolf Wewerka u.a. Mitglied der im Januar 1919 gegründeten Magdeburger Künstlergruppe »Die Kugel«.

40
Günther Vogeler war Mitglied der »Kugel«.

41
Kurt Tuch war Professor an der Magdeburger Kunstgewerbe- und Handwerkerschule.

42
Bruno Taut in der Sitzung der Stadtverordneten, in: VS Nr. 271 vom 19.11.1921.

43
Nonn, Das bunte Magdeburg, in: ZB 1922, Nr. 93, S. 574.

44
Konrad Rühl, Erinnerungen an Bruno Taut, in: Baukunst und Werkform 1959, XII. Jg., H.9, S. 489.

45
Das siebente Gesicht vom neuen Jerusalem. Offenbarung des Johannis, Kap. 2, in: Frühlicht 1920, H.8, S. 125.

46
Friedrich Paulsen, Das farbige Magdeburg, in: BW 1922, 13. Jg., H.39, S.673.

47
MZ vom 8.7.1921; Hellmut Mebes befand die neuen Farben für Haus Behne zu braun in braun. Siehe: MZ Nr. 625 vom 7.9.1921.

48
Hellmut Mebes in: MZ Nr. 625 vom 7.9.1921; siehe zu diesem Haus auch Beschreibung in: MZ vom 24.8.1921.

49
Hellmut Mebes in: VS Nr. 201 vom 28.8.1921 2. Beilage.

50
MZ vom 24.8.1921; siehe auch H. Mebes, in: MZ Nr. 625 vom 7.9.1921.

51
Hellmut Mebes in MZ Nr. 625 vom 7.9.1921.

52
Sie wurden erst im Oktober 1921 aufgestellt, da das Unternehmen Wahle & Neumann die hohen Kosten und mangelnde Praktikabilität kritisiert hatte und eine weitere Überarbeitung nötig geworden war.

53
Siehe Vertrag und Briefwechsel in: Akte Zeitungskioske, Rep. 35, Hb 12 im StaM: 12 Verkaufskioske, nach Maßgabe der von dem Hochbauamt ausnahmsweise angefertigten Entwürfe. Kosten 12.500 RM; Typ I (größere Kioske, drei Stück): Kreuzholzfachwerk, dreiseitiges Fenster, Schiebeflügel und Kippflügel: Zitadelle (Strombrücke/Ostufer); Jacobikirche; Breiter Weg/Oranienstraße; Typ II (Kleine Kioske, neun Stück): Kreuzholzfachwerk: Schönebeckerstraße/Theimsstraße; Polizeipräsidium, Breiter Weg/Hasselbachplatz; Stadttheater (Victoria-/Kaiserstraße); Alter Markt (Schwibbogen); Bahnhofsvorplatz (nördl. Insel); Breiter Weg (Himmelreichstraße); Kaiserstraße/Ulrichstraße; Breiter Weg (Nördl. der Katharinenkirche).

54
Vgl. MZ vom 14.10.1921.

55
Fischer verfügte auch über einen guten Kontakt zum Reichskunstwart Edwin Redslob, siehe dazu: Briefwechsel ab 11.1.1922 im Bestand Reichskunstwart Redslob im Bundesarchiv Berlin, Sign. R 32.

56
Adolf Behne, Werkstattbesuche V. Oskar Fischer, in: Der Cicerone 1921, S. 214.

57
Siehe Leo Mülfahrt, Kleines Lexikon Karlsruher Maler, Karlsruhe 1980; siehe auch Susanne Jacob, Die Gruppe »Rih«, in: Den Zeitgeist im Visier. Kritischer Realismus in Baden 1914–1933, Stuttgart 1986, S. 6–9, Annette Ludwig, Provinz oder Metropole?, in: Novembergruppe, Hg. Bodo Niemann, Berlin 1993, S. 23 f.

58
Herwarth Walden hatte Oskar Fischer 1918 zusammen mit Johannes Molzahn und William Wauer und 1919 mit Oswald Herzog und Heinrich von Boddien in der »Sturm Galerie« präsentiert. Zwischen 1918 und 1924 war Fischer mit zahlreichen Grafiken in der Zeitschrift »Sturm« vertreten.

59
Die Farbe im Stadtbild, in: VS Nr. 2 vom 3.1.1922.

60
Konrad Nonn, Abstrakte Fassadenmalerei, in: BW 1921.

61
Adolf Behne, Fassadenerneuerung, in: Sozialistische Monatsberichte, 1921, 27. Jg., Bd. 2, S. 1077 f.

62
Nach Information durch Heinz Meyer im Interview Februar 1995 zusammen mit Regina Prinz. In den noch zugänglichen Bauakten fanden sich, abgesehen von einem farbigen Entwurf von 1928 für das Kaufhaus Mittag von Paul Schaeffer-Heyrothsberge, keinerlei Skizzen oder Angaben für die Auswahl der Farben; dazu auch Bruno Taut, Architekturmalereien, in: Frühlicht 1921, H.2, S.62.

63
Korn und Spreu, in: Kornscheuer 1921, 1. Jg. S.99.

64
Bruno Taut, Brief an Herman George Scheffauer vom 25.10.1921, in: PAdStb Rep. 35, Ha 20 im StaM.

65
Helena Sixtus konnte sich noch genau an die Farben und ihre Wirkung erinnern. Interview mit Helena Sixtus und H. Müller im März 1995 in Magdeburg.

66
Bruno Taut.Taut zu den farbigen Hausanstrichen, in: MZ vom 12.5.1922; MZ vom 9.6.1922; MZ vom 25.6.1922.

67
Konrad Nonn, Das bunte Magdeburg, in: Zentralblatt der Deutschen Bauverwaltung 1922, Nr.98; siehe auch zum Redaktionsgebäude der »Volksstimme«: MZ vom 9.6. 1922 u. MZ vom 12.5.1922.

68
MZ vom 18.8.1922 und BW 1922, H.39, S. 673.

69
Kuhn, Zu Bruno Tauts Wirksamkeit in Magdeburg, in: Kunstchronik 1923, Nr.33/34, S. 662.

70
Bruno Taut, Architekturmalereien, in: Frühlicht 1921, H.2, S. 62.

71
Otto Haesler, Mein Lebenswerk als Architekt, Berlin 1957, S. 5.

72
MZ Nr.547 vom 7.8.1921. Die Farbe wurde demnach im September kurz nach der Fertigstellung aufgebracht. Das vorliegende Foto dürfte kurz nach dem Einzug der Bewohner angefertigt worden sein, denn die Gärten sind noch nicht bearbeitet. Am Haus Fort 1 arbeiten noch die Dachdecker.

73
Bauakten in der Bauaktenkammer Magdeburg.

74
Diese sind veröffentlicht in: Amann, Cosel-Neumann, Soziale Bauherrn und architektonische Vielfalt, Hg. Stadtplanungsamt Magdeburg, H.45, Magdeburg 1996, S. 37–39.

75
Dietmar Sauer stellte mir dankenswerterweise diese Untersuchungsberichte zur Verfügung.

76
Brief von Carl Krayl an Jacobus Johannes Pieter Oud vom 22.7.1922 im Nachlaß von Oud im Nederlands Architectuurinstituut Rotterdam.

77
In der Magdeburger Presse wurde der Straßenzug nur erwähnt in: MTZ vom 5.12.1922 und in: Das bunte Magdeburg, in: VS Nr. 165 vom 18.7.1921.

78
Konrad Nonn, Das bunte Magdeburg. In: Zentralblatt der deutschen Bauverwaltung 1922, Nr. 93, S. 574.

79
Friedrich Paulsen, Das farbige Magdeburg, in: BW 1922, 13.Jg., H.39, S. 673.

80
Adolf Behne, Das bunte Magdeburg und die »Miama«, in: Seidels Reklame. 1922/23 Okt. Heft, S. 204.

81
Auf Initiative des Stadtverordneten Willi Plumbohm kam eine Kooperation der Magdeburger Genossenschaften zum Verein für Kleinwohnungswesen zusammen. Zum Großteil arbeiteten städtische Architekten in der technischen und geschäftlichen Bauleitung für die ersten Projekte des Vereins. Der Stadtbaurat Taut trat als verantwortlicher Magistratsvertreter auf. Siehe dazu: Bruno Taut über seine Arbeit, in: VS Nr. 44 vom 21.2.1924.

82
Wettbewerb Evangelische Kirche Nürnberg-Lichtenhof, Entwurf »Friede und Freude« zusammen mit Carl Brendel, vgl. Deutsche Konkurrenzen, Band XXXII, H. 375.

83
Das Projekt des Neubaus der Centralgenossenschaft Halle a.d.S., Neue Ulrichstraße 3 war eine gemeinschaftliche Arbeit mit Franz Hoffmann und Maximilian Worm.

84
Helena Sixtus, die bei der Einweihung anwesend war, beschrieb die bronzene Figur als riesige Hand, die sich über die Kugel wölbte. Ihrer Aussage nach war dieses heute nicht mehr vorhandene Element von Rudolf Belling gefertigt, Interview 1995.

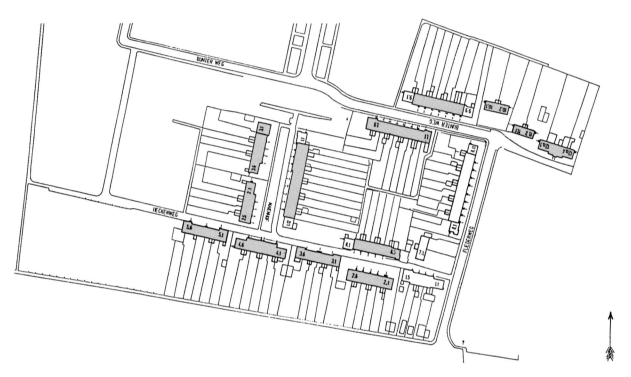

Siedlung Reform, Lageplan der untersuchten Häuser der II. Bauphase

Gartenstadt-Kolonie Reform
Ein Restaurierungsbericht

Bettina Hünicke

Die Gartenstadt-Kolonie »Reform« zählt neben der Gartenstadt »Falkenberg« in Grünau bei Berlin zu den ersten Siedlungsprojekten des Architekten Bruno Taut. Beide sind neben der Gartenstadt Hellerau bei Dresden gebaute Beispiele einer alle Lebensbereiche umfassenden Reformbewegung der Jahrhundertwende. Sie entstanden in Zusammenarbeit mit der 1902 gegründeten Deutschen Gartenstadtgesellschaft, für deren Bauabteilung Bruno Taut ab 1913 als beratender Architekt angestellt worden war. Ähnlich wie in Falkenberg lagen die Vorplanungen für »Reform« erst in anderen Händen und wurden von Taut architektonisch und städtebaulich vollständig überarbeitet.

Die Gründung der Genossenschaft »Reform« geht auf die Initiative einer Gruppe von Arbeitern aus dem Krupp-Gruson-Werk in Magdeburg zurück. Nach langwierigen Verhandlungen mit der Stadtverwaltung konnten sie 1908 ein geeignetes zwölf Hektar großes Gelände im Süden Magdeburgs auf der Gemarkung Sudenburg-Lemsdorf erwerben. Ab 1911 entstanden die ersten vier Wohnhausgruppen mit 24 Wohneinheiten. 1912 holten sich die Genossenschaftler fachkundigen Rat bei der Deutschen Gartenstadtgesellschaft in Berlin. Hans Kampffmeyer zeichnete einen ersten Vorschlag für eine größere Siedlungsanlage, der Schweizer Architekt Hans Bernoulli übernahm die Ausarbeitung des Bebauungsplans, der ab 1913 unter der Leitung von Taut nochmals verändert wurde.

Die Neubearbeitung des Fluchtlinienplans brachte gegen den bisherigen eine vorteilhaftere Aufteilung des Geländes und auch die Neubearbeitung der Grundrisse durch Taut fand große Zustimmung. In einem zweiten Bauabschnitt entstanden vier Gruppen mit insgesamt 29 Wohnungen, 1913/14 in einem dritten Bauabschnitt fünf Gruppen mit 30 Wohnungen sowie 1914/15 im vierten Bauabschnitt fünf Gruppen mit 35 Wohnungen

(darunter zwei Doppelhäuser) mit Mieten zwischen 246 und 320 Mark. 1915 konnten insgesamt 118 Wohnungen bezogen werden. Die Bauten wurden mit einfachsten Mitteln möglichst kostengünstig erstellt. Ein Kleinhaus hatte im Durchschnitt eine Grundfläche von 35 qm, in der im Erdgeschoß eine Küche mit Stube, im Obergeschoß zwei Kammern und ein ausgebauter Dachstuhl untergebracht waren. Ein Stall für Kleinvieh wurde an jedes Gebäude angebaut. Durch kulissenartige Verschiebung der einzelnen Hausgruppen, so Taut, und Ausbildung von Höfen, wurde die Struktur der einfachen Siedlungsanlage aufgelockert. Bereits 1912 hatten die Reformer, da ihre ersten Bauten als »graue Scheunen« verspottet wurden, ihre Häuser mit Spalieren versehen. Sie forderten von Bruno Taut eine farbige Gestaltung. Taut unterstrich in einer variantenreichen Farbgestaltung die architektonische Gliederung und Abstufung der Bauten untereinander. In kräftigen Farben betonte er Fensterrahmen, Hauseingänge und Häusergrenzen. Zum Teil faßte er die Hauswände auch zu einer Einheit zusammen und ornamentierte sie später mit farbigen Flächen. Die Siedlung wurde in den 20er Jahren kontinuierlich erweitert und zum Experimentierfeld für ein Bauen mit Farbe.

1996 beauftragte mich das Baudezernat Magdeburg, Stadtplanungsamt Untere Denkmalschutzbehörde mit restauratorischen Farbfassungsuntersuchungen in der Gartenstadt-Kolonie »Reform« in Magdeburg. Hier waren vom Besitzer langfristige Sanierungs- und Rekonstruktionsarbeiten aller Häuser geplant. Da in diesem Zusammenhang der Putz an den Häusern entfernt werden sollte, war eine Befundung dringend erforderlich. [1]

Ziel der restauratorischen Untersuchungen war es, die bauzeitliche Farbfassung der Gebäude der II. Bauphase zu ermitteln, die unter dem Einfluß von Bruno Taut stand. Auf der Basis der Befunde beziehungsweise bei unzureichender oder fehlender Befundung anhand von Analogien, sollte eine Gestaltungskonzeption für die Häuser entwickelt werden. Die Untersuchungen erfolgten durch die Entnahme von Proben. Das mechanische Freilegen von Fassungsfolgen[2] war fast nur an den Einbauteilen möglich. Von ausgesuchten Proben wurden die Farbschichtenabfolgen durch Farbausmischungen vor der Einbettung festgehalten und durch optischen Vergleich Farbtonnummern[3] zugeordnet. Anschließend wurden die Proben in Silikonharz eingebettet, fotografiert und mikroskopisch analysiert.

Für jedes Haus wurden Farbtonkarten und eine oder zwei Konzeptionen der Farbgestaltung im Maßstab 1:100 farblich dargestellt. Dabei waren die bereits von 1993 bis 1995 erfolgten Rekonstruktionen der straßen- und giebelseitigen Türen in die Gestaltungskonzeption integriert. Die Gestaltungsentwürfe liegen im Baudezernat in der Unteren Denkmalschutzbehörde vor.

Begonnen wurde mit den Untersuchungen an den Straßenfassaden und Giebeln (Fond, Gesimse, Laibungen, Fenster, Fensterläden) der folgenden Häuser: Heckenweg 2, 3, 4, 5, 8, Maienhof 1, 2, 3, Bunter Weg 1, 9, 10, 11, 12. Nur am Heckenweg 4 war auch die Gartenfassade mit den Ställen Gegenstand der Untersuchungen, da hier bald die Bauarbeiten beginnen sollten. Die Ergebnisse zeigten, daß Garten- und Straßenfassade unterschiedlich gestaltet waren. Beim Heckenweg 4 waren die Ställe farbig abgesetzt. Deshalb ist eine Untersuchung der anderen Gartenfassaden sowie des Blocks Heckenweg 1, welcher auch zur II. Bauphase zählt, notwendig.

Der nachfolgende Text enthält Auszüge der 1996 angefertigten Dokumentation. Aktuelle Informationen von 1999 wurden eingefügt.

Die Gartenstadt »Reform« liegt am südlichen Stadtrand von Magdeburg. Anfang des Jahres 1913 fanden die »Reformer« mit Bruno Taut einen sozial-reformistisch engagierten und begabten, mit neuen bau- und farbgestalterischen Ideen besessenen Architekten. Mit einfachen Mitteln wurde eine moderne architektonische Gestaltung, eine hohe Funktionalität und dadurch für damalige Verhältnisse ein einmaliger Wohnwert für die Nutzer der Siedlungsreihenhäuser erreicht.

»Die Siedlung Reform wurde 1913 begonnen und ist seitdem Jahr für Jahr selbst durch den Krieg hindurch bis 1932 zu einer Größe von etwa 400 Wohnungen gewachsen und hat ein eigenes Verwaltungsgebäude, Badehaus u.a. erhalten. Man kann an ihr die architektonische Entwicklung durch 18 Jahre verfolgen. Auch als ich in der Inflationszeit von 1921–24 Leiter des Städtischen Bauamtes (Stadtbaurat) in Magdeburg war, baute ich die Siedlung in derselben einfachen Architektur weiter, die die Magdeburger den, Tautschen Scheunenstil, nannten. Seit 1923 wurden auch flache Dächer angewandt.«[4]

Die Bebauung des Siedlungsgebietes begann im Jahr 1911 nach den Plänen des Bauunternehmers A. Glimm. Die II. Bauphase (1913–1916) war Tauts erster Auftrag in »Reform« und Magdeburg. Ihr Beginn lag im »Maienhof«, dem Herzstück der Siedlung. Hier wurden Frühlings- und Maienfeste gefeiert. Zu ihm gehören die Häuser Heckenweg 4, Maienhof 1, 2 und 3.

Zur Farbgestaltung Bruno Tauts

1. Bruno Taut beschäftigte sich zur Erbauungszeit der untersuchten Häuser (1913–1916) noch nicht mit der Technologie der Farbstoffe. Vielmehr setzte er von den Bewohnern und Miteigentümern voraus, die Anstriche immer wieder zu erneuern.

»Maienhof« der Siedlung Reform 1913

2. Die Farbgestaltung der ersten Häuser von »Reform« waren vermutlich nicht ausschließlich auf Taut zurückzuführen.

3. Erst in seiner Zeit als Magdeburger Stadtbaurat wurden eingefärbte Putze und Keimsche Mineralfarben angewandt.

4. Es wurden von der Verfasserin keine konkreten Aufzeichnungen über die farbige Gestaltung (zum Beispiel Farbtonkarten) des »Maienhofs« und der anderen Häuser gefunden, wie sie etwa in Tauts Buch »Ein Wohnhaus« existieren. Alle Aussagen waren allgemeingültiger Natur.

»Die Kolonie Reform ist eine Schöpfung Bruno Tauts, für die er freilich in den älteren Bauteilen, wo nicht ganz nach seinen Ideen verfahren wurde, nicht voll einzustehen vermag. Wir haben die etwas unruhigen Formen der alten Teile und ihre gesuchte Buntheit seinerzeit als wenig glücklich empfunden. Inzwischen sind einige Jahre ins Land gegangen, und die allzu hell ausrufenden Farben der Türen sind längst biederen Gebrauchstönen gewichen, wie das nun einmal im Leben so üblich ist. Die Häuser aber stehen heute in sehr verwaschenen Gewändern dar. Ihr Kanariengelb und Himmelblau und Schokoladebraun ist gewesen, und darunter schaut der graue

Alltag. Wir haben durchaus nichts gegen kräftige farbige Behandlung von Kleinbauten, denn sie werden anderen Schmuckes bei der erstrebten Billigkeit entbehren müssen. Aber diese Farbigkeit muß von Dauer sein. Man erzielt das auch anderwärts, durch hellen Putz und rote Backsteinwände. Aber man kann natürlich auch weitergehen: etwa wie bei kleinen Reihenhäusern in den Bergorten des Mansfelder Reviers oder am Niederrhein, die einzelne Bauten in den lustigsten Farben bunt tünchen. Aber das muß dann alljährlich durch den Eigentümer geschehen, für eine Genossenschaft wird das viel zu teuer. Da empfiehlt es sich, weit eher die Farbe sogleich mit dem Putz zu verbinden, wobei sie unverändert bleibt. Das hat Taut bei den neuen Bauten versucht, und er wird vermutlich so fortfahren.«[5]

5. Nur wenige historische Schwarzweißfotografien vom Maienhof, Bunten Weg 1, 9, 10, 11 und 12 standen zur Verfügung. Vom Heckenweg 1, 2, 3, 5 und 8 wurden keine frühen Aufnahmen gefunden.

6. Die Veränderung der Farbtöne durch Umwelteinflüsse und folgende Anstriche beziehungsweise Putze ist nicht nachvollziehbar. Durch Feuchtigkeit, Risse an den Giebeln und der Gartenseite und Zementausbesserungen entstanden dauerhafte Schäden.

7. Im Archiv der Gemeinnützigen Wohnungsbaugenossenschaft »Reform« fehlen Angaben über die genaue Zeit der Neuverputzung der Häuser und deren Zustand.

Ausgewählte Beispiele der Farbfassungsuntersuchungen

Heckenweg 4

Gebäudebeschreibung 1996

Der Block Heckenweg 4 ist ein langgestrecktes symmetrisch gegliedertes, zweigeschossiges Haus. In den Seitenflügeln bildet das Obergeschoß gleichzeitig das Dachgeschoß. Die sechs nebeneinander liegenden Wohnachsen unterteilen sich in vier Achsen im Mittelteil und je einer Wohnung am Ost- und Westgiebel (4/1 und 4/6). Ein Dachgesims umläuft das gesamte Haus. Es wird nur im Bereich der Mansarden, an den Seitenflügeln, unterbrochen. Der Mittelteil (4/2 bis 4/5) wird durch die 1,80 m vorgesetzte Bauflucht und eine besondere Gestaltung betont. Ein Fenster- beziehungsweise Gurtgesims teilt hier die beiden Geschosse. Die beiden mittigen Türen werden durch Klinkerrahmung verziert. Zu jeder Wohnung gehören ein kleines Stallgebäude und ein langgestreckter Garten. Die Ställe verbinden Garten und Haus miteinander. Hier liegen die gartenseitigen Hauseingangstüren. Sie sind außerdem ein wesentliches Gestaltungsmoment der Gartenfassade.

Bestandsaufnahme

Das Haus war 1996 mit einem grauen Spritzputz versehen, der vermutlich in den sechziger Jahren aufgetragen wurde. Die Dachgauben, ein heller »Dachbalken« und die Pergola im Mittelteil, wie sie auf einem Foto von 1913 zu sehen sind, fehlen. Die Dachrinnen lagen ursprünglich auf dem Dach, die Fallrohre führten durch Aussparungen im Traufgesims in Regentonnen. Die Gesimse sind

weiß gestrichen, der Klinkersockel fragmentarisch überputzt, die Klinkerrahmung der Tür 4/3 ist dunkelrot überstrichen. Bereits in den 20er Jahren waren die gemauerten Treppen durch Betonauflagen vergrößert. Alle giebel- und straßenseitigen Türen wurden bereits nach Farbbefund rekonstruiert und eingebaut. Gartenseitig existiert noch eine originale Tür (Nr. 4/2, Stand 1996). Erhaltene originale Fenster befinden sich im Obergeschoß der Straßenfassade: zwei ovale Fenster und die kleinen Fenster von Nr. 4/2. Im Erdgeschoß fehlen mit Ausnahme der gartenseitigen von Nr. 4/6 die originalen Sohlbänke. Die Fensterläden sind straßenseitig bei Nr. 4/2, 3, 4 und 5 und gartenseitig bei Nr. 4/3 vorhanden. An den Ställen befindet sich an den Giebeln, Seitenwänden und Türlaibungen zum Teil noch originaler Putz. Die Ställe Nr. 4/1 und 4/5 wurden großzügig verändert.

Probeentnahme[6]

Die Probeentnahme erwies sich als äußerst schwierig. Der harte Spritzputz auf allen Fondflächen des Hauses Heckenweg 4 verhinderte eine Freilegung von Farbtreppen. Optisch war nicht ersichtlich, ob und wo sich noch originaler Putz befindet. Außerdem konnte der Spritzputz nicht großflächig, sondern nur behutsam freigelegt werden, da das Haus nicht sofort rekonstruiert wurde. Andererseits war eine Befundung dringend. Bei Sanierungs- und Rekonstruktionsarbeiten, die 1998 erfolgten, sollte der gesamte Putz entfernt werden und damit die letzte originale Substanz. Vor allem an den Fondflächen war die Befundung oft ohne Farbfassungsaussage. Straßenseitig war nur eine Probe (P10) eindeutig interpretierbar. Das Straßenschild am Fond von Nr. 4/3 wurde vor kurzem entfernt. Dabei fiel Mietern an dieser Stelle ein roter Farbton auf. Unter dem neuen Zementputz konnten zwei Farbfassungen nachgewiesen werden: als Sichtfassung ein leuchtendes Rot, darunter ein Braun. An den Übergangsbereichen von

Fond und Gesimsen wurden Farbschichten gefunden. Nicht immer konnten diese eindeutig zugeordnet werden. Aussagen über Farbschichtenfolgen konnten an den Laibungen der Fenster und Türen, unterhalb der Gesimse, an den Stallwänden und Giebeln und unter den Zinkblechabdeckungen der Fensterbänke getroffen werden.

Schicht	Fassung	Befund	Zuordnung zum Fassadenelement
0.		Putz	
1.		weiß	
2.	1.	gelborange	Gesims
3.	1.	braun	Fond
4.	2.	gelbocker	Gesims
5.	2.	rot	Fond
6.	3.	weiß	Gesims
7.	3.	Spritzputz	Fond

Untersuchungsergebnisse:
Fond der Straßenfassade und der Giebel

Zum größten Teil der untersuchten Stellen sind keine Aussagen möglich, da kein originaler Putz festgestellt wurde. Eine glückliche Ausnahme bildet die Probe P10, welche unterhalb des ehemaligen Straßenschildes gemacht wurde. Bei der Freilegung wurden als erste Fassung braun mit schwarzen Pigmentanteilen und als zweite Fassung rot befundet. Die beiden Farbtöne wurden durch die Probe H607 unterhalb des Traufgesimses bei Nr. 4/1, Probe H603 unterhalb des Fenstergesimses, Obergeschoß bei Nr. 4/3 und Probe H606 an der Türlaibung von Nr. 4/5 bestätigt. Die Giebel waren wie die Straßenseite gefaßt (Beweis Proben P2, P22, Hcj 674). Der rote Farbton wirkt manchmal kühler und heller. Das ist unter anderem auf die Umgebungsfarbtöne zurückzuführen.

Straßenseitige Trauf- und Fenstergesimse

Über einer weißen, dünnen Schicht (Glättung) lag erstmalig ein Gelborange (Proben P4, P5, P8, P20). Über diesem Farbton lag ein Gelbocker (P8, P20), das zur zweiten Fassung gehörte. Es folgten dünne Putz- und Weißschichten. An den Übergangsbereichen von den Gesimsen beziehungsweise Laibungen zum Fond wurden häufig Farbschichten beider Fassadenelemente entdeckt.

Beispiel: Probe H 603 (unterhalb Fenstergesims, Obergeschoß bei Nr. 4/3)

Straßenseitige Laibungen

Im Obergeschoß waren die Befunde aussagekräftig. Einer weißen Schicht (Glättung) folgte der gelborangene Farbton. Darüber wurde als zweite Farbschicht gelbocker gesichtet (Probe P7, P11). Auf einigen Proben wurden wieder Überschneidungen durch die dazugehörigen Fondtöne bemerkt (Probe P16, P17). Die Laibungen der ovalen Fenster waren in erster Fassung braun (Probe P14).

Fond der Gartenfassade

An verschiedenen Stellen konnte hier als erste Schicht braun nachgewiesen werden (Proben P25, P47, P60 und P78). Bei den Proben P47, P48 und P49 wurde gelborange unter dem braunen Farbton befundet. Diese Proben wurden unterhalb von Sohlbänken entnommen. Nur an den Proben P25, P27 und P78 konnte rot als vermutlich zweite Fassung festgestellt werden.

Gartenseitiges Trauf- und Gurtgesims

Eindeutig wurde nach einer weißen Glättungsschicht gelborange als erste Farbfassung ermittelt. Die zweite Fassung ist nicht so klar. Gelbocker erscheint bei den Proben P64, P70, eventuell auch bei der Probe P29. Gerade hier wurde aber der Eindruck gewonnen, daß das Traufgesims der Seitenachsen 4/1 und 4/6 im Farbton des Fassadenfonds (rot) gestrichen war.

Erste Farbfassung

Fond Straßen- und Gartenseite, Giebel		braun	S5030-Y30R
Laibungen (ovales Fenster Straße)		braun	S5030-Y30R
Gesimse, Sohlbank, Laibungen, Faschen (ovales Fenster Garten)		gelborange	S1040-Y20R
Fenster		weiß	ON.00.90
Fensterläden zur Straße		dunkelgrün	L0.10.20.
Fensterläden zum Garten, Rahmen, Füllung		grün	K2.30.50.
	Nut	weiß	ON.00.90
Türen zum Garten	Rahmen	schwarz	W0.05.07.
	Füllung	dunkelgrün	L0.10.20
	Stäbe	weiß	ON.00.90

Zweite Farbfassung

Fond Straßen- und Gartenseite, Giebel Laibungen (Türen, Fenster im Erdgeschoß zum Garten)		rot	C8.40.50.
Laibungen (Fenster zur Straße, Fenster im Obergeschoß zum Garten)		gelbocker	S2050-Y10R
Gesimse, Sohlbank		gelbocker	S2050-Y10R
Fond der Stallseitenwand, Variante a:		rot	C8.40.50.
	Variante b:	ultramarinblau	S2050-R80B
Fond Stallgiebel		ultramarinblau	S2050-R80B
Fenster		weiß	ON.00.90
Fensterläden zum Garten, Rahmen, Füllung		grün	K2.40.50.
	Nut	weiß	ON.00.90
Türen zum Garten	Rahmen	braun	D6.40.40.
	Füllung	grün	K2.40.50.
	Stäbe	ocker	F2.40.60

Gartenseitige Laibungen

Der ersten, weißen Schicht folgte die gelborangene (Proben P40, P51, P65, P66). Häufig lag darüber der braune Farbton vom Fond. An zwei untersuchten Stellen konnte ein Gelbocker nachgewiesen werden (Probe P66, P82). Auch rot war vorhanden (Probe P65, P68). Am Fenstersturz der Wohnungsnummer 4/4 im Erdgeschoß (Probe P68) konnten nur die Töne braun und rot bestätigt werden. Demnach könnte es sein, daß die Laibungen im Erdgeschoß bei beiden Fassungen im Fondton mitgestrichen wurden.

Ställe

Farbschichten waren hier zum Teil sehr gut erhalten. An der Türlaibung vom Stall Nr. 4/1 (Probe P34) waren über einer weißen Schicht deutlich die Farbtöne der ersten und zweiten Fassung braun und rot zu sehen. Demnach waren die Stallseitenwände in beiden Fassungen im Farbton der Gartenfassade gestrichen. Probe 57 (Nr. 4/3) zeigte hingegen über dem Braun und einer hellen Schicht, ein stark entfärbtes Ultramarinblau. Zwei Vermutungen resultieren daraus für die zweite Farbfassung. Die Stallseitenwände waren, wie der Fond der Fassade rot gestrichen oder sie waren ultramarinblau, wie die Giebel der Ställe. An den Stallgiebeln war der Befund von Ultramarinblau eindeutig. Alle Giebel des Heckenwegs 4 waren so gefaßt. Die Zuordnung zur Fassung und zum Fond der Seiten der Ställe ist nicht eindeutig, ebenso der Helldunkelwert des Blautons. Es wird vermutet, daß Ultramarinblau zur zweiten Fassung gehört.

Fenster und Fensterläden

Auf den Fenstern wurden neun Weißschichten festgestellt (Probe P5). Die straßenseitigen Fensterläden waren erstmals dunkelgrün. In zweiter Fassung waren sie grün (Probe H610, Hcj668). Die Fensterläden zum Garten waren zuerst grün, wobei die Vertiefung zwischen Rahmen und Füllung weiß abgesetzt war. Diese erste Fassung wurde mit leichter Veränderung des Grüntons wiederholt (Probe P56).

Gartenseitige Türen

Die gartenseitigen Haus- und Stalltüren befinden sich an den Seitenwänden der Ställe. In erster Fassung war der Türrahmen schwarz, die Füllung wurde dunkelgrün gestrichen und die Stäbe im Oberlicht weiß abgesetzt. Die Zweitfassung war für den Rahmen braun, für die Füllung grün und für die Stäbe ocker.

Zusammenfassung der Untersuchungsergebnisse / Farbkonzeption

Zwei Farbfassungen sind unter dem Spritzputz belegbar gewesen. Beide Konzeptionen könnten von Bruno Taut sein. Die erste Fassung wurde vermutlich schon kurze Zeit später überstrichen. Es waren keine Verschmutzungen auf ihr erkennbar. Die zweite Fassung ist wesentlich schlechter nachvollziehbar. Durch Putzschäden beziehungsweise Fehlstellen und dem auf ihr folgenden Spritzputz wurden die Farbtöne dieser Fassung stark beansprucht. Die zweite Farbfassung stand höchstwahrscheinlich sehr lange, circa 40 Jahre.

Die erste und zweite Konzeption der Farbtonkarten und der Farbgestaltung Heckenweg 4 (Variante a der Stallseitenwände) wurde im Maßstab 1:100 farblich dargestellt (Farbtafel 10 und 11).

Der Heckenweg 4 wurde 1998 saniert und nach Befund farbig rekonstruiert. Die zweite Farbfassung wurde umgesetzt. Die Ställe blieben ohne Farbumsetzung.

Heckenweg 2

Gebäudebeschreibung 1996
1914 wurde das Haus errichtet. Das Besondere an dem schlichten Gebäude ist, daß es aus der Straßenflucht herausgenommen und circa 10 m zurückgesetzt wurde. Dadurch erhielt es einen großen Vorgarten. Das Reihenhaus hat sechs Wohnungen. Alle Eingänge befinden sich an der Straßenfront. Über den Türen in Höhe der 1. Etage geben kleine Fenster Licht für die Treppe zum Obergeschoß. Dieses ist gleichzeitig Dachgeschoß. Der Mittelteil des Hauses ist im Obergeschoß durch kleine Fenster in Dreiergruppen gegliedert. Die Wohnungen 2/1 und 2/6 erhalten Licht durch Fenster an den Giebelseiten. An jede Wohnung schließt hofseitig ein Stallgebäude mit Verbindung zum Garten an. Ursprünglich wurde das Haus durch das Traufgesims, Sohlbänke, den Sockel und die Treppenwangen, Spaliere für Kletterpflanzen und die farbliche Gestaltung der Türen, Fensterläden und Fassaden geschmückt.

Bestandsaufnahme
Das Gebäude wurde straßenseitig und am Giebel 2/1 mit Spritzputz überfaßt. Der Giebel 2/6 wurde neu verputzt. Die Dachdeckung wurde verändert, kleine Gauben, welche zu jeder Wohnung gehörten, wurden entfernt. Die Regenrinne wurde vom Dach unters Dach verlegt, dadurch ist das Traufgesims zum Teil verdeckt. Alle Fenster und Sohlbänke im Erdgeschoß wurden ausgewechselt. Im Obergeschoß blieben aus der Erbauungszeit die jeweils äußersten kleinen Fenster und die Sohlbänke erhalten. Die Faschen – zur Zeit weiß – gab es ursprünglich nicht. Große Schäden entstanden durch Feuchtigkeit.

Probeentnahme
An der Straßenfassade und den Giebeln konnten keine eindeutigen Aussagen gemacht werden. Die Befundung war schwierig, da sich wenige Stellen fanden, an denen Originalputz mit Farbfassung erhalten geblieben war. Es wird davon ausgegangen, daß sich unter dem Spritzputz noch Farbreste befinden. Dies könnte bei Bauarbeiten an der Fassade berücksichtigt werden. Die Proben, welche am Fond genommen wurden, ergaben keine Farbbefunde. Es konnten nur in den Übergängen vom Fond zum Traufgesims beziehungsweise zu den Sohlbänken Fassungsaussagen getroffen werden. Eine Probe im Sohlbank-Fond-Bereich zeigte neben weiß auch ultramarinblau. Am Fond der Gartenfassade scheinen, trotz der Überputzung, alte Farbfassungen erhalten geblieben zu sein. Hier wären weitere Untersuchungen sinnvoll.

Untersuchungsergebnisse
Fond der Straßenfassade und der Giebel
Der größte Teil der Befundstellen war ohne Farbfassungsaussage. Im Fond-Sohlbank-Bereich (Unterkante Dreierfenster, Wohnung 2/3) wurde einmal ultramarinblau ermittelt (P41). Es wird dem Fond zugeordnet.

Traufgesims
Nur eine Probe (H725) gab Informationen über die Farbfassung. Auf dem Putz lag eine dicke weiße Farbschicht, welche zum Abschluß hin versintert war. Darüber folgte eine weiße Schicht mit Versinterung.

Sohlbank
Auf dem Putz wurde eine weiße Schicht nachgewiesen. Es folgte Ultramarinblau (P41). Die weiße Schicht wird der ersten Fassung der Sohlbank, Ultramarinblau dem Fond zugeordnet. Probe H712 (Sohlbank Dreierfenster, Wohnung 2/2) bestätigte diese Aussage.

Laibungen

Die Fensterlaibungen waren vermutlich weiß (Probe P8, Obergeschoß Wohnung 2/4, Probe H650 Erdgeschoß Wohnung 2/4). Die Türlaibungen könnten braun (wie der erste Fondton Heckenweg 4) gewesen sein. Zwei Proben H641 (Wohnung 2/3) und H647 (Wohnung 2/6) zeigten neben den Farbtönen der Türen dieses Braun.

Fenster

Die Fenster waren erstmalig weiß (Probe H712).

Zusammenfassung der Untersuchungsergebnisse/Farbkonzeption

Die Untersuchungen ergaben keine eindeutige Farbfassung. Trotzdem hat sich ein Farbvorschlag herausgebildet, der durch baldige Untersuchungen an der Gartenfassade mit den Ställen bestätigt beziehungsweise konkretisiert werden könnte.

Erste Farbfassung			
Fond der Straßenseite, Giebel		ultramarinblau	S2050-R80B
Traufgesims, Sohlbank, Fensterlaibungen		weiß	
Türlaibungen		braun	S5030-Y30R
Fenster		weiß	ON.00.90
Türen	Rahmen	dunkelrot	C0.40.20.
	Füllung	dunkelgrün	L0.10.20.
	Stäbe	dunkelgrün	L0.10.20.
Fensterläden (Vorschlag)		dunkelrot	C0.40.20.

Diese erste Farbfassung des Heckenwegs 2 mit den Farbtonkarten der Straßenfassade und des Giebels wurde im Maßstab 1:100 farblich dargestellt.

Bunter Weg 11

Gebäudebeschreibung 1996

Das Haus Bunter Weg 11 wurde 1916, während des Ersten Weltkrieges gebaut. Es ist ein sehr schlicht wirkendes, zweigeschossiges Doppelhaus für zwei Familien. Der symmetrische Baukörper wird auf der Gartenseite durch Ställe ergänzt. An der Straßenseite fehlen die ursprünglichen Absetzungen durch Putzritzungen und verschiedene Putzweisen. Sie wirkt dadurch sehr unproportioniert. Wesentliche Gestaltungselemente wurden verändert. Die Fondflächen im Erdgeschoß und die kleinen Putzflächen zwischen den oberen Fenstern waren vermutlich in einem Rauhputz, die übrigen Flächen und die Faschen im Erdgeschoß in einem Glattputz gefertigt. Alle Aussagen wurden mündlich und durch ein Foto von 1919 von Mietern und durch die Bauzeichnung von 1915 bestätigt.

Die Haupteingänge befanden sich an den Giebelseiten. Sie werden heute nicht mehr genutzt und wurden auf die Gartenseite verlegt. Nur die weißen Faschen und das umlaufende Traufgesims gliedern heute das Haus, wobei durch das Verlegen der Dachrinne das Gesims kaum wahrgenommen wird.

Bestandsaufnahme

Der alte Putz wurde an der Vorderhausfassade und am Westgiebel um 1955 entfernt. Es wurde neu verputzt und erst in den siebziger Jahren (um 1973) kam der Spritzputz darauf. Die jetzt durch einen weißen Anstrich hervorgehobenen Faschen waren ehemals nur durch einen Glattputz abgesetzt. Der klinkersichtige Sockel wurde mit Putz ausgebessert beziehungsweise vollständig überputzt. An den Giebeln wurden im Erdgeschoß die kleinen Fenster zugemauert. Die Treppen an den früheren Haupteingangsbereichen, ehemals klinkersichtig und von Klinker-Wangen gerahmt, wurden durch Betonaufsätze

Bunter Weg 10 und 11, Zustand 1919

vergrößert. Die Fenster und Fensterläden sind neu beziehungsweise fehlen. Am Zwerchgiebel wurden die zwei mittigen halbrunden Fenster jeweils zur Hälfte geschlossen. Die Fensteröffnung am gartenseitigen Zwerchgiebel 1½ wurde vergrößert. Die Eingangstüren an den Giebeln wurden rekonstruiert und eingebaut.

Probeentnahme

Aufgrund der Neuverputzungen konnten aussagekräftige Farbproben nur unterhalb der Dachrinne, am Ostgiebel und in diesem Fall auch an der Gartenfassade entnommen werden.

Untersuchungsergebnisse: Fond

Als erste Fassung wurde über einer Weißschicht ein Rotton festgestellt. Straßenseitig konnte er nur unterhalb der Dachrinne 11/1 fixiert werden, wo sich trotz des Entfernens von Putz Reste erhalten haben (Probe H910). Am Ostgiebel wurde im Erdgeschoß das Rot mehrmals festgestellt (H821, H823). Laut Aussage der Mieter und aufgrund der Fotografie von 1919 war vermutlich die gesamte Fassade einschließlich der Putzzierarbeiten erstmalig rot gestrichen. Als zweite Fassung wurde gelbocker befundet. Danach folgte die Sichtfassung in grauem Spritzputz.

Traufgesims, Faschen, Sohlbank

Das Traufgesims konnte nicht untersucht werden. Es wird vermutet, daß es im Fondton gehalten war. Die Faschen waren rot gefaßt (Probe H913, Ostgiebel).

Laibungen

Straßenseitig war kein Befund möglich. Da das Haus Bunter Weg 11 ein Pendant zum Bunten Weg 12 bildet, ergibt sich folgender Analogieschluß: Die Laibungen der Straßenfassade am Bunten Weg 12 waren zur gelbockernen Fassade rot abgesetzt. Bunter Weg 11 könnte die farbliche Umkehrung gewesen sein: roter Fond und ockerne Laibungen straßenseitig. Die Laibungen der Giebel und Gartenseite waren hingegen im Fondton (rot) gestrichen. An der Türlaibung 11/2 vom Ostgiebel (Probe H822) und der gartenseitigen Fensterlaibung 11/1 im Obergeschoß (Probe H915) wurde rot als erste Fassung festgestellt.

Fensterläden

Die Fensterläden existieren nicht mehr. An ihren Aufhängungen konnten Farbproben genommen werden. Es wurde ein Grün festgestellt, das vermutlich dem Grün der Türen gleich war. Absetzungen gab es wahrscheinlich nicht (siehe Foto 1919).

Fenster

Originalfenster gibt es nicht mehr. Vermutet wird weiß.

Zusammenfassung der Untersuchungsergebnisse/Farbkonzeption

Unter der heutigen Sichtfassung sind zwei Farbfassungen erkennbar gewesen. Die erste rote Fassung konnte nicht an allen Punkten der Fassade Bunter Weg 11 nachgewiesen werden. Auf Grund von Analogieschlüssen wird vermutet, daß die straßenseitigen Laibungen im Pendant zum Haus Bunter Weg 12 gelbocker abgesetzt waren. In zweiter Fassung war das Haus gelbocker gestrichen.

Erste Farbfassung

Fond der Straßenseite, Giebel, Traufgesims, Faschen		rot	C8.40.50.
Laibungen an der Straßenseite		gelbocker	S2060-Y20R
Laibungen an der Gartenseite, Giebel		rot	C8.40.50.
Fenster		weiß	ON.00.90
Fensterläden		grün	K2.20.50.
Türen	Rahmen	rotbraun	C8.40.30.
	Füllung	grün	K2.20.50.

Die erste Farbfassung vom Bunten Weg 11 mit den Farbtonkarten der Straßenfassade und Giebel wurde im Maßstab 1:100 farblich dargestellt (Farbtafel 12).

Bunter Weg 9

Gebäudebeschreibung

Das 1914 errichtete Haus verfügt über neun Wohnungen. Davon befinden sich sieben Wohnachsen im Hauptteil (9/2−9/8) und jeweils eine Wohnung in den etwas zurückgesetzten zum Ost- beziehungsweise Westgiebel gehörenden Gebäudeteilen. Dadurch wird die 47 m lange Fassade aufgelockert. Das gegenüber liegende Haus Bunter Weg 1 wurde im Pendant dazu mit zurückgesetztem Hauptteil gestaltet. Das Gebäude ist symmetrisch, zweigeschoßig mit einem Obergeschoß, welches gleichzeitig Dachgeschoß ist. Die Wohnungen liegen nebeneinander. Jede besitzt einen eigenen Hauseingang, der ebenfalls Wohnungseingang ist. Die Wohnungen haben eine Grundfläche von circa 28 qm. Zu ihnen gehören ein Garten mit kleinem Stallgebäude. Der schlichte Putzbau mit einem Klinkersockel wurde durch vertiefte Putzbänder in horizontaler und vertikaler Richtung gegliedert. Sie trennten zum einen im Hauptteil Erd- und Obergeschoß, andererseits rahmten sie die Türen. Das Haus war vermutlich in diesen Bereichen mehrfarbig gefaßt, worauf ein Foto aus dem Jahre 1925 hinweist. Auf dem Dach befanden sich sieben kleine halbrunde Gauben. An den zurückgesetzten Gebäudeteilen existieren noch die großen Gauben.

Bestandsaufnahme 1996

Der Putz wurde straßenseitig erneuert beziehungsweise großflächig überputzt, die bauzeitliche Gliederung der Fassade durch Putzbänder scheint an einigen Stellen noch durch. Die zur Zeit sichtbaren Faschen gab es ursprünglich nicht. Die Regenrinne wurde vom Dach (2. Traufsteinreihe) unter die Traufe gelegt, so daß das Traufgesims verdeckt wurde. Die kleinen Dachgauben sind durch kleine Dachfenster ersetzt worden. Der Klinkersockel wurde überputzt, die Treppen aufgestuft und im Hausteil 9/1 wurde der gemauerte Windfang entfernt. Im Obergeschoß sind zwei kleine Fenster original erhalten geblieben (9/9). Im Erdgeschoß wurden großflächige Verbundfenster eingesetzt.

Probeentnahme

Die Untersuchung war schwierig, da am Fond der Putz nicht großflächig entfernt werden durfte. Im Erdgeschoß des Bunten Wegs 9/2−9/8 müßten weitere Proben genommen werden, um die Farbigkeit vom Fond und Putzband zu klären. Einige Bereiche konnten nur einmalig befundet werden, wie zum Beispiel der Putz im Erdgeschoß (Probe H869), da sich unterhalb der Sohlbänke nur Neuputz befand. Am Traufgesims und einigen Sohlbänken im Obergeschoß war eine Befundung möglich. Die Fotografie von 1925 könnte schon eine spätere Fassung zeigen. Aufgrund der Bauzeichnung von 1914 wird angenommen, daß die Gartenfassade mit den Ställen farbig anders gestaltet war.

Untersuchungsergebnisse:

Fond der Straßenfassade und der Giebel

Zum Fond sind Aussagen zur ersten oder zweiten Farbfassung unzureichend. Die genommenen Proben H871, H872, H876 zeigen vermutlich spätere Fassungen. Informationen im Fond- Sohlbank- beziehungsweise Traufgesimsbereich und das Einbeziehen der Fotografie betreffs der Putzbänder mußten reichen. Die zurückgesetzten Baukörper 9/1 und 9/9 waren ein-farbig einschließlich Traufgesims, Laibung, Sohlbank, Giebel (Probe H783) und Gaube (Probe H866). Hier wurde gelbocker festgestellt.

Der mittlere Baukörper wurde zwei- oder dreifarbig gefaßt. Im Obergeschoß war er umbra (Probe H788, Traufgesims-Fond-Bereich). Das Traufgesims wurde gelbocker abgesetzt. Die Laibungen und Sohlbänke waren wie der Fond umbra gestrichen. Die Putzbänder waren erstmalig ultramarinblau. Hier war auf Grund der oben genannten Gründe nur eine Befundung möglich (Probe H869). Es ist möglich, daß das gesamte Erdgeschoß ultramarinblau war. Es kann aber auch sein, daß es wie die Giebel gelbocker gestrichen war und nur die Putzbänder ultramarinblau waren.

Erste Farbvariante

Straßenfassade und Giebel 9/1, 9/9 Straßenfassade, Erdgeschoß 9/2–9/8 Fond, Sohlbank, Laibungen		gelbocker	S1060-Y10R
Straßenfassade des Obergeschoßes 9/2–9/8: Fond, Sohlbank, Laibungen		umbra	S5020-Y30R
Putzrahmung		ultramarinblau	S2050-R80B
Traufgesims		gelbocker	S1060-Y10R
Fenster		braunrot	C8.30.30
Fensterläden		blau	U0.30.20.
Türen	Rahmen	braunrot	C8.30.30
	Füllung, Stäbe	blau	U0.30.20

Zweite Farbvariante

Straßenfassade und Giebel 9/1, 9/9 Fond, Sohlbank, Laibungen		gelbocker	S1060-Y10R
Straßenfassade des Obergeschoßes 9/2–9/8: Fond, Sohlbank, Laibungen		umbra	S5020-Y30R
Straßenfassade des Erdgeschoßes 9/2–9/8: Fond, Putzrahmung		ultramarinblau	S2050-R80B
Traufgesims		gelbocker	S1060-Y10R
Fenster		braunrot	C8.30.30
Fensterläden		blau	U0.30.20.
Türen	Rahmen	braunrot	C8.30.30
	Füllung, Stäbe	blau	U0.30.20

Dritte Farbvariante

Straßenfassade des Erdgeschoßes 9/2–9/8: Fond		rot	C8.50.40
alles andere, wie bei erster und zweiter Farbvariante			

Traufgesims

Das Gesims war in erster Fassung gelbocker (Probe H787, H781, H864, H867). Die dunkelbraunen Töne, die an einigen Proben auftauchten, könnten vom Fondton des Mittelbaus sein (Probe H865).

Sohlbank, Faschen, Laibungen

Diese Elemente wurden wie der dazugehörige Fond gestrichen. An den Giebel und der Straßenfassade von

9/1 und 9/9 waren sie gelbocker (Probe H 783, H 878).
Im Mittelteil war das Obergeschoß umbra (Probe H 785,
H 790, H 861), das Erdgeschoß bleibt vorerst ungeklärt.

Fenster

An den genommenen Proben wurde als erste Fassung
weiß festgestellt. Es folgte ein dunkler Anstrich (rot). Auf
dem Foto von 1925 haben sie einen dunklen Farbton.

Fensterläden

Nur am Giebel 9/9 existieren noch die alten Fensterläden.
Die Untersuchung zeigte im Einklang mit dem Foto, daß
sie einfarbig waren. Als erste Fassung wurde ein dunkles
ultramarinblau nachgewiesen. Es wurde vermutlich auch
für die Türfüllungen verwandt. Die Türrahmen waren braun.

Zusammenfassung der Untersuchungsergebnisse/Farbkonzeption

Für den Mittelteil der Straßenfassade Bunter Weg 9
ergaben sich auf Grund der Befunde mehrere Varianten
für die Erstfassung.

Die erste Farbvariante der Straßenfassade und Giebel
wurde farblich dargestellt (Farbtafel 13).

1
Diese Arbeit entstand unter
Mitarbeit von Studenten der
Fachhochschule Potsdam, Bereich
Restaurierung in der Denkmalpflege
und unter Verwendung persönlicher
historischer Fotografien der
Familien Papzien und Wagner.

2
Freilegungssonden, Farbtreppen.

3
Sikkens Colour Collection 3031
und NCS index edition 2.

4
Bruno Taut, Siedlungsmemoiren,
in: Architektur der DDR 1975, H. 12,
S. 22.

5
MZ Nr. 547, 7. August 1921,
4. Beilage, S. 15.

6
Es wurden insgesamt über
100 Proben entnommen
beziehungsweise Stellen
untersucht.

»Der neuen Schule auch das neue Schulhaus«
Zur Reformschulbewegung in Magdeburg

Reinhard Bergner

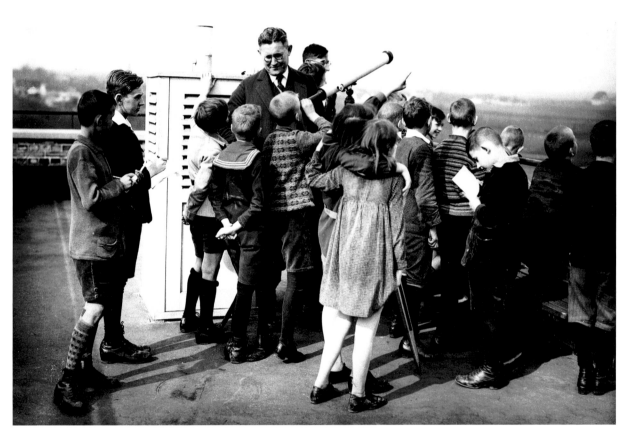

Die neue Schule »vom Kinde aus«

Die Schulgeschichte Magdeburgs ist zu allen Zeiten reich an interessanten schulpädagogischen Entwicklungen. Insbesondere in den ersten drei Jahrzehnten des 20. Jahrhunderts entstand in der schulischen Bildungslandschaft eine Vielfalt, die weder vorher noch danach Vergleichbares hatte.[1] Beeinflußt durch die sogenannte Reformpädagogik[2] ging sie aus der Erfahrung mit der wilhelminischen Schule hervor, die in Magdeburg und anderswo in Deutschland Jungen und Mädchen, meist getrennt nach Geschlecht und sozialer Herkunft, vornehmlich auf ihre Rolle in einer monarchistischen Gesellschaft vorbereitete. Die Mädchen waren in ihren Bildungschancen bis ins frühe 20. Jahrhundert entschieden benachteiligt. Erst nach 1890 gab es unter Druck der aufkommenden Frauenbewegung in Deutschland zaghafte Veränderungen,[3] 1908 folgte in Preußen ein Reformerlaß zum Mädchenschulwesen, der jedoch keineswegs per se zur Angleichung der

Bildungsmöglichkeiten führte. Seit dem 18. Jahrhundert war auch die Trennung von Kirche und Schule ein wichtiges Thema bei den Diskussionen um eine Reform der Schule, man wandte sich gegen den Drill klerikaler Bildungsinhalte. Häufig war die Situation an den Schulen vergleichbar mit den Zuständen in einer Kaserne, somit Erziehung zum Gehorsam wichtiger als Wissenserwerb. Vielerorts charakterisierten hoffnungslos überfüllte Volksschulen mit viel zuwenig Lehrern die Bildungssituation der Volksmassen. Besser gestellte Vorschulen und höhere Schulen waren den Kindern mit zahlungsfähigen Eltern vorbehalten. Autobiographische und andere Zeugnisse dieser Zeit überliefern leidvolle Schulerfahrungen. Nicht zuletzt aus der Wahrnehmung dieses Dilemmas wuchsen Keime für eine neue, reformierte Schule. Für Veränderung der erzieherischen Prämissen sorgten schließlich auch die aufkommenden neuen gesellschaftlichen Bedingungen. Industrialisierung und Monopolisierung erforderten mobile, disponible und fabriktaugliche Arbeitskräfte.

Ihre Anregungen erhielten die Vertreter der unterschiedlichen Reformströmungen vor allem aus historischen Quellen. Die Ideen des Aufklärers Jean-Jacques Rousseau (1712–1778), des in frühkapitalistischen Verhältnissen lebenden Johann Heinrich Pestalozzi (1746–1827) oder des Pädagogen Friedrich Wilhelm August Fröbel (1782–1852) prägten sie wesentlich. Sich auf sie berufend, reklamierten die Kritiker übereinstimmend die fehlende Kindgemäßheit, den Drill, das Pauken und die Lebensferne der Schule. Die Reformierung wurde vor diesem vielschichtigen Hintergrund zu einem Erfordernis der Zeit. Zu den frühesten und zugleich radikalsten Propagandistinnen für Veränderung gehörte 1901 die schwedische Pädagogin Ellen Key mit ihrer Schrift »Das Jahrhundert des Kindes«.

Wichtige, besonders die Theorie betreffende Anregungen gingen von der Kulturkritik aus. Hinzu kamen Einflüsse aus der gegen das Establishment antretenden Jugendbewegung und der sich emanzipierenden Frauenbewegung.[4] Transformiert auf pädagogische Konzepte entwickelten sich daraus unter anderem die Kunsterziehungs- und Landerziehungsheimbewegung und die Bewegung einer Pädagogik »vom Kinde aus«, letztere bündelte gewissermaßen die grundlegenden Reformpositionen. Verstanden als »Antithese zur, Pädagogik vom Stoffe aus«[5], ging die neue Pädagogik davon aus, »daß das Kind sein geistiges Wachstum aus sich und spontan bestimmen müsse, daß es selbst, d.h. ohne Führung des Erwachsenen, seine Form finde und daß der Erzieher nicht das Recht habe, in den Entwicklungsgang der Natur des Kindes einzugreifen.«[6] Es ist ein spezifisches Charakteristikum dieser Reformbewegung, daß nicht die Theorie, sondern vielmehr pädagogische Versuche und Berichte von Praktikern am Anfang standen.

Mit der Novemberrevolution 1918/19 wurde das Tor zu schulpädagogischer Veränderung aufgestoßen, jedoch forderte die wenig stabile politische Situation von den regierenden Sozialdemokraten sehr bald zahlreiche Kompromisse, um die liberalen und zentrumsnahen Bündnispartner auf ihrer Seite zu halten. Nicht wenige revolutionäre schulpädagogische Forderungen mußten deshalb geopfert werden.

Xanti Schawinsky, Ausstellungsgestaltung

Die Großstädte Leipzig, Hamburg und Berlin waren bereits vor 1919 bedeutende reformpädagogische Zentren, deren Schulen nicht nur für Magdeburger Lehrer wichtige Anregungen lieferten. Aber schon Mitte der 20er Jahre hatte sich in der Stadt eine bemerkenswert vielfältige Reformpraxis entwickelt, von der ein Zeitzeuge feststellte, daß »nirgends in Preußen auf so eng begrenztem Raum eine solche Fülle schulreformerischer Arbeit«[7] zu finden sei.

Den Anfang zu einer radikal neuen Schule in Deutschland wagte 1898 Hermann Lietz in Ilsenburg/Harz mit seinem »Deutschen Landerziehungsheim«.[8] Gemeinschaft und Naturverbundenheit gehörten zu seinem pädagogischen Konzept und er setzte damit auch für die Magdeburger Entwicklungen grundsätzliche Prämissen. Wie unter erziehlichem Aspekt Naturverbundenheit im großstädtischen Kontext schulpädagogisch umgesetzt wurde, soll beispielhaft an der Landheimbewegung sowie der Wald- und der Gartenschule in Magdeburg dargestellt werden. Kaum zehn Jahre später gründete ein weiterer Pionier der reformpädagogischen Bewegung eine private Internatsschule mit einem zur Regelschule völlig quer liegenden Konzept. Berthold Otto begann 1906 in Berlin-Lichterfelde einen Schulversuch mit sogenanntem Gesamtunterricht, einer freien, das heißt ausschließlich von der Schülerfrage lebenden pädagogischen Veranstaltung unter Teilnahme von Schülern aller Altersgruppen. Mit diesem pädagogischen Grundmuster inspirierte er eine zunächst kleine Gruppe von jungen Lehrerinnen und Lehrern in Magdeburg, die in den 20er Jahren rasch eine beachtliche Anhängerschaft gewann und größeren Einfluß auf die Schulreform erhielt. Neben dieser von Otto beeinflußten inneren Reform der Schule soll in diesem Beitrag auch auf eine eher schulpolitisch motivierte Bestrebung eingegangen werden, nämlich den Kampf um die konfessionslose schulische Bildung. Anfang der 20er Jahre gelang es

erstmals durch eine mit der Sozialdemokratie eng verknüpfte Initiative, die konfessionfreie Schule als gleichberechtigte Regelschule durchzusetzen. Magdeburg gehörte in dieser heute »vergessenen Bildungsinitiative«[9] zu einem der wichtigen Zentren.

»Die neue Schule soll eine Arbeitsschule sein«

Um die genannten reformpädagogischen Prämissen auf den Unterricht zu übertragen, bot vor allem das pädagogische Konzept der Arbeitsschule erfolgversprechende Grundsätze. Auf der Reichsschulkonferenz von 1920 wurde unter anderem folgendermaßen dafür argumentiert:

»Darum ist zu erstreben, daß die Schule nicht eine bloße Unterrichtsveranstaltung, sondern eine planmäßig aufgebaute erziehliche Arbeitsgemeinschaft sei. In diesem Sinne soll die neue Schule Arbeitsschule sein. Sie soll durch Spielen, Gestalten, Schaffen und Handeln in stufenweisem Aufbau zu selbständigem Erarbeiten von Kenntnissen und Erkenntnissen, zu inneren Lebenswerten, zur sinnigen Freude an der Form und durch dies alles zur Tat im Dienste der Gemeinschaft führen. Spiel und Arbeit sollen aus der Lebensgemeinschaft von Haus, Schule und Heimat erwachsen.«[10]

Selbsttätig und lebendig sollte der Lernprozeß sein, die »erforschende Auseinandersetzung mit der Umwelt und dem kindlichen Selbst«.[11] Auf dem Weg der Umsetzung dieser Ziele entwickelten sich in Magdeburg bemerkenswerte Einrichtungen. Schule wurde nun als Arbeits- und Lebensgemeinschaft verstanden. Für Schüler und Lehrer eröffneten sich vielfältige Möglichkeiten der Selbstgestaltung – gleichsam exemplarisch wurde die alte »Kaserne« überwunden. Es war ein Verdienst dieser Reform, daß auch in den Unterricht der »normalen«

öffentlichen Einrichtungen schulische Tätigkeit zunehmend als freier, der Umwelt entnommener Erlebnisunterricht Einzug hielt, ein stundengenaues Lehrplankorsett umgewandelt wurde in freiere, vom Lehrer jeweils auszugestaltende »Richtlinien«.

Dies hatte natürlich ein gravierend anderes Bild vom Lehrer zur Folge. Schöpferisch, künstlerisch und menschlich, ein zurückhaltender Moderator im erzieherischen Prozeß sollte er sein. Einen solchen radikalen Paradigmenwechsel im pädagogischen Denken und Handeln waren vergleichsweise nur wenige Lehrerinnen und Lehrer bereit einzugehen. Dennoch wagten schon vor dem ersten Weltkrieg in Magdeburg Pädagogen ihr erstes – vor der Schulaufsicht meist konspirativ verborgenes – Unterrichten nach neuen Methoden. Dabei schlugen den Reformern oft Unverständnis und Ablehnung entgegen.[12]

»Berthold Otto, der Name war es, der schon vor dem Kriege Suchende unter der Magdeburger Lehrerschaft zusammenführte zu einem immer wachsenden Kreise. Wie sehr brauchten wir dieses Zusammensein als Anregung, Vertiefung, Stärkung, Sicherung unseres Erzieherwissens! Damals, als in uns der Glaube ward, den wir außerhalb dieses Kreises nur unter Anfechtung und Verspottung zu bekennen und nur unter tausend Heimlichkeiten, Verdunklungen, Abstrichen und Einengungen in die Tat umzusetzen wagten.«[13]

Zur Pädagogik Berthold Ottos kamen die frühen Begründer dieser Bewegung um die Jahrhundertwende über die liberale Erziehungsauffassung des Schriftstellers Wilhelm Raabe. Der für einige Zeit in Magdeburg lebende Raabe griff zum Beispiel in seinem Roman »Die Leute aus dem Wald« einen Erziehungsbegriff auf, »der wegführt vom bisherigen Rollenverständnis Erzieher – Zögling: Die Hierarchie wird aufgelöst, beide unterliegen einem Erziehungsprozeß, gleichermaßen als

Gebende und Nehmende.«[14] Otto lieferte gewissermaßen die pädagogische Umsetzung.[15] Die Anhänger organisierten sich im Jahre 1912 sogar in einem Verein, um wirksamer auf die städtische Reform Einfluß nehmen zu können. Im Unterschied zu den eher pluralistisch agierenden Lehrervereinen, verfolgte dieser Berthold-Otto-Verein ein dezidiert auf sein Vorbild abgestelltes pädagogisches Konzept. Den zunächst kleinen Kreis meist unabhängig voneinander handelnder Reformerinnen und Reformer einigte vor allem die Unzufriedenheit mit den wilhelminischen Schulverhältnissen; die methodischen Wege zu ihrer »Zukunftsschule« mit kindorientiertem Unterricht waren jedoch sehr vielgestaltig. Im Jahr 1914 rief das »Schulblatt der Provinz Sachsen«, Presseorgan des wichtigsten Lehrervereins der Region, zur Schulreform auf: »Die Lehrerschaft sollte den Wunsch äußern, daß überall, wo es nur irgend möglich ist, in dem ersten Schuljahr ein Gesamtunterricht eingeführt werde, der es dem Lehrer erlaubt, mindestens ¼ Jahr lang ohne Lehr- und Stundenplan zu unterrichten, um so den Kindern den Übergang vom Haus zur Schule, diesen ungeheuren Sprung, zu erleichtern. Man sollte den Wunsch äußern, daß dieser Gesamtunterricht – in größeren Orten in jedem Stadtviertel – in einigen Versuchsklassen auf 2–3 Jahre ausgedehnt werden dürfe. Es wäre zu wünschen, daß man jedem Lehrer gestatte, wöchentlich wenigstens eine Stunde auch in höheren Klassen einen Gesamtunterricht zu erteilen, wie ihn B. Otto eingeführt hat. Das Fragerecht der Kinder ist in jeder Unterrichtsstunde zu achten [...]«[16]

Das war keine revolutionäre Forderung, sondern vielmehr das Programm für eine innere Reform des Unterrichts der unteren Klassenstufen, darin enthalten Elemente aus Ottos Versuchsschule in Berlin-Lichterfelde. Man orientierte sich auf den Schulbereich, der nach 1919 als einziger grundlegend reformiert wurde, denn von den zahlreichen Reformimpulsen, die in das Reichsgesetz von 1920 Eingang gefunden hatten, fanden nur wenige den Weg in die Praxis. Die Grundsätze für die Einrichtung einer »gemeinsamen Grundschule« wurden für Magdeburger Lehrer zur ersten und zugleich erfolgreichen Reforminitiative.[17]

Die Erste Magdeburger Versuchsschule

Als die Magdeburger Stadtverordneten die Einführung der Grundschule zu Ostern 1920 beschlossen, zeigten sich die reformwilligen Lehrerinnen und Lehrer, etwa hundert an der Zahl, bereits gründlichst vorbereitet. Sie legten der Regierung Lehr- und Stoffpläne für den neuen Anfangsunterricht vor, übernahmen eigenständig die Vorbereitung der Pädagogen auf die kindorientierte Arbeitsschul-Pädagogik, insbesondere auf Bastel- und Knetarbeit, Wandtafelzeichnen und gemeinschaftstiftende Unterrichtsmethoden.

Neben anderen Reformern war im Grundschulausschuß die Gruppe von Lehrerinnen und Lehrern um den von Berthold Otto beeinflußten Fritz Rauch besonders aktiv. Fast ausschließlich Mitglieder dieses Ausschusses erprobten ab Ostern 1920 mit den Erstklässlern in verschiedenen Schulen den neuen Unterricht. Zweifel und Widerspruch zur Leistungsfähigkeit der neuen Unterrichtsformen waren in der Tagespresse dieser Zeit häufig zu lesen. So auch die Frage, »ob die Kinder durch den Unterricht in der Grundschule soweit gefördert sind, daß sie mit Erfolg an dem Unterricht der höheren Schule teilnehmen können.«[18] Das Kompromißangebot der Schulverwaltung zur Einrichtung von Förderklassen, nun aber unabhängig vom Geldbeutel der Eltern, läßt auch dort vorhandene Ungewißheit durchscheinen. Da das Schulgeld für die weiterführenden Schulen auch in der Weimarer Zeit nicht abgeschafft wurde, blieb das Phänomen

Versuchsschule am Sedanring 24–32

sozial vorbestimmter Bildungschancen auch weiterhin erhalten.

Daß die Initiative der Schulverwaltung in diesem Prozeß eher zögerlich einsetzte, lag nicht zuletzt an der personellen Kontinuität in diesem Ressort über die politische Umbruchzeit hinweg. Erst 1921 wurde mit Hans Löscher ein Sozialdemokrat zum Stadtschulrat ernannt. Damit gelang dem Oberbürgermeister Hermann Beims nicht nur eine wichtige personelle Veränderung, er setzte auch eine Zäsur unter schulpolitischer und insbesondere reformpädagogischer Perspektive. Die städtische Schullandschaft veränderte sich geradezu sprunghaft. Mit breiter öffentlicher Unterstützung gelang es Löscher 1924, daß die Aufsichtsrechte insbesondere über die Volksschulen endlich der Stadtregierung übertragen wurden, und damit inhaltliche und personelle Fragen eigenständig entschieden werden konnten. Eine der ersten Amtshandlungen des neuen Stadtschulrates bestand Ostern 1922 darin, eine Versuchsschule zu gründen. Fritz Rauch wurde ihr Leiter, er durfte sich nicht nur das Schulgebäude, sondern auch seine Lehrer

aussuchen. Die Wilhelmstadt war für diese Wahl prä-
destiniert: Gerade waren die Pläne der Siedlung an der
Großen Diesdorfer Straße in der Ausführung, und der
sich vergrößernde Stadtteil hatte keine höhere Schule.
Das Gebäude am Sedanring lag direkt am Stadtrand,
unmittelbar im Grünen. Es bot viele technische Voraussetzungen wie Schulküche, Sportplatz, Schulgarten und
ähnliches. Zudem plante der Oberbürgermeister Beims
»großzügige Eingemeindungen«,[19] die auch die Gemeinde Diesdorf im Westen der Stadt betrafen.

Die wichtigsten Reformer der Stadt sammelten sich am
Sedanring und begannen, mit vielen Freiheiten ausgestattet, einen kreativen Umgestaltungsprozeß ihrer
Schule. Die Eltern waren keineswegs nur begeistert,
ihre Kinder als »Versuchskaninchen« einer neuen Pädagogik überlassen zu müssen. Man hatte es versäumt,
von Beginn an der Gemeinschaft zwischen Eltern und
Schule höchste Priorität zu geben. Erst allmählich, nicht
zuletzt über die gemeinsame Arbeit im neu geschaffenen
Landheim in Mützel bei Genthin, gelang es, Akzeptanz
zu erreichen. Gesamtunterrichtliche Prinzipien wurden
recht behutsam in den Unterricht eingeführt, beginnend
mit den ersten vier Jahrgängen. Die Sitzordnung war
anders als in der Regelschule. Die Bänke wurden aus
ihren Verankerungen gelöst und konnten so beliebig
umgestellt werden. Alle Teilnehmer sollten einander ansehen können, wenn sich die »Denk-Gemeinschaft« –
anders als bei Otto meist Gleichaltrige – im gemein-
schaftlichen Gespräch entwickelte. Die Fragen der
Kinder bildeten den Motor der »freien« Unterrichts-
gespräche.

»Der Lehrer durfte nur eingreifen, wenn Falsches un-
korrigiert blieb, oder er sehr vorsichtig durch Fragen
oder andere Mittel in das Thema neue Sachgebiete
hineinzog bzw. eine zu weit abschweifende Richtung
des Gesprächs zurückführte.«[20]

Man war erfolgreich, die Revision eines preußischen
Ministerialrates bestätigte der Schule die wohl besten
Grundschulklassen in Deutschland. Als sich das Kollegium
1924 entschloß, den gesamtunterrichtlichen Versuch
auf die oberen vier Klassenstufen der Volksschule aus-
zuweiten, erging von Eltern gleichzeitig ein Antrag an die
Schulverwaltung, für Kinder mit Ambitionen auf eine
sinnverwandte höhere Schule ebenfalls Ausbildungsmöglichkeiten zu schaffen. Der Versuch hatte längst
Wahlstatus, dennoch brauchte man sich um Schüler-
zahlen keine Sorgen zu machen.

»Die Schule ohne Schulbank«[21]

Der zweite und bedeutendste Schulneubau der Weimarer
Zeit folgte der städtebaulichen Erweiterungsstrategie
und entstand im Stadtteil Wilhelmstadt. Bis kurz vor
Verkündung der Entscheidung hatte sich der Magistrat
über den künftigen Nutzer in Schweigen gehüllt. Es
führten sicher mehrere Gründe zur Vergabe des
Gebäudes an die Versuchsschule, die Anerkennung ihrer
pädagogischen Leistung war einer von ihnen. Als Fritz
Rauch von der Entscheidung erfuhr, reagierte er dennoch überraschend ambivalent. Am Standort Sedanring
waren er und seine Mitstreiter erfolgreich mit dem
Aufbau einer Einheitsschule nach Ottos pädagogischen
Prinzipien befaßt. Vom Kindergarten über die Volks- und
Mittel- bis zur höheren Schule sollten alle Altersgruppen
an einem Ort unterrichtet werden. Fast am Ziel, war mit
dem Ortswechsel diese Idee nicht mehr umsetzbar.

Die neue Schule entsprach in ihrer grundsätzlichen
Konzeption und in vielen Details in geradezu idealer
Weise dem pädagogischen Konzept der Versuchsschule.
Moderne Architektur, ein optimales Raumkonzept,
die durchdachte Lichtführung und viele technische
Raffinessen zeichneten den Neubau aus. Die auffälligste

Schulgartenunterricht in der Versuchsschule an der Harsdorfer Worten 1930

Neuerung bestand jedoch im Fehlen der bisher als un-
verzichtbar geltenden Schulbänke. »Anstelle der Schulbank gibt es in dieser Schule nur Stühle und Tische, sowohl für den Lehrer wie für die Kinder.«[22] Damit war für
gesamtunterrichtliche Gruppen, Stuhlkreise oder andere
Situationen, die Variabilität des Mobiliar erforderten,
bestens vorgesorgt. Die Sitzmöbel waren aus Stahlrohr
und ergonomisch in der Form. Sie wurden extra für
diesen Schulbau entworfen und waren schuld daran,
daß von nun an die Schüler im Unterricht kippeln konnten.
Befragte erinnern sich noch heute an die Ermahnungen

der Lehrer. Mit dieser Ausstattung war die Schule 1929
zumindest in der Provinz Sachsen einmalig. Auch die
Turnhalle wies interessante technische Lösungen auf.
So konnten die Recksäulen in den Boden versenkt werden, an den Umkleideraum schloß sich ein Baderaum
mit Duschen und Fußbad an. Zum Händetrocknen verfügte die Schule aus hygienischen Gründen über elek-
trische Trockner, ein Novum, das über die Schule hinaus
bekannt wurde. In den Klassenräumen hingen zwei
große Wandtafeln, so daß auch die Schüler ausreichend
Flächen zur Mitgestaltung hatten. In der Aula existierte

eine Bühne für Musik und Theaterveranstaltungen. Der Außenbereich umfaßte einen ausreichend großen, befestigten Hof sowie einen Schulgarten.

Waren die Reformer anfangs über den Umzug in die spätere Schmeilstraße nicht glücklich, wurden diese Vorbehalte nach der Inbesitznahme des neuen Gebäudes rasch ausgeräumt. Die Schule konnte auch über die NS-Zeit die reformpädagogische Atmosphäre teilweise bewahren. Das Gebäude wurde bei einem Bombenangriff schwer zerstört und in den 50er Jahren etwas verändert wieder errichtet.

Maßgeschneiderte Architektur für ein höheres Reformschulprojekt

Anders als bei den Volksschulen blieben die höheren Schulen auch nach 1919 eher konservativ bestimmt, für Reform war wenig Raum. Dennoch sind an vielen Magdeburger höheren Schulen einzelne reformpädagogische Elemente durchaus nachweisbar. Nicht zuletzt auf Veranlassung des aufgeschlossenen Provinzial-schulkollegiums, zuständig für die inhaltliche und

personelle Schulaufsicht der höheren Schulen, wurden moderne Reformideen aufgegriffen, genannt sei die Reform im Mädchenschulwesen oder die großzügige Erweiterung handwerklicher Tätigkeit an den höheren Schulen.[23] Stadtschulrat Löscher erwarb sich große Verdienste bei der Neubesetzung der Kunstgewerbe- und Handwerkerschule sowie der Einrichtung einer Volkshochschule, die für ein vielschichtiges Angebot auf dem Gebiet der Erwachsenenbildung sorgte. Zu den mutigsten Schritten gehört die Zustimmung von Regierung und Stadt zu einer höheren Schule in der Wilhemstadt, die sich grundlegend von den etablierten Anstalten unterscheiden sollte. In Reaktion auf den schon erwähnten Antrag von Eltern der Volksversuchsschule eröffnete man 1924 zwei Sextae – der Anfang einer höheren Schule, die völlig anders als die etablierten Anstalten konzipiert war. Die auffälligste Neuerung bestand im koedukativen Unterricht, das heißt Jungen und Mädchen lernten bis zur Prima gemeinsam, und zudem erprobte man erfolgreich das Lernen in altersübergreifenden Gesamtunterrichtsgruppen. Damit gehörte Magdeburg zu den lediglich sieben Standorten in Deutschland, die höhere Versuchsschulen hatten, also Einrichtungen, die besondere Freiheiten besaßen, um die Eigenaktivität von Lehrenden und Lernenden weitgehend ausschöpfen zu können. Für den Erfolg dieses später nach Berthold Otto benannten Schulversuchs spricht, daß einige Reformelemente über die NS-Zeit hinaus bis in die Jahre der SBZ beibehalten wurden. Von Anfang an Wahlschule, besuchten Schüler aller sozialen Schichten die Einrichtung. Sie kamen aus vielen Stadtgebieten, natürlich vor allem aus der Wilhelmstadt.[24] Bald reichte in dem alten Backsteinbau der Platz nicht mehr aus, der Stadtrat bestätigte 1926 die Fortführung des höheren Versuchs und stimmte dem Bau eines neuen Gebäudes zu. Zunächst als eigenständiger Neubau geplant, wurde aus Haushaltsgründen ein Anbau an das bestehende Gebäude am Sedanring 27 bevorzugt. Er kostete mit 600.000 RM nicht einmal die Hälfte der ursprünglich geplanten Summe. Anders als beim Neubau an den Harsdorfer Worten fand im Vorfeld ein intensiver Austausch zwischen Lehrern und Architekten statt, mit dem Ergebnis, daß ein für das Reformkonzept bis ins Detail maßgeschneidertes Schulgebäude entstand.

»Man habe aber nicht etwa einer geldlichen Ersparnis allein Rechnung getragen, sondern man habe sich ganz allgemein auch heute schon, ohne damit den Stil

Ausstattung einer Normalklasse

unserer vorhergehenden Generation zu verachten, auf einen einfacheren und zweckmäßigeren Standpunkt gestellt, und man könne nicht gerade sagen, daß der Anblick dieses neuen Gebäudes im Verband mit dem alten Gebäude vom Auge unangenehm empfunden werde.«[25]

Eine Schülerbücherei gehörte ebenso dazu wie ein Zeichensaal mit Austritt ins Freie sowie eine Sternwarte. Den neuesten Ansprüchen genügten die Fachkabinette für Physik und Chemie. Wegen der schwierigen finanziellen Lage der Stadtverwaltung blieben Turnhalle und Aula in den alten Gebäudeteilen.

Die meisten der sich als liberal verstehenden Anhänger Berthold Ottos blieben in ihrem pädagogischen Engagement auf Distanz zu den politischen Veränderungen. Sie beobachteten – wie wohl die Mehrzahl der Magdeburger Lehrer – die gesellschaftlichen Entwicklungen ohne größeren politischen Einsatz.

Kampf um eine Schule ohne Religionsunterricht

Aus Glaubensgründen haben Eltern ihre Kinder schon früher nicht am obligatorischen Religionsunterricht teilnehmen lassen. Diese Einstellung zu einer Massenerscheinung werden zu lassen, dafür gab es aus staatlicher Perspektive vor 1919 keinen Spielraum, wenngleich vor allem Sozialdemokraten immer vehementer die Trennung von Kirche und Schule thematisierten. In einem Bericht von 1893 stellte der Oberregierungspräsident Magdeburgs konsterniert fest, daß unter staatlichem Autoritätsverlust alle Versuche fehlschlugen, »dem Einfluß der sozialdemokratischen Bestrebungen entgegenzutreten.«[26] Es vergingen noch 30 Jahre, bis die Sozialdemokraten in Magdeburg das in der Reichsverfassung, Artikel 149 bestimmte Recht zur Freistellung der Schüler von religiöser Erziehung öffentlich einforderten,

Gebäude der Buckauer Versuchsschule, Feldstrasse 25

sogar unter Androhung eines Schulstreiks.[27] An der Spitze dieser sozialdemokratisch dominierten Bewegung stand neben anderen der »Bund der Freien Schulgesellschaften Magdeburgs«. Es war vor allem dem engagierten Einsatz des Stadtschulrates Löscher und der vorbehaltlosen Unterstützung durch Oberbürgermeister Beims zu verdanken, daß vom preußischen Minister Boelitz schließlich am 28. April 1923, das Schuljahr hatte bereits begonnen, die Entscheidung für die Eröffnung von acht konfessionsfreien Sammelschulen getroffen wurde.[28] In Buckau richtete man aufgrund der großen Zahl angemeldeter Schüler gleich zwei Schulen ein: Eine in der Leipziger Straße 46, die andere in der Feldstraße 25. Die übrigen Schulen befanden sich in Alte Neustadt, Stendaler Straße 10; Neue Neustadt, Umfassungsstraße 76a[29] und Nachtweide 77 sowie in Sudenburg, Braunschweiger Straße 27/28 und in Westerhüsen, Zackmünder Straße 1a/b.[30] In Fermersleben und Lemsdorf wurden die Kinder von Dissidenten den bestehenden konfessionellen Schulen zugeordnet. In der Altstadt folgte erst 1924 in der Kleinen Schulstraße 24 eine weitere Eröffnung und schließlich 1927 in der Wilhelmstadt die letzte Gründung, untergebracht wieder am Sedanring 21. Die Schülerzahl stieg trotz fortwährender Anfeindungen, insbesondere durch die konfessionelle Umgebung und die Rechtskräfte im Stadtparlament, bis 1932 auf etwa 5.460 Schüler, was etwa einem Fünftel der Volksschüler der Stadt Magdeburg entsprach.[31]

Weltlichkeit bedeutete nicht per se auch reformpädagogische Schule. Dazu gehörte unter anderem die besondere Freiheit im unterrichtlichen Bereich. Den Status reformpädagogisch und zudem noch Versuchsschule erhielten 1924 durch Ratsbeschluß die Zweite Buckauer Sammelschule in der Feldstraße 25, heute Karl-Schmidt-Straße, sowie die Neustädter Sammelschule. Im Mittelpunkt beider Konzepte stand eine Mischung aus Kern- und Kursunterricht.[32]

Schulreform in der »rauchgeschwärzten Industrievorstadt«

Als die Schule in der Buckauer Feldstraße 25[33] nach mehrmonatigem Ringen am 30. April 1923 endlich in eine weltliche Sammelschule umgewandelt wurde, war den Initiatoren bereits klar, daß pädagogische Neuerungen sich nicht allein mit dem Ersetzen von Religionsunterricht durch Lebenskunde erschöpfen werden. Von Beginn an Wahlschule, waren dieser Idee wegen neun von zehn der Kinder an die Schule gekommen, nur ein kleiner Teil erhoffte sich eine weniger strikte Schulpflichthandhabung als in der Regelschule. Zunächst unterzogen die Lehrerinnen und Lehrer ihre Schüler einer gründlichen Untersuchung und trafen dabei auf eine recht problematische Situation.

»Die Schüler und Schülerinnen, die voraussichtlich in der Grundschule ihre Schulpflicht beendigt hätten, wurden an Hilfsschulen überwiesen. Kinder aus Familien mit sehr zerrütteten wirtschaftlichen Verhältnissen kamen auf Antrag der Schule durch Vermittlung der zuständigen Stellen auf dem Lande unter. Die sittlich Gefährdeten wurden durch Abkürzung des in der Regel lange Zeit laufenden Fürsorgeverfahrens in Fürsorgeanstalten geschickt. Die Ungezieferplage wurde energisch und ohne Rücksicht auf die beleidigten Gefühle der Eltern mit Hilfe des Arbeitsausschusses bekämpft und beseitigt. Unverschuldet in Not geratene Familien wurden von einem Frauenausschuß überwacht und regelmäßig, zum Teil mit Hilfe der Quäker, unterstützt.«[34]

	Montag	Dienstag	Mittwoch	Donnerstag	Freitag	Samstag
7 – 7.50 Uhr	Übungsfach		Übungsfach		Übungsfach	Übungsfach
10 Min. Pause						
8 – 9.15 Uhr	Kernunterricht	Kernunterricht	Kernunterricht	Kernunterricht	Kernunterricht	Kernunterricht
Pause	Atemübungen — Volksspiele — Volkstanz — leichtathletische Übungen					
9.45 – 11 Uhr	Kernunterricht	Kernunterricht	Kernunterricht	Kernunterricht	Kernunterricht	Kernunterricht
Pause	Atemübungen — Volksspiele — Volkstanz — leichtathletische Übungen					
11.30 – 13 Uhr	Kurs**	Kurs**	Kurs**	Kurs**	Kurs**	Kurs**
	Holz-, Papp-, Metallkurs, Bunt-, Weißnähen, Flechten, Stricken	Englisch, Schreibkurs, Rechnen, Deutsch	Kaufm., Rechnen Steno, Maschinen- schreiben, Zeichnen, Chor	Holz-, Papp-, Metallkurs, Bunt-, Weißnähen, Flechten, Stricken	Englisch, Schreibkurs, Rechnen, Deutsch	Kaufm., Rechnen Steno, Maschinen- schreiben, Zeichnen, Chor
15 – 17 Uhr	Biologie (Fort 2)				Biologie (Fort 2)	
	Jugendspiel Volkstanz, Gymnastik, Leichtathletik, Turnen (schwarzer Platz, Fort 2)			Jugendspiel Volkstanz, Gymnastik, Leichtathletik, Turnen (schwarzer Platz, Fort 2)		
18 – 20 Uhr		Violinspiel, Lautenspiel, Mandolinenspiel (außerhalb Stundenplansoll)	Frauenwirtschaftskurs, Männerfortbildungs- kurs ***	Chorgesang, gem. Chor (außerhalb Stundenplansoll)	Lehrerkonferenz, Versammlungen der Ausschüsse	
außerhalb	Schwimmkurs — Instrumentalkurse					

* Der Plan zeigt die Verteilung für das fünfte und sechste Schuljahr 1924. Das siebte und achte Schuljahr hatte die gleiche Ver- teilung, nur jeweils um einen Tag versetzt.	** Die Kurse wurden meist übergreifend für die Klassenstufen fünf und sechs be- ziehungsweise sieben und acht angeboten.	*** Themen: Zeitgemäße Unterrichts- und Erziehungsfragen und die Kunst, sich richtig und schön auszudrücken

Im Frühjahr 1924 beantragte die Schulgemeinde die Zustimmung zu ihrem Reformkonzept, dessen Ausgangspunkt »die Entfesselung des religiösen Menschen« war. Nicht die Abkehr von Religiosität, sondern die Hinwendung zu den »schöpferischen Kräften der Gemeinschaft«[35] war ihr erklärtes Ziel. In einer Zeit großer wirtschaftlicher und sozialer Not sollten die überwiegend proletarischen Kinder eine Schule besuchen, die gleichzeitig Lern- und Lebensraum war, die den Schülerinnen und Schülern optimale Voraussetzungen für eine erfolgreiche berufliche Entwicklung bereitstellte.

Der im Dezember 1925 ins Leben gerufene schuleigene Kindergarten wurde von einer hauptamtlichen Erzieherin betreut, sollte jedoch nicht nur die Situation der Mütter verbessern: »Der Kindergarten soll nicht nur den Allerjüngsten unserer Schulgemeinde zum Wohle dienen, er soll vielmehr auch der Ort sein, wo unsere Großen, die 13–14jährigen, praktisch mit dem Kleinkinde umgehen lernen.«[36]

Schon 1927 hieß es im Geschäftsbericht der Schulgemeinde: »Wegen Raummangel und Entziehung der bisherigen Unterstützung, mußte der Kindergarten geschlossen werden.«[37]

Anders als im Wilhelmstädter Schulversuch lag der Schwerpunkt der Reformarbeit in Buckau weniger auf unterrichtlich-methodischem Feld als vielmehr auf einer sehr weitgehenden Ausgestaltung des Kern- und Kursunterricht-Modells in den oberen vier Klassenstufen. Im Kernunterricht wurden mit 18 Wochenstunden nach gesamtunterrichtlichen Prinzipien stofflich zusammenhängende Themen behandelt, vermutlich nicht selten dem Fachunterricht vergleichbar. Der Kursunterricht setzte mit dem fünften Schuljahr ein und gliederte sich zumindest in den ersten Jahren in Übungsfächer (drei bis fünf Stunden: Mathematik, Grammatik, Orthographie) und freigewählte Kurse (sieben bis neun Stunden). Wie eine Wochenplanung für die vier oberen Jahrgänge ausgesehen hat, zeigt obenstehende Tabelle*. Die Kurse wechselten je nach Schülerinteresse oder beruflicher Ausbildungssituation. Beispielsweise erweiterte sich das Angebot ab 1925 um Kurse, in denen die Schulzeitung geschrieben, gesetzt und gedruckt wurde.[38]

Ostern 1928 wurden erstmals in der Stadt an einer Volksschule in Buckau – zunächst fakultativ – die Klassenstufen 9 und 10 eingeführt. »Das war ein Versuch, den damals üblichen Mittelschulen ein überlegenes Reformprogramm entgegen zu setzen.«[39] Man erweiterte den

Fremdsprachenunterricht, Monteure mit Sprachkenntnisse waren in den Maschinenbaubetrieben gefragt. Die Verbesserung der Chancen auf dem Arbeitsmarkt war nur ein Ziel, ein anderes bestand darin, den Jugendlichen die Zeit überbrücken zu helfen, bis sie einen Ausbildungsberuf erhielten.

Ebenso auf das Milieu der Arbeiter und unteren Angestellten zielte die von Lehrern und Eltern der Buckauer Schule mit gegründete Aufbauschule. Diese höhere Schule, die erst nach der »zweiten Klasse«, also mit dem achten Schuljahr und nicht wie sonst nach dem vierten begann, konnten »Spätbegabte« oder Kinder, deren Eltern nur beschränkte finanzielle Möglichkeiten hatten, besuchen. Vermutlich mit dem Schuljahr 1932/33 wurde der Lessingschule, einer im Abbau befindlichen Deutschen Oberschule, als neue Perspektive die Aufbauschule i. E. (im Entstehen) angegliedert.[40] Die Buckauer Versuchsschule und die Aufbauschule waren unter den ersten Einrichtungen, die 1933 von den Nazis aufgelöst wurden.

Carl Krayl, Milchhäuschen in der Waldschule Süd im ehemaligen Fort II

»Grün gegen Großstadt«[41] – Schulreform und Naturerziehung

Wichtige Impulse erhielt die schulpädagogische Entwicklung durch den vielseitigen Naturbezug der Reformpädagogik. Natürlichkeit war genuines Prinzip, unentbehrliches Element praktischer unterrichtlicher Arbeit sowie Gegenstand von Unternehmungen außerhalb des Unterrichts. Die von Reformern entworfenen neuen Lehrpläne der Grundschule enthielten umfangreiche Angebote für jahreszeitenabhängige Stoffe und Themen, die Natur avancierte zum anerkannten Lernort.

Über die Landheimidee fanden auch Pädagogen von Regelschulen Wege zur Verknüpfung von Schule, Gemeinschaftserziehung und Natur. Als im Jahre 1919 in Deutschland die ersten Schulen Schullandheime einrichteten, wollten sie »ländliche Heime, die von einer einzelnen Schule oder einem Schulverband für Tage, Wochen oder Monate mit geschlossenen Gruppen oder Klassen von Schülern oder Schülerinnen belegt werden und unter pädagogischer Leitung stehen, um der Jugend körperliche Kräftigung und erziehliche Förderung angedeihen zu lassen.«[42]

Die erste Einrichtung dieser Art in der Provinz Sachsen gründete die Magdeburger Versuchsschule in der Wilhelmstadt. In einem kleinen Gehöft am Dorfrand von Mützel bei Genthin erlebten die Schüler in mehrtägigen Aufenthalten Gemeinschaft und Natur, ideale Voraussetzungen für langanhaltende Schülererinnerungen, wie Tagebücher und Aufsätze belegen. Gleichzeitig war die Elternbeteiligung bei diesen Ausflügen von besonderer Bedeutung.[43] Bald darauf richtete die Neustädter weltliche Schule in Magdeburgerforth ein Landheim ein.

Die Buckauer Versuchsschule besaß das am nächsten zur Schule gelegene Landheim in Deutschland. Es befand sich auf dem grünen und baumreichen ehemaligen Festungsgelände Fort II an der Leipziger Chaussee, direkt neben der Gartenstadt-Kolonie »Reform«. Viele der Anwohner schickten ihre Kinder nach Buckau in die Versuchsschule. Die Schulgemeinde pachtete 1925 die 22 ½ Morgen große Fläche und richtete Unterrichtsräume, Schulgarten, einen Platz für Freiunterricht, Tiergehege, eine Küche für den Kochkurs und ein einzigartiges Freilufttheater ein. Der Architekt Carl Krayl, als Mitarbeiter Bruno Tauts an der Erweiterung der Gartenstadt Reform maßgeblich beteiligt und zugleich dort wohnhaft, entwarf die Pläne für das Milchhäuschen, einer Einrichtung, die auch zu einem Zentrum der Begegnung von Schule und Eltern wurde. Der Name stand zum einen für die sehr zeitgemäße Aktion gegen den verbreiteten Alkoholmißbrauch, mehr noch für das soziale Engagement der Eltern. Die Versorgung der Kinder mit Essen, das gemütliche Wochenendziel mit gemeinsamem Kaffeekochen verbinden sich mit dem Milchhäuschen. Bei Veranstaltungen wurden nicht selten tausend und mehr Personen gezählt.

Natur war in dieser Zeit noch unter einem anderen Aspekt wichtig. Bereits vor dem ersten Weltkrieg wurden zur Verbesserung der gesundheitlichen Situation und als Maßnahme gegen die hohe Kindersterblichkeit durch die Wohlfahrtsämter erholungsbedürftige Mädchen und Jungen auf das Land geschickt. Zum Beispiel befanden sich zwei derartige Einrichtungen für Magdeburger Kinder in Schönebeck-Salzelmen. Die Trennung vom Elternhaus, die Unterbrechung der schulischen Ausbildung sowie die »Ausnutzung durch Feldarbeit« und die »sittliche Gefährdung«[44] wirkten der guten Absicht entgegen. Die Magdeburger Stadtverwaltung entschloß sich im Rahmen der Umnutzung der ehemaligen militärischen Anlage, die naturbelassene Stadtrandlage des Fort VI zu einer entsprechenden Einrichtung umzubauen. Am Milchweg gelegen, erwarb man für eine

Mittagsruhe, Liegehalle in der Waldschule Nord

Jahrespacht von 2.400 RM das Nutzungsrecht für 12 ½ Jahre mit der Absicht, das Fort solle seines Baumbestandes wegen zu einer Waldschule mit anschließenden Sportplatzanlagen und einem Schulgarten hergerichtet werden. Dem Antrag wurde am 13. Oktober 1926 zugestimmt. Im Jahr darauf, dem Pestalozzijahr, eröffnete man die Waldschule Nord, die unter Leitung des Lehrers Max Graefe stand.[45] Die Kinder erhielten kurähnliche Bedingungen, bei Luft, Licht und Bewegung wurden gesamtunterrichtliche Prinzipien verfolgt, und die Schüler konnten am Ende des Tages nach Hause gehen.[46]

Wie ein Bauernhof in großstädtischer Umgebung

Ein besonders exponiertes Beispiel eines naturverbundenen Schulkonzeptes liefert der Ortsteil Rothensee. Seine mißliche Schulsituation war schon geraume Zeit vor 1925 Anlaß für Überlegungen des Magistrats. Johannes Göderitz schuf in Anlehnung an eine bereits andernorts praktizierte Idee eine Gartenschule, die

Naturverbundenheit, handwerkliche Tätigkeit und Gemeinschaftssinn in besonderer Weise miteinander verband. Ein eingeschossiger Klinkerbau, architektonisch gelungen in die Umgebung eingepaßt, beherbergte zwölf Unterrichtszimmer, von denen acht Klassenräume je einen Garderobenraum angegliedert hatten, dazu ein Handarbeits- und ein Arbeitsraum sowie zwei Lehrgerätezimmer. Die Ausstattung für die Lehrer war sparsam, sie erhielten ein Konferenz- und ein Rektorzimmer.

Anläßlich der Eröffnung unter großer Beteiligung der städtischen Prominenz konstatierte Rektor Schmidt in Übereinstimmung mit seinen Vorrednern, Magdeburg habe eine wirklich neue Schule bekommen.

»Wie ein Bauernhof in großstädtischer Umgebung [...] und gar nichts Schreckenerregendes[...]. Auch innen alles hell und freudig, alle Klassenräume zu ebener Erde, alle mit Eichenstabfußboden, holzbekleidete Wände, alle durch ihre eigene Garderobe mit direktem Ausgang ins Freie, wo bei gutem Wetter der Unterricht stattfinden soll.«[47]

Gartenschule Rothensee 1926

In überzeugender Weise belegt die Schulreform der Weimarer Zeit am Beispiel der Stadt Magdeburg, wie sich unter grundsätzlicher Berücksichtigung von gesellschaftlichem Milieu und städtischer Lage und durch die fruchtbare Verbindung zwischen Pädagogik und Architektur sehr verschiedene Schulareale entwickelten. Diese Einrichtungen boten in hohem Maße schulische Funktionalität, Erlebniswelt, Lebens- sowie Lernräume und ihre Aktualität ist bis heute erhalten geblieben.

1
Zitat im Titel von Richard Rötscher, Das Magdeburger Volksschulwesen unter besonderer Berücksichtigung der Versuchsschularbeit, in: Deutschlands Städtebau. Magdeburg, hg. vom Magistrat der Stadt Magdeburg, Schriftleitung Herbert Germar, Berlin-Halensee, 1927, S. 75.

2
Der Begriff »Reformpädagogik« kam erst zu einem späteren Zeitpunkt auf. Er umfaßt die ideellen und praxiswirksamen pädagogischen Reforminitiativen zwischen 1870 und 1930, die für eine andere, kindorientierte Schule eintraten.

3
Es entstanden erste Schulversuche mit gymnasialen Kursen für Mädchen. Den ersten Kurs führte in Magdeburg vermutlich Edmund Sträter 1906 an der Luisenschule ein. Vgl. Reinhard Bergner, Die Berthold-Otto-Schulen in Magdeburg, Ein vergessenes Kapitel reformpädagogischer Schulgeschichte von 1920 bis 1950, Frankfurt a. Main 1999, S. 64 und Anm. 57.

4
Vgl. Bruno Schonig, Reformpädagogik, in: D. Lenzen (Hg.), Pädagogische Grundbegriffe, Bd. 2, Reinbek bei Hamburg, 1989, S. 1304.

5
Theo Dietrich, Die pädagogische Bewegung »vom Kinde aus«, Bad Heilbrunn, 1963, S. 140.

6
Ebenda S. 140 f.

7
Rötscher, Magdeburger Volksschulwesen, S. 77.

8
Reinhard Bergner, Volksstimme Magdeburg vom 13. März 1999.

9
Heidi Behrens-Cobet , Ernst Schmidt, Frank Bajohr, Freie Schulen. Eine vergessene Bildungsinitiative, Essen 1986.

10
Zit. n. Karl Rössger, Der Weg der Arbeitsschule, Leipzig, 1927, S. 198. Text aus dem Protokoll der Reichsschulkonferenz 1920, dem schulpolitisch wichtigste Ereignis der Weimarer Zeit bei dem auch Magdeburger Pädagogen anwesend waren.

11
Schonig, Reformpädagogik, Bd. 2, S. 1305.

12
Vgl. Reinhard Bergner, Die Berthold-Otto-Schulen in Magdeburg, S. 74.

13
Margarete Behrens, Die Magdeburger Versuchsschule, in: Fritz Karsen (Hg.), Die neuen Schulen in Deutschland, Berlin 1924, S. 105 f.

14
Vgl. Reinhard Bergner, Die Berthold-Otto-Schulen in Magdeburg, S. 74.

15
Vgl. Reinhard Bergner, Zu einigen Aspekten der Rezeption von Raabes Erziehungsauffassungen in Magdeburg, in: Wolfgang Mayrhofer (Hg.), Die alte und die neue Wilhelm-Raabe-Schule in Magdeburg, 175 Jahre Schulgeschichte, in: Magdeburger Beiträge zur Bildungs- und Kulturgeschichte, Schriftenreihe des Lehrstuhls Historische und Vergleichende Erziehungswissenschft an der Otto-von-Guericke Universität, Magdeburg 1994, S. 20–24.

16
Fritz Rauch, Welche Ideen Berthold Ottos lassen sich schon jetzt an öffentlichen Schulen verwirklichen?, in: Schulblatt der Provinz Sachsen, Nr. 16 v. 22. April 1914, S. 207.

17
Vgl. Reinhard Bergner, Die Berthold-Otto-Schulen in Magdeburg, S. 98ff.

18
MZ vom 27. Mai 1922.

19
Regina Prinz, Neues Bauen in Magdeburg, Diss., München 1997, S. 35.

20
Reinhard Bergner: Magdeburger Schulversuche mit Berthold Ottos Schulkonzept zur Zeit der Weimarer Republik, in: Amlung u.a. (Hg.), »Die alte Schule überwinden«. Reformpädagogische Versuchsschulen zwischen Kaiserreich und Nationalsozialismus, Frankfurt a.M., 1993, S. 169.

21
GA Nr. 168 vom 21. Juli 1929.

22
Ebenda

23
Albert Reble, Bild einer Schule vor zwei Generationen, in: Hartmut Hacker, Heinz S. Rosenbusch (Hg.), Erzieht Unterricht? Aktuelle Beiträge zu einem klassischen pädagogischen Thema, 1990, S. 169–186.

24
Unter den Eltern waren der spätere Oberbürgermeister Ernst Reuter, Stadtschulrat Löscher, Magistratsschulrat Bogen, der Polizeidirektor der Stadt, Bankiers, Geschäftsleute, Arbeiter, Angestellte und Diesdorfer Bauern.

25
MZ vom 18. Juni 1930.

26
Karl-Heinz Günther u.a. (Hg.), Geschichte der Erziehung, 16. Aufl., Berlin 1988, S. 379.

27
Diese Bewegung fand auch in anderen Teilen Deutschlands zahlreiche Anhänger, zum Beispiel agierten im Ruhrgebiet bereits 1920 sehr öffentlichkeitswirksam Eltern und Lehrer für die Gründung von konfessionsfreien Schulen. In Magdeburg begannen derartige Initiativen erst zwei Jahre später. vgl. H. Eichberg, 1981, zit. n. Behrens-Cobet u.a., Frei Schulen, S. 24.

28
Reinhard Bergner, Zum Streit um die weltlichen Sammelschulen in Magdeburg, in: Reinhard Golz, Wolfgang Mayrhofer, Beiträge zur Bildungsgeschichte in Sachsen-Anhalt, Bad Heilbrunn 1993, S. 144–154.

29
Davon drei gemischte Klassen mit Religionsunterricht.

30
142 Kindern mit Religionsunterricht.

31
Zit. n. Reinhard Bergner, Zum Streit um die weltlichen Sammelschulen, S. 153.

32
In letzterer wurde zur Gesunderhaltung der Kinder mit einer täglichen Turnstunde experimentiert, das Landheim in Magdeburgerforth gehört ebenfalls in diesen Kontext.

33
Heute Karl-Schmidt-Straße.

34
Richard Rötscher, Grundlagen, Landeshauptarchiv S-A, C 28II, Nr. 3992, 1924, S. 142.

35
Ebenda, S. 142.

36
Laura Peja: Die Arbeit am Kleinkinde, in: Unsere Schule. Erörterungs- und Mitteilungsblatt der Buckauer Versuchsschulgemeinde Nr. 6 vom Juni 1925.

37
Unsere Schule. Erörterungs- und Mitteilungsblatt der Buckauer Versuchsschulgemeinde Nr. 2, 1927.

38
Vgl. Reinhard Bergner, Zum Streit um die weltlichen Sammelschulen 1993, S. 107 ff.

39
Heinz Albert, Erinnerungen an die Buckauer Versuchsschule. Der Brief von 1992 liegt dem Autor vor.

40
Magdeburger Schulbote Jg. 1926, Nr. 3, S. 16. Die Bezeichnung Aufbauschule i.E. erscheint erstmals im Magdeburger Adreßbuch des Jahres 1933.

41
Otto Karstädt, Pädagoge und als geheimer Regierungsrat für den ministeriellen Einfluß auf die reformpädagogische Entwicklungen in Preußen zuständig, kategorisiert von einer romantischen Auffassung kommend, folgende drei Arten von Schulversuchen: 1. Praktizierende Naturerziehung: darunter D.L.E.H. Ilsenburg, Freie Schul- und Werkgemeinschaft Letzlingen; 2. »Vom Kinde aus« handelnde, z.B. Berthold Otto und Maria Montessori; 3. Gemeinschaftsschulen: Wilhelmstädter Schulversuch »auf dem Weg«, Buckauer Versuchsschule. Vgl. Bergner, Die Berthold-Otto-Schulen, S. 86.

42
Franz Hilker, 1926, zit. n. Bergner, Die Berthold-Otto-Schulen in Magdeburg, S. 177 f.

43
Im Jahr 1943 wurde das Heim endgültig requiriert, zunächst als HJ-Lager, dann zur Unterbringung in Not geratener Familien.

44
Rötscher, Das Magdeburger Volksschulwesen, S. 75.

45
Bisher unbestätigt ist die Information, daß für das Modell dieser Waldschule auf der Weltausstellung eine Goldmedaille vergeben worden sei.

46
Ebenfalls in dieser Zeit wurde das Fort 1 gepachtet, das durch »Darlehns- u. Notstandsarbeiten« (StaM Rep. 184, Bl. 539) hergerichtet werden sollte. Das Gelände wurde weitgehend naturbelassen. Im Fort IVa in der Harsdorfer Straße wurde eine landwirtschaftliche Garten- und Haushaltungsschule eingerichtet. Für Mädchen wurde eine 1½ Jahre dauernde Ausbildung eingeführt, die »durch nutzbringende Tätigkeit in frischer Luft« (Magdeburger Schulbote Nr. 3, Jg. 1926) als Grundlage für eine spätere Berufsausbildung dienen sollte.

47
GA, 50. Jg., Nr. 246 vom 20.10.1926.

Von der Kunst zur Gestaltung
Design für eine neue Stadt

Christian Gries

»Die für Magdeburg zweifellos zu erwartende Erneuerung muß die Einheit des rein Baulichen mit der Gestaltung des Stadtgebiets im ganzen herbeiführen, weil immer die Einheit im Großen und Kleinen da sein muß.«[1]

Als Bruno Taut im August 1923 auf Empfehlung von Walter Gropius den Künstler Johannes Molzahn als Lehrer an die Kunstgewerbe- und Handwerkerschule nach Magdeburg berief, erhoffte er sich von diesem nicht nur Unterstützung bei der geplanten Schulreform, sondern auch Impulse zur Gestaltung und Koordination der öffentlichen Reklame.[2] Diese hatte längst auch in Magdeburg ihren bis heute andauernden Eroberungsfeldzug über Schaufenster, Häuserfassaden, Werbeflächen, Litfaßsäulen und Drucksachen angetreten und drohte in ihrer Massenhaftigkeit, Aggressivität und stilistischen Beliebigkeit das von Taut angestrebte Gesamtkunstwerk Stadt massiv zu stören. Gleichzeitig war dem Stadtbaurat bewußt, daß die Werbegraphik eine weitere Möglichkeit bot, die »Erweckung« der Magdeburger voranzutreiben und deren Wahrnehmungsfähigkeiten an den Werbetafeln, Plakaten und Reklamegerüsten im Sinne der Moderne und der von ihr propagierten »Neuen Gestaltung« zu schulen.

Die 20er Jahre bedeuteten für die Reklame einen Aufbruch in neue Dimensionen. Die Werbung erhielt einen neuen Stellenwert, ein eigener Berufszweig von Reklamefachleuten entstand, Werbemechanismen beziehungsweise -psychologie wurden untersucht und wissenschaftliche Institute gegründet. In Deutschland bemühten sich insbesondere die Künstler des Bauhauses um eine Verbindung von angewandter und freier Kunst. Ein besonderes Augenmerk richteten dabei ab 1923 László Moholy-Nagy, später auch Joost Schmidt und Herbert Bayer, in der Werkstatt für Typographie und Reklame auf die »klare Mitteilung in ihrer eindringlichsten Form«. Die Werbepioniere professionalisierten nicht nur die Werkstatt, sie machten auch den programmatischen Zusammenhang zwischen einer neuen künstlerischen Aussage und ihrer aktuellen Umsetzung in den Printmedien deutlich.

Im Spannungsfeld von Kunst und Kommerz forschten die Gestalter der 20er Jahre nach zeitgemäßen Kommunikationsformen ihrer Botschaften: »In dem Kampfe zwischen dem Alten und dem Neuen handelt es sich nicht um die Erschaffung einer neuen Form um ihrer selbst willen. Aber die neuen Bedürfnisse und Inhalte schaffen sich selbst eine auch äußerlich veränderte Gestalt. Und so wenig man diese neuen Bedürfnisse hinwegdisputieren kann, so wenig ist es möglich, die Notwendigkeit einer wirklich zeitgemäßen Typographie zu bestreiten.«[3] In zahllosen Publikationen, Vorträgen und Ausstellungen proklamierten die Graphiker ihre Grundsätze, beschworen das Ende der gezierten und verschnörkelten Reklame und forderten eine klare, an den Kriterien des modernen Zeitalters geschulte Werbegestaltung. Diese sollte die geänderten Erfahrungsstrukturen der urbanen Erlebniswelt berücksichtigen, technische Neuerungen nutzen und für das »Neue Weltbild« auch in den Bereichen der Gebrauchsgraphik eine zeitgemäße Sprache finden: »Das rapide, immer anwachsende Lebenstempo, der rasende Verkehr, die Unsumme der Beanspruchungen jeder Sekunde, die Zeit der Kinemas, des Luftexpress, haben nicht nur unserem Denken neue Formen gegeben, sie haben auch die Physis und ganz besonders das Auge im Sinne der Anpassung und der Ökonomie umgeformt.«[4] Mit der elementaristischen Reklame wandten sich die Künstler nicht mehr nur an den einzelnen Menschen, sondern erhofften sich eine Wirkung auf die Massen, die an ein neues Kunst-, Kultur- und Gesellschaftsniveau herangeführt werden sollte.

1921 hatte Taut nicht nur die Aufstellung eines neuen großen Reklamegerüsts vor dem Hauptbahnhof ge-

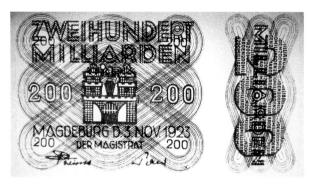

Johannes Molzahn, Notgeld 1923

fordert,[5] sondern auch die Gewerbetreibenden der Stadt Magdeburg dazu aufgefordert, ihre Werbetafeln in Abstimmung mit den vom Stadtbaurat beziehungsweise dem zuständigen städtischen Dezernat verfügten Richtlinien zu organisieren.[6] Handhabe bot ihm dazu Paragraph 5 des 1909 erlassenen Ortstatuts der Stadt Magdeburg, der für die Anbringung von Reklameschildern, Schriftzügen und Schaukästen eine baupolizeiliche Genehmigung voraussetzte. Um die Einsicht aller Kräfte bemüht, empfahl er zur Ausführung der Reklame die Beauftragung eines »möglichst guten Künstlers«,[7] der in der Lage sei, »Individualwillen« und »Kollektivwillen« miteinander zu kombinieren.[8] Obwohl die Ortsgruppe des Vereins Deutscher Reklamefachleute ihre Dienste angeboten hatte,[9] war es Taut bis dahin nicht gelungen, moderne Auffassungen bei der Gestaltung städtischer Gebrauchsgraphik durchzusetzen und die immer massiver auftretende Reklame im Stadtbild zu kontrollieren. Im Juli 1922 hatte er einen Wettbewerb für Hausanstriche und Reklame ausgelobt und für das Preisgericht Walter Gropius und Cesar Klein verpflichtet.[10] Der Wettbewerb machte den programmatischen Zusammenhang zwischen der Reklamegestaltung und Tauts Architektur- und Farbpolitik deutlich. Er sollte dazu beitragen, »die vom städtischen Hochbauamt bisher ausgeübte Bauberatung zu unterstützen und gleichzeitig zu entlasten. In

der Hauptsache soll aber damit ein enges Zusammengehen von Geschäftsleuten und Künstlern erreicht werden mit dem Ziel, daß möglichst jede neue Reklame [...] einem tüchtigen Architekten oder Maler anvertraut wird«.[11] Den Anlaß für diesen Wettbewerb hatten auch heftige Kritiken geliefert, die anläßlich der im Juli 1922 eröffneten »Mitteldeutschen Ausstellung Magdeburg« vorgetragen worden waren und die »vorsintflutartigen Vorstellungen von Reklame in Magdeburg« bemängelten.[12] Da gerade diese Ausstellung Magdeburgs Vorrangstellung im mitteldeutschen Wirtschaftsraum unterstreichen sollte, war die Kontrolle und Neukonzeption der öffentlichen Reklame in der Elbstadt eine zwingende, auch politisch bedeutsame Forderung.

Der vielseitig begabte Künstler Johannes Molzahn brachte alle von Taut gewünschten Fähigkeiten nach Magdeburg mit. Als Gebrauchsgraphiker hatte er seit 1921 in Soest/Westfalen ein »Industrie-Reklame-Büro« geführt und in engem Kontakt zum Bauhaus Arbeiten für die

Johannes Molzahn, Stadtwappen Magdeburg

Xanti Schawinsky, Reklametafel am Hauptbahnhof

»Deutsche Eisenbahn-Reklame-Gesellschaft«, die Fagus-Werke in Alfeld[13] und den Folkwang/Auriga-Verlag angefertigt. In einer Vielzahl von Entwürfen hatte er seine moderne Gesinnung bewiesen und einen komplexen Gestaltungsbegriff vorgeführt, der alle Lebensbereiche umfaßte und die traditionellen Gattungsgrenzen von Malerei, Gebrauchsgraphik, Architektur, Plastik und Fotografie aufhob. Mit diesem Profil und seinem insbesondere im »Manifest des absoluten Expressionismus«[14] bewiesenem Sendungsbewußtsein war Molzahn für Taut der ideale Mitarbeiter und -streiter. Bis zu seiner Berufung an die Staatliche Akademie für Kunst und Kunstgewerbe nach Breslau im Jahr 1928 lieferte er zahlreiche Entwürfe für Dienstsiegel[15] beziehungsweise Drucksachen der Stadt Magdeburg und nahm, auch nach dem Weggang Bruno Tauts, als Mitglied eines »Kunstbeirats« an der behördlichen Entscheidung über städtische Reklame teil. Seine modernen Ansichten vertrat er dabei nicht nur als Gebrauchsgraphiker, sondern auch als Gründungsmitglied der Magdeburger ZZ-Gruppe[16] und insbesondere als Lehrer in der Klasse für Gebrauchsgraphik an der Kunstgewerbeschule:

»Die Kultur der Reklame, die im Handel und Industrie, auf den Straßen und Plätzen, an den Stätten des Verkehrs jeglicher Art, an alle appelliert, die neue Form wollen und die über den engeren Zweck hinaus diese neue Zeit, den Aufbau organisiert, das ist die Aufgabe, die mich nun fesselt und beschäftigt. Ich verspreche mir noch viel mehr davon, wenn ich erste Gelegenheit haben werde, auf die verschiedenen Gewerbe, insbesondere das Druckereigewerbe, unmittelbaren und wirksamen Einfluß zu nehmen.«[17]

Zu den ersten, noch von Taut vermittelten Aufträgen an Molzahn zählt der Entwurf von Notgeld, das zur Behebung der Zahlungsmittelknappheit in Magdeburg seit 1917 ausgegeben wurde. Wie in anderen Städten bereits praktiziert, wurde damit auch in Magdeburg ein Künstler zur Gestaltung der Zahlungsmittel herangezogen.[18] Allerdings griff Molzahn für seine Entwürfe nicht mehr auf expressionistisches Formen- und Farbenvokabular zurück, sondern gestaltete eine kühle und konstruktivistische Variante, die sich deutlich von den zuvor ausgegebenen Notgeldscheinen unterschied.

Von der Kunst zur Gestaltung

Werbung der Mitteldeutschen Reklamegesellschaft

Zur Ausführung der Scheine führte Taut im Oktober 1923 erste Gespräche mit Molzahn und beauftragte die Fertigstellung in »allerkürzester Frist«.[19]

1925 legte Molzahn einen Entwurf für ein neues Dienstsiegel der Stadt Magdeburg vor, der in der Stadtverordnetenversammlung aber abgelehnt wurde.[20] Obwohl die überarbeitete Variante mit einem Schreiben des Reichskunstwarts Edwin Redslob zur Ausführung empfohlen wurde, verwarf die Rechtsfraktion der Stadtverordnetenversammlung auch diesen Entwurf. Ironisch kommentierte die »Volksstimme« Molzahns Entwürfe: »Der Magistrat will durchaus eine neue Jungfrau zeichnen lassen. Er kam schon im vorigen Jahre mit dem Entwurf einer neuen Jungfrau, und fand nicht die geringste Gegenliebe. Dieses Weibsbild war nicht an den Mann zu bringen. Im Gegenteil, gerade Herr Mann (Fraktions-vorsitzender der Rechtsparteien, C.G.) machte be-schwerdeführend darauf aufmerksam, daß sie keinen Busen habe, die neue Magd von Magdeburg«[21].

Diese frühe und in ihrer mangelnden Sachlichkeit cha-rakteristische Diskussion um Molzahns Entwürfe macht ansatzweise die Schwierigkeiten deutlich, denen auch die Gebrauchsgraphiker bei ihrem Bemühen um eine neue Gestaltung ausgesetzt waren. Wie die Baukünstler und Maler sahen sie sich mit einer Öffentlichkeit kon-frontiert, die für neue Farb-, Form- und Schriftex-perimente wenig Verständnis aufbrachte und in der neuen Gestaltung auch gerne die Attacken politischer Anar-chisten auf den Staat vermutete. Molzahn waren derartige Verdächtigungen nicht nur aus dem Bauhaus-Umfeld, sondern aus der eigenen Biographie vertraut: 1919 hatte ein Weimarer Nervenarzt anläßlich einer Ausstellung mit einigen Gemälden des Künstlers über den Zusammen-hang von neuer Kunst, Bolschewismus und Geistes-krankheit spekuliert.[22] Die Tatsache, daß viele der mo-dernen Gebrauchsgraphiker auch als freie Künstler ar-beiteten und wie Kurt Schwitters oder El Lissitzky die in der Malerei erworbenen Erkenntnisse und Anschauun-gen unmittelbar auch für die Gestaltung von Gebrauchs-grafiken nutzten, verkomplizierte die Situation. Die kon-struktive Klarheit und sachliche Funktionalität, die Molzahn und seine Kollegen in ihren Arbeiten, auf Vorträgen[23] und in zahlreichen Druckschriften[24] postulierten, fand – nicht nur in Magdeburg – wenig Verständnis. Der Versuch, über diese neue Gestaltung auch noch ein neues Weltbild oder sozialrevolutionäre Theorien zu propagieren, er-schien, im günstigsten Fall, als utopistisches Unter-fangen.

1926 begann in der Stadtverwaltung erneut eine Diskussion über eine einheitliche Organisation des städtischen Reklamewesens. Als Mitarbeiter im Stadt-erweiterungsamt konstatierte Gerhard Gauger für die massenhafte Reklame in Magdeburg »amerikanische Zustände« und empfahl, im Sinne Tauts, die Zusammen-arbeit mit anerkannten Künstlern oder Architekten bei stadtbildprägenden Reklamevorhaben.[25] Hermann Beims unterstütze diese Thesen und forderte im »Zeitalter der Reklame« grundlegende Maßnahmen.[26] Als im Dezember 1926 dann auch die Verträge mit der bis dahin für die städtischen Reklametafeln verantwortlichen Firma Baensch ausliefen, beschloß die Stadtverordneten-versammlung die Gründung der »Mitteldeutschen Reklamegesellschaft«[27] (MiRG). Diese wurde mit der Durchführung und Vermittlung aller Arten von Reklame

Xanti Schawinsky, Vitrinengestaltung an der Stadthalle

Johannes Molzahn, Plakat zur »Mitteldeutschen Handwerker Ausstelllung«,
Farbtafel 7

Johannes Molzahn, Plakat für das städtische Orchester

in Magdeburg und anderen Orten insbesondere in Mitteldeutschland beauftragt. Als Gesellschafter beziehungsweise Geschäftsführer wurden unter anderem der Stadtrat und Herausgeber der rechtskonservativen »Magdeburger Tageszeitung« Ernst Moritz und der Leiter des
Verkehrsamtes Dr. Herbert Germar verpflichtet. Im Bran-
chenbuch firmierte die Gesellschaft als »kommunale
Werbe- und Verlagsanstalt«, die sich unter anderem mit
Anschlagswesen, Straßenbahnreklame, Lichtreklame und
Theaterprogrammen befaßte. Von den zahlreichen Initiativen der Reklamegesellschaft bis zu ihrer Auflösung im
Jahr 1951 ist vieles noch nicht erforscht. Nachweislich
fiel die Aufstellung von Normaluhren, Straßenschildern,
Kandelaber- Mastenreklame und Kaugummi-Automa-
ten (!) in den Zuständigkeitsbereich der MiRG.[28] In der
Gesellschaft vermutete man wohl ein geeignetes Instrument, um die Modernisierung des Stadtbildes nun auch
im Bereich der Städtereklame systematisch voranzutreiben. Vergleichbare Vorhaben hatte Walter Dexel nach
1924 in Jena realisiert und mit beleuchteten Straßenschildern und Reklamekästen einen Schritt in Richtung
moderner Straßenreklame gemacht. In Frankfurt war bereits 1921 die Reklamestelle Frankfurt a.M. gegründet
worden, der sich bis 1936, dann unter dem Namen
»Deutsche-Städte-Reklame GmbH«, 350[29] Städte zur lan-
desweiten Koordination des öffentlichen Anschlagwesens
angliederten. 1928 forderten die Magdeburger schließlich die Frankfurter Reklameordnung an und versuchten
eine ähnliche Grundlage für Magdeburg zu erarbeiten.[30]
Im gleichen Jahr wurde Walter Dexel an die Magdeburger Kunstgewerbeschule berufen, um von hier aus,
neben dem Lehrbetrieb, an der Gestaltung des Stadtbildes
und der publikumswirksamen Vermarktung der von hier

ausgehenden Impulse mitzuarbeiten.[31] Zu den herausragenden Leistungen seiner künstlerischen Tätigkeit
zählen, neben den vermutlich zu Recht zugeschriebenen
35 Lichtsäulen,[32] moderne Schriftplakate für die meisten
Magdeburger Ausstellungen zwischen 1929 und 1931.

Vor Dexel hatte sich auch Molzahn als Ausstellungs-
grafiker in Magdeburg bewährt und unter anderem die
Werbemittel für die Mitteldeutsche Handwerksausstellung konzipiert. Die Ausstellung wurde vom Verband
Mitteldeutscher Handwerkskammern und dem Mitteldeutschen Handwerkerbund abgehalten und vom 18. Juli
bis 9. August 1925 auf dem Ausstellungsgelände
Rotehorn durchgeführt. Molzahn wählte als Titel- und
Leitbild für seine Ausstellungspropaganda das Motiv eines
über dem Kopf abgewinkelten Armes, dessen ausge-
streckte Hand dem Betrachter gleichermaßen zuwinkte,
wie sie ihn auch mit einer Stop-Geste zum Verweilen
zwang. In der graphischen Ausführung sind Kopf, Arm
und Hand durch Konturlinien definiert, die, aus scheinbar mechanischen Einzelteilen konstruiert, die Motorik
eines Roboters erahnen lassen. Das Signet wurde unter
anderem auf Plakaten, Katalogen, Programmen, Prämie-
rungsmedaillen, Diplomen, Postkarten, Werbeanzeigen
und Stempeln gedruckt und demonstrierte ein nach modernsten Kriterien konzipiertes Corporate Design.

Geradezu mustergültig führte Molzahn hier die Grundlagen der Neuen Gestaltung vor Augen: Die Gleichwer-
tigkeit von freier Fläche und graphischen Elementen, die
Hervorhebung der elementaren Aussagen durch Schrift-
größe oder Farbe und die Bevorzugung von Grotesk-
Schriften gegenüber der gotischen Fraktur.

Auch für die im Verlag der Mitteldeutschen Reklamegesellschaft herausgegebenen Publikationen der städtischen Bühnen erarbeitete Molzahn die graphische
Gestaltung. Neben den Jahrbüchern der städtischen

Johannes Molzahn, Jahrbuch der Städtischen Bühnen

Theater Magdeburg, deren Gesamt-Typographie er
besorgte, hat vor allem die Festschrift zum 50jährigen
Bestehen des Stadttheaters[33] herausragende Bedeu-
tung erlangt. Die Publikation wurde im Mai 1926 vom
Magistrat herausgegeben und in der Buchdruckerei
Wohlfeld gedruckt. Molzahn leitete die Gesamtausstattung
der umfangreichen Festschrift und gestaltete Umschlag,
Typografie, Abbildungen und Werbeanzeigen. Markante
Gestaltungsmittel dieser Publikation sind der asymmetrische

**DER NEUE DRUCK
DAS SCHÖNE BUCH**

VERANSTALTET VOM AUSSTELLUNGSAMT DER STADT MAGDEBURG
UND DEM MAGDEBURGER VEREIN FÜR DEUTSCHE WERKKUNST E.V.

NEUE TYPOGRAPHIE

SONDERSCHAU: RING NEUER WERBEGESTALTER

REHABU

REICHSWANDERAUSSTELLUNG HANDWERKLICH
GUTER UND WOHLFEILER BUCHEINBÄNDE 1929
MEISTER DER EINBANDKUNST E. V.

3.-19. AUGUST
GEÖFFNET
WOCHENTAGS VON 9 BIS 18 UHR
SONNTAGS   VON 11 BIS 18 UHR
EINTRITT 50 PFENNIG, SCHÜLER UND GESCHL. VERBÄNDE 20 PFENNIG

Walter Dexel, Plakat zur Ausstellung »Das neue Buch«

**DIE SPORT
AUSSTELLUNG
MAGDEBURG
1929**

25. SEPTEMBER
-13. OKTOBER

AUSSTELLUNGSHALLEN
AM ADOLF-MITTAG-SEE

SONDERSCHAU DES DEUTSCHEN HYGIENE-MUSEUMS DRESDEN

DER MENSCH UND DER SPORT

SPORTLICHE WETTKÄMPFE

EINTRITT 50 PF.
SCHÜLER 25 PF.
MITTWOCHS, SONNABENDS UND SONNTAGS
EINSCHL. WETTKÄMPFE 70 PF.   SCHÜLER 35 PF.
DAUERKARTEN 3.— RM.
SCHÜLER   1.50 RM.

GEÖFFNET TÄGLICH   9–19 UHR
SONNABENDS U SONNTAGS 9–21 UHR

Walter Dexel, Plakat zur Ausstellung »Sport«

Satzspiegel und die jeweils an den Beschnitt der Seiten
angrenzenden, grau gedruckten Winkel, die das hetero-
gene Abbildungsmaterial zur Geschichte des Theaters
harmonisch einbanden. Jan Tschichold zählte diese
Festschrift zu den besonders gelungenen Beispielen
moderner Typographie.

Den engen programmatischen Zusammenhang zwischen
der Architektur des Neuen Bauens und dem neuen
Formwillen in der Gebrauchsgraphik machen schließlich

auch die zahlreichen Programmschriften der Architekten
deutlich, die in den 20er Jahren nach modernsten Ge-
staltungsrichtlinien ausgeführt wurden. Im Sinne gemeinschaftlich angestrebter Sachlichkeit und Funktionalität
demonstrieren sie die Wechselwirkungen und Beein-
flussungen zweier künstlerischer Disziplinen. Im Magdeburger Zusammenhang muß hier auf mehrere Publikationen von Bruno Taut: »Die neue Wohnung – Die Frau als
Schöpferin« (Farbtafel 6),[34] »Bauen – Der Neue Wohnbau«[35] und »Ein Wohnhaus«[36] und die Abhandlung über
»Neuere Arbeiten«[37] des unter anderem auf der Theaterausstellung hervorgetretenen Architekten Albin Müller
hingewiesen werden. Die Veröffentlichungen, herausgegeben im Leipziger Verlag Klinkhardt & Biermann und im
Berliner Verlag Friedrich Ernst Hübsch, wurden von
Johannes Molzahn gestaltet und kombinierten geradezu idealtypisch die Errungenschaften der Neuen Typographie mit der Programmatik des Neuen Bauens.
Molzahns These, daß die »neue Zeit nicht literarisch,
sondern optisch gerichtet« sei, veranlaßte den Künstler
zu einer Übertragung der Anforderungen der Reklame-
kunst auf die Buchgestaltung. Im Unterschied zu den

156

Walter Dexel, Plakat zur Ausstellung »Bauten der Technik«

Johannes Molzahn, Festschrift zum Jubiläum des Stadttheaters

prophetisch-visionären Auslassungen vieler Künstler des Expressionismus basierten Molzahns Gestaltungen auf ausgereiften didaktischen Konzepten, die theoretische Grundlagen und praktische Umsetzung kongenial verbanden. Die Bücher entsprachen dem Bedürfnis einer Zeit, die Fragen des Wohnens und Bauens als Teil einer gesellschaftlichen Reformbewegung begriff und diese auch optisch adäquat vermittelt wissen wollte.

Im September 1927 wurde für die Selbstdarstellung der Stadt Magdeburg im Stadtbauamt eine Graphikabteilung gegründet, die mit der künftigen Gestaltung von Prospekten, Postkarten und Ausstellungsdekorationen beauftragt wurde. Von entscheidender Bedeutung war in diesem Zusammenhang die Einrichtung einer eigenen Lichtbildnerei, die auf den Fundus der von Taut initiierten Fotodokumentation zu Neubauten und Projekten zugreifen konnte. 1926 wurde zur Dokumentation der baulichen Entwicklung in Magdeburg der Fotograf Paul Vohleitner eingestellt. Das von ihm erarbeitete professionelle und nach modernsten Kriterien erstellte Material fand in umfangreichen Werbemaßnahmen Verwendung, mit denen ab 1928 die Stadt Magdeburg den sinkenden Besucherzahlen begegnen wollte. In einer Vielzahl von Druckschriften wurde das Image der »Stadt des Neuen Bauwillens« beschworen und massive Reklame betrieben. Die Werbefaltblätter, Prospekte und Bücher informierten über die Leistungen der vermeintlichen Hauptstadt Mitteldeutschlands und demonstrierten das

Ausstellungaufbau für die Ausstellung »Hingabe«

enge Zusammenwirken von professionellem Stadt-marketing und künstlerischem Anspruch. 1929 wurde schließlich der Graphiker Xanti Schawinsky engagiert, um weitere Collagen, Werbebroschüren und Ausstel-lungsgestaltungen für Magdeburg auszuführen.[38] Zwischen 1930 und 1931 übernahm er unter ande-rem die Bildredaktion der ambitionierten Zeitschrift »Stichwort. Blätter der Städtischen Bühnen zu Magde-burg«, die das kulturelle Ansehen der Stadt mit allen Mitteln steigern sollte. Schawinskys Arbeiten, die in vielen Bereich des Stadtmarketings nachgewiesen werden können, belegen das intensive Bemühen der Stadtverwaltung, der zunehmenden Verschlechterung der wirtschaftlichen und politischen Situation mit einer agressiveren Werbekampagne zu entkommen. Sie markieren den Endpunkt eines langjährigen Stre-bens, das Reklamewesen unter der Führung des städ-tischen Hochbauamtes anzuleiten und in einen programmatischen Zusammenhang mit der Vision des »Neuen Menschen«, der »Neuen Gesellschaft« und dessen geänderten sozialen Umfelds zu stellen.

1
Bruno Taut, Die bauliche Entwicklung Magdeburgs, in: Das Stichwort 1, Magdeburg 1930, S. 75.

2
Christian Gries, Johannes Molzahn (1892–1965) und der »Kampf um die Kunst« im Deutschland der Weimarer Republik, Diss. Augsburg 1996.

3
Jan Tschichold, Die Neue Typographie – Ein Handbuch für zeitgemäß Schaffende, 1928 (zitiert nach dem Reprint Berlin 1987, S. 14).

4
Johannes Molzahn, Ökonomie der Reklame-Mechane, Druckschrift im Eigenverlag Magdeburg 1926 (Reprint in: Die Form, Heft 7, April 1926, S. 141–145).

5
Regina Prinz, Neues Bauen in Magdeburg. Das Stadtbauamt unter Bruno Taut und Johannes Göderitz, Diss. München 1997, S. 78.

6
Bruno Taut, Die Reklame im Stadtbild, in: MZ, 20.08.1921. Vgl. auch: Stadtplanungsamt Magdeburg (Hg.), Magdeburg – Die Stadt des Neuen Bauwillens, o.J., S. 40.

7
Taut, Die Reklame im Stadtbild.

8
Die Reklame als Schmuck des Straßenbildes, Mitteilung vom 15.1.1922 an das Presseamt (Sta Magdeburg, Rep. 35, Hh 6, S. 36–41).

9
Schreiben des Vorsitzenden Heinrich Hentze an Bruno Taut vom 11.10.1921 (StaM Rep. 35-Ha 19).

10
Ein Wettbewerb für Reklame und Hausanstriche in Magdeburg, in: Deutsche Bauzeitung, 56. Jg., Nr. 60, 29.7.1922, S. 364.

11
Bruno Taut, Frühlicht 1922 (zit. nach Ulrich Conrads (Hg.), Bauwelt Fundamente 8, Berlin/Frankfurt/Wien 1963, S. 222).

12
Adolf Behne, Das bunte Magdeburg und die »MIAMA«, S. 206, in: Seidels Reklame, 7. Jg., Oktober 1922, S. 201–206.

13
Annemarie Jaeggi, Fagus – Industriekultur zwischen Werkbund und Bauhaus, Berlin 1998, S. 95ff.

14
Johannes Molzahn, Manifest des absoluten Expressionismus, in: Der Sturm, 10. Jg., Heft 6, Berlin 1919.

15
Johannes Molzahn, Dienstsiegel der Stadt Magdeburg, Entwurf publiziert in: Die Form, Heft 7, April 1926, S. 145.

16
Christian Gries, Die ZZ-Gruppe. Eine kunsthistorische Spurensuche im Magdeburg der Zwanziger Jahre, in: Christof Römer (Hg.), Mitteldeutsches Jahrbuch für Kultur und Geschichte, 1996, Bd. 3, S. 191–205.

17
Johannes Molzahn, Bewerbungsschreiben vom April 1923 (GSPK Berlin, Rep. 120, Ministerium für Handel und Gewerbe, EX, Fach 2, Nr. 18, Bd. 14, Bl. 394 ff.).

18
Vgl. etwa das Erfurter Notgeld durch Alfred Hanf oder die Arbeiten von Karl Schneider für die Stadt Gera-Reuss: Cornelia Nowak u.a. (Hg.), Expressionismus in Thüringen, Erfurt 1999, S. 34 ff.

19
Zum Entwurf des Notgeldes durch Molzahn vgl.: Handschrftl. Notiz von Taut an Bürgermeister Paul vom 30.10.1923 (StaM, Rep. 35-Ha 20); Masch. Notiz an Bruno Taut vom 31.10.1923 (StaM, Rep. 35-Ha 20); Schreiben Tauts/Rechnungsprüfungsamt vom 13.11.1923 (StaM, Rep. A III, 6.1a Beiheft Bd. 7). Regina Prinz, a.a.O., S. 232 (mit korrektem Hinweis auf die Zuschreibung eines Entwurfs an Molzahn); Manfred Wille, Magdeburgs Aufbruch in die Moderne, o.J., S. 28/29.

20
Prinz, Neues Bauen, S. 233.

21
Zit. nach Prinz, Neues Bauen, S. 233.

22
Hanns Kahle, Einiges über Expressionismus, Bolschewismus und Geisteskrankheit, in: Weimarische Landeszeitung »Deutschland«, Nr. 137, 20.05.1919. Dazu auch: Gries, Johannes Molzahn, S. 84 ff.

23
1926 hielt Molzahn einen programmatischen Lichtbildervortrag über »Elementare Typographie« auf der Tagung der Deutschen Buchdrucker in Magdeburg.

24
Johannes Molzahn. Ökonomie der Reklame-Mechane, Druckschrift im Eigenverlag Magdeburg 1926 (Reprint in: Die Form, Heft 7, April 1926, S. 141–145).

25
Gerhard Gauger, Der Weg der Außenreklame in Magdeburg, in: Die Reklame, S. 600–602.

26
H. Beims in einem Brief an K. Rühl und W. Plumbohm am 12.4.1926 (StaM, Rep. 35, Bpf 2).

27
Eintrag Nr. 1258 und Nr. 1802 vom 11.03.1926/22.04.1939 im Handelsregister des Amtsgerichts in Magdeburg (Abt. B, Bd. XV bzw. Bd. XXI).

28
Prinz, Neues Bauen, S. 235.

29
Dirk Reinhardt, Von der Reklame zum Marketing. Geschichte der Wirtschaftswerbung in Deutschland, Berlin 1993.

30
Prinz, Neues Bauen, S. 236.

31
Kat. Ausst. Die Kunstgewerbe- und Handwerkerschule Magdeburg 1793–1963, Magdeburg 1993.

32
Prinz, Neues Bauen, S. 237.

33
Magistrat der Stadt Magdeburg (Hg.), Festschrift zum 50jährigen Bestehen des Stadttheaters, Magdeburg 1926. Dazu auch: Roland Jaeger, Johannes Molzahn (1892–1965) als Gebrauchsgraphiker und Buchgestalter, in: Aus dem Antiquariat, 6, 1992, S. A225–A234.

34
Bruno Taut, Die neue Wohnung – Die Frau als Schöpferin, Berlin 1924.

35
Bruno Taut, Bauen – Der Neue Wohnbau, Leipzig/Berlin 1927.

36
Bruno Taut, Ein Wohnhaus, Stuttgart 1927.

37
Erich Feldhaus, Neuere Arbeiten von Prof. Albinmüller, Berlin/Leipzig/Wien 1928.

38
Kat. Ausst. Bauhaus Dessau (Hg.), Xanti Schawinsky, Magdeburg 1929–1931, Leipzig 1993. Vgl. dazu auch den Aufsatz von Andreas Krase in diesem Band.

Xanti Schawinsky beim Fotografieren im Theater

Fotografie für das Neue Magdeburg
Xanti Schawinsky 1929–1931

Andreas Krase

Im Herbst 1929 wurde Xanti Schawinsky (1904–1979) durch Johannes Göderitz zum Leiter der Graphikabteilung des Städtischen Hochbauamtes berufen.[1] Über die Gründe, die zu dieser Entscheidung führten, sind keine Informationen erhalten. Persönliche Kontakte Schawinskys nach Magdeburg muß es jedoch spätestens seit dem Mai 1927 gegeben haben, als er sich zusammen mit der Bauhaus-Bühne an der »Deutschen Theater-Ausstellung« beteiligte.[2]

Schawinsky schien für die Aufgaben, die ihn in Magdeburg erwarteten, bestens gerüstet. Seit 1924 Schüler des Bauhauses in Weimar und in Dessau, hatte er bei Wassily Kandinsky, Paul Klee, László Moholy-Nagy und Walter Gropius studiert. Der aus der Schweiz stammende Künstler verstand sich als Maler, doch er wirkte auch mit großer Intensität an der Arbeit der Bühnenabteilung mit und entwarf eigene Sketche und tänzerische Pantomimen.[3] Praktische Theatererfahrungen hatte er 1926/27 als Mitglied im »künstlerischen Beirat« des Stadttheaters Zwickau gesammelt, bevor er wieder an das Bauhaus Dessau zurückkehrte und sich verstärkt der Ausstellungsgestaltung und der gebrauchsgrafischen Entwurfsarbeit zuwandte. Besonders enge Beziehungen verbanden ihn mit Herbert Bayer, der bis 1928 die Werkstatt für Typographie und Werbung leitete.

Die Gestaltung des Beitrages der Dessauer Firma Junkers & Co. für die Ausstellung »Gas und Wasser« von April–Juli 1929 in Berlin markierte das Ende von Schawinskys direkter Zugehörigkeit zum Bauhaus und zugleich seinen ersten größeren Erfolg als Grafikdesigner und Reklamegestalter.[4]

Zur gleichen Zeit erfolgte der Ruf nach Magdeburg. Schawinsky hielt sich von Oktober 1929 bis November 1931 in der »Stadt des Neuen Bauwillens« auf.[5] In den Magdeburger Archiven hat sich allerdings keine Spur seiner Anwesenheit erhalten. Die Umstände seines persönlichen Lebens waren deshalb nicht mehr zu erhellen,[6] der Umfang seiner Tätigkeiten für die Stadt machen jedoch eine ständige Anwesenheit dort wahrscheinlich. Gegen Ende des Jahres 1931 verließ Schawinsky Magdeburg endgültig, »da er – im öffentlichen Dienst tätig – als Jude und Ausländer angegriffen«[7] wurde, »wegen politischer Belästigungen«.[8]

Sicherlich hat nicht nur die Verschlechterung des politischen Klimas Schawinsky aus der Stadt vertrieben, sondern auch der reale Entzug von Wirkungsmöglichkeiten im Stadterweiterungsamt.

Von krisenhaften Erscheinungen war allerdings schon längst die Rede, als Schawinsky nach Magdeburg kam. Seine Tätigkeit stand von vornherein im Zusammenhang mit den Versuchen, den schlechter werdenden Bedingungen eine Art Krisenmanagement entgegenzusetzen. Als er schließlich in das noch liberale Berlin überwechselte, war dies auch ein Anzeichen für das Scheitern der städtebaulichen Reformansätze von Bruno Taut und seiner Mitstreiter und Nachfolger in der städtischen Bauverwaltung. Für Schawinsky scheiterte auch der Versuch, das »Experiment Bauhaus« als gelebte Utopie aus den Künstlerateliers und Experimentalbühnen heraus zu tragen und in die soziale Realität zu überführen.

Nach seinem Weggang arbeitete Schawinsky weiterhin in den Bereichen, die auch in Magdeburg zu seinen Aufgabenfeldern gehört hatten. Die in Magdeburg gewonnenen Kenntnisse und Erfahrungen in der graphischen Arbeit und der Ausstellungs- und Schaufenstergestaltung waren also in der Folgezeit von unmittelbarem Nutzen. Sein ehemaliger Lehrer und freundschaftlicher Förderer Walter Gropius hatte ihn bereits im März 1931 zur Mitarbeit an der Gestaltung der »Deutschen Bauausstellung Berlin 1931« eingeladen. Nach der Schließung

Xanti Schawinsky, Broschüre »Warum Magdeburg«, 1931, Farbtafel 1

des inzwischen als privates Institut geführten Bauhauses in Berlin im Frühjahr 1933 verließ Schawinsky Deutschland endgültig. Für einige Jahre bot Italien Lebens- und Arbeitsmöglichkeiten als Werbegrafiker. Als trotz plakativer Elogen auf Mussolini[9] dessen nationalsozialistisches Regime keine Gewähr für die persönliche Sicherheit mehr bot, emigrierte Schawinsky 1936 über Paris in die USA. Gemessen an einer langen und wechselvollen künstlerischen Biographie wogen die beiden Jahre in Magdeburg nicht viel. Dennoch war die Zeit in Magdeburg eine äußerst intensive und künstlerisch ergiebige Phase in seinem Werdegang. Dies ist damit erklärbar, daß Schawinsky die Arbeit im Stadterweiterungsamt als Chance begriff, die Ideen des Bauhauses zu leben und »nicht mehr nur der Welt ein Kontrastprogramm vorschreiben, sondern [...] sie ganz praktisch verändern zu können«.[10] Trotz krisenhafter Zeiten übermitteln seine Arbeiten und Äußerungen den Eindruck von Inspiriertheit und kreativem Überschwang.

Als erster verwies 1983 Karl-Heinz Hüter darauf, daß Schawinsky in Magdeburg ebenso wie Walter Dexel zur »Gestaltung des Stadtdesigns, der Reklameträger, der Lichtsäulen für die Verkehrsführung, für Plakate und

Typographie«[11] herangezogen wurde. Inzwischen sind die Arbeitsstrukturen, die den Rahmen für diese Tätigkeiten bildeten, besser bekannt. Noch während der Tätigkeit von Bruno Taut als Stadtbaurat (1921–1924) war innerhalb des Hochbauamtes III eine selbständige städtebauliche Abteilung gebildet worden, die 1926 mit einer anderen Abteilung zum Stadterweiterungsamt zusammengelegt wurde.[12] 1928 wurde das städtische Ausstellungsamt geschaffen, das auch für den Fremdenverkehr zuständig war. Ende 1929 schloß man die bereits seit 1927 existierende Graphische Abteilung der Hochbauverwaltung, zu der auch das Bildarchiv gehörte, an das Stadterweiterungsamt an. Zum neuen Leiter dieser Abteilung wurde Xanti Schawinsky berufen. Die auf die Stadtöffentlichkeit bezogenen Aufgaben der Graphikabteilung waren von größter Differenziertheit und resultierten auch aus Zuarbeiten für verschiedene Abteilungen in der Bauverwaltung. Diese Vielfalt entsprach der Interessenlage Schawinskys in idealer Weise: Seine Entwürfe bestimmten das Bild verschiedener Publikationen des Hochbauamtes, so zum Beispiel den Entwurf der Broschüre »Neues Bauen in Magdeburg«, 1930, die Broschüren »Magdebourg. La Ville de l'Architecte«, 1931,* »Warum Magdeburg« und »Die öffentlichen Hafenanlagen der Stadt Magdeburg«, 1932 (Farbtafel 5), 1931.[13] Neben Gestaltungsaufgaben für den öffentlichen städtischen Raum oblag Schawinsky die graphische Ausstattung mehrerer großer Ausstellungen in und für Magdeburg,[14] die Gestaltung der Glasvitrinen an der Stadthalle, der Entwurf von Plakaten und Programmen für die städtischen Bühnen sowie die Bildredaktion der Kulturzeitschrift »Das Stichwort«.

Das Bild bleibt jedoch unvollständig, wenn nicht gleichzeitig auch auf die Arbeit von Johannes Molzahn und Walter Dexel verwiesen wird. Johannes Molzahn (1892–1965) gestaltete Ausstellungsplakate und Schriftzüge für Schilder, Schaukästen und Geschäftswerbungen, die als vorbildliche Reklamegestaltungen und Elemente des Stadtdesigns vom Stadterweiterungsamt empfohlen und von der Graphikabteilung fotografisch dokumentiert wurden.[15] Walter Dexel (1890–1973), der von 1928–1935 »›als vollbeschäftigter Lehrer für Gebrauchsgrafik‹ an der Kunstgewerbe- und Handwerkerschule in Magdeburg«[16] unterrichtete, arbeitete stellenweise parallel zu Schawinsky als Bühnenbildner, Plakat- und Ausstellungsgestalter. Er hatte vorher unter anderem für das »Neue Frankfurt« Richtungsweiser und Reklamesäulen entworfen, die in ähnlicher Form auch in Magdeburg eingesetzt wurden. Von großer Bedeutung war seine Vergangenheit als Ausstellungsleiter des Kunstvereins in Jena von 1917–1928, die ihn zu einem prominenten Förderer und Vertreter avantgardistischer Kunst und der »Neuen Reklame« gemacht hatte.[17] Als aufschlußreich für die folgenden Entwicklungen erweist sich die Tatsache, daß Dexel in Magdeburg auf Empfehlung des Sammlers Paulus Rintelen begann, seine Formsammlung anzulegen die auf die Existenz unwandelbarer, von zeitlichen Moden unabhängiger Funktionsformen bei den Dingen des Alltagsgebrauchs abhob. Abgesehen von der Umorientierung der Interessen, folgte seine Entwicklung einer allgemeinen Tendenz, die kurz nach ihrem Kulminationspunkt um 1930 eine Rückkehr zu traditionellen Positionen beinhaltete, die also nicht nur politischen Tendenzen und dem wirtschaftlichen Niedergang geschuldet war.[18]

Schawinsky und Dexel begegneten sich auch im Interesse für die neuen Formen der Fotografie: Die von Dexel 1928 veranstaltete Übersichtsschau »Neue Wege der Photographie« gehörte zu den wichtigsten Ereignissen in der Ausstellungschronik der Fotografie der 20er Jahre. Dexel gestaltete Faltblatt und Plakat der Ausstellung »Fotografie der Gegenwart«, als diese Ende 1929 in Magdeburg Station machte. Spätestens seit der Eröffnung dieser Ausstellung, die vom Folkwang-Museum

Essen kam und unter Leitung von Kurt-Wilhelm Kästner zusammengestellt worden war, konnte auch in Magdeburg das Formvokabular des »Neuen Sehens« studiert werden. Zur Eröffnung der Ausstellung gab Stadtbaurat Göderitz einen pauschalen Überblick über die aktuelle Entwicklung der Fotografie.[19] Die Arbeit der Lichtbildnerei im Stadterweiterungsamt wurde mit einer gesonderten Ausstellungsabteilung gewürdigt. Die Magdeburger Hermann Eidenbenz und Paul Vohleitner waren mit Exponaten an der Ausstellung beteiligt. Eine Rezension bezeugt farbige Studien von Johann Graf [20] und

Walter Dexel, Plakatentwurf Fotografie der Gegenwart

Xanti Schawinsky bei einem Jahrmarktsfotografen

Bauaufnahmen von Dr. Peter Weller vom Städtischen Hochbauamt. Schawinsky war als Fotograf nicht vertreten.

Im Anschluß hielt László Moholy-Nagy als prominentester Vertreter der »Neuen Fotografie« einen Lichtbildervortrag zum Thema »Photo und Film der Zukunft«.[21] Kurz zuvor hatte Walter Petry in der Magdeburgischen Zeitung einen umfangreichen Artikel über die internationale Wanderausstellung des Deutschen Werkbundes »Film und Foto« veröffentlicht.[22] Dies alles geschah am Wendepunkt einer Zeit, da selbst ein dem Heimatschutz-Gedanken verpflichteter Zusammenschluß wie der »Verband Deutscher Amateur-Photographen-Vereine« es für geraten gehalten hatte, Moholy-Nagy als Redner einzuladen, um sich über »eine programmdeutung für fotografische arbeit« unterrichten zu lassen.[23]

Schawinsky und die Fotografie – Die Lichtbildnerei des Hochbauamtes

Die Ursprünge des Magdeburger Bildarchivs sind nicht verbürgt. Schon vor dem ersten Weltkrieg wurden bedeutende Veränderungen in der Stadt fotografisch dokumentiert. Unter Bruno Taut ging man dazu über, alle Neubauten und realisierten Projekte systematisch abzulichten. Mit dem Anlegen eines Bildarchivs griff man eine Praxis auf, die beginnend mit den fotografischen Kampagnen der »Commission des Monuments historiques« im Frankreich der Jahrhundertmitte, sich auch in Deutschland bald durchgesetzt hatte. Im ausgehenden 19. Jahrhundert entstanden, vielfach im Kontext von kunstgewerblichen Lehreinrichtungen und von neugegründeten, spezialisierten Verlagen, fotografische Vorbildsammlungen. Albrecht Meydenbauer, Gründer der Königlich Preußischen Meßbildanstalt im Jahre 1885, entwickelte die Photogrammetrie als Verfahren zur maßhaltigen Aufzeichnung von baulichen Strukturen. Der Dokumentenbedarf des gerade entstehenden Denkmalschutzes und auf Seiten der städtischen Verwaltungen ein zunehmendes Bewußtsein für die enormen Veränderungen des städtischen Raumes in den Jahren um 1900 beförderten die Entstehung von fotografischen Sammlungen in Stadtarchiven und regionalen Museen sowie, als Voraussetzung für diese, die Vergabe von Aufträgen an Fotografen. Vor diesem Hintergrund ist auch

Xanti Schawinsky, »Stichwort« Heft 7

die Vorgeschichte des Bildarchivs des Hochbauamtes zu sehen. Es kombinierte Vorbildsammlung und Baudokumentation und nahm auch Fotografien zu städtischen Ereignissen sowie zahlreiche Reproduktionen von Zeichnungen und Unterlagen der Bebauungsplanung auf. In der zweiten Hälfte der 20er Jahre übernahm das Archiv die Aufgaben eines Bilderdienstes für verschiedene Bereiche der Magdeburger Stadtverwaltung. Anfang 1926 erfolgte ein bedeutender Schritt für die Verstetigung der Arbeit: Als fotografischer Hilfsarbeiter wurde Paul Vohleitner (1896–1946) eingestellt und ihm die Aufgabe übertragen, die baulichen Veränderungen in Magdeburg kontinuierlich zu dokumentieren. Namentlich bekannt sind außerdem der schon vor Vohleitner tätige Fotograf Albrecht und der selbständige Fotograf Rudolf Hatzold.[24] Sie alle waren an der Vermehrung der Bildbestände beteiligt. Diese überdauerten die Zerstörung des Zweiten Weltkrieges und wurden als Konvolut von circa 36.000 Glasplatten dem Stadtarchiv Magdeburg zugeordnet. Das Bildarchiv des Hochbauamtes stellte in seiner Gesamtheit ursprünglich einen Bilderpool dar, auf den je nach Zweckbestimmung zurückgegriffen wurde. Die Fotografien standen als Kontakte nach den Negativen in Alben eingeklebt den Nutzern zur Verfügung. So blieb es auch bis zur Gegenwart.[25]

Als Schawinsky in Magdeburg antrat, konnte er für die Zwecke der Graphikabteilung also diesen bedeutenden Bildbestand nutzen. Zugleich ergriff er die Gelegenheit, selbst zu fotografieren und dabei jene Erfahrungen umzusetzen, die er spielerisch und experimentierend am Bauhaus gemacht hatte. Die außerordentliche Popularität, die der Fotografie am Bauhaus inzwischen zukam, hatte einen realen Hintergrund. Um 1930 befand sich die Fotografie »auf dem Höhepunkt öffentlichen Interesses. Über die Verwertung in Illustrierten hinaus werben auch Zeitungen mit Bildberichten. In zahlreichen Artikeln wird die neue Fotografie dargestellt, Aus-

stellungen und Fotobücher werden nicht länger nur in der Fachpresse besprochen.«[26] Die zumeist neugegründeten Illustrierten der Weimarer Republik waren zu einem expansiven Einsatz des fotografischen Bildes für die Berichterstattung übergegangen. Außerdem beförderte die Instrumentalisierung von fotografischen Abbildungen für weltanschauliche Debatten generell die Verwendung von Fotografien durch die Redakteure und Herausgeber von Zeitschriften und Bildbänden. Wenn Schawinsky die Fotografie für die Zwecke der Selbstdarstellung der Stadt nach außen und nach innen in vielfältiger Weise einsetzte, folgte er also einem aktuellen Trend.

Schawinsky als Fotograf

Während seiner Arbeit für das Städtische Hochbauamt korrespondierten Schawinskys Gestaltungsleistungen als Grafiker und seine fotografische Tätigkeit in intensiver und vermutlich einzigartiger Weise, verglichen mit späteren Phasen seiner künstlerischen Biographie. Schawinskys Fotografien entstanden unabhängig von spezifischen Gestaltungsaufgaben, als Teil von graphischen Entwür-

Xanti Schawinsky »Aus der Requisitenkammer«

fen, als Rohmaterial für Montagen und für Ausstellungsgestaltungen. Obwohl sich Schawinsky auch einmal beim Fotografieren ablichten ließ oder mit ironischer Gebärde auf dem Stand eines Jahrmarktsfotografen posierte, hat er sich mit Sicherheit nicht als Fotograf verstanden. Dafür spricht nicht nur das technisch Unperfekte, die Amateurhaftigkeit seiner Aufnahmen. Die fotografische Kamera war für Schawinsky wie für andere Künstler im Umkreis des Bauhauses »ein utopisches und nicht ganz unproblematisches Arbeitsinstrument«, »ideal zum Erfassen und Erfahren der modernen Welt«[27] – aber dennoch nur im Zusammenhang mit anderen Ausdrucksmedien und Zwecksetzungen zu verstehen. Ihm ging es nicht um eine Erneuerung der Fotografie, sondern um eine ästhetisch ansprechende Lösung von Arbeitsaufgaben. Daß dies mit erkennbarer Lust am Experiment erfolgte, trug zur Qualität der Ergebnisse bei. Eine Serie von Aufnahmen auf dem Magdeburger Bahnhof, Fotografien von vorbeibrausenden Lokomotiven, die als Belege für die dynamischen Perspektiven des »Neuen Sehens« gelten können, entstanden zielgerichtet: Schawinsky setzte sie als Illustration in einer Broschüre

ein, die kämpferisch für das Verbleiben der Reichsbahndirektion in Magdeburg eintrat (Farbtafel 1).[28] Darüber hinaus war die Fotografie ein kommunikativer Multiplikator beim Versuch, als Künstler mit zeitgenössischen Mitteln in aktuelle Prozesse einzugreifen und zukünftige und als nötig erkannte Entwicklungen zu fördern. Als durchgehender Zug von Schawinskys Arbeitsweise erscheint die Verbindung von spielerischer Leichtigkeit und sachbezogener Konstruktivität, die bereits während seiner Zeit am Bauhaus hervorgetreten war.[29] »Sein ekstatisches Temperament«[30], seine Experimentierlust fanden in der Handhabung der fotografischen Kamera[31] ein geeignetes Mittel.

Die Zeitschrift »Das Stichwort«

Ein Großteil der Fotografien Schawinskys entstand, wie sich beim Blättern erweist, zielgerichtet für die Zeitschrift »Das Stichwort. Magdeburger Blätter für Bühne, Musik und gestaltende Arbeit«, die vom August 1930 bis Juni 1931 in 18 Ausgaben erschien. Die »Zeitschrift«

war eher ein Blättchen im A5-Format, in das das aktuelle Programm der städtischen Bühnen eingelegt wurde. Vorgänger hatte es bereits seit 1924 gegeben, zunächst unter dem Titel »Der Aufgang«, später nur unter der ursprünglichen Beischrift: »Blätter der Städtischen Bühnen zu Magdeburg«. Diese Blätter erschienen des öfteren unregelmäßig, ihre äußere Erscheinung war sehr dürftig. Mit Erscheinen des ersten Probeheftes unter Schawinskys Bildredaktion änderte sich dies radikal. Das Hochbauamt, das die städtischen Unternehmen nicht nur bautechnisch betreute, sondern auch die finanzielle Verantwortung für sie trug, beauftragte Schawinsky, dem Stadttheater und dem Wilhelm-Theater durch eine intensive Öffentlichkeitsarbeit zu mehr Erfolg zu verhelfen. Deren Legitimitätskrise war auch eine finanzielle Krise. Außerdem sollte einem Antrag vorgebeugt werden, der seit Anfang 1929 in der Stadtverordnetenversammlung vorlag und für den Fall, daß für die Theater bis Ende 1930 kein neuer Pächter gefunden würde, die Schließung vorsah. Das »Stichwort« erschien unter Leitung des Dramaturgen und Spielleiters an den Städtischen Bühnen mit einem rundum neuen visuellen Konzept und redaktionellen Beiträgen, die sich sichtlich mühten, eine Stimmung des Aufbruchs zu verbreiten.[32]

Bereits im ersten Heft wurden typografisch und fotografisch alle Register gezogen. Neben sechs der auch aus dem Nachlaß bekannten und unter dem Titel »Aus der Requisitenkammer[33]« verbreiteten Stilleben von Schawinsky wurden Werbeannoncen von Unternehmen und Geschäften aus der Stadt Magdeburg gedruckt. Die Anzeigen wurden wiederum von Schawinsky gestaltet, der dafür gelegentlich auch Fotografien verwandte.[34] Dadurch entstand zugunsten der Finanzierung des Blattes ein Netzwerk von Dienstleistungen. Die Druckerei W. Pfannkuch & Co. und als Verlag die 1926 mit kommunaler Unterstützung gegründete Mitteldeutsche Reklamegesellschaft waren in vielfältiger Weise an

städtischen Produktionen beteiligt und konnten außerdem zusätzlich für sich werben.

Oberbürgermeister Hermann Beims prophezeite: »Eine neue Zeit beginnt für das Magdeburger Theaterleben«. Stadtbaurat Göderitz, der als Dezernent zugleich auch für die Theater zuständig war, beschwor die Leser: »Gebt dem Theater die Chance, seine Notwendigkeit zu beweisen!«[35] und äußerte die Hoffnung, daß durch Werbung auf die Theaterarbeit derart aufmerksam gemacht werden könne, daß die Besucherzahlen und damit die Einnahmen steigen würden. Diese Werbungsaufgabe kam Schawinsky zu, der im Folgenden zahlreiche

Xanti Schawinsky, Tanzgruppe Palucca, 1930

Programmhefte und Plakate gestaltete und sich auch als Fotograf intensiv dem Theater zuwandte. Als Autor verbarg sich Schawinsky im Impressum unter dem Vermerk: »Bilderdienst: Graphik und Lichtbildnerei – Hochbauamt Magdeburg«. Der Hinweis »phot. schawinsky« tauchte nur in Ausnahmefällen auf, etwa bei den Fotografien von der Tanzgruppe Palucca (Heft 6), auf die er offenbar besonderen Wert legte. Urhebervermerke wurden offensichtlich nicht systematisch angegeben, so daß es im Einzelfall schwierig ist, zu entscheiden, ob bestimmte Bühnenaufnahmen von Schawinsky oder vom ebenfalls im Theaterbereich tätigen Rudolf Hatzold stammen. Angaben wie: »Photos: Graphik-Hochbauamt« weisen aber mit Sicherheit darauf hin, daß Schawinsky bei bestimmten Fotografien besonderen Wert darauf legte, zumindest indirekt als Bildautor genannt zu werden – in einigen Fällen wird dies durch den Bildbestand im Nachlaß zusätzlich bestätigt.[36] Ein Vergleich der Abbildungen in der Zeitschrift mit dem Negativbestand im Archiv zeigt etliche Lücken, andererseits können auf der Basis autorisierter Aufnahmen ganze Serien zusammengeführt werden. Der Bestand ist früher also deutlich größer gewesen – sein ursprünglicher Umfang kann im Nachhinein aber schwerlich bestimmt werden.

Das Probeheft vom August 1930 war ganz darauf angelegt, die neuen Ansprüche, mit denen »Das Stichwort« auftrat, zu verdeutlichen. Bereits die Titelseite war mit einer aufwendigen typografischen Ausstattung versehen.[37]

Xanti Schawinsky, Straßenkreuzung

Xanti Schawinsky, Elbkahn-Bug

Eine humoristische Statistik über »Magdeburger Zahlen« belegt den Versuch, das gemeinschaftliche Interesse für städtische Belange durch auffällige typografische Darstellungsformen zu erwecken. Schawinsky kombinierte ganz im Sinne von Moholys-Nagys Definition des »Typofoto« Bild und Bild, Schrift und Bild zu neuartigen visuellen Zusammenhängen. Dabei verwandte er auch immer wieder die gleichen Motive, wie beispielsweise die Frontalansicht des Magdeburger Stadttheaters, die mit Sicherheit nicht von ihm stammte. Die Fotografien waren auch hier gestalterisches Rohmaterial, die Fotosammlung des Hochbauamtes ein Reservoir fotografischer Möglichkeiten. Die Aufnahmen anderer Autoren wurden ganz selbstverständlich verwandt, besonders für Schawinskys Ausstellungsgestaltungen.[38] Ohne Vergleich in den weiteren Ausgaben von »Das Stichwort« sind drei Doppelseiten unter dem Titel »sommerreportage«. Die Autorenangaben – schawinsky, lux feininger, kleinschmidt – spiegeln die nach wie vor enge persönliche Verbindung Schawinskys zum Bauhaus wider. Die Doppelseiten sind mit mehreren Fotografien bestückt, die in variablen Größen einander zugeordnet sind und durch die

Montage mit Bildausschnitten und zeichnerischen Ergänzungen jeweils thematische Zusammenhänge bilden.[39] Die Stimmung unbeschwerten Sommerlebens in der Stadt wird fotografisch vermittelt und durch den Begleittext scherzhaft überhöht – der Stadt mit ihrer hohen Lebensqualität wird damit ein deutliches Kompliment ausgesprochen. Von Schawinsky stammen mit Sicherheit eine Aufnahme mit Fahrradfahrern und drei Fotografien mit Elbkähnen.

Letztere wurden in einer Broschüre über die Hafenanlagen der Stadt Magdeburg wieder verwandt.[40] Diese Praxis der Mehrfachnutzung von Motiven läßt sich mehrfach beobachten. Sie war einerseits Ausdruck eines überlegten Vorgehens, kennzeichnet das fotografische Bild aber auch als Ausgangspunkt bei der Realisierung gebrauchsgraphischer Entwürfe.

Die folgenden Hefte des Blattes erschienen unter thematischen »Stichwörtern« wie Lyrik, Architektur, Presse und Publikum, Tanz und Kinder. Große Bedeutung hatten städtische und städtebauliche Belange, was sich

Xanti Schawinsky, »Das Stichwort«

unter anderem in den Stichwörtern Zeitstil, Gartenkunst, Städtebau und Heilkunst (Hygiene) und passenden fachlichen Beiträgen äußerte (Farbtafel 9). Im Zusammenhang mit der Bildausstattung der Hefte entstanden alle wesentlichen fotografischen Arbeiten Schawinskys, mit Ausnahme der Serie »Magdeburger Messe«. Zu den ständigen Aufgaben Schawinskys gehörte auch die werbende Präsentation der Theaterinszenierungen.

Xanti Schawinsky, Zwei Spaßvögel

Seine Bühnenaufnahmen und Rollenporträts zeichnen sich im Vergleich zu den übrigen durch einen hohen Grad an Spontanität und visueller Direktheit aus, die des öfteren zu Lasten der technischen Brillianz, beispielsweise der Abbildungsschärfe ging. Schawinsky liebte es offensichtlich, gegen die überkommen Regeln des Individualporträts zu verstoßen und die Physiognomie der von ihm Aufgenommenen durch ungewöhnliche Lichtsetzungen und Blickwinkel zu interpretieren. Spezielle Beleuchtungseffekte, vor allem ein zum Überstrahlen tendierendes Schräglicht auch bei Gruppenaufnahmen von Schauspielern, kennzeichnen zahlreiche seiner Porträts. Außerdem ließ er Bewegungsunschärfen zu: Schawinsky modellierte die Gesichter der von ihm Porträtierten mit einer Lichtführung, die nebenbei das Unbeständige der situationsbedingten Mimik, aber auch die Fragilität des menschlichen Antlitzes überhaupt thematisiert.

Besondere Beachtung gebührt den Fotografien vom Auftritt der Tanzschule Palucca im Jahre 1930. Obwohl der Aufenthalt der Gruppe nur wenige Tage währte, entstand eine ganze Reihe von Fotografien, die die Tänzerin Gret Palucca in verschiedenen Phasen ihres Tanzes und zusammen mit ihrer Gruppe zeigt. Augenscheinlich waren die Bilder Produkte von Verabredungen, da die Tänzerinnen innehalten mußten, um eine detailscharfe Wiedergabe zu gewährleisten. Es fällt auf, daß bestimmte Posen der Palucca auch im ersten Buch, das über ihre Tanzkunst berichtete, wieder zu finden sind. Offensichtlich hatte sich die Palucca auf ein Repertoire von Gesten und Haltungen festgelegt, das die bildhafte Vorstellung von ihrer Tanzkunst illustrieren sollte und den Fotografen offeriert wurde (siehe S. 192).[41]

Der Tanz, die Bewegung des Körpers im Raum, hat Schawinsky, hier in Form des modernen Ausdruckstanzes, auch am Bauhaus nachhaltig fasziniert. Seine »Spectrodramen« als Realisation von Bewegungsabläufen

im (Bühnen-)Raum, seine malerischen Architektur-entwürfe mit im Raum schwebenden und fließenden Elementen sind Aspekte einer Problemgeschichte, wenn es um ein tieferes Verständnis seines fotografischen Schaffens geht.[42]

In den Fotografien der Ballettmeisterin Alice Zickler konstruierte Schawinsky durch den Wechsel seiner eigenen Position einen Raum der Blicke. Deutlich angeregt von der beweglichen Optik des »Neuen Sehens« in der Fotografie der 20er Jahre, umrundet er die Gestalt der Tänzerin und realisierte die interpretierende Veranstaltung verschiedener Perspektiven, einschließ-lich der des aus dem Orchestergraben aufblickenden Zuschauers. Eine weitere Aufnahme zeigt eine Tänzerin von oben gesehen als körperhaftes Ornament.

Diese Bildergebnisse verweisen auf zwei unterschied-liche Vorgehensweisen: Einerseits wird in vielen Foto-grafien durch wechselnde Aufnahmestandorte und -blickwinkel ein aktives Verhältnis zum Raum entwickelt. Andererseits richtet sich die Aufmerksamkeit des Foto-grafen auf Strukturen, die sich im Hinschauen enträum-lichen und zu abstrakten Formgebilden verwandeln.

Xanti Schawinsky, Magdeburger Messe, Spielzeugstand

Schawinsky war ein virtuoser Amateur, der sich auch die Formen der modernen Pressebildberichterstattung angeeignet hatte. Sein beobachtendes, aktionsbetontes Vorgehen, das Arbeiten in der Bildserie, die nicht narrativ definiert wurde, sondern zur Schilderung eines räumlichen und zeitlichen Zusammenhangs die Einzelaufnahmen assoziativ aufeinander bezog, führte zu Bildresultaten von individueller Eigenheit. Beim Thema »Magdeburger Messe« zeigt es sich, daß er über ein hochentwickeltes Gespür für Übersetzung räumlicher Konstellationen in die Flächenwerte des fotografischen Bildes, noch dazu in die Schwarzweißtöne des Papiers, verfügte. Schawinskys Fotografie läßt sich auch als ein Kompendium zum »Standardrepertoire der Photographie um 1930«[43] begreifen. In einigen Fällen sind ihm Erweiterungen gelungen: So stellen sich die fotografierten Szenen mit Besuchern vor der Kasse des Stadttheaters zunächst als eine von der Methode her übliche, als schrittweise Annäherung an das Geschehen dar. Schließlich hielt Schawinsky die Menge der aufblickenden Besucher in einer Aufnahme fest, die das »Ornament der Masse« thematisiert, dieses aber wieder auflöst, da in der zunächst wahrgenommenen Häufung die individuelle Ausprägung der Wartenden visuell nach vorn drängt und zahlreiche Blickkontakte zum Fotografierenden fixiert sind (siehe S. 211). Ähnlich verhält es sich mit den Fotografien eines Umzugs von Geschäftswagen anläßlich der Ausstellung »Deutsche Woche« im September 1931. Auf den ersten Blick überwiegt die Massierung, dann aber löst sich das Bild in zahllose Einzelheiten auf.

Schawinsky schuf auch bildliche Interpretationen des seit den 20er Jahren wieder aktuellen Faszinosums des mechanischen Ebenbildes des Menschen, des Mannequins, der Puppe. László Moholy-Nagy, Herbert Bayer, die Fotografen Umbo und Werner Rohde hatten zeitlich vorausgehend Puppenfotografien geschaffen, die ihm wenigstens zum Teil bekannt gewesen sein dürften. Die Aufnahmen mit mehreren nebeneinander aufgereihten Puppenköpfen sind am ehesten mit älteren Fotografien von Umbo zu vergleichen. Auch diese offenbaren eine surrealistisch anmutende Sicht auf teilweise verschattete, wie abgetrennt wirkende künstliche Häupter.[44]

Ausgangspunkt für die Puppenaufnahmen war ein Werbeauftrag für die Produkte der Firma Hugo Nehab in Magdeburg, für die unter dem Stichwortthema »Kinder« in der Zeitschrift geworben wurde. Die in diesem Zusammenhang entstandenen Fotografien fanden später mehrfach Verwendung bei Ausstellungen und wurden von Schawinsky offenbar besonders geschätzt.[45] Die Thematik dürfte sich Schawinsky aber auch durch die für die Bauhaus-Bühne entworfenen Ballett-Pantomimen mit puppenhaften Figurinen erschlossen haben.

Er verfremdete den an sich belanglosen Gegenstand durch verschiedene interpretierende Eingriffe, bis das Dämonische und zugleich irritierend Erotische der erstarrten, süßlichen Banalität zum Vorschein kam. Die erhaltenen Negative geben Auskunft darüber, wie Schawinsky den inszenatorischen Vorgang gestaltete, durch Veränderungen der Beleuchtung und des Blickwinkels verschiedene Assoziationsebenen freisetzte und fotografisch festlegte. Die Ergebnisse waren für die Produktwerbung denkbar ungeeignet.

Schawinsky hat im Zusammenhang mit der Fotografie am Bauhaus lange Zeit keine sonderliche Beachtung gefunden.[45] Einen Eindruck von seiner Persönlichkeit vermitteln Fotografien von verschiedenen Bildautoren aus der Zeit in Weimar und Dessau, auf denen Schawinsky als stets vergnügter, zur Posse neigender Künstler erscheint – als Sommerfrischler, bei Gruppenporträts von Bauhausschülern, als Mitglied der Bauhausbühne und als Saxophonist der Bauhauskapelle.

Aus Schawinskys Zeit am Bauhaus ist nur eine Fotografie überliefert, die von ihm selbst geschaffen wurde und wahrscheinlich den Beginn seiner eigenen Fotografie anzeigt. Sie stammt aus dem Jahre 1925 und gibt unter dem Titel »Treppenwitz« eine Szene auf der Bauhausbühne[47] wieder.

Die authentischen Kamerafotografien, soweit bekannt, sind fast ausschließlich in den beiden Magdeburger Jahren entstanden. Im Schweizer Nachlaß des Künstlers wurden einige Fotografien aufgefunden, die Schawinsky als »wertvolle und unverzichtbare Erinnerungen stets begleitet«[48] haben. Es sind Fotografien aus der Serie mit Stilleben aus der Theaterrequisite und Szenen aus den Magdeburger Theatern sowie einige Fotografien von Puppen. Zusammen mit weiteren Einzelbildern sind aus Magdeburg in auswärtigen Sammlungen nur elf Motive

Xanti Schawinsky, Puppen der Firma Nehab 1930

überliefert. Im Vergleich mit der großen Anzahl von Fotocollagen und späteren Fotogrammen, für die Fotografien beziehungsweise fotografisches Material lediglich als Ausgangsbasis dienten, ist dies ein unbedeutender Bestand. Vermutlich waren es ursprünglich weit mehr Bilder. Als Schawinsky aus Magdeburg fortging, belegten die Fotografien recht bald nur noch ihr Übriggebliebensein. Das fotografische Experiment und die fotografische Dokumentation als verbindendes Element sehr verschiedener Interessen und Gestaltungsleistungen haben in seinem Leben nie wieder eine vergleichbare Wertigkeit besessen. Die Bedeutung der Magdeburger Bestände besteht unter anderem darin, daß sie als greifbares Substrat einer legendären Zeit überdauerten und nun in ihrem historischen Kontext gesehen werden können.

Schawinskys Fotografie stellt sich trotz oder gerade wegen der Fülle der von ihm beherrschten Möglichkeiten nicht als eigenständiger Werkkomplex dar, sondern als Ergebnis des souveränen Verfügens über die aktuellen »Fotografiesprachen« der 20er Jahre. Diese wurden, je nach Zweck und Verwendung, völlig frei eingesetzt. In seine Produktion gingen vielfältige Anregungen bedeutender Praktiker und Theoretiker der Fotografie ein, wie László Moholy-Nagy, Herbert Bayer, Walter Peterhans und Werner Graeff und fanden hier eine Art Zusammenfassung. Schawinsky war kein ausgesprochener Eklektiker, doch er stand, trotz wiederholter Versuche, zur Avantgarde aufzuschließen, immer in der zweiten Reihe. Visuelles Talent, psychische Intensität, die ungewöhnliche Offenheit im kommunikativen Bereich, verbanden sich mit den Anregungen anderer.

Xanti Schawinsky, Vitrinengestaltung an der Stadthalle

1

Dieser Text basiert auf dem Aufsatz: Andreas Krase, Xanti Schawinsky. Magdeburg 1929–1931. Fotografien, in: Bauhaus Dessau (Hg.), Xanti Schawinsky. Magdeburg 1929–1931, Dessau 1993. Neuere Untersuchungen, wie die von Iris Reuther und Regina Prinz sind, soweit im vorgegebenen Rahmen möglich, berücksichtigt worden. Vgl. Iris Reuther, »Die Stadt des Neuen Bauwillens« – Zeitgenössische und aktuelle Identität von Magdeburg, in: Landeshauptstadt Magdeburg (Hg.), Magdeburg – Die Stadt des Neuen Bauwillens. Zur Siedlungsentwicklung in der Weimarer Republik, Magdeburg 1995; Regina Prinz, Neues Bauen in Magdeburg. Das Stadtbauamt unter Bruno Taut und Johannes Göderitz (1921–1933), München 1997 (Diss.).

2

Schawinsky war auf der Ausstellung als Mitglied der Bühnenwerkstatt und zeitweiliger Assistent von Oskar Schlemmer mit einem Entwurf für eine konstruktive Raumbühne und Variétészenen vertreten.

3

Alexander Schawinsky, geb. 1904 in Basel/Schweiz; 1921–1923 Ausbildung im Architekturbüro von Theodor Merill, Köln; 1923–1924 Besuch der Kunstgewerbeschule in Berlin; 1924 Staatliches Bauhaus Weimar; 1925 Übergang zum Bauhaus Dessau, Neugründung der Bauhaus-Kapelle mit Schawinsky als Mitglied; Beginn der experimentellen Fotografie; 1926/27 Mitarbeit im künstlerischen Beirat des Stadttheaters Zwickau, als Bühnenbildner tätig; 1927 Rückkehr an das Bauhaus Dessau, Assistent von Oskar Schlemmer; 1929–1931 Leiter der Graphikabteilung des Hochbauamtes der Stadt Magdeburg; 1932 freiberufliche Arbeit als Graphikdesigner in Berlin; 1933–1936 Aufenthalt in Italien, erfolgreich als Werbegestalter unter anderem für die Agentur Studio Boggeri in Mailand; 1936 über Paris Emigration in die USA, Berufung an das Black Mountain College in Black Mountain/North Carolina: Bühnenexperimente, Zeichenkurse; Skulpturen und Fotogramme; 1938 Übersiedlung in die Nähe von New York, als Ausstellungs- und Werbegestalter tätig; 1943–1946 unterrichtet er Grafikdesign und Malerei am New York City College; 1950–1954 Lehraufträge an der New York University, überwiegend als Maler tätig; seit 1961 verbringt er einen Teil des Jahres in Europa, vor allem in der Schweiz, unter anderem Bühnenarbeit für das Stadttheater Basel; 1966 Errichtung eines Atelierhauses am Lago Maggiore/Italien; 1979 verstirbt Schawinsky in Locarno/Schweiz.

4

Der Auftrag von Junkers & Co. war an das Bauhaus Dessau ergangen. Die Realisierung erfolgte unter Beteiligung der Reklameabteilung, der Druckerei, der Plastischen Werkstatt, der Tischlerei und der Metallwerkstatt. Neben Schawinsky arbeiteten Joost Schmidt als Nachfolger von Herbert Bayer und Johan Niegeman an der Gestaltung der Ausstellung.

5

Vgl. Barbara Paul, Ausgewählte Dokumente und Schriften, in: Xanti Schawinsky. Malerei. Bühne. Grafikdesign. Fotografie, Berlin, Bauhaus-Archiv 1986, S. 16.

6

Die Akten des Hochbauamtes im Magdeburger Stadtarchiv enthalten keine Personalakte Schawinskys. Selbst das Adressbuch verzeichnet keine Angaben, auch nicht unter den bekannten Pseudonymen von Schawinsky.

7

Xanti Schawinsky, Malerei 1986, S. 17.

8

Karl-Heinz Hüter, Neues Bauen in Magdeburg, in: form + zweck, Berlin 1983, 15, Nr. 2, S. 36, Anm. 30. Hüter hat im Zusammenhang mit dem »Neuen Bauen« in Magdeburg erstmalig dezidiert auf die Tätigkeit von Schawinsky und Walter Dexel für die Stadt Magdeburg hingewiesen. Die Begründungen für Schawinskys Weggang sind nicht belegt.

9

Zu Schawinskys Mussolini-Plakaten von 1934 vgl. Barbara Paul, Ausgewählte Dokumente und Schriften, in: Xanti Schawinsky, Berlin 1986, S. 204, 235. Zu Schawinskys Arbeit in Italien auch: Winfried Nerdinger (Hg.), Bauhaus-Moderne und Nationalsozialismus, Zwischen Anbiederung und Verfolgung, München 1993, S. 18.

10

Michael Erlhoff, Die Öffentlichkeit der Kunst. Überlegungen zu Walter Dexels Diskurs, in: Bremer Kunstverein / Ruth Wöbkemeier, Siegfried Salzmann (Hg.), Walter Dexel. Bild Zeichen Raum, Bremen 1990.

11

Karl-Heinz Hüter, Berlin 1983, S. 37.

12

Zur Entwicklung der Strukturen in der Bauverwaltung, speziell dem Stadterweiterungsamt vgl. Reuther in: Landeshauptstadt Magdeburg (Hg.), Magdeburg 1995, S. 34–46.

13

Schawinskys Mitwirkung als Gebrauchsgraphiker kann bei folgenden Publikationen nachgewiesen werden: Wirtschaftsverband für den Regierungsbezirk Magdeburg e. V. (Hg.), Warum Magdeburg?, Warum die Reichsbahndirektion nicht aufgelöst werden kann und darf, Magdeburg o. J. (1930); Wirtschafts- und Verkehrsamt der Stadt Magdeburg (Hg.), Magdebourg, La ville de l'architecte, Magdeburg o.J. (circa 1931); Verkehrs- und Ausstellungsamt der Stadt Magdeburg (Hg.), Magdeburgs Zerstörung 1631, Magdeburg 1931; Mittellandkanal Hafen-AG, Die öffentlichen Hafenanlagen der Stadt Magdeburg, Magdeburg 1932; Deutsche Waren, Deutsche Weihnachten, Magdeburg 1932.

14

Schawinskys Mitwirkung kann bei folgenden Ausstellungen als gesichert gelten. Art und Umfang der Zuarbeit differierten beträchtlich: »Bauten der Technik«; »Das Licht im Dienst der Werbung« und »Hingabe«, 11.–31. Januar 1930; »Kult und Form«, 15. Februar – 12. März 1930; Hygiene-Ausstellung Dresden, 1930/31, Beitrag Magdeburg (u.a. Riesenrad mit Bildkästen, Fotocollagen); »Die Wohnung für das Existenzminimum«, 12.–21. September 1930.

15

Vgl. den Beitrag von Christian Gries in diesem Band. Molzahn war der Vorgänger von Dexel an der Kunstgewerbe- und Handwerkerschule. Vgl. hierzu auch Norbert Eisold in: Matthias Puhle (Hg.), Die Kunstgewerbe- und Handwerkerschule Magdeburg 1793–1963, Magdeburg 1993, S. 36-40.

16

Norbert Eisold, Die Vernunft der Utopie. Walter Dexels Jahre als Lehrer in Magdeburg, in: Kunstverein Bremen/ Ruth Wöbkemeier, Siegfried Salzmann (Hg.), Berlin 1990, S. 68.

17

Die Liste der Entsprechungen ist lang. So war Dexel ebenso wie Schawinsky theaterinteressiert und stattete nach 1926 Inszenierungen des Stadttheaters in Jena bühnenbildnerisch aus. Als Ausstellungsleiter in Jena hielt er Kontakt zum Weimarer beziehungsweise Dessauer Bauhaus wie zu den bedeutendsten Vertretern der internationalen Avantgarde. Die von ihm 1927 organisierte Ausstellung »Neue Reklame« im Kunstverein Jena mußte ihm Kenntnis von den Gestaltungen Schawinskys verschaffen, da hier beide Künstler als Teilnehmer vertreten waren, ebenso wie in der Ausstellung »Graphische Werbekunst – Internationale Schau zeitgemäßer Reklame« in der Städtischen Kunsthalle Mannheim 1927.

18

Vgl. hierzu: Industrielle Formgebung und Kunsthandwerk in den dreißiger Jahren; ›Urtypen‹, ›Urformen‹ und ›Ewig gültige Grundformen‹: Die Wiederaufwertung des Traditionalismus in der Formgebung nach 1930, in: Andreas Krase, Aspekte zum photographischen Werk des Berliner Metallgestalters und Photographen Fritz Kühn (1929–1967), Berlin 1998 (Diss.).

19

Vgl. Photographie der Gegenwart. Die neueste Ausstellung in Magdeburg, in: MZ, 29. November 1929, S. 5.

20

Johann Graf (1876–1963) war wie Dexel als Lehrer (für Fotografie) an der Kunstgewerbe- und Handwerkerschule in Magdeburg tätig. Vgl. Eisold, in: Matthias Puhle (Hg.), Magdeburg 1993, S. 29, 38, 39.

21

Ein Zeitungsbericht referierte folgende Inhalte: »Wir haben es hier, so war der Sinn des Vortrags, mit einer Angelegenheit von weittragender, kulturhistorischer Bedeutung zu tun. Die Photographie befreit sich jetzt allmählich von den handwerklichen Bindungen und bereitet eine Periode ganz neuer optischer Gestaltung vor. […] Wir werden sicherlich noch den Beginn einer Periode erleben, die uns eine souveräne Beherrschung des Lichtes beschert. Die Farbenphotographie, die Projektion von Lichtstrahlen in den Raum, das aus verschiedenartigen Reflexen gebildete Lichterspiel sind solche Möglichkeiten neuer Lichtgestaltung in der Kunst und im praktischen Alltag.«: MA, Nr. 7, 1929, S. 861.

22

MZ, 27. Oktober 1929, 4. Beilage, S. 18.

23

Eine programmdeutung für fotografische arbeit von l. moholy-nagy, bauhaus/dessau, in: Der Führer. Ausstellung des Verbandes Deutscher Amateurphotographen-Vereine e.V. 1927 Berlin.

24

Vohleitners stilistisch der neusachlichen Fotografie verpflichtete Bildproduktion wurde schon in den 20er Jahren als außerordentlich qualitätvoll hervorgehoben. Dennoch ist sie bisher keiner eingehenden Betrachtung unterzogen worden. Auf diese Forschungslücke, die auch die Arbeit der Fotografen Albrecht und Hatzold einschließt, sei ausdrücklich hingewiesen.

25

Die Existenz des Negativmaterials aus dem Hochbauamt blieb lange Zeit unbeachtet. Hüter verwandte für seinen Artikel über das Neue Bauen in Magdeburg kommentarlos zahlreiche Fotografien aus dem Bestand des Hochbauamtes. Schawinskys Aufgaben wurden kursorisch dargestellt. Das Magdeburger Archiv bewahrt Negative in den damals gebräuchlichen Größen von 6×9 bis 13×18 cm auf, die vom Hochbauamt in den Besitz des Stadtarchivs übertragen worden waren und in direkter Verbindung zu Schawinskys Tätigkeit stehen.

26

Ute Eskildsen, Fotografie in deutschen Zeitschriften 1924–1933, in: Fotografie in deutschen Zeitschriften 1924–1933. Eine Ausstellung des Instituts für Auslandsbeziehungen Stuttgart, Stuttgart 1982, S. 13.

27

Kelly Feeney, Abwesenheit, Präsenz, Abstraktion, in: Marianne Stockebrand (Hg.), Josef Albers. Photographien 1928–1955, München 1992, S. 31.

28

Wirtschaftsverband für den Regierungsbezirk Magdeburg e.V. (Hg.), Warum Magdeburg?, Warum die Reichsbahndirektion nicht aufgelöst werden darf, Magdeburg o. J. (1930).

29

»Realitätsbesessenheit und Verspieltheit zugleich – das ist doch das Bild, das Schawinskys Leben und Werk seit seinen Jugendjahren hinterläßt.«, in: Hans Heinz Holz, Schawinsky – Probleme, Experimente, Werke, in: Xanti Schawinsky, Berlin 1986, S. 36.

30

Hans-Heinz Holz, Schawinsky, in: Xanti Schawinsky, Berlin 1986, S. 30.

31

Schawinsky nutzte offenbar die bereits vorhandene Technik: Eine Plattenkamera unbekannten Fabrikats, für die Glasnegative im Format 13 x 18cm verwandt wurden. Ein schnelleres Agieren ermöglichte die Mittelformatkamera »Plaubel Makina«, mit der sich Schawinsky im Stadttheater während des Fotografierens ablichten ließ.

32

Im Eröffnungstext der Ausgabe 0 schrieb Spielleiter Robert Ludwig: »Eine Krise übersteht nur der, der sich von allem Muff und Mief befreit. Das ›Stichwort‹ weiß eine Entlüftungsvorrichtung: die kritische Haltung. Wenn jeder den Spießbürger in sich bekämpft, dann gibt es keine mehr. Jeder hat die Fähigkeit, kein Philister zu sein. Jeder hat die Möglichkeit, den Kitsch zu meiden, ihn vom Gediehenen, vom Gediegenen zu unterscheiden. […] Hier will das ›Stichwort‹ eine Handhabe, will es Handlanger sein.« In der Nr. 1 der Zeitschrift wurde als Schriftleiter Dr. Otto Hahn genannt. Ab Heft Nr. 5 nahm ein Dr. Altmann diese Aufgabe wahr.

33

Im Text zu den Fotografien heißt es: »Hier ist die dichteste Atmosphäre – dickste Theaterluft. Wer hier das Wort Nüchternheit wagt, ist verdorben für alle Zeiten! Das ist eine Fundgrube für ein Photoauge.«, in: Requisiten, in: Das Stichwort. Magdeburger Blätter für Bühne Musik und Gestaltende Arbeit, Heft Nr. 0 (Probeheft), 1930.

34

Vgl. Nr. 11 »Barasch billig und gut […] der große Erfolg« und »nach dem Theater […] Reichshalle Magdeburg« (mehrfach abgedruckt).

35

Das Stichwort, Magdeburger Blätter für Bühne Musik und Gestaltende Arbeit, Heft 0, August 1930.

36

Folgende Angaben enthalten die Heftnummer, Originaltitel (in Anführung), Anzahl der abgedruckten Aufnahmen, zusätzlich den Hinweis, falls im Nachlaß identische Fotografien existieren; und – in Klammern – den Urhebervermerk, der zu den jeweiligen Publikationen gehört. Heft 0: »Aus der Requisitenkammer«, 6 Aufnahmen, (aus dem Nachlaß bekannt); »Sommerreportage« 13 Aufnahmen, 10 Montagen (Schawinsky, Lux Feininger, Kleinschmidt – von Schawinsky stammt der Gesamtentwurf, er war außerdem der Bildautor der 3 Aufnahmen mit Elbkähnen und einer Aufnahme mit Fahrrädern auf einer Straßenkreuzung); Heft 4: Probenaufnahme und Bühnenporträts von Wilhelm Werth, Liselotte Fuhrmann, Eduard Wandrey, Adolf Ziegler, Karen Fredersdorf, Fritz Schmith,

7 Aufnahmen (Graphik-Hochbauamt); Probenaufnahme mit den Schauspielern Gertrud Boll, Fritz Proft, Ruth Festersen, (Graphik-Hochbauamt); Bühnenporträt Karen Fredersdorf, (aus dem Nachlaß bekannt), (Phot.: Graphik-Hochbauamt); »Applaus im Magdeburger Stadttheater«, 1 Aufnahme (aus dem Nachlaß bekannt), (Phot.: Graphik-Hochbauamt); Heft 6: »Dantons Tod«, Doppelporträt Alfred Goerdel und Rudolf Blaeß, Doppelporträt Eduard Wandrey und ungenannt, Bühnenporträts Gertrud Boll, Alfred Goerdel und Grete Weichert, Bühnenporträt Liselotte Fuhrmann (Photos: Graphik-Hochbauamt); »Palucca-Schule bei der Probe im Stadttheater Magdeburg«, »Palucca im Sprung« (ohne Urhebervermerk: Hugo Erfurth) »und in einer Improvisation auf der Probe im Magdeburger Stadttheater« Sequenz von sechs Fotografien, (phot. schawinsky); Heft 7: Bühnenporträt »Alice Zickler: Balettmeisterin der Städtischen Bühnen Magdeburgs«, 1 Aufnahme, »Die Tanzgruppe der Städtischen Bühnen Magdeburg«, 1 Montage, Bühnenporträt Alice Zickler, Doppelporträt Karl Heining und Elvira Gläser, »Stadttheater Magdeburg: Das Ballett läßt sich photographieren«, 1 Aufnahme (aus dem Nachlaß bekannt), (Photos: Graphik Hochbauamt); »Puppen (Firma Hugo Nehab, Magdeburg)«, 2 Aufnahmen (1 Aufnahme aus dem Nachlaß bekannt), (Photos Graphik-Hochbauamt); »Meine Puppen-Ausstellung. Hugo Nehab«, 1 Aufnahme (aus dem Nachlaß bekannt), (Phot. Graphik-Hochbauamt); »Kinderspielzeug Fa. Walter Held.«, 2 Aufnahmen (Phot. Graphik-Hochbauamt); Nr. 11: »Die Überwindung der deutschen Theaterkrise«, 11 Aufnahmen, 1 Montage (Aufnahmen: Schawinsky).

37

Über das ganze Blatt ziehen sich in Textspalten geordnet Wortkolonnen von »DAS STICHWORT« und werden so zum optischen Raster. Davor ist schematisch ein architektonischer Raum mit einer »antiken Muse« gezeichnet, in deren Umrissen ironischerweise das Zahlenwerk von Börsennotierungen erscheint.

38

Schawinskys Tätigkeit als Ausstellungsgestalter kann an dieser Stelle nur erwähnt werden. Seine Ausstellungsbauten bezeugen die Initialwirkung, die die dynamische Raumkonzeption von El Lissitzky für den Pavillon der Sowjetunion auf der »Pressa« 1928 in Köln gehabt hatte. Auch die Verwendung von Fotofriesen war hier musterhaft eingeführt worden. Andere Entwürfe sind auf Anregungen von Moholy-Nagy und Herbert Bayers zurückzuführen. Ähnlich wie Moholy-Nagy verwandte Schawinsky oft Filmbildstreifen und schuf durch die Kombination von Fotomontagen und typografischen Elementen optische Konstruktionen von filmischer Dynamik. Mit Bayer verband ihn der Einsatz von graphischen Kürzeln; die Ausstellungsarbeit von Joost Schmidt war ihm aus dem Bauhaus und von gemeinsamen Unternehmungen vertraut.

39

Folgende Themen werden fotografisch dargestellt: Fahrradfahrer in der Stadt, Markttreiben, Flußschiffe auf der Elbe, Geselligkeit in Gartenrestaurants, Badevergnügen.

40

Vgl. Mittellandkanal-Hafen-AG, Die öffentlichen Hafenanlagen der Stadt Magdeburg, Magdeburg 1932.

41

Vgl. Olaf Rydberg, Die Tänzerin Palluca, Dresden 1935

42

Vgl. hierzu Hans Heinz Holz, Schawinsky – Probleme, Experimente, Werke, in: Xanti Schawinsky, Berlin 1986.

43

Stefan Kraus, Interaction als Weltanschauung. Strukturelle Aspekte in den Photographien von Josef Albers, in: Marianne Stockebrand (Hg.), München 1992, S. 14.

44

Vgl. hierzu: Sigrid Schade, »Die Spiele der Puppe« im Licht des Todes. Das Motiv des Mannequins in der Auseinandersetzung surrealistischer Künstler mit dem Medium Fotografie, in: Fotografiegeschichte, 1994, 14, Nr. 51; Herbert Molderings, Umbo: Otto Umbehr 1902–1980, Düsseldorf 1996;

Pia Müller-Tamm und Katharina Sykora (Hg.), Puppen Körper Automaten. Phantasmen der Moderne, Düsseldorf 1999. Diese umfangreiche Darstellung bringt zahlreiche fotografische Beispiele, ohne sie zusammenfassend zu diskutieren. Hier finden sich die Referenzabbildungen: Umbo, Menjou en gros, 1928/29, Träumende, 1928/29, S. 400; außerdem: László Moholy-Nagy 1925, S. 255, Werner Rohde 1928, Umbo 1928, S. 335, Herbert Bayer 1929, S. 185.

45

Eine der Aufnahmen ging 1932 als Collage an Ise Gropius als Geschenk. Sie befindet sich im Bauhaus-Archiv e.V., Berlin.

46

Vittorio Fagone, Schawinsky als Fotograf und Grafikdesigner, in: Xanti Schawinsky, Berlin 1986, gab einen ersten Überblick über Schawinskys fotografische Aktivitäten. Jeannine Fiedler (Hg.)/ Bauhaus-Archiv, Fotografie am Bauhaus, Berlin 1990, berücksichtigte Schawinsky in knapper Form als Künstler, der für Collagen und Montagen Fotografien nutzte. Eckard Neumann, Roger Schmid, Xanti Schawinsky Foto, Bern 1989, druckten einige frühe Arbeiten aus dem Nachlaß ab, ohne den Entstehungszusammenhang zu kennen. 1993 der von Frank-Heinrich Müller angeregte und vom Bauhaus Dessau herausgegebene Band: Xanti Schawinsky. Magdeburg 1929–1931/Fotografien mit Texten von Andreas Krase, Iris Reuther und Lutz Schöbe. Eine polemische und gezielt den Werdegang des Projekts mißdeutende Rezension von Rolf Sachsse gab inhaltlich weiterführende Hinweise, argumentierte aber offen im Sinne familiärer Vertrautheit fabulierend: »Iris Reuther heißt die Architektin, Frank-Heinrich Müller der Fotograf, und beide haben mir die Geschichte erzählt, …«, in: Rare Funde, in: Fotogeschichte, Beiträge zur Geschichte und Ästhetik der Fotografie, Nr. 51, 14, 1994, S. 73. Die folgenden Publikationen von Reuther (1995) und Prinz (1997) trugen wesentlich dazu bei, den Kontext von Schawinskys Arbeit in Magdeburg aufzuhellen.

47

Vgl. Eckard Neumann, Roger Schmid, Xanti Schawinsky Foto, Bern 1989, S. 23; Berlinische Galerie. Museum für Moderne Kunst, Photographie und Architektur (Hg.), Sprung in die Zeit. Bewegung und Zeit als Gestaltungsprinzipien in der Photographie von den Anfängen bis zur Gegenwart, Berlin 1992, S. 119.

48

Vittorio Fagone, Schawinsky als Fotograf und Grafikdesigner, in: Xanti Schawinsky, Berlin 1986, S. 65.

Stadttheater Magdeburg um 1930

Neue Musik und urbanes Lebensgefühl in der Kulturstadt Magdeburg

Tomi Mäkelä

Blick vom Dom zum zerstörten Stadttheater 1955

Großstädte und ihre Musik

Die städtische Kultur und Urbanität in Magdeburg wurden sowohl heute als auch in der Vergangenheit durch Zerstörung, Aufbauarbeit und raschen Strukturwandel geprägt. Auch das Fehlen einer gewachsenen Trägerschicht für gehobene kulturelle Aktivitäten ist eine natürliche Konsequenz aus der politisch-wirtschaftlichen Geschichte der Stadt, einer Geschichte von Ruinen und Ruinenbeseitigung. Ruinen versus Urbanität, das klingt wie ein Widerspruch, denn kann das spezifisch urbane Lebensgefühl in Ruinen überhaupt entstehen? Bildet die sich wiederholende ›Gründerzeit‹, die mit der Beseitigung von Ruinen (sowohl konkret als auch metaphorisch) zusammenhängt, nicht erst eine Grundbedingung für die anschließend zu erwartende, sich allmählich entfaltende städtische Lebensart?

Sowohl für die historisch als auch für die sozialwissenschaftlich orientierte Musikologie sind die Konsequenzen aus unterschiedlichen kulturellen Umfeldern des Musiklebens – beispielsweise auf einem Bauernhof, in einem Dorf, in einer höfischen Residenz, in einer Kleinstadt oder aber in einer wachsenden Großstadt (Magdeburg hatte im Jahr 1920 290.465 Einwohner, circa 20 % mehr als 1900) geschweige denn in einer Weltmetropole wie Berlin, Paris, London und New York – von besonderem Interesse. Insbesondere die Neue Musik nach dem Ersten Weltkrieg setzte eine sehr spezifische städtische Kultur voraus und reagierte darauf programmatisch mit urbanen Werktiteln. Nicht erst seit dem 19. Jahrhundert lassen sich bestimmte Gattungen und Einzelwerke mit Lebensformen der städtischen Bevölkerung erklären – beispielsweise mit der Gründung von Männergesangsvereinen und größeren bürgerlichen Orchestern –, doch betrifft dieser Einfluß der Umgebung die Aufführungsbedingungen und nicht den programmatischen

Gegenstand oder gar die kompositionstechnische Eigenart eines Kunstwerkes – höchstens die Besetzung und den dadurch bedingten Klang. In den 1920er Jahren dagegen entdeckten auch die Tonkünstler die Stadt und komponierten Werke wie »Wir bauen eine Stadt« (Musik von Paul Hindemith, Text von Robert Seitz, erste Produktionen im Jahr 1930 in Berlin und in Magdeburg), »Big Ben Variations« (Ernst Toch), »New York-Symphonie op. 79« (Darius Milhaud) oder »Lichter der Großstadt« (Ernest Pingoud) für Orchester. Diese Werke sind von der großstädtisch-urbanen Umgebung inspiriert und außerdem für ein urbanes Musikleben mit urbanem Publikum und urbanen Rezeptionsformen geschaffen. Das gilt aber keineswegs für die Neue Musik im allgemeinen. So entstanden in den 1910er Jahren zahlreiche avantgardistische Werke mit exotischem Hintergrund oder ruralen Sujets mit ländlichen Aufführungsambitionen (Beispiel: Igor Strawinskys und Charles Ferdinand Ramuz' »Histoire du Soldat«, die 1928 auch in Magdeburg aufgeführt wurde). Allerdings stellte sich bald heraus, daß nur die städtische Öffentlichkeit für die Neue Musik empfänglich war und daß das Exportieren von Avantgarde in die Dörfer, wie es Ramuz bei der Entstehung vorgeschwebt hatte, eine Utopie bleiben sollte – es sei denn im Rahmen von Festivalaufführungen in kleinen Zentren, wie etwa im höfischen Donaueschingen, die auch von Stadtbürgern frequentiert wurden.

In einer ›Ruinen‹-Stadt wie Magdeburg kann weder heute noch in der Vergangenheit von einer gefestigten urbanen Kultur ausgegangen werden, sondern höchstens von Ambitionen dieser Art. Gewiß gab es schon lange vor den 1920er Jahren einige keineswegs uninteressante Welturaufführungen (etwa Albert Lortzings Oper »Undine« 1845, Richard Wagners Oper »Das Liebesverbot« 1836 und Friedrich Schneiders Oratorium »Das verlorene Paradies« 1825), doch keines dieser Ereignisse war von größerer historischer Bedeutung.

Schaukasten am Theater

Erst in der Zeitspanne, die im Fokus dieses Beitrages liegt, verdient der Versuch, eine städtische Musikkultur zu entwickeln, ein allgemeines, über die Regionalgeschichte hinausgehendes analytisches Interesse. 1920 wurde ein Intendant für die Städtischen Bühnen, das heißt für das Stadttheater und ab Anfang März 1920 für das Wilhelm-Theater, später auch für das Zentraltheater bestellt. Der erste Inhaber des wichtigen Amtes, Heinrich Vogeler, war als früherer Pächter und Direktor des Stadttheaters in Magdeburg kein Unbekannter. 1924 begann der in Magdeburg geborene, erst 34 Jahre alte Dirigent, Walter Beck, als erster berufener »Generalmusikdirektor« der Stadt – nach heftigen öffentlichen Debatten und Presseangriffen gegen die Stadtverwaltung – seine offensive Arbeit für ein profiliertes städtisches Musikleben, die er bis zum Frühjahr 1933 fortsetzte. So hatte Magdeburg zwei wichtige Ämter geschaffen und die städtische Koordination des Musik- und Theaterlebens konnte beginnen.

Für die allgemeine Musikgeschichte des 20. Jahrhunderts stellt sich Magdeburg auch in den 20er Jahren, im

Unterschied zu der herausragenden Rolle in der Geschichte der Architektur und Stadtplanung, nicht als eine Stadt mit überregionaler Bedeutung dar. Für die musikbezogen-sozialwissenschaftliche Theoriebildung ist sie jedoch gerade deswegen ein interessantes Beispiel: Zum einen kann man einen starken Willen zur modernen Großstadtkultur feststellen, der sich allerdings primär in der Tätigkeit einiger weniger Individuen manifestierte. Zum anderen könnte mit Blick auf dieses Beispiel gefragt werden, wie ›urban‹ die ästhetischen und sozialen Konzeptionen dieser Zeit überhaupt waren. Stellt man fest, daß die großstädtische Urbanität in Magdeburg generell keine reelle Chance hatte und die utopischen Konzepte des Architekten Bruno Taut nur bedingt spezifisch ›urbane‹ Elemente enthielten, so daß das Neue Lebensgefühl eventuell ein anti-urbanes war, geprägt von humanen Wohnsiedlungen und neugotischen, pre-urbanen Gedanken zum ästhetisch hochwertigen Zentralismus, dann könnte man sich mit Recht fragen, inwiefern ausgerechnet die Musik oder das Musikleben spezifisch ›urbane‹ Züge aufweisen sollte. Die Versachlichung der Natur, das heißt die Gestaltung von Parkanlagen und Freizeitraum mit einer fest definierten Funktion für die Stadt (nicht Natur an sich, sondern als Gebrauchsgegenstand) und die neue funktionalisierte Natürlichkeit (einschließlich Körperkult und Sport als Modeerscheinung und als Mittel zur Stärkung der Leistungskraft) sind wiederum Aspekte der Kultur der 1920er Jahre, die sich musikalisch in der modern-pastoralen Ausdruckswelt mancher Neoklassiker entfalteten. Die unverkennbare Modernität in einer Milhaudschen Symphonie wie »Le Printemps« (op. 43) oder noch eindeutiger in seinen Liederzyklen »Machines Agricoles« und »Catalogue de fleurs« stellte die Natur in einer verdinglichten Form als etwas Brauchbares dar. Die Stadt als eine Festung für die rationale Kultur, die von urban entwickelten menschlichen Bedürfnissen beherrscht wird, und in der ein Mensch nur vor den eigenen Artgenossen, den anderen Menschen, Angst haben muß, vergaß die Natur nicht, aber sie gab ihr eine Funktion innerhalb ihrer selbst. In diesem allgemeineren Sinne ist allerdings auch die Gartenstadt-Ideologie Tauts und seiner Gruppe tatsächlich eine spezifisch urbane, wie auch die Idee von Häusern als Wohnmaschinen.

Bruno Taut, »Der Weltbaumeister« 1921

Genauso wenig wie das Magdeburg der 1920er Jahre etwas mit der Filmwirklichkeit von Fritz Langs »Metropolis« (1927) oder mit der Kultur der real existierenden Weltmetropolen gemeinsam hatte, war das Musikleben der Stadt durch eine abstrakt-urbane Ästhetik geprägt. Die Funktion als Zentrum für die Region wurde zwar wahrgenommen, aber die Trennung zwischen Stadt und Umland erreichte nie das Stadium der ästhetisierend monumentalen Zentrumsbildung im Sinne der Utopien der 1910–1920er Jahre oder der Wirklichkeit in Städten wie Berlin, Paris oder New York. Wenn man nur eine solche Kultur urban bezeichnet, die das Umland zu vergessen scheint und zumindest tendenziell die Aura einer abgeschlossenen Metropole für sich beansprucht (durchaus wie bei Fritz Lang), war Magdeburg niemals eine urbane Stadt. In der zu untersuchenden Episode bildete Magdeburg zwar ein über die Stadtgrenzen hinaus wirksames kulturelles Zentrum und wurde der Rolle einer Großstadt durchaus gerecht, doch zu einer urbanen Abkapselung der städtischen Verhaltensmuster und Kultur kam es weder in der Musikpraxis noch im allgemeinen.

Es fehlten die radikal eigenständigen Projekte, für die es in größeren Großstädten regelmäßig Platz und auch Nachfrage gibt. Die Mischung aus kunstvoller Unterhaltung, Moderne und Klassik entfaltete sich auf den Magdeburger Bühnen organisch, was den Wünschen des städtischen und regionalen Publikums entsprach und ohne jeden Anspruch auf Schockwirkung oder Innovation geschah. Die Kunst versuchte nicht eine eigene (Gegen-)Welt zu gestalten, sondern gefiel sich in ihrer organischen Funktion als Bestandteil der städtischen Öffentlichkeit. Das Repertoire der 1920er Jahre blieb im Kern bodenständig und spezifisch städtische Projekte, die im Umland unvorstellbar gewesen wären, bildeten eher die Ausnahme.

Nicht die qualitative Besonderheit als vielmehr die relative Anhäufung des Neuen, Aktuellen und Zeitgenössischen unterscheidet die Praxis einer Stadt von ihrem Umland. Die Innovation herrscht der Tradition gegenüber nicht vor, aber es gibt sie in erkennbaren Portionen. All dies, was primär mit Blick auf die künstlerische Musikpraxis formuliert wurde, gilt nicht zufällig für das Neue Leben und für die Magdeburger Kultur auch in den Sparten, für die diese Stadt überregional bekannt wurde. Neue Fragen wurden primär in der Architektur gestellt, weil es dort akute Probleme gab, die dringend gelöst werden mußten, aber die Lösungen blieben in der Regel weit hinter den Visionen von kreativeren Zeitgenossen zurück. Fragen, die sich nicht aus dem regionalen Alltag ableiten ließen, kamen nicht zur Geltung, und Projekte ohne funktionale Untermauerung wurden nicht realisiert. Nicht die anvisierte Zukunft prägte das Schaffen, sondern die Gegenwart. Was in der Musikpraxis zumindest aus der Perspektive der ›Metropolis-Avantgarde‹ der 20er Jahre wie eine Schwäche oder zumindest wie Mangel an Mut wirken mag (ohne die wirtschaftlichen Nöte und die ab circa 1923 überall zu beobachtende ästhetische Ablehnung des Experiments und der Utopie zu unterschätzen), ist ein organischer Bestandteil der von manchen Visionären erblickten »schönsten Stadt der Erde« (Taut).

Meilensteine vor und nach der Deutschen Theaterausstellung

Mit Blick auf das für die urbane Kultur wichtige Verhältnis von Innovation und Tradition in Magdeburg oder generell in den 1920er Jahren gehört das 1919 entstandene und im folgenden Jahr veröffentlichte Werk »Der Weltbaumeister, Architektur-Schauspiel für symphonische Musik« von Bruno Taut, zu den interessantesten Projekten.[1]

Obwohl diese Projektskizzen niemals aufgeführt wurden und somit auch das Musikleben der Stadt Magdeburg nicht real prägen konnten, war das Projekt Bestandteil des ästhetischen Bewußtseins von Taut und den Magdeburger Künstlern mit hoher Wahrscheinlichkeit bekannt. Die Idee zu einem Kunstwerk, in dem die Gestaltung der Bühne den Ausgangspunkt der Musikdramatik und der Struktur bilden sollte, während sie im traditionellen und in der Regel auch im modernen Musiktheater nach 1920 zu den variablen Aspekten gehört, hatte Taut im Frühjahr 1919. Der während der Entstehung dokumentierte Wunsch von Taut, den 51jährigen Hans Pfitzner für die musikalische Realisierung des ›Schauspiels‹ zu gewinnen, ist erstaunlich. Pfitzner hatte sich immerhin als Konservativer offenbart, indem er beispielsweise Ferruccio Busonis visionären »Entwurf einer Neuen Ästhetik der Tonkunst« mit dem Titel »Futuristengefahr« öffentlich zerriß und Paul Bekkers bahnbrechendes Beethovenbuch als »die neue Ästhetik der musikalischen Impotenz« bezeichnete. Wenn Taut zur ersten Skizze des Weltbaumeisters schreibt:

»Die ganze Bühne nur Farbenlicht – strahlend gelb. Sonst nichts, kein Boden, keine Decke, keine Wände. Musik ohne Schwellungen – nur ein Klingen im Raum – langes helles gelbstrahlendes Klingen«, denkt ein musikalisch aufgeklärter Leser von heute gewiß nicht an die Musik Pfitzners, sondern eher an die Möglichkeiten der modernen Elektroakustik. Bei aller Begeisterung für die Modernität des Tautschen Schauspieles sollte man allerdings die ›gotischen‹ Aspekte seiner Kunst nicht übersehen, was die kunstvoll-pompöse Nachromantik Pfitzners als Vertonung tatsächlich zulassen könnte. Außerdem erinnert die Beschreibung auf der ersten Seite des Weltbaumeisters an Werke vom Typus des »Rheingold«-Vorspiels und damit nicht notwendigerweise an eine visionäre Klangkunst, wie es die avantgardistische Musik der zweiten Hälfte des 20. Jahrhunderts realisiert hatte und sich bei Komponisten wie Edgar Varèse in den 20er Jahren erahnen ließ. Auch Rudolph Stürmer interessierte sich für die Vertonung und kontaktierte im Januar 1923 Taut in Magdeburg. Die Musik des Duisburger Chorleiters wirkt im ersten Moment ähnlich unpassend für den Weltbaumeister. Die Korrespondenz zwischen Taut und Stürmer zeigt lediglich, daß Taut in Magdeburg die Aufführung seines Architektur-Musik-Spektakels plante und das Projekt keineswegs bereits 1920 als eine flüchtige Utopie abgeschlossen hatte. Der Weltbaumeister zählte wohl zu den innovativsten und international gesehen ungewöhnlichsten Impulsen im Magdeburger Musikleben der 20er Jahre, obwohl das Buch im Kulturleben der Stadt keine konkreten Spuren hinterlassen konnte.

Während die Auswirkungen der Tautschen Gedanken auf das Musikleben nicht belegt sind, war Walter Becks Auseinandersetzung mit Problemen der zeitgenössischen Kunst im höchsten Grade öffentlich. In seinem Artikel über »Das Neue«[2] reflektierte der Generalmusikdirektor über die Situation des »Neuen« im Musikleben und

Musikalienhandlung Heinrichshofen Magdeburg 1922

diskutierte die Schwierigkeiten beim erstmaligen Hören gänzlich neuer Musik. Im Ergebnis unterbreitete er den ungewöhnlichen Vorschlag, ein modernes Stück demselben Publikum zweimal hintereinander darzubieten. Bei einer Aufführung von Strawinskys »Petruschka« machte er die Probe aufs Exempel und wiederholte das vierte Bild: »Der Erfolg bewies, daß schon zweimalige Vorführung kurz hintereinander dem Zuhörer eine wesentlich klarere Auffassung vermittelte. Für sehr schwere Kompositionen wäre es fraglos richtig und wichtig, wenn sich ein Weg fände, am gleichen Abend oder kurze Zeit darauf dasselbe Publikum vor dasselbe Werk zu stellen. Die Klagen über die Unverständlichkeit moderner Musik würden schnell verschwinden und der Anerkennung neuerer Meister, wie Hindemith, Kaminski, Krenek, Stravinski, Bartók, Platz machen.«

Beck zeigte viel Verständnis dafür, daß ein schaffender Künstler während mehrjähriger, konzentrierter Arbeit an seiner Kunst naturgemäß Mittel findet, die den ausführenden Künstlern und dem Publikum zunächst ganz und gar ungeheuerlich vorkommen. Er berichtete aus einer kleineren Stadt, in der bei der Einstudierung des Rosenkavaliers »Heiterkeits- und Entrüstungsstürme über die bekannten Celesta-Akkorde des persischen Rosenöls« erfolgten. »Das war etwa zehn Jahre nach der Uraufführung, wo draußen in der Welt kein Mensch mehr Besonderes dahinter fand«, schrieb Beck und gab dem Leser einer großen Stadt wie Magdeburg das Gefühl der Überlegenheit. An anderer Stelle überdachte er die Inhalte seines Artikels und bemerkte unauffällig: »Oder dem Publikum gar sagen, daß man den Schluß einer Oper abwartet und nicht in Massen sitzeklappend während der letzten Takte der Walküre aufsteht und hinausdrängt? Nein, das wäre unhöflich.« Der Hinweis saß. Die offensichtlich aktuelle Frage nach urbanen Formen des Benehmens im Theater soll im vorliegenden Beitrag noch aufgegriffen werden.

Walter Beck spielte im Musikleben des 20. Jahrhunderts eine ähnlich symbolische Rolle wie Bruno Taut in der Architektur und Stadtplanung. Nach seinem Namen sucht man in den gängigen Musiklexika allerdings vergebens, während Taut für die Kulturgeschichte Deutschlands

Im Foyer des Wilhelmtheaters

eine anerkannte Größe ist. Beck, gebürtiger Magdeburger und Ehemann der Ballettmeisterin Alice Beck, fing in Magdeburg an, nachdem er in Regensburg, Bozen, Würzburg und Darmstadt seine Pflichtjahre als Kapellmeister absolviert hatte. Nach 1933 wirkte er im Staatstheater von Bremen, später in Kaiserslautern und ab 1945 in Hannover. Als Modernist wurde er in Magdeburg durch die Nationalsozialisten beurlaubt und später entlassen, was sich im Unterschied zu anderen Dirigenten moderner Musik wie Siegfried Blumann der ins Ausland flüchten mußte, noch erträglich ausnimmt. Becks Nachfolger war Erich Böhlke, der die zeitgenössische Musik von Richard Strauss und Hans Pfitzner im neuen kulturpolitischen Kontext der späten 1930er Jahre den Magdeburgern präsentierte. Der unmittelbare Vorgänger Becks war zwischen 1915 und 1924 Musikalischer Oberleiter Walther Rabl, der sich insbesondere der großen Wagneroper »Parsifal« (Erstaufführung 1918) und dem Orchesterschaffen Gustav Mahlers gewidmet und somit bereits ein recht leistungsfähiges Orchester aufgebaut hatte. Seine Amtszeit wird durch den besonderen Umstand charakterisiert, daß das Magdeburger Theatermusikleben trotz des ersten Weltkrieges nicht zum Erliegen kam. Anspruchsvolle Produktionen wie »Die Walküre«, »Tannhäuser«, »Othello«, »Der Ring der Nibelungen«, »Tristan und Isolde« und »Die Meistersinger von Nürnberg« bereicherten das Programm. Darüber hinaus wurden einige heute vergessene zeitgenössische Werke wie Ignatz Waghalters »Der Jugend«, Eulambios »Ninon und Lenclos« und »Die toten Augen« (Uraufführung 1916) von Eugen d'Albert inszeniert. Dieser Komponist war in Magdeburg auch durch andere Opern bekannt, vor allem durch »Das Tiefland« von 1903, »Die Abreise«, »Der Stier von Oliviera« und »Die Revolutionshochzeit« von 1919. Einen Höhepunkt dieser Zeitspanne bildeten mit einigen spektakulären Aufführungen die Monate der Deutschen Theater-Ausstellung von Mai bis September 1927.

Anläßlich der Ausstellung dirigierte Hermann Abendroth, einer der berühmtesten deutschen Orchesterchefs seiner Generation, während der Tagung des Deutschen Musiker-Verbandes ein Konzert mit 232 deutschen Musikern. In der Stadthalle, die erst am 29. Mai als Zentrum des städtischen Musiklebens neben dem Stadttheater in Betrieb genommen wurde, erklang dann auch zum Abschluß der Theaterausstellung Gustav Mahlers monumentale 8. Symphonie, die wegen der großen Besetzung sogenannte »Sinfonie der Tausend«. Zu den Sternstunden gehörte gewiß auch der Auftritt von Richard Strauss am 13. Dezember 1928, der im Stadttheater seine neue Oper »Die ägyptische Helena« betreute (Uraufführung am 6. Juni 1928 in Dresden). Nicht nur die moderne Klassik und die zeitgenössische Musik, sondern auch die Telemann-Pflege gewann damals zunehmend an Bedeutung und gipfelte 1931 in der Telemann-Feier zum

250. Geburtstag des Komponisten.[3] Zusammenfassend muß festgestellt werden, daß das Musikleben der 1920er Jahre im Vergleich zu den Jahrzehnten danach alles spätere an Qualität und Quantität überschattet.

Becks Interesse für Klassiker der 20er und 30er Jahre wie Paul Hindemith, Werner Egk, Ermanno Wolf-Ferrari, Gian Francesco Malipiero (er dirigierte die Uraufführung von Malipieros »Cäsar und Cleopatra« in Bremen) und Igor Strawinsky sowie für heute nahezu unbekannte Künstler wie Hermann Reutter, Heinrich Sutermeister und Ludwig Roselius (Uraufführung seiner »Gudrun« in Bremen) kam in Einzelfällen auch Magdeburg zugute. Am Ende seiner Magdeburger Karriere beteiligte er sich an der Leipzig-Erfurt-Magdeburg-Ringaufführung von Kurt Weills provokativer Oper »Der Silbersee«, deren Text vom Magdeburger Georg Kaiser stammte und deren eigentliche Uraufführung 1933 in Leipzig stattfand. Außerdem leitete Beck in Magdeburg die Produktionen von Hindemiths Opern »Cardillac«, »Neues vom Tage« (1929), »Wir bauen eine Stadt« (1930) und »Hin und Zurück«, darüber hinaus »Nachtigall« (1926), »Oedipus Rex«, »Kuß der Fee« (deutsche Erstaufführung 1932) und »Histoire du Soldat« von Strawinsky sowie »Saul« (1928; erste Fassung) von Reutter. Schon hier kann zusammengefaßt werden, daß das Magdeburger Musikleben in den Jahren des Neuen Bauwillens und des Neuen Bauens mit Blick auf die typisch urbane Aufgeschlossenheit für zeitgenössisch-aktuelle Kunstmusik nicht weniger großstädtisch war als heute: Hin und wieder eine deutsche Erstaufführung quasi als Beleg für die Wahrnehmung der Verantwortung in der Gemeinschaft der Kulturstädte, seltener eine Uraufführung eines neuen Werkes von einem zumindest im regionalen Rahmen wichtigen Künstler – das waren und sind Merkmale einer mittleren Großstadt – heute wie damals – in den 20er Jahren. Auch der Semantik nach sind einige der Magdeburger Produktionen spezifisch ›städtisch‹, so insbesondere die Opern »Neues vom Tage« und »Wir bauen eine Stadt« von Hindemith. Als Selbstreflexionen der städtischen Kultur entstanden diese Werke in einer urbanen Welt und für die urbane Umgebung. Die Städte begannen abgeschlossene Kultureinheiten zu bilden, deren Mitglieder keine Magdeburger, Anhaltiner oder Preußen mehr waren, sondern Großstadtbürger mit ähnlichen Verhaltensmustern, Wünschen und Gewohnheiten wie die Bewohner von Frankfurt am Main oder Amsterdam. Die Spaltung innerhalb der Region zwischen Stadt und Umland fand gleichzeitig mit der spezifisch städtischen und als solcher überregionalen Identitätsfindung statt.

Man muß leider davon ausgehen, daß weder Becks Artikel noch die meisten seiner Opern- und Konzertproduktionen von der städtischen Öffentlichkeit adäquat rezipiert wurden. Für die breite Öffentlichkeit war sein Wirken gewiß längst nicht so präsent wie die zahlreichen neuen Stücke auf den Unterhaltungsbühnen. Eine der vielen Brücken zwischen der Tanzmusik und der künstlerischen Avantgarde stellte die Operette beziehungsweise das musikalische Lustspiel dar. Die Operette trug schon allein wegen der Aktualität der Stoffe im 20. Jahrhundert eindeutig urbane Züge. In Magdeburg gab es eine außerordentlich rege Szene sowohl für Klassiker als auch für Experimente dieser Gattung. Die Aktivitäten Jean Gilberts beziehungsweise Max Winterfelds sorgten sowohl im Stadt- als auch im Zentraltheater für eine rege Rezeption des zeitgenössischen unterhaltsamen Musiktheaters, einschließlich der Uraufführungen von Lustspielen wie »In der Johannisnacht« von Jean Gilbert am 9. August 1927. 1910 war seine Operette »Die keusche Susanne« in Magdeburg uraufgeführt worden – eine erfolgreiche Produktion, die es dem Komponisten ermöglichte, als freischaffender Künstler zu leben. Von Gilbert spielte das städtische Zentraltheater auch die burleske Operette »Lebenskünstler« (Premiere

16.9.1927) und »Dorine und der Zufall« (Premiere 12.7.1927). Das Stadttheater sekundierte mit dem Singspiel »Jugend im Mai« von Leo Fall. Von ihm erklang außerdem »Der letzte Walzer« (4.2.1927) und »Madame Pompadour« (15.2.1927). Zudem hörte man von Franz Lehár »Paganini« (5.3.1927) und am 8.9.1927 die lustige Operette »Pit Pit« von Robert Gilbert. »Nur Du« von Walter Kollo (6.7.1927) sowie Fischers musikalische Komödien »Der Herr Doktor«, »Der Dichter« (22.7.1927), »Die Spieluhr« und »Die Weinprobe« (24.7.1927) lassen die Vielfalt und dichte Folge verschiedenartiger ›Lustspiele‹ erkennen.

Im Bereich der ernsteren Bühnenkunst bot sich 1927 eine nahezu gleich bunte Szenenfolge: Das städtische Wilhelm-Theater brachte am 22.7.1927 die Uraufführung von zwei Opern von Gustav Spalwingk: »Das Problem« und »Um die Königin« (Text und Musik von Spalwingk). Außerdem erklangen 1927 Leos Janáčeks inzwischen etablierte aber dennoch moderne, wenngleich in keiner Weise urbane »Jenufa« (Uraufführung 1904 in Brünn; 1925 Erstaufführung in Magdeburg) und Egon Wellesz' »Die Opferung des Gefangenen«, eines kultischen Dramas (laut Magdeburger Generalanzeiger vom 17.5.1927 eines »Kulturdramas«!) für Tanz, Sologesang und Chöre mit Dekorationen von Pannos Aravantinos – die Uraufführung hatte erst 1926 in Köln stattgefunden – sowie der erst 1922 in Paris uraufgeführten Puschkin-Oper »Mavra« von Strawinsky am 17.5.1927. Das denkwürdige Jahr der Theaterausstellung 1927 endete mutig und glanzvoll mit Ernst Kreneks ›Asphaltoper‹ »Johnny spielt auf« am 31.12.1927 (Uraufführung ebenfalls 1927 in Leipzig) – einem Werk, das die nationalistische Presse als Angriff gegen die deutsche Kultur bewertete.

Die Vielzahl bemerkenswerter Opern und Operetten im Jahre 1927 hing direkt und indirekt mit der Theaterausstellung zusammen. Diese belebte die lokale

Kunstszene in besonderem Maße und resultierte in zahlreichen Projekten zur Ausstellung. Das betont projektbezogene Schaffen, das sich deutlich vom sonst üblichen Maß unterschied, dürfte zu den Charakteristika einer mittelgroßen Stadt gehören. Ständige Aktivitäten auf einem fest etablierten Niveau gab und gibt es nur in Großstädten und ›Metropolen‹. Doch auch in den Jahren vor 1927 können schon vereinzelt zeitgenössisch-moderne Werke registriert werden. Béla Bartóks frühe und ambitionierte Ballett-Pantomime (auch als ›Tanzspiel‹ bekannt) »Der holzgeschnitzte Prinz« wurde in Magdeburg 1926 produziert (Uraufführung 1917 in Budapest). Rudi Stephans »Die ersten Menschen« erklangen am 13.5.1925 in der Bearbeitung von Walter Beck. Das Werk war 1920 in Frankfurt am Main uraufgeführt worden und etablierte diesen 1915 gefallenen jungen Komponisten unter den Kennern zeitgenössischer Musik, der allerdings heute noch eine ›Entdeckung‹ für die musischen Bühnen der Welt bedeuten würde. Stephan hatte Otto Kobin, den 1895 geborenen Konzertmeister des Orchesters gekannt und ihm 1913 seine »Musik für Geige und Orchester«, die 1927 auch in Magdeburg aufgeführt werden sollte, zugeeignet.

Bühnenbild von Carl Krayl zu »Boris Godunow«

Die große Premiere des Jahres 1925 war jedoch am 18. Juni Modest Mussorgskijs »Boris Godunow«. 1874 entstanden und erst 1913 in Breslau in der Urfassung aufgeführt, enthielt das Werk viele, bis 1925 nicht allgemein verstandene, moderne Elemente, mit denen sich Walter Beck stilvoll etablieren konnte. In Magdeburg erklang allerdings die Fassung von Nicolai Rimskij-Korssakow von 1896 mit einer Bühnengestaltung des Magdeburger Architekten Carl Krayl. Im Vorjahr, am 21.12.1924 hatte Beck bereits Richard Strauss' »Ariadne auf Naxos« dirigiert. Ermanno Wolf-Ferraris italienische Oper »I gioielli della Madonna« (deutsch »Der Schmuck der Madonna«; Uraufführung der ersten Version dieser veristischen Schauoper fand in Berlin 1911, eine Umarbeitung 1933 statt) erklang zusammen mit heute vergessenen Werken von Zamgarin und Golsciani im Stadttheater unter Siegfried Blumanns Leitung am 11.12.1924; Max von Schillings' Oper »Mona Lisa« (Uraufführung in Stuttgart 1915) hatte Premiere ebenfalls unter Blumann am 6.4.1923. Am 16.5.1922 gab es die Oper »Esther« und am 17.10.1922 die Uraufführung von »Die Jassabraut« von dem Felix Draeseke-Schüler und Magdeburger Musiker Hans Albert Mattausch. Am 29.8.1921 sahen die Theaterbesucher die komische Oper »Frau Diavolo oder Das Gasthaus zu Terracina« von D.F.G. Huber unter dem Dirigat von Blumann, am 29.9.1921 die Operette »Der Vielgeliebte« von Eduard Künneke. Nach dem Jahr der Theaterausstellung bildete wiederum die satirisch lustige, sehr aktuelle Oper »Neues vom Tage« von Hindemith am 13.10.1929 einen avantgardistischen Höhepunkt. Dieses Werk war erst am 8.6.1929 in Berlin unter Otto Klemperer uraufgeführt worden. In Magdeburg sah man Bühnenbilder von Bert Hoppmann und eine Inszenierung von Alois Schultheiß. Die Kinderoper »Wir bauen eine Stadt« (1930, Uraufführung in Berlin 1930) ebenfalls von Hindemith sowie Egon Wellesz' Goethe-Oper »Scherz, List und Rache« (Uraufführung 1925 in Stuttgart) und

Bruno Beye, Porträt von Robert Seitz

Strawinskys experimentelles kammermusikdramatisches Meisterwerk »Geschichte vom Soldaten« 1928 (Uraufführung 1918 in Lausanne) sind in den folgenden Jahren zu verzeichnen. Die Aufmerksamkeit, die das Magdeburger Musiktheater dem zeitgenössischen Kunstschaffen (das heißt Werken aus den 1910er und 1920er Jahren) widmete, kristallisierte sich in jährlich etwa ein bis zwei Aufführungen pro Gattung. Den städtischen Bühnen gelang eine auch aus der heutigen Sicht beachtenswerte Mischung aus Klassikern des Neuen Musiktheaters und aus inzwischen etwas weniger bekannten, aber dennoch interessanten Werken von Magdeburger und anderen Komponisten.

Insbesondere die extreme Aktualität der Hindemith- und Krenek-Aufführungen fällt auf; in diesen drei Fällen konnten sich die Magdeburger wiederholt an Ereignissen beteiligen, die fast gleichzeitig die Gemüter in Berlin oder Leipzig erregten. Mit »Neues vom Tage« hatte Beck bereits im Vorfeld der Berliner Kroll-Opernpremiere ein

Werk für Magdeburg reserviert, das exakt dem Gattungsbegriff ›Zeitoper‹ entsprach. Hindemith und der Varietédichter Marcellus Schiffer zeigten eine städtisch-urbane Welt, in der die Medien durch ihre beliebigen Schlagzeilen das Treiben der einfachen Menschen willkürlich lenkten. Sensationsrummel, Neugierde, Schlüsselloch-Journalismus und grobe Mißachtung der Intimsphäre waren und sind zwar streng genommen keine nur städtischen Eigenschaften der menschlichen Gesellschaft, aber die Formen, um die es hier ging, sind sehr wohl spezifisch städtisch. Die Thematisierung der unverhältnismäßigen Macht von Massenmedien ist noch heute aktuell. 1929 war das Thema noch neu – zumal auf der Opernbühne und in einer ernsthaft-avantgardistischen, abendfüllenden Form. Die spezifisch städtische Dimension wurde in »Neues vom Tage« durch wohl plazierte Details betont: beispielsweise durch eine virtuose Arie über die Vorzüge der zentralen Warmwasserversorgung! »Wir bauen eine Stadt« ist dagegen bereits dem Titel nach ein Symbol für das Städtische. Bemerkenswerterweise schrieb der Magdeburger Dichter Robert Seitz das Libretto.

Ein ähnliches Bild boten die Symphoniekonzerte, wo altbewährte Klassiker mit etablierten Zeitgenossen wie Maurice Ravel und mit heute weitgehend unbekannten Komponisten wie etwa Hermann Götz konkurrierten. Nicht nur im Stadttheatergebäude, sondern auch in der am 29.5.1927 eingeweihten Stadthalle konzertierte das Becksche Orchester vor einem riesigen Publikum von maximal 3500 sitzenden Personen. 1000 Musiker fanden auf der Bühne Platz, was Aufführungen der 8. Symphonie von Mahler nicht nur ermöglichte, sondern sogar nahelegte. Dieses Projekt wurde bereits am 25.9.1927 verwirklicht. 1929 blickte Walter Beck auf sein inzwischen fünfjähriges Wirken zurück und verzeichnete 88 Erstaufführungen in den Orchesterkonzerten. Ein wichtiger Schwerpunkt war für ihn auch

hier die zeitgenössische Musik. Es hatte 43 Opernerst-
aufführungen gegeben, davon 25 abendfüllend. Sogar
im Festkonzert vom 16.6.1927 wurde eine Mischung
aus Carl Maria von Weber, Wagner, Strauss, Brahms
und Rudi Stephan (»Musik für Geige und Orchester«,
1913) dargeboten. Die Sologeige spielte der Magdeburger Konzertmeister und Widmungsträger Otto Kobin.

Öffentlichkeit, Normbildung und städtische Verhaltensregeln

Versucht man sich anhand der Presse ein Bild von den
herrschenden Zuständen zu machen, so begegnet man
einer Situation, die der heutigen in kleineren Großstädten
wie Magdeburg durchaus noch ähnlich ist. Dies betrifft
zum Beispiel das Verhalten eines Musikkritikers gegenüber einem Konzert, in dem das Klavierkonzert op. 18
von Hermann Götz (1867) – ein außerordentlich selten
gespieltes Werk – von niemand geringerem als Eduard
Erdmann vorgetragen wurde. Erdmann war seit 1925
Leiter der Klaviermeisterklasse in der Hochschule in
Köln und in den 20er Jahren auch als Komponist einer
der erfolgreichsten deutschen Tonkünstler. L. E. Reindl
kritisierte in der Magdeburger Volksstimme ausführlich
die Länge des Programms, die fehlende große »Linie«
der Programmgestaltung und die Austauschbarkeit der
Beiträge: »und dazu noch uneinheitlich bis zur Grenze
des Erträglichen«. Reindl stellte fest, daß Erdmann sowohl dramaturgisch als auch durch seine künstlerische
Qualität im Zentrum des Geschehens stand, fand aber
seinen Anschlag manchmal hart, erkannte scharfsinnig,
daß »technische Schwierigkeiten nicht immer hemmungs-
los und frei gemeistert« wurden. Gönnerhaft bestätigte
er allerdings, daß das »tiefe musikalische Empfinden
des Pianisten, seine Begeisterungsfähigkeit und seine
beinahe religiöse Hingabe an das Werk, dem er dient,
schon beim ersten Ton den Atem anhalten« ließ und

Plakat »Reichsdeutsche Uraufführung Idomeneo«

»im Verlaufe des Vortrages immer mehr an Macht über
den Hörer« gewann, »der schließlich jeden äußerlichen
Mangel über der seelischen Erfühltheit der Wiedergabe
vergißt«. Gleichzeitig hieß es, wohlwollende Kompetenz
vortäuschend: »das Werk gab [...] dem Pianisten Erdmann
Gelegenheit zur Entfaltung seines ganzen Könnens.
Dieses Können ist gewiß nicht unbegrenzt«. Da Eduard
Erdmanns Auftritt unter den Instrumentalkonzerten zu
den Höhepunkten des Exekutiven sogar im kulturell
belebten Jahr der Theaterausstellung gehörte, ist die
Begeisterung für seine »Hingabe« verständlich, zeugt in
ihrer Allgemeinheit jedoch von Inkompetenz des Kriti-
kers. Die Hinweise auf äußerliche Mängel wirken
peinlich. Der Musikkritiker meinte kritisch schreiben zu
müssen, anstatt Details zu referieren, die etwa das
Spezifische an dieser Veranstaltung heraushoben. Daß
in dem Beitrag nur Erdmann kritisiert und das Orchester
des Hauses gar nicht angesprochen wurde, wundert im
klein- beziehungsweise mittelgroßstädtischen Kontext
nicht, obwohl das Orchester wohl tatsächlich ein be-
achtliches Niveau besaß. Angesichts der Tatsache,
daß die Musik von Götz weder in Magdeburg noch anderswo alltäglich war,[4] vermißt man einen Kommentar

zu dem Stück oder sogar zu dem Wahlschweizer Komponisten und Brahmsfreund, der 1876 verstorben war.

Nur noch eine Kuriosität: Als Anhang zum Theaterzettel erschienen 1927 »Regeln für Theaterbesucher«, die das von Walter Beck bereits andeutungsweise thematisierte Problem von angemessenen Verhaltensweisen im Theater betrafen. Obgleich die vorgeschrieben Regeln gewiß ironisch überspitzt waren und den in Magdeburg 1927 herrschenden Zustand nicht notwendigerweise widerspiegeln müssen, ist es nicht ganz auszuschließen, daß sie gleichzeitig sehr wohl einen zaghaften Versuch darstellten, dem frisch entstandenen großstädtischen Publikum oder zumindest dessen unerfahrenen Mitgliedern auf humorvolle Weise die Grundregeln des Benehmens vor, während und nach einer Aufführung beizubringen – zumal 1927 viele auswärtige Gäste die Veranstaltungen der Theaterausstellung besuchten. In der souveränen Beherrschung solcher Regeln gar eine zentrale Qualität des urbanen Menschen zu sehen, wäre wohl anmaßend, doch muß man zugeben, daß eine offensichtliche Nichtbeherrschung der Regeln zeigen würde, daß die Erfahrungen im Umgang mit spezifisch städtischen Kulturformen noch gering sind. Wer diese Art Hinweise braucht – oder gar »Die Walküre« tatsächlich während der immer leiser und leiser werdenden, außerordentlich kunstvoll ornamentierten Schlußtakte rücksichtslos verläßt, was Beck ja andeutet –, hat noch nicht gelernt, wie sich die Zusammenkunft einer anonymen Menschenmasse, was für die urbane Gemeinschaft typisch ist, erträglich gestalten läßt. Das Erlernen solcher Regeln gehört gewiß zu der graduellen Verwandlung eines Dorfpublikums zum Großstadtpublikum.

Komm nicht pünktlich wie die blöden Massen,
Erscheine stets im letzten Augenblick
Und setz dich dann mit Lärm,
Mit möglichst krassem,
Denn das ist schick!

Wie lieblich ist des Klappstuhls holdes Knattern!
Und steigt der Vorhang und das Stück setzt ein,
So plaudere laut mit Vettern und Gevattern,
Denn das ist fein!

Und wenn Du husten mußt, O Abonnente,
So lege nicht im Zwischenakte los.
Nein, tue es im tragischen Momente,
Das wirkt famos!

Und wenn Du klatschen willst, nicht lang gefackelt,
Klatsch nicht am Aktschluß, wies der Pöbel tut!
Nach jeder Arie klatsche, daß es wackelt,
Das macht sich gut!

Und liegt dein Platz in des Parketts Mitte,
Bleib im Foyer, bis sich das Volk zerstreut.
Dann müssen alle aufstehen auf dein »Bitte«
Und sind erfreut!

Am Schluß des Stückes stürme mit Getöse
Und lautem Brüllen zur Garderobe an,
Tritt Hühneraugen ab, gib Rippenstöße!
Das ziert den Mann.

Benimm du dich, wie ich's beschrieben habe,
So rücksichtsvoll, erkenntnisreich und zart,
Wird man bewundernd sagen:
»Dieser Knabe hat Lebensart!«

Xanti Schawinsky, Gret Palucca

1
Eine von Manfred Speidel
kommentierte Neuauflage dieses
Buches (ursprünglich 1920 im
Folkwang-Verlag in Hagen
erschienen) ist 1999 beim
Gebr. Mann Verlag in Berlin erschienen. Ich beziehe mich hier primär
auf diese Publikation.

2
MA vom 17.10.1924.

3
Die Kerndaten dieser Übersicht
stammen aus dem Buch Wolf
Hobohm, Musikgeschichte der Stadt
Magdeburg. Eine Zeittafel,
Magdeburg 1992, sowie aus
seinem Aufsatz »Ein Orchester,
das […] Vortreffliches leistet«, in:
Städtisches Orchester Magdeburg
1897–1987, Magdeburg 1987,
S. 5–29. Diese Daten werden im
folgenden ergänzt und in einigen
wenigen Fällen korrigiert und durch
gängige Lexika sowie durch die Bestände des Stadtarchivs Magdeburg
(etwa Akte 84.6, 155/88,
140/7332n und 155/121b). Für
ihre Mitarbeit im Rahmen der Vorbereitung einer Staatsexamensarbeit
zu diesem Themenkreis möchte ich
an dieser Stelle meiner Studentin
Sabine Gatz danken.

4
Den professionellen Musikern war
Götz wahrscheinlich durch seine
komische Oper »Der Widerspenstigen
Zähmung« von 1874 bekannt,
eventuell auch durch andere
kleinere Kompositionen.

Das Reichsbanner Schwarz Rot Gold in Magdeburg

Beatrix Herlemann

Geschichtslegenden halten sich hartnäckig, so auch die von der Republik ohne Republikaner. Die Auffassung, der aus Kriegsniederlage und revolutionärer Erhebung hervorgegangenen Weimarer Republik habe es an Verteidigern gemangelt, sie sei schließlich an ihrer eigenen Schwäche zugrunde gegangen, hält sich zäh bis in unsere Tage. Daraus resultiert, daß die einst über drei Millionen Mitglieder zählende Republikschutzorganisation »Reichsbanner Schwarz Rot Gold« mit ihren machtvollen Kundgebungen und ihrem aufopfernden Einsatz für den neuen Staat heute gründlich vergessen ist.

Doch das hat sie nicht verdient, haben ihre engagierten Mitglieder und ihre energischen Führungskräfte nicht verdient. Denn die demokratisch gesonnene Linke sah keineswegs den Staatsstreichversuchen und den Mordanschlägen auf die Repräsentanten der Republik tatenlos zu. In der beim Kapp-Putsch bestandenen Machtprobe im März 1920 hatte die Arbeiterschaft bereits spontan Sicherheitswehren gebildet. Konterrevolutionäre Impulse und die Gefährdung der republikanischen Errungenschaften in verschiedenen Teilen des Deutschen Reiches ließen in den folgenden Jahren regionale Abwehrverbände entstehen, proletarische Hundertschaften, republikanische Frontkämpfervereinigungen und Notwehren.[1]

In Magdeburg wurde seit 1921 über eine feste Organisation nachgedacht. Verzögernd wirkte jedoch der Standpunkt der nach 1918 erstmals in der Regierungsverantwortung stehenden SPD-Führung, das Gewaltmonopol komme allein dem Staate zu. Eine eigene Machtorganisation der Arbeiterschaft als Korrektiv einer die Republik nicht ausreichend stützenden Reichswehr und Polizei schien zunächst nicht akzeptabel. Doch 1922 begann nach einem Beschluß des SPD-Ortsvereins Magdeburg, zunächst noch unter dem Namen eines neuen Sportvereins, eine Sammlung von Formationen.

An einem Sonntag im April 1923 traten dann erstmals 1.500 Mann mit schwarzrotgoldenen Armbinden auf dem Domplatz an. Die »Republikanische Notwehr« war geboren. Sie erreichte in der preußischen Provinz Sachsen schnell eine Stärke von 25.000 Mann. Im Ernstfall konnte sie die Schutzpolizei verstärken oder auch als selbständiger Kampfverband eingesetzt werden.[2]

Der Krisenherbst des Jahres 1923 mit dem Küstriner Putschversuch der »schwarzen Reichswehr« unter Major a. D. Buchrucker, den separatistischen Aktionen am Rhein und in der Pfalz, den Konflikten der Reichsgewalt mit den Länderregierungen in Sachsen und Thüringen und schließlich mit dem kommunistischen Aufstandsversuch in Hamburg und dem Hitler-Putsch in München relativierte die Bedenken der sozialdemokratischen Führung, deren Minister am 2. November aus der Regierung Stresemann ausgeschieden waren. Die von Magdeburg ausgehenden Sammlungsbestrebungen der republikanischen Schutzverbände unter dem Dach eines schlagkräftigen Einheitsbundes wurden dadurch befördert.

Unter den Bedingungen eines auf zwei Monate befristeten Ausnahmezustandes im Deutschen Reich gingen die Vorbereitungen für die am 22. Februar 1924 in Magdeburg abgehaltene Gründungskonferenz von statten. Ein nahezu konspiratives Dunkel liegt über diesem Vorgang. Es gibt weder Presseberichte noch polizeiliche Wahrnehmungen. Die erste unscheinbare Notiz findet sich in der »Frankfurter Zeitung« vom 28. Februar 1924 in Form eines kurzen Berliner Privattelegramms.[3] Textgleich erschien diese Meldung am folgenden Tag in der »Magdeburger Volksstimme« auf Seite drei. Unter der Überschrift »Bund der republikanischen Kriegsteilnehmer« wurde mitgeteilt: »Auf Einladung des Vorstandes der Republikanischen Notwehren tagte am 22. Februar in Magdeburg eine Konferenz, die aus allen Teilen des

Reiches von fast allen Organisationen der republikanischen Frontkämpfer und Kriegsteilnehmer stark beschickt war. Der Bundesvorstand der Republikanischen Notwehren ließ durch seinen Vorsitzenden darlegen, daß die bisherige lose Organisationsform in keinem Fall genüge. Dieser Auffassung schloß sich die Konferenz einmütig an und beschloß die Gründung des Reichsbanners Schwarzrotgold, Bund der republikanischen Kriegsteilnehmer e.V., Sitz Magdeburg. Der einstimmig gewählte Bundesvorstand setzt sich aus Männern von allen auf dem Boden der Republik stehenden Parteien zusammen. Sämtliche auf der Konferenz vertretenen Organisationen erklärten ihren Beitritt zum Bunde Reichsbanner Schwarzrotgold, der damit über 500.000 Männer in einer Reichsorganisation vereinigt. Der Bund wird in einem Aufruf seine Ziele veröffentlichen.«

Bei den Konferenzteilnehmern »aus allen Teilen des Reiches von fast allen Organisationen der republikanischen Frontkämpfer und Kriegsteilnehmer« scheint es sich in gewisser Weise um eine Fiktion zu handeln. Nirgendwo findet man Namenslisten oder wenigstens einzelne Hinweise auf die Teilnehmer und ihre Herkunftsorte.[4] Der Bundesvorstand, der den am 8. März 1924 auf der Titelseite der »Volksstimme« erschienenen Aufruf »Reichsbanner Schwarz=Rot=Gold« unterzeichnete, setzte sich nahezu ausschließlich aus führenden Magdeburger Sozialdemokraten zusammen. Treibende Kraft und geistiger Kopf bei den Gründungsvorbereitungen war der Chefredakteur der »Magdeburger Volksstimme« Karl Höltermann, der bereits die »Republikanische Notwehr« gegründet und angeführt hatte. Er wurde stellvertretender Bundesvorsitzender des Reichsbanners. Otto Hörsing, der Oberpräsident der preußischen Provinz Sachsen mit Amtssitz in Magdeburg, wurde keineswegs nur wegen seines repräsentativen Amtes der Bundesvorsitzende des Reichsbanners. Der tatkräftige, von der politischen Rechten stark angefeindete Mann

hatte im Vorfeld der Gründung die Verbindungen zum Parteivorstand der SPD gehalten und Sondierungsgespräche mit Politikern der anderen Parteien geführt. Wesentlichen Anteil an den Vorbereitungen hatten auch die in den Bundesvorstand gewählten Juristen Dr. Baerensprung und Dr. Böhme sowie der Bezirkssekretär der SPD, Gustav Ferl.

Als die erste Nummer der Zeitung »Das Reichsbanner« am 15. April 1924 mit dem Aufruf im Titelblatt erschien, hatte sich die Zusammensetzung des Bundesvorstandes nur unwesentlich geändert. Statt des Zentrummannes Krull, Verbandssekretär der christlichen Gewerkschaften, gehörte jetzt Regierungspräsident Pohlmann von der DDP dazu. Doch es blieb bei der Dominanz der Magdeburger Sozialdemokratie. Und daran sollte sich in diesem Gremium auch bis zur Auflösung 1933 nichts ändern.

Erst die Zusammensetzung des Reichsausschusses, laut Bundessatzung vom Bundesvorstand zu wählen und »vor allen wichtigen Entscheidungen« zu konsultieren, wies prominente republikanische Persönlichkeiten aus allen Teilen Deutschlands auf. Hier spiegelten sich auch die Bemühungen der Initiatoren im Vorfeld der Gründung wieder, die Parteien der Weimarer Koalition, das Zentrum und die DDP, einzubeziehen. Denn das Reichsbanner sollte keine sozialdemokratische Parteiarmee werden, vielmehr auf möglichst breiter, überparteilicher Basis stehen. So weist der aus 71 Mitgliedern bestehende Reichsausschuß über 50 Sozialdemokraten sowie mindestens 15 DDP-Mitglieder und zwei Zentrumsleute aus. Wie allein an diesen Zahlen erkennbar wird, stand die erst im November 1918 von Friedrich Naumann aus Fortschrittlern, Jung- und Nationalliberalen gegründete Deutsche Demokratische Partei weit deutlicher zu dem neuen Staatswesen als das Zentrum, die 1870 gegründete Partei des politischen Katholizismus.

Neben amtierenden und gewesenen Ministerpräsidenten, Reichs- und Länderministern, Abgeordneten aus dem Reichstag und den Landtagen sowie Oberbürgermeistern großer Städte fanden sich Vorsitzende republikanischer Verbände, Chefredakteure bedeutender Zeitungen, führende Gewerkschafter und zwei inzwischen friedensbewegte Generäle a. D. unter den Ausschußmitgliedern. Wohl um das erdrückende Übergewicht der Magdeburger im Bundesvorstand auszugleichen, ist im Bundesausschuß nur Oberbürgermeister Hermann Beims vertreten, aus dem Reichsbannergau Magdeburg-Anhalt noch Ministerpräsident Deist, Landtagspräsident Peus und Innenminister Dr. Weber vom Freistaat Anhalt.[5]

Sie und viele andere warfen im Frühjahr 1924 ihren guten Namen in die Waagschale, weil sie der Aufruf des Bundesvorstandes überzeugt hatte und sie mit dessen Zielen konform gingen. Klar und unmißverständlich erklärte der Bund, keine eigenen politischen Ziele zu verfolgen, nur der deutschen Republik dienen zu wollen und ihr in allen Fällen der Not beizustehen. Dem nationalistischen und kommunistischen Demagogentum werde mit den Mitteln der Aufklärung und Werbung für den republikanischen Gedanken entgegengetreten. Bei allen gewaltsamen Angriffen auf die republikanische Verfassung werde der Bund die republikanischen Behörden in der Abwehr unterstützen und die Gegner der Republik niederkämpfen. An die Regierung gerichtet war die Forderung, alle wichtigen Ämter insbesondere in Verwaltung, Schule, Justiz, Wehrmacht und Polizei mit Republikanern zu besetzen, denn nur durch Republikaner könne die Republik zu Macht und Ansehen gebracht werden. In den vergangenen Jahren hätten Männer hohe und höchste Ämter in der Republik angenommen, ihr den Treueschwur geleistet, sie jedoch mit Heimtücke und Verrat bekämpft. Bürgerkrieg und politischer Mord herrschten. Bewaffnete Sturmhaufen wurden von

Männern angeführt, die sich rühmten, die Verfassung von Weimar nie gelesen zu haben, die schamlosen Mißbrauch mit den Begriffen Vaterland und Nation trieben und ihre eigene Schuld und heimlichen Ziele hinter schmachvoller Judenhetze versteckten. »Dieser blöde Antisemitismus, der sogar die Seele der Kinder vergiftet, macht Deutschland nicht nur in der Welt lächerlich, sondern ist innenpolitisch wie außenpolitisch eine Gefahr«.[6]

Diese Worte wirkten wie eine Initialzündung. Bereits nach fünf Monaten zählte das Reichsbanner eineinhalb Millionen Mitglieder und nach einem Jahr war die Zahl auf drei Millionen angewachsen. Nationalistische Zeitungen mutmaßten, die wie aus dem Boden gestampft auftretende schwarzrotgoldene Armee müsse seit langem vorbereitet und im geheimen ausgebaut worden sein. Es sei unmöglich, eine Organisation wie das Reichsbanner so urplötzlich auf die Beine zu stellen.[7] Tatsächlich hatte das Reichsbanner den stärksten der gegnerischen Verbände, den bereits Ende 1918 – ebenfalls in Magdeburg – von dem Fabrikanten Franz Seldte gegründeten »Stahlhelm Bund der Frontsoldaten« mit seinen maximal 400.000 Mitgliedern binnen kurzem überflügelt. Der im Sommer 1924 ins Leben gerufene kommunistische »Rote Frontkämpferbund« sollte nie über 100.000 Mitglieder kommen.

Am Bundessitz Magdeburg im Verlagshaus der Volksstimme etablierte sich auch die Bundeszeitung »Das Reichsbanner«, deren Chefredaktion der stellvertretende Bundesvorsitzende Karl Höltermann übernahm. Neben dem allgemeinen Teil traten hier die neu gegründeten Gaue mit ihren eigenen Gaubeilagen in Erscheinung. In den ersten Jahren wurde hier auch die »Illustrierte Reichsbanner Zeitung« herausgegeben, von der Werbung als »einzige republikanische Illustrierte« herausgestellt. Später nach Berlin verlagert, änderte

Verfassungsfeier auf dem Domplatz am 11.8.1924

gelenkt und geleitet, wurde ehrenamtlich erledigt. Für die rund drei Millionen Mitglieder in 32 Gauen gab es kaum mehr als 50 besoldete Angestellte.

Für eine starke Republik

Der Aufbau der Organisation im Lande begann im wesentlichen erst nach der Reichstagswahl vom 4. Mai 1924. Reichstagspräsident Paul Löbe, als Mitglied des Bundesausschusses in den nächsten Jahren einer der einsatzfreudigsten Redner des Reichsbanners, stellte am 5. Juni im Reichstag die neue Organisation vor, die von »opferbereiter deutscher Jugend« ins Leben gerufen worden sei, um die Freiheit des deutschen Volkes zu verteidigen. In Anlehnung an die Bezirksgliederungen der SPD wurden die Gaueinteilungen vorgenommen, untergliedert in Kreise und Ortsvereine. Bundesvorstandsmitglieder hielten sogenannte »Zündungskonferenzen« ab, regionale Parteileitungen der SPD, in manchen Regionen von der DDP, selten von Mitgliedern des Zentrums unterstützt, ergriffen die Initiative. Führend waren zunächst der Gründungsgau Magdeburg-Anhalt und Ostpreußen, also Gebiete, in denen es bereits starke republikanische Schutzverbände gegeben hatte.[9]

Getreu seiner Aufgabenstellung, den republikanischen Gedanken in den Massen zu verankern, trat das Reichsbanner zum ersten Mal unübersehbar deutlich zum Verfassungstag am 11. August 1924 in Erscheinung. Wie überall im Deutschen Reich marschierte die neue republikanische Organisation auch in Magdeburg auf. 30.000 Menschen versammelten sich auf dem Domplatz zum Treueschwur für die Republik. Die zahlreich mitgeführten Fahnen symbolisierten die Entschlossenheit, die offizielle Staatsflagge, zu der die Weimarer Nationalversammlung die 1848er Revolutionsfahne erkoren hatte, gegen das von der Rechten noch immer

sich der Name auch in »Illustrierte Republikanische Zeitung«. Die Arbeiten des Bundesvorstandes wurden zunächst in der Privatwohnung ihres Vorsitzenden Otto Hörsing erledigt, der wegen zu großer Enge nach Monaten zwei Räume seines Amtssitzes für das Reichsbanner freimachte. Deshalb vom Stahlhelm stark angefeindet, wurden nach einem Jahr in einem der Stadt gehörenden Haus, einer ehemaligen Kaserne am Ratswaageplatz, Büroräume angemietet. Doch nach einigen Monaten war auch hier des Bleibens nicht länger. Die Stadt verkaufte an die Magdeburger Gewerkschaften, die am Platz ihr neues Haus errichten wollten. Der Bundesvorstand fand nirgends neue Räume, die Mietforderungen waren exorbitant. So entschloß er sich Ende 1927, das Haus in der Regierungsstraße 1 unmittelbar neben der Kirche des Klosters Unser Lieben Frauen zu erwerben. Hier hatte die Allgemeine Ortskrankenkasse residiert, bis sie ihr neu errichtetes Domizil in der Lüneburger Straße bezog. Nach gründlicher Renovierung bezog das Reichsbanner zwei Stockwerke mit einem Sitzungssaal im Erdgeschoß für 80 Personen. Die übrigen Räume wurden an die SPD, die Arbeiterjugend und Gewerkschaftsverbände vermietet.[8] Fast die gesamte Arbeit der Riesenorganisation, von Magdeburg aus

Erstes Gründungsfest am 22.2.1925 auf dem Domplatz

favorisierte kaiserliche Schwarz-Weiß-Rot durchzusetzen. Im Zuge wurden auch drei alte 48er Fahnen mitgetragen, verstand sich das Reichsbanner doch als Nachfolger aller Freiheitskämpfer in der deutschen Geschichte, pflegte diese Traditionen in den Jahren der Republik und hielt die Erinnerung an sie wach.

Die Verfassungsfeiern sollten zum festen Bestandteil der öffentlichkeitswirksamen Aktivitäten des Reichsbanners werden. Die zentralen Bundesverfassungsfeiern an jährlich wechselnden Orten wie Berlin, Nürnberg, Leipzig, Frankfurt am Main, Hamburg und Koblenz, im bewußten Gegensatz zu den »Deutschen Tagen« der Rechten organisiert, mobilisierten stets große Massen. 1925 kamen in Berlin 600.000 Teilnehmer zusammen. Die Presse sprach von der größten Kundgebung, die die Republik bis dahin erlebt hatte. Doch auch in jedem kleinen Ort, wo immer es eine Reichsbanner-Gruppe gab, richtete sie würdige Feiern zu Ehren der Verfassung aus. Und selten fehlte ein Spruchband mit dem ersten Satz der Verfassung: »Das Deutsche Reich ist eine Republik. Die Staatsgewalt geht vom Volke aus«. Doch trotz

zahlreicher Initiativen gelang es nie, den 11. August, den Tag der Inkraftsetzung der Weimarer Verfassung, zum Nationalfeiertag zu erheben.

Bei dieser wie allen anderen Veranstaltungen und Aufmärschen unterschied sich das Reichsbanner vor allem in den ersten Jahren seines Bestehens von den übrigen paramilitärischen Verbänden stets durch die Teilnahme von Frauen und Kindern, die das martialische Erscheinungsbild wesentlich abschwächten und den Eindruck vermittelten, die gesamte Bevölkerung setze sich für die Republik ein und nicht nur ihr männlicher Teil. Oft trugen die Veranstaltungen wahren Volksfestcharakter. Spielmannszüge, Sprechchöre und Laienspielgruppen umrahmten das politische Programm und zogen viel Publikum an. Zu den Großveranstaltungen des Bundes gehörten auch die eigenen Gründungsfeiern.

Zum ersten Jahrestag am 22. Februar 1925 versammelten sich in Magdeburg laut Bericht der IRZ weit über 200.000 Menschen. Mehr als 100.000 Reichsbannermänner aus allen Teilen des Reiches marschierten auf

Das Reichsbanner Schwarz Rot Gold in Magdeburg

197

und noch einmal soviele säumten die Straßen der Stadt und jubelten ihnen zu. Oberbürgermeister Beims hob in seiner Begrüßungsansprache die mehrheitlich republikanische Gesinnung der Magdeburger hervor. Wenn auch in der Innenstadt fast kein Haus geflaggt sei, weil viele durchaus demokratisch gesonnene Geschäftsleute den Terror der wiedererstarkten Reaktion fürchteten, so zeigten doch die Arbeiterviertel mit ihrem reichen Schmuck, wo das Herz der Republik schlage. Beims wie alle übrigen Redner, unter ihnen der Bundesvorsitzende Hörsing, Reichstagspräsident Löbe und Reichskanzler

Erstes Gründungsfest am 22.2.1925 auf dem Domplatz

a.D. Wirth vom Zentrum, begrüßten besonders herzlich die Abordnung des Republikanischen Schutzbundes aus Österreich mit ihrem Gründer Julius Deutsch. Staatssekretär Deutsch unterstrich den nach wie vor gehegten Wunsch der zum ersten Mal auf deutschem Boden marschierenden österreichischen Republikaner, sich mit Deutschland zu vereinigen, auch wenn die alliierten Siegermächte im Friedensvertrag von 1919 den von der österreichischen Nationalversammlung beabsichtigten Anschluß untersagt hatten. Zum krönenden Abschluß zogen die Reichsbannermassen mit rund 200 Spielmannszügen und einem Meer von Fahnen stundenlang an Bundesvorstand und Bundesausschuß vorüber.[10]

Unmittelbar nach diesem Großereignis trat das Reichsbanner erneut im großen Stil in Erscheinung. Der stellvertretende Bundesvorsitzende Karl Höltermann organisierte eine überaus eindrucksvolle schwarzrotgoldene Begleitung für die letzte Reise des am 28. Februar 1925 verstorbenen ersten Reichspräsidenten der Republik, Friedrich Ebert. Von Berlin bis Heidelberg standen Reichsbannermassen mit gesenkten Fahnen Spalier längs der Bahnstrecke, die der Zug mit dem Sarg des Reichspräsidenten passierte. Allein am Magdeburger Hauptbahnhof gaben 10.000 Friedrich Ebert die letzte Ehre.

Neben diesen Großereignissen veranstalteten die Reichsbannergruppen in großen und kleinen Städten wie auf dem flachen Lande eine Vielzahl von Republikanischen Tagen, Bezirks-, Kreis- und Sportfesten, Bannerweihen und Gedenkfeiern für die Toten des Krieges, der Republik und der Arbeit. Mit großen Aufmärschen gegen Übergriffe der Reaktion und Attacken auf republikanische Errungenschaften demonstrierte das Reichsbanner immer und immer wieder eine Präsenz der Stärke. Selbst gegnerische Vereine und Verbände erkannten zuweilen widerwillig die vom Reichsbanner erzielte Wirkung an.[11]

Reichsbannerkundgebung in der Stadthalle 1927

Zu den selbstgewählten Aufgaben gehörte auch der Schutz der republikanischen Parteien und Abgeordneten bei den Wahlkämpfen. Deren Veranstaltungen wurden jetzt wirkungsvoll abgeschirmt gegen völkisch-nationalistischen Terror und kommunistische Störversuche.[12] Der große Einsatz des Reichsbanners bei der Reichspräsidentenwahl im Frühjahr 1925 für die republikanischen Kandidaten Otto Braun, SPD, im ersten und Wilhelm Marx, Zentrum, im zweiten Wahlgang hatte sich jedoch nicht ausgezahlt. In einem leidenschaftlichen, von stark nationalistischen Tönen geprägten Wahlkampf hatte die politische Rechte ihrem Kandidaten, dem 78jährigen Generalfeldmarschall Paul von Hindenburg, Ehrenmitglied des Stahlhelms, zum Sieg verholfen. Das Reichsbanner tat sich zunächst schwer, den bekanntermaßen monarchistisch gesonnenen Hindenburg im höchsten Amt der Republik zu akzeptieren und erschien nicht zu seiner Begrüßung beim Einzug in Berlin. Doch die staatspolitische Räson gewann schließlich die Oberhand und Abordnungen der Republikschutztruppe erwiesen dem obersten Repräsentanten der

Republik, wenn auch manchmal zähneknirschend, an jedem Ort, den er besuchte, die Ehre.

In den mittleren 20er Jahren der relativen Stabilisierung der Weimarer Republik konzentrierte sich das Reichsbanner vor allem auf die Werbung für die Republik, den Ausbau der eigenen Organisation, die staatspolitische Bildung der Jugend und die Traditionspflege im weitesten Sinne. Dazu gehörte auch, die Erinnerung an die politischen Mordopfer der ersten Jahre wachzuhalten. Straßen und Plätze wurden nach ihnen benannt, Denkmäler gesetzt. In Magdeburg erinnern noch heute die Erzberger-, die Walter-Rathenau- und die Gareisstraße an die damaligen Initiativen. 1933 umbenannt, erhielten sie nach 1945 ihre alten Namen zurück. Nicht wieder an seinen angestammten Platz gebracht werden konnte der von Oberbürgermeister Beims am 10.7.1927 eingeweihte Ebert-Kopf, eine Arbeit des bekannten Bildhauers Rudolf Belling. Fünf Jahre zuvor hatte der Reichspräsident die Gartenstadt »Reform« besucht. Die Plastik war über einer Tordurchfahrt am Bunten Weg

angebracht worden, darunter war die Inschrift ein-
gemeißelt: »F. Ebert Erster Präsident der Deutschen
Republik. Ein Sohn des Volkes«[13].

Im ganzen Gau Magdeburg-Anhalt setzte das Reichsbanner Ebert-Gedenksteine, so 1927 in Tangermünde,
1928 in Staßfurt, Eilsleben, Neuhaldensleben und
Dessau, 1931 in Dahlenwarsleben und Thale. Eine
Friedrich-Ebert-Eiche, 1926 in Salzwedel gepflanzt,
wurde ein Opfer völkisch-nationalistischen Vandalismus'.[14]
Die Altmark, ein Hort der Reaktion, sollte in einem
späteren Bericht des Regierungspräsidenten an den
preußischen Innenminister einmal wie folgt charakterisiert werden: »Seit je her einer der schwärzesten Winkel
in Deutschland. Hier konnte sich kein Republikaner
ohne Gefahr auf die Straße wagen«.[15]

Im Mai 1926 tagte die erste Bundesgeneralversammlung, das Parlament des Reichsbanners, in Magdeburg.
An der Eröffnungskundgebung in der Halle »Land und
Stadt« nahmen über 15.000 Republikaner aus Magdeburg
und Umgebung teil. Hier wie auf der Delegiertenver-
sammlung im Herrenkrug-Lokal bezogen die Redner
Stellung gegen die jüngst beschlossene Flaggenverord-

Eröffnung der Bundesgeneralversammlung in der Halle »Land und Stadt« 1926

nung, die den monarchistischen Farben bei den deutschen
Vertretungen im Ausland wieder Geltung verschaffte
und sie debattierten über das weitere Engagement im
Kampf für die entschädigungslose Enteignung der
Fürsten. Das auf Antrag der Liga für Menschenrechte
im Verein mit den Gewerkschaften, der SPD, der KPD
und dem Reichsbanner im März 1926 durchgeführte
Volksbegehren hatte mit 12,5 Millionen Stimmen einen
Volksentscheid erwirkt. Einer starken Wählermobilisierung
auf der Linken begegnete ein aufwendiger Propaganda-
feldzug der bürgerlichen Parteien im Verein mit den
Kirchen beider Konfessionen, mit stark antisemitischen
Zügen das Gespenst des Bolschewismus beschwörend.
Die politische Mobilisierung ging weit über den eigentlichen Anlaß hinaus. Das Schlagwort »Republik oder
Monarchie« umriß den Konflikt zwischen den Republikanern, die nach sozialer Gerechtigkeit strebten und
den Konservativen, die an herkömmlichen sozialen
Privilegien festhielten. Der Magdeburger Willi Karbaum,
Mitverfasser des Reichsbannerprogramms und Bundessekretär, erinnerte bereits eingangs der Kampagne an
die Kriegskrüppel, Kriegswitwen und -waisen, die ein
kümmerliches Dasein fristeten, während die Verursacher
ihres Elends im Wohlstand lebten. Die Republik dürfe

Die Teilnehmer im Tagungslokal 1926

Stadion »Neue Welt« 7.6.1930

ihren Gegnern nicht auch noch einen Kampffond stiften. Es sei erwiesenermaßen ein kurzer Weg von den fürstlichen Privatschatullen zu den sogenannten »nationalen« Verbänden. Die zahlreichen Kundgebungen des Reichsbanners in der ganzen Republik standen unter dem Ruf des Bundesvorsitzenden Hörsing »Wir werden in diesem Kampf wie ein Mann gegen die Fürsten stehen«.[16] Trotz vielfältiger Behinderungen vor allem in den ländlichen Regionen stimmten 14,5 Millionen am 20. Juni 1926 für ein Gesetz zur entschädigungslosen Enteignung der Fürsten. Doch damit waren die notwendigen 50 % der wahlberechtigten Stimmen nicht erreicht. Es blieb künftig Sache der Länder, Abfindungsverträge mit den Fürstenhäusern auszuhandeln.

In den nachfolgenden Fürstenprozessen gingen dann alle Gerichtsentscheidungen zu Ungunsten der Republik aus, wie das Reichsbanner beklagte. Der Justizapparat, im wilhelminischen Kaiserreich konservativ, national und monarchistisch eingestellt, war 1918/19 intakt übernommen worden und hatte es verstanden, jeden Versuch der Demokratisierung beziehungsweise Reformierung zu verhindern. Angehörige des Reichsbanners vor Gericht machten häufig die Erfahrung, als Opfer rechtsradikaler Übergriffe von den Richtern als Schuldige verurteilt zu werden, während die eigentlichen Täter, deren Verdrehungen die Richter ohne weiteres akzeptierten, freigesprochen wurden.

Auf der Bundesgeneralversammlung im Mai 1926 in Magdeburg führte der erste Reichskanzler der Republik, Philipp Scheidemann, aus: »Während nationalistische Putschisten und Hochverräter sich tagtäglich ungestraft gegen die Republik vergehen dürfen, werden die Republikaner prozessiert, diszipliniert und mit gemeinsten Mitteln verfolgt«.[17] Das ohnmächtige Gefühl, von einer Klassenjustiz gegängelt zu werden, war auch und gerade im Regierungsbezirk Magdeburg verbreitet. Bezeichnenderweise war vor dem Magdeburger Landgericht der Landesverratsprozeß gegen den amtierenden Reichskanzler geführt worden, der nach allgemeiner Auffassung zum vorzeitigen Tod Eberts geführt hatte. Die Rechtsanwälte Dr. Horst Baerensprung und Dr. Heinz Braun, die zahlreiche Reichsbannermitglieder vor den Landgerichten Magdeburg, Halberstadt und Stendal vertraten, prangerten immer wieder die Einseitigkeit der Rechtssprechung an. Rechtsanwalt Braun, Bundesvorstandsmitglied und Syndikus des Reichs-

Das Reichsbanner Schwarz Rot Gold in Magdeburg

Bundestreffen 1930

am 7., 8. und 9. Juni (Pfingsten) in Magdeburg

Quartierkarte Nr. ▤

Quartieradresse *Alfred Graße*

Stadtteil *Braun*, *Gerthin* Straße Nr. *24*

Zu erreichen mit Straßenbahnlinie Nr. *15.*

W. PFANNKUCH & CO., MAGDEBURG

Bundestreffen 1930, Quartierkarte

banners, übernahm auch die Verteidigung im Prozeß gegen den unschuldigen jüdischen Fabrikanten Haas, den der Magdeburger Landgerichtsdirektor Kölling in blindem Antisemitismus unbedingt zum Mörder machen wollte. Braun schilderte die Justizvorgänge in dem vielbeachteten Buch »Am Justizmord vorbei«[18] das zu den am 10. Mai 1933 auf dem Opernplatz in Berlin wie auch auf dem Domplatz in Magdeburg verbrannten Büchern gehören sollte. Ebenso wie in der Justiz sahen die führenden Köpfe des Reichsbanners in der Reichswehr ein parteiisches Instrument der Rechtskräfte mit einem für die Republik gefährlichen Eigenleben.[19] Vor allem die jüngeren, weltkriegserfahrenen Führungskräfte wie Höltermann, Theodor Haubach, Carlo Mierendorff und Julius Leber dachten ernsthaft über eine militärpolitische Alternative nach und brachten ihre Überlegungen in die im Oktober 1928 ins Leben gerufene Wehrkommission der SPD ein,[20] die auf dem Parteitag im Mai 1929 in Magdeburg ihr Programm vorlegte. Dieser Parteitag in der neu erbauten Stadthalle markierte einen späten Höhepunkt der Sozialdemokratie in der Stadt wie im Land. In einem langen Festzug marschierten die Massen

durch die Hauptstraßen Magdeburgs, begleitet von Reichsbannerformationen, die im Ehrenhof vor der Stadthalle Aufstellung nahmen. Die SPD war mit ihren Repräsentanten, dem Reichskanzler Hermann Müller, dem preußischen Ministerpräsidenten Otto Braun, mit Ministern, Ober-, Regierungs- und Polizeipräsidenten und den im Parteibezirk Magdeburg-Anhalt besonders zahlreich vertretenen Landräten, Bürgermeistern und Gemeindevorstehern vertreten. Jeder der hier Versammelten hielt die SPD als tragenden Pfeiler der Republik für unüberwindlich stark.

Ein Jahr darauf beherrschte das Reichsbanner noch einmal die Stadt mit einem mehrtägigen Fest. Nach jahrelangen Vorbereitungen weihte es am Himmelfahrtstag 1930 an der Berliner Chaussee sein Stadion mit eigener Bundesschule auf dem Gelände ein. 20.000 Teilnehmer wohnten der Eröffnung von »Mitteldeutschlands schönstem Stadion« mit dem programmatischen Namen »Neue Welt« bei. Nachdem der Bundesvorsitzende symbolisch die neue Sportstätte von dem Magdeburger Architekten Schumacher übernommen hatte, betonte er den Sinn der neue Anlage: »Nicht Kampfstätte für den Rekordfimmel, sondern Pflegestätte des wahren Volkssportes und Heimstätte für die republikanische Jugend«. Innenminister Carl Severing würdigte die neue Sportstätte als Symbol der Reichsbanner-Arbeit, die allen republikanischen Organisationen offen stehe. Die in den nächsten Tagen ausgetragenen sportlichen Wettkämpfe waren Bestandteil eines großen Volksfestes aus Anlaß des Reichsbanner-Bundestreffens über Pfingsten in Magdeburg. Noch einmal versammelten sich Abordnungen aus dem ganzen Deutschen Reich und aus Österreich zu einer gewaltigen Kundgebung auf dem Domplatz. Die 60.000 waren eingerahmt von rund 2.000 Fahnen und 3.000 Trommlern, Bläsern und Pfeifern in den begleitenden Spielmannszügen. Die 7.000 in der Stadthalle versammelten Jugendlichen sprach der preußische Kultus-

Kundgebung der republikanischen Organisationen in Magdeburg 1930

minister Adolf Grimme mit Blick auf die um sich greifenden Gewalttätigkeiten der rechten Kampfverbände an: »Der Staat will eine kämpfende, nicht eine raufende Jugend. Die Gewalt der Muskeln darf nicht höher stehen als die Achtung vor der Majestät des Rechts! Die Reichsbannerjugend ist die Garde dieser Majestät des Rechts!«[21]

Gerade das Jungbanner als besonders aktive Formation des Reichsbanners hatte die Taktik des erstarkenden Nationalsozialismus, die Macht gewaltsam auf der Straße zu erkämpfen, bereits zunehmend zu spüren bekommen. Die Pfingsttage von Magdeburg sollten zu den letzten friedlichen Festerinnerungen gehören.

Gegen die Zerstörer der Republik

Die Reichstagswahl vom September 1930 brachte mit 107 NSDAP-Abgeordneten eine neue Macht in das deutsche Parlament, die das politische Leben grund-legend veränderte. Nicht sachliche Arbeit sondern Terror und Demagogie waren ihre Markenzeichen. Wie der ebenfalls erstmals in den Reichstag gewählte Chefredakteur des anhaltinischen »Volksblattes«, Gerhart Seger, in einer Magdeburger Versammlung ausführte, saßen mit der neuen NS-Fraktion zum ersten Mal ein Mörder, ein Sittlichkeitsverbrecher und Anti-

Reichsbannergruppe Magdeburg-Altstadt

Das Reichsbanner Schwarz Rot Gold in Magdeburg

semiten in großer Zahl im Parlament. Die Versammlung war Bestandteil einer von SPD und Reichsbanner gemeinsam betriebenen Aufklärungskampagne über die heraufziehende braune Gefahr. Von Oktober 1930 bis ins Frühjahr 1931 fanden in allen großen Sälen der Stadt Veranstaltungen mit hochkarätigen Rednern der demokratischen Parteien statt, die stets das Thema »Diktatur oder Demokratie?« variierten. Gleichzeitig machte das Reichsbanner mobil. Bereits eine Woche nach der Wahl diskutierte der Bundesrat mit 500 Führungskräften in der neuen Bundesschule über eine Gegenoffensive unter dem Motto »rüsten und marschieren«. Die Bildung von Elitetruppen, sogenannten »Schutzformationen«, abgekürzt »Schufo«, wurde in Angriff genommen.[22] Vor allem junge sportliche Mitglieder füllten die Reihen. Sie bestritten in den nächsten zwei Jahren die Auseinandersetzungen mit der gewalttätigen SA und hatten in den bürgerkriegsähnlichen Zuständen zahlreiche Tote zu beklagen.

Die weltkriegserfahrenen, jüngeren Führungskräfte im Reichsbanner, die bereits seit Jahren auf die zunehmend bedrohlicher werdende Entwicklung im rechten Lager aufmerksam gemacht hatten, drängten jetzt auf energischere Gegenmaßnahmen. Von einer späteren Geschichtsschreibung als »militante Sozialisten« apostrophierte Männer wie Kurt Schumacher, Theodor Haubach, Carlo Mierendorff und Julius Leber hatten den Nationalsozialismus nach Herkunft, Charakter und Zielsetzung in vielen Artikeln und Schriften analysiert, hatten ihn als begabte Redner auf zahllosen Veranstaltungen gebrandmarkt und als Reichstagsabgeordnete der ausufernden Hetze der NS-Abgeordneten Paroli geboten.[23] Sie drängten die ihrer Meinung nach in Parteiroutine erstarrte und verbrauchte SPD-Führung, die ganz offensichtlich das volle Ausmaß der totalitären Gefahr nicht erkannt hatte, zu offensiverem Handeln. Auch in Magdeburg gab es im Reichsbanner wie in der kommu-

Karl Höltermann, Bundesführer des Reichsbanners

nalen Führungsetage eine ganze Anzahl fronterfahrene, energische Verantwortungsträger, die dem Treiben der Nationalsozialisten nicht tatenlos zusahen. Neben dem stellvertretenden Bundesvorsitzenden Höltermann zählten hierzu die Gründungs- und Bundesvorstandsmitglieder Dr. Baerensprung und Dr. Böhme, der Bundessekretär Karbaum, der Gausekretär Wille und andere mehr. Als Adolf Hitler nach dem spektakulären Wahlsieg seiner Partei sein Kommen in Magdeburg ankündigte, das Reichsbanner in sechs überfüllten Großveranstaltungen in Magdeburg und Schönebeck Gegenaktionen vorbereitete, die KPD, Stahlhelm und NSDAP ebenfalls Maßnahmen ankündigten und so ein gewaltsamer Zusammenstoß absehbar war, verbot Polizeipräsident Baerensprung kurzerhand sämtliche Demonstrationen und Versammlungen unter freiem Himmel für drei Wochen. Damit fiel der Auftritt Hitlers in Magdeburg vorerst aus. Der »Manchester Guardian« wertete den Magdeburger Erfolg gar als einen »ersten Sieg der Gegenoffensive«.[24]

Auch die Beschlüsse der Bundesratssitzung vom September zeitigten erste Erfolge. Die Verbindungsausschüsse republikanischer Verbände hatten im Verein mit der SPD am 30. November 1930 im ganzen Bezirk Magdeburg-Anhalt 300.000 Menschen in Marsch gesetzt »gegen das Großkapital und seine Nazibanden«, wie die »Volksstimme« schrieb, die die Aufmärsche als »Mobilmachung der Volksbataillone« wertete.[25] Eine fieberhafte Tätigkeit trieb die Aufstellung der Schutzformationen voran. Der stellvertretende Bundesvorsitzende Karl Höltermann hatte sich im Magdeburger Reichsbanner zum Ortsvorsitzenden wählen lassen, um hier seine Pläne für die neuen Formationen zu erproben. Bisher war die Mitgliedschaft in Altkameradschaften und Jungbannergruppen aufgeteilt. Die neue Schufo sollte aus ausgesuchten, jüngeren, kampffähigen Kameraden gebildet und durch Übungen unter Leitung von Polizeibeamten schnell einsatzfähig gemacht werden. Orientierungskunde, Signaltechnik, Nachrichtenwesen, Kleinkaliberschießen und Kampfsportarten gehörten zur Ausbildung, motorisiert oder auf Rädern wirkten die Melder. Die uniformierte Truppe trug dunkel-blaue Schirmmützen, grüne Hemden, Schulterriemen, dunkle Hosen und Ledergamaschen. Sie sollten nach Höltermanns Vorstellung im Ernstfall der Polizei als Hilfstruppe unterstellt werden.[26]

Am 22. Februar 1931, dem siebenten Gründungstag des Reichsbanners, meldete der Bundesvorsitzende Otto Hörsing auf der zentralen Veranstaltung im Berliner Lustgarten den Antritt von über 160.000 Schufo-Männern in ganz Deutschland. In Magdeburg präsentierten sich 1.500 Mann der neuen Formation im Ehrenhof vor der Stadthalle. Im ganzen Gau fanden Sternmärsche zu größeren Orten statt. Die Reichsbannertruppen demonstrierten ihre Stärke und Abwehrbereitschaft.[27] Im März 1931 war die Schufo bereits auf knapp 250.000 angewachsen. Ihr Einsatz war in den Städten wie auf dem flachen Land stark gefragt. Immer wieder mußten die

Magdeburger Formationen ausrücken, um hart bedrängten Kameraden gerade in den Dörfern der Magdeburger Börde, der Altmark und des Harzvorlandes beizustehen. Die Volksstimme berichtete unaufhörlich über Ausschreitungen, Überfälle, Schlägereien der SA im ganzen Bezirk. Jetzt mußten nicht nur die Versammlungen und Aufmärsche geschützt, sondern auch die Partei und Gewerkschaftshäuser, Kultur- und Sporteinrichtungen der Arbeiterschaft rund um die Uhr bewacht werden.

Das politische Klima hatte sich extrem verschärft. Die Zahl der politischen Morde stieg. Der Redakteur der Reichsbanner-Zeitung, Franz Osterroth, zählte allein in Preußen 45 Todesopfer zwischen Januar und Oktober 1931.[28]

Die Erfolge der NSDAP bei den Bürgerschaftswahlen in Hamburg und bei den Landtagswahlen in Hessen, schließlich der Zusammenschluß der rechtsbürgerlichen Organisationen von Stahlhelm, DNVP, Reichslandbund und so weiter mit der NSDAP in der »Harzburger Front« im Oktober 1931 bewirkten den Ruf nach einer Konzentration der Abwehrkräfte auf Seiten der Linken. Die »Volksstimme« formulierte in ihrem Leitartikel vom 20. November 1931 das Gebot der Stunde: »Die eiserne Front. Die republikanischen Arbeiter schließen sich wider den Terror zusammen« und faßte noch einmal die Appelle all der Redner auf den Versammlungen der letzten Monate zusammen, die schwer errungenen Erfolge der deutschen Arbeiterbewegung jetzt zu verteidigen gegen Hugenberg und Hitler. Auch die in Magdeburg tagende Bundesratssitzung des Reichsbanners war von der Notwendigkeit überzeugt, der Front der Staatsfeinde nun die Eiserne Front der staatstreuen Bürger entgegenzustellen und autorisierte Höltermann zu Verhandlungen mit den republikanischen Organisationen.

Die Eiserne Front

Am 16. Dezember kamen in Berlin die Spitzenvertretungen der SPD, der Gewerkschaften, des Reichsbanners und des Arbeitersports zur Gründung der Eisernen Front zusammen, um »den Kampf gegen den Faschismus mit gesteigerter Aktivität fortzuführen«. In der gemeinsamen Entschließung hieß es weiter: »Wir werden unsere Kampfmethoden denen unserer Feinde anpassen: auf dem Boden des gesetzlichen Rechtes, solange sie sich selbst legal betätigten, andernfalls mit anderen Mitteln, werden wir die republikanische Verfassung, die sozialen Rechte und kulturellen Ziele der Arbeiterklasse und den europäischen Frieden verteidigen«.[29] Wie schon nach dem starken Einzug der Nationalsozialisten in das Reichsparlament belebte auch jetzt wieder neue Tatkraft das Lager der Republikverteidiger. »Wie ein altes, halbvergessenes Sturmsignal auf eine kampf- und sieggewohnte Truppe« habe die Errichtung der Eisernen Front auf die namenlosen Massen der alten Bebelpartei gewirkt, sollte Julius Leber, der Chefredakteur des »Lübecker Volksboten«, sich später erinnern.[30]

Das von den rechten Wehrverbänden demonstrativ zur Schau gestellte militärische Auftreten, die Militanz in Gestus und Worten, die den Zeitgeist der späten Weimarer Jahre zunehmend prägte, erfaßte auch die demokratische Linke. Aufmärsche und Kundgebungen, Ansprachen, Parolen und Lieder bekamen einen martialischen Charakter. Der neue Gruß »Freiheit« wurde mit hochgerecktem Arm und geballter Faust geschmettert. Die Propagandaschlacht des Jahres 1932 brachte neue Symbole. Die drei Pfeile der Eisernen Front standen für SPD, Gewerkschaften und Reichsbanner und schließlich für Aktivität, Einigkeit und Disziplin, für die politische, wirtschaftliche und moralische Kraft der Arbeiterbewegung. Sie durchbohrten das Hakenkreuz, waren in zahllosen Karikaturen auf den fliehenden

Hitler gerichtet, erschienen im Titel sozialdemokratischer Tageszeitungen und auf der roten Fahne der Eisernen Front. Carlo Mierendorff hatte im Verein mit dem russischen Fachmann Tschachotin neue Formen und Methoden entwickelt, den Nationalsozialismus mit seinen eigenen Waffen der Propaganda zu schlagen. Auf einer Gauführertagung in Berlin vorgeführt und diskutiert, fanden sie bald auch in Magdeburg Anwendung.[31]

Karl Höltermann hatte Ende 1931 den zwanzig Jahre älteren Otto Hörsing an der Spitze des Reichsbanners abgelöst. Unverbraucht und voller Ideen, unbeschwert von den Hemmungen eines eingefahrenen Parteiapparates, sahen manche in ihm den kommenden Mann. Bis dahin als Redner wenig beeindruckend, riß er im Januar 1932 im Berliner Sportpalast die Massen mit: »Hunger und Not, lange Monate und Jahre der Arbeitslosigkeit, so glauben Junker und Schlotbarone, haben die deutsche Arbeiterschaft mürbe gemacht, ihren Staatswillen gelähmt, ihren Freiheitssinn betäubt, ihren Glauben an die eigene politische Kraft zerbrochen. Hier in den Hundertschaften der Schufo steht so mancher, der arbeitslos seit Jahr und Tag, abgerissen und mit zertretenen Schuhen. Mag die Kleidung zerschlissen sein, mag das Schuhwerk zertreten sein: Euer Wille ist nicht zerschlissen, Euer Mut ist nicht zertreten. Morgen, wenn es sein muß, werdet Ihr mit ›Tritt gefaßt und Fahnen frei!‹ für die Freiheit marschieren. Spät zwar, aber nicht zu spät, sind die deutschen Republikaner aus der Verteidigung zum Angriff übergegangen. Lange genug hat man uns das ›Deutschland erwache‹ in die Ohren gebrüllt. Das Deutschland der Republik ist erwacht. In der Eisernen Front ist die Macht und die Kraft der deutschen Demokratie sichtbar geworden […] «[32]

Den Auftakt der »republikanischen Rüstwoche« in Magdeburg bildete im Januar 1932 ein Sportfest der Eisernen Front in der Halle »Land und Stadt«, die die

»Schlagt Hitler«, Kundgebung der »Eisernen Front« 1932

Zuschauermassen kaum zu fassen vermochte. Eiserne Bücher und Listen zur namentlichen Einzeichnung für die Eiserne Front und die Republik lagen in allen Stadtteilen und großen Betrieben, in Parteibüros und Sportvereinen aus. Ein Volksbegehren gegen den Faschismus wurde hier organisiert. Lange Menschenschlangen drängten sich vor den Einzeichnungsstellen. Die Roten Pioniere, eine von Franz Osterroth gegründete Techniktruppe, fertigte Plakate und Spruchbänder, bei Umzügen mitgeführte Karikaturen, Flugblätter und Streuzettel. Sämtliche Funktionsträger von Partei, Gewerkschaften und Reichsbanner, die Abgeordneten und kommunalen Führungskräfte wie Oberbürgermeister Ernst Reuter und Polizeipräsident Horst Baerensprung waren im Frühjahr 1932 pausenlos als Redner auf Versammlungen in Stadt und Land im Einsatz. Die Stadthalle mußte bei einer Großveranstaltung wegen Überfüllung gesperrt werden, Kundgebungen der Jugend im »Hofjäger« und in den Nationalfestsälen unter dem Motto »Die junge Front schwenkt ein« verzeichneten hohe Teilnehmerzahlen, die »Volksstimme« berichtete täglich über die Mobilisierung der Massen. Die Republikverteidiger

gingen nicht unvorbereitet in das Entscheidungsjahr 1932 mit fünf großen Wahlen.

Der Wahlkampf für die Wiederwahl des Reichspräsidenten Hindenburg wurde unter dem Motto »Schlagt Hitler« geführt. Um dessen Wahl zu verhindern, setzte sich die Eiserne Front rückhaltlos für den greisen Amtsinhaber ein, der nun als einziger die Garantie für den Bestand der Republik zu bieten schien. »Kein Faschist auf den Stuhl Friedrich Eberts« lautete die Parole. Ein großer Fackelzug, der sich aus allen Stadtteilen sternförmig auf den Domplatz zubewegte, leitete das Wahlwochenende vom 12./13. März 1932 ein. Auf der Abschlußkundgebung wurde den Massen ein letztes Mal eingehämmert: »Wenn Hitler gewählt wird, ist es vorbei mit Volksrecht und Demokratie, ist es vorbei mit der Arbeitslosenunterstützung, ist es vorbei mit der Versorgung der Kriegsopfer, werden Kranken- und Invalidenversicherung unerträglich abgebaut. Wenn Hitler gewählt wird, werden die Gewerkschaften aufgelöst, wird schärfster Lohndruck einsetzen, werden alle Mädchen und Frauen brotlos gemacht, werden alle jungen Männer zur Arbeitsdienst-

104

Die Aufnahme des Wehrsportes durch das Reichsbanner machte die Schaffung einer zentralen Wehrsportschule notwendig. Das Bundesstadion „Neue Welt" in Magdeburg hat dadurch eine neue Zweckbestimmung erfahren, an die wohl ursprünglich kaum gedacht worden ist. In drei Holzhäusern, über denen an hohem Flaggenmast die stolze schwarzrotgoldene Flagge der deutschen Republik lustig im Winde flattert, sind die ersten 70 Wehrsportschüler untergebracht. Alles, was hier geschaffen worden ist, hat die Organisation aus eigener Kraft vollbracht. In freiwilliger Arbeit haben 70 junge Menschen nur für den kargen Lohn eines Mittagessens in täglich achtstündiger freiwilliger Arbeit den Platz planiert, auf dem heute ihre Schule steht. In selbstlosester Hingabe haben sie für sich und ihre Kameraden, die nach ihnen kommen werden, die schwere Arbeit geleistet.

Rechts: Flaggenparade.

Morgenappell, im Hintergrund eines der Unterkunftshäuser.

Die Wehrsportschule des Reichsbanners

In den schmucken Holzhäusern sind die übereinanderstehenden Betten aufgebaut. Peinlichste Korrektheit im Bettenbau kann das Herz manch altpreussischen Korporals erfreuen. Vor den Betten stehen hübsche, in freundlichem Grau gehaltene neue Schränke, durch die der Raum in zwei Teile geteilt wird. Der freundlich gehaltene Wohnraum mit seinen langen Tischen macht einen wohnlichen Eindruck. Von den Wänden blicken die Köpfe republikanischer Führer auf das muntere Gewimmel der

Die Wehrsportschule des Reichsbanners 1933

pflicht in Kasernen interniert. Dann triumphiert das Boxheimer Blutregiment: Es wird erschossen – wird erschossen«.[33] Als das Wahlergebnis einen zweiten Wahlgang erforderlich machte, marschierte die Eiserne Front erneut in unverminderter Stärke auf mit der siegessicheren Ankündigung: »Wir werden Hitler schlagen zum zweiten und zum dritten Mal«.[34] Das Ergebnis rechtfertigte die Einschätzung, ohne den außerordentlichen Einsatz der Eisernen Front hätte Hindenburg die Wahl nicht gewonnen. Doch die Opfer waren erheblich, das Reichsbanner hatte mehrere Tote zu beklagen. Auf Druck der Länderinnenminister wurde zwar nach den Gewaltexzessen während des Wahlkampfes am 14. April ein SA-Verbot erlassen, doch Hindenburg, der seinen Wahlhelfern keine Dankbarkeit bezeugte, war nun geneigt, auch das Reichsbanner zu verbieten.

In dieser außerordentlich angespannten Situation beging die SPD den Fehler, bei den bereits für den 24. April anstehenden preußischen Landtagswahlen auf den Einsatz der Eisernen Front zu verzichten. Im Ergebnis dieses mit halber Kraft geführten Wahlkampfes stieg die NSDAP im »roten Bollwerk« Preußen mit 162 Mandaten zur stärksten Kraft auf und verdrängte die SPD erstmals auf Platz zwei. Im Freistaat Anhalt trat sie sogar an die Stelle der regierenden SPD, setzte damit

ihren Einzug in die Länderparlamente Nord- und Mitteldeutschlands fort. Der Niedergang der Republik wurde beschleunigt, als Hindenburg Reichskanzler Brüning absetzte und den erzkonservativen Zentrumsmann von Papen mit der Regierungsbildung beauftragte. Der für den 31. Juli angesetzten Neuwahl des aufgelösten Reichstages ging die Aufhebung des SA-Verbotes voran. Von nun an verzeichnete die Presse täglich zwei bis sechs Todesopfer und einige hundert Verwundete. Bürgerkriegsähnliche Zustände beherrschten das Land. Die Zeitung des Reichsbanners wurde zum ersten Mal verboten wegen einer Titelzeichnung mit einer Reihe von Särgen, über die Hindenburgs Schatten fiel, Unterschrift: »Die Treue ward ihnen zum Leichentuch«.

In Magdeburg veranstaltete die Eiserne Front am 17. Juli 1932 noch einmal eine gewaltige Kundgebung, deklariert als »Tag der Freiheit«. Der Domplatz und die angrenzenden Straßen waren von Zehntausenden überflutet. Höltermann hielt eine bewegende Ansprache, einem endlosen Umzug durch die Stadt mit wahren Fahnenwäldern wehte die riesige, von einer Reichsbannerdelegation mitgeführte, Hessenfahne mit den silbernen drei Pfeilen voran. Eine Hochstimmung, getragen von der Überzeugung, gegen solche Massen komme Hitler nicht an, hatte sich noch einmal der Magdeburger

Arbeiterschaft bemächtigt.[35] Doch dieser nach Meinung des Mitinitiators Franz Osterroth stärkste Aufmarsch in der Stadt seit den Novembertagen 1918 sollte die letzte öffentliche Demonstration der Republikaner sein. Drei Tage danach setzte die Papen-Regierung die geschäftsführende sozialdemokratische Preußen-Regierung verfassungswidrig ab.

Die in Bereitschaft liegenden Reichsbannertruppen warteten auf das Signal ihrer Führung zur Gegenwehr. Jeder war bereit zu kämpfen und das so oft auf so vielen Massenveranstaltungen im Chor gegebene Versprechen, wenn nötig, das eigene Leben einzusetzen, jetzt einzulösen. Doch die Spitzen von SPD und Gewerkschaften hielten angesichts der Massenarbeitslosigkeit einen Generalstreik für undurchführbar und die disziplinierten Funktionäre im Lande beugten sich dem Beschluß. Da auch Höltermann in der Berliner Krisensitzung dem Stillhaltebeschluß nach heftiger Diskussion schließlich zugestimmt hatte, sahen die in Magdeburg zum Handeln Entschlossenen wie Oberbürgermeister Ernst Reuter und Polizeipräsident Horst Baerensprung keinen Sinn mehr in ihrem ursprünglichen Vorhaben, die Bereitschaftspolizei mit dem als Hilfstruppe unterstellten Reichsbanner nach Berlin in Marsch zu setzen.[36]

Der »Preußenschlag« der Papen-Regierung mit nachfolgender Entfernung sozialdemokratischer Führungskräfte in Polizei und Verwaltung – auch Polizeipräsident Baerensprung wurde von einem konservativen Adligen, Freiherrn von Nordenflycht, abgelöst – leitete den Untergang der Weimarer Republik ein. Auch wenn das Reichsbanner in den nächsten Monaten alles daransetzte, eine voll einsatzfähige Kampforganisation zu werden, die Wehrausbildung mit einer eigenen Ausbildungsstätte auf dem Gelände des Stadions »Neue Welt« forcierte und seine Führungskräfte verjüngte, auch wenn mit dem Stimmenverlust der NSDAP von zwei Millionen

bei den Reichstagswahlen im November noch einmal ein Hoffnungsstrahl aufleuchtete und der neue Chefredakteur der Reichsbanner-Zeitung, Theodor Haubach, in der letzten Nummer des Jahres 1932 verkündete: »Die Zeichen stehen auf Sturm und Angriff«, so war doch mit der Ernennung Hitlers zum Reichskanzler durch Reichspräsident Hindenburg am 30. Januar 1933 das Ende der Weimarer Republik besiegelt. Das Reichsbanner wurde alsbald verboten, sein Besitz beschlagnahmt. Auf dem Haus des Bundesvorstandes wehte die Hakenkreuzfahne. Die Führungskräfte wurden gejagt, mancher in den nächsten Wochen und Monaten ermordet, einige emigrierten. Den Verhafteten war es kein Trost, daß sich ihre Prophezeiungen über die Untaten der Nationalsozialisten, sollten sie jemals an die Macht kommen, voll erfüllten. Es blieben nur Erinnerungen, wie sie Julius Leber, der spätere Mitverschwörer des 20. Juli 1944, niederschrieb: »Trotz allem, trotz des schließlichen Mißerfolges wird jeder, der damals unter den schwarz-rot-goldenen Fahnen kämpfte, nur mit innerer Freude und Wehmut zurückdenken an den Opfermut und an die gläubige Zuversicht, die die Massen der Eisernen Front beseelten und anfeuerten […]. «[37]

1
Jacob Toury, Deutschlands Stiefkinder. Ausgewählte Aufsätze zur deutschen und deutsch-jüdischen Geschichte, Gerlingen 1997, geht in dem Aufsatz »Das Reichsbanner Schwarz-Rot-Gold – Stiefkind der Republik zur Gründungsgeschichte republikanischer Wehren«, S. 11–92, den einzelnen Regionalgründungen ausführlich nach.

2
Karl Höltermann, Republikanische Notwehr. Ein Beitrag zur Vorgeschichte des Reichsbanners Schwarz-Rot-Gold, in: Die rote Stadt im roten Land. Ein Buch über das Werden und Wirken der Sozialdemokratie in der Stadt Magdeburg und dem Bezirk Magdeburg-Anhalt, Magdeburg 1929, S. 116–120.

3
Jacob Toury, Deutschlands Stiefkinder, S. 90.

4
Vgl. Karl Rohe, Das Reichsbanner Schwarz Rot Gold. Ein Beitrag zur Geschichte und Struktur der politischen Kampfverbände zur Zeit der Weimarer Republik, Düsseldorf 1966, S. 69 und Jacob Toury, Deutschlands Stiefkinder, S. 87 und 90.

5
Das Reichsbanner (künftig: RB) vom 15.5.1924, bringt auf der Titelseite die namentliche Zusammensetzung des Reichsausschusses.

6
Gründungsaufruf des Reichsbanners auf den Titelseiten des RB vom 15.4.1924 und der Volksstimme (künftig: VS) vom 8.3.1924.

7
Illustrierte Reichsbanner Zeitung (künftig: IRZ) vom 22.5.1926, Das Parlament des Reichsbanners, siehe auch RB vom 1.8.1924, Die erwachenden Republikaner.

8
IRZ vom 29.9.1928, Unser Bundeshaus, siehe auch RB vom 16.9.1929, Die Reichsbanner-Stadt Magdeburg und die Republik.

9
Karl Rohe, Das Reichsbanner Schwarz Rot Gold, S. 71–73.

10
IRZ vom 7.3.1925, Der Tag von Magdeburg.

11
Karl Rohe, Das Reichsbanner Schwarz Rot Gold, S. 79.

12
Siehe Wilhelm Dittmann, Erinnerungen, Frankfurt a.M., New York 1995, Bd. 2, S. 878.

13
IRZ vom 23.7.1927. Der Kopf soll von einem Anwohner des Torhauses über die NS-Zeit gerettet worden sein. Seine Spur verliert sich in der Nachkriegszeit. Bemühungen des Vorstandes der Baugenossenschaft, die Skulptur 1994 zum 85jährigen Bestehen der Gartenstadt-Kolonie Reform aufzufinden, um sie wieder am alten Platz anzubringen, blieben erfolglos.

14
IRZ vom 17.4. und 24.4.1926 (Salzwedel),
vom 12.11.1927 (Tangermünde),
vom 16.6.1928 (Staßfurt),
vom 21.7.1928 (Dessau und Eilsleben),
vom 8.9.1929 (Neuhaldensleben),
vom 26.10.1929 (Dessau-Törten),
vom 30.5.1931 (Dahlenwarsleben),
vom 27.6.1931 (Thale).

15
Landesarchiv Magdeburg – Landeshauptarchiv – C 20, Ib, II.

16
IRZ vom 12.12.1925, Willi Karbaum, Hohenzollern-Aufwertung, IRZ vom 30.1.1926, Titel; Berichte und Fotos durchziehen passim das nächste halbe Jahr die Nummern der IRZ und des RB.

17
IRZ vom 22.5.1926, Das Parlament des Reichsbanners.

18
Die Schrift: Am Justizmord vorbei, erschien 1928 mit einem Vorwort des einstigen Justizministers Radbruch. 1949 verfilmte die DEFA den Stoff in: Affäre Blum.

19
Siehe dazu Richard Saage, Die gefährdete Republik. Porträt der Zeitung des »Reichsbanners Schwarz Rot Gold«, in: Richard Saage (Hg.), Arbeiterbewegung, Faschismus, Neokonservatismus, Frankfurt a. M. 1987, S. 65–80.

20
Zur Wehrkommission siehe Heinrich August Winkler, Der Schein der Normalität 1924–1930, Berlin 1985, S. 629–635.

21
IRZ vom 7., 21., 28.6.1930, VS vom 31.5., 6., 8. und 11.6.1930.

22
Die VS jener Monate berichtete regelmäßig über die Versammlungen, brachte überdies in Fortsetzungen von Pietro Nenni, Todeskampf der Freiheit. Der Weg zum 3. Reich. Erinnerungen und Erfahrungen eines italienischen Sozialisten.

23
Dorothea Beck, Theodor Haubach, Julius Leber, Carlo Mierendorff, Kurt Schumacher, Zum Selbstverständnis der »militanten Sozialisten« in der Weimarer Republik, in: Archiv für Sozialgeschichte XXVI. Bd, 1986, S. 87–123; siehe auch Peter Merseburger, Der schwierige Deutsche. Kurt Schumacher. Eine Biographie, Stuttgart 1995, S. 102–128 und Richard Albrecht, Der militante Sozialdemokrat. Carlo Mierendorff 1897 bis 1943. Eine Biografie, Berlin Bonn 1987, S. 98–153.

24
VS vom 2., 4., 5. und 14.12.1930, RB vom 10.1.1931.

25
VS vom 2.12.1930.

26
Archiv der sozialen Demokratie der Friedrich-Ebert-Stiftung Bonn (künftig: AsD), Nachlaß Franz Osterroth, Box 1, Erinnerungen 1900–1934, S. 226.

27
VS vom 24.2.1931.

28
AsD, Nachlaß Franz Osterroth, Box 46, Mappe 120.

29
VS vom 18.12.1931.

30
Dorothea Beck, Wilfried F. Schoeller (Hg.), Julius Leber, Schriften, Reden, Briefe, München 1976, S. 236.

31
Richard Albrecht, Carlo Mierendorff, S. 122, vergleiche auch Gerhard Paul, Aufstand der Bilder. Die NS-Propaganda vor 1933, Bonn 1980, S. 177–179 und AsD, Nachlaß Franz Osterroth, Box 1 Erinnerungen, S. 238–240.

32
AsD, Nachlaß Franz Osterroth, Box 1, Erinnerungen, S. 238.

33
VS vom 12./13.3.1932. Ende 1931 hatten der hessische Innenminister und sein Pressechef Carlo Mierendorff die sogenannten Boxheimer Dokumente, hochverräterische Putschpläne der NSDAP mit terroristisch-diktatorischen Maßnahmen, veröffentlicht. Sie widerlegten die Legalitätsbekenntnisse Hitlers.

34
Die Volksstimme hatte eine tägliche Seite mit der Überschrift »Schlagt den Faschismus« eingerichtet, auf der sie die Aktivitäten bis zum 2. Wahlgang begleitete.

35
AsD, Franz Osterroth, Erinnerungen, S. 248.

36
H.E. Hirschfeld, H. J. Reichardt (Hg.), Ernst Reuter. Schriften, Reden, Berlin 1973, Bd. 2, S. 330, AsD, Nachlaß Franz Osterroth, Box 1, Erinnerungen, S. 248, Ernst Thape, Von Rot zu Schwarz-Rot-Gold. Lebensweg eines Sozialdemokraten, Hannover 1969, S. 97, 100 und 354.

37
Dorothea Beck, Wilfried F. Schoeller (Hg.), Julius Leber, S. 236.

Xanti Schawinsky, vor der Kasse des Stadttheaters

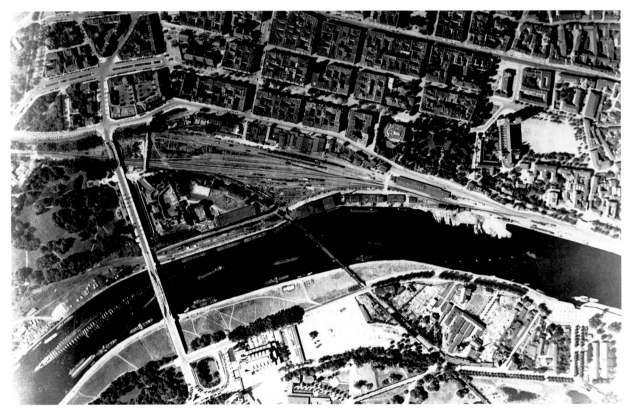

Luftbild der Altstadt mit Elbhafengelände 1931

Der neue Geist des Städtebaus – Eine Stadt blüht auf

Einige Gedanken zum Neuen Bauen in Magdeburg

Eckhart W. Peters

»Magdeburg ist dreimal zerstört worden: durch den 30jährigen Krieg, durch Napoleon (1806/07) und durch die Gründerzeit«, stellte Bruno Taut Anfang der 20er Jahre fest. Die Zerstörung Magdeburgs im Zweiten Weltkrieg konnte er nicht ahnen.

Der Organismus Stadt ist nicht allein durch die Architektur und den Stadtgrundriß geprägt, erst das Zusammenspiel aller sozialen, wirtschaftlichen und politischen Kräfte bestimmt ihre Vitalität. Das Erscheinungsbild ist abhängig von den physischen Gegebenheiten, von Boden und Wasser, Luft und Klima und deren topographischen Besonderheiten. Sie nehmen entscheidend Einfluß auf Planung und Wachstum. So ist der Aufbau Magdeburgs maßgeblich vom Verlauf der Elbe bestimmt, auf deren höherem und damit vor Überschwemmungen geschütztem Westufer wurde die Stadt gegründet. Eine nahezu ganzjährig nutzbare Furt in unmittelbarer Nähe sprach außerdem für die Wahl dieses Stadtortes. So entstanden die ersten Siedlungen auf dem leicht erhöhten Plateau im Bereich des heutigen Domplatzes. Im wesentlichen parallel zur Süd-Nord-Richtung des Elbeverlaufs entwickelte sich der Stadtkern auf dem Westufer, während das Gelände auf dem Ostufer zunächst unbesiedelt blieb. Auch die Verkehrswege wurden an den Elbverlauf angepaßt, im 19. Jahrhundert auch die Gleisanlagen der Eisenbahn. Der genius loci – »Geist des Ortes« – ist von der Lage an der Elbe und dem Naturraum »Elbeurstromtal« bestimmt.

Die Gewalt mächtiger Eismassen aus Skandinavien hat während der Eiszeiten das Gesicht der Landschaft geprägt. Das Abschmelzen der Gletscher und Ablagerungen des von ihnen mitgeführten Bodenmaterials ergaben Grund- und Endmoränen. Bei Klimawechsel verformten abfließende Wasser zusätzlich die Erdoberfläche. Anteil am Wandel der Landschaft haben auch Ablagerungen der Elbe, die zunächst die Elbauen in mehreren Armen durchfloß.

Eiszeitliche Winde haben Sandteile von der hohen Börde nach Osten abgelagert. Auf den wenigen sandigen Linsen im Elbeurstromtal entstanden Siedlungen, zum Beispiel dort, wo heute die Ortschaften Randau, Pechau, Gübs und Elbenau liegen.

Betrachtet man Magdeburg von Osten, so bietet die Stadt auch heute noch ein eindrucksvolles Bild. Imponierend vor allem der mächtig aufragende Dom, majestätisch die Stadtsilhouette dominierend und an Größe die wenigen Kirchen weit übertreffend, die wie er den Bombenhagel des Krieges und die Sprengungen der Nachkriegsjahre überstanden haben. Das im Geist mittelalterlicher Frömmigkeit errichtete Bauwerk ist das Wahrzeichen der Stadt, mit dem sich die Magdeburger auch heute identifizieren: Der Dom bestimmt das Bild ihrer Stadt!

Das Stadtgefüge ist ein deutliches Abbild des inneren Aufbaus der Gesellschaft und ihrer Kultur – in der Vergangenheit und Gegenwart. Wenn Magdeburg im Laufe der Geschichte Katastrophen erlitten und auch in Friedenszeiten tiefgreifende Veränderungen, zum Beispiel durch die Industrialisierung, erfahren hat, so sind doch Zeugnisse erhalten, die Einblick in die kulturelle Vergangenheit geben: Kirchen, das Rathaus und einzelne Bürgerhäuser, Reste der Stadtmauer, Wallanlagen und so weiter. Es gilt, den Bestand für zukünftige Generationen zu sichern. Im Zuge entsprechender Maßnahmen erhielt zum Beispiel die alte Stadtkirche St. Johannis wieder ein neues Dach.

Eine Stadt ist ein lebendiges Ganzes, nach Bruno Taut ein Organismus, der nicht statisch ist. Er wächst, schrumpft, wird zerstört und erholt sich wieder. Sein Gedeihen ist vom Einsatz der Einwohner abhängig. Im 19. Jahrhundert – insbesondere in der zweiten Hälfte – führte die stürmische Industrialisierung in Magdeburg

Blick von der Katharinenkirche zum Kaiser-Wilhelm-Platz

und in den Vororten zu einem raschen Anstieg der Bevölkerungszahl. Der Festungsstatus der Stadt ließ jedoch eine Flächenausdehnung kaum zu, was zu einer immer stärkeren Verdichtung innerhalb der Stadtmauern führte. Es entstand ein Konglomerat, das in seiner Dichte mit Berlin vergleichbar war und erst durch den Abbruch der alten Befestigung und den Bau des neuen Festungsgürtels 1871 neue Erweiterungen zuließ. Dazu gehörte nach 1871 im südlichen Stadtgebiet (Südfront) der planmäßige Aufbau des Viertels zwischen Dom und Hasselbachplatz. Das Ergebnis wurde in den 20er Jahren aus wohnungswirtschaftlicher Sicht heftig kritisiert und insbesondere der Widerspruch zwischen Fassadenpracht und Enge der Hinterhöfe angeprangert.

Magdeburg entwickelte sich rasant (1840 – 50.000 Einwohner, 1880 – 100.000 Einwohner, 1890 – 200.000 Einwohner). Ehemalige Landarbeiter, Bauern, bankrotte Handwerker, Frauen, Kinder drängten in die Stadt, suchten Arbeit in einer Fabrik und Wohnraum. Frauen

FRÜHLICHT

EINE FOLGE FÜR DIE VERWIRKLICHUNG DES NEUEN BAUGEDANKENS

HERAUSGEBER: BRUNO TAUT

Neu-Magdeburg, eine realistische Stadtbetrachtung

Wer zu Sinnreichtum kommen ist, der
wirket alle sinnlichen Dinge desto baß.
Heinrich Suso

Uns sieht der Mietskaserneninsasse und Asphalttreter als bedauernswerte Idealisten und Utopisten an, die nicht mit beiden Füßen auf der Erde stehen. Er aber steht ja nur auf dem Asphalt und nicht auf dem Erdboden, er möchte vom harten Pflaster aus seine Welt, d. i. die Stadt, regieren und merkt nicht, daß er dabei zum traurigen Idealisten wird, zum Anbeter eines Götzen, zum demütigen Knecht eines Phantoms. Wie sieht denn das Erbe »unserer Väter« aus? Ich stand auf dem Domturm und sah – nun – keinen Organismus. Das Alte, die Kirchen stehen wie verkümmerte Blumen in einem wüsten Unkrautacker, und wo man keinen alten Straßenzug, keine

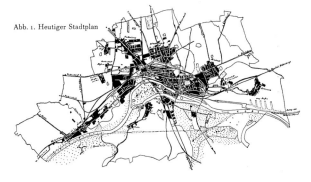

Abb. 1. Heutiger Stadtplan

Bruno Taut, Frühlicht 1921

und Kinder mußten mitarbeiten, um die Familie zu ernähren. Wohnungszuwachs wurde durch Aufstockung (zum Beispiel von Barockhäusern am Breiten Weg) und Überbauung der Höfe und Gärten erreicht. Erst 1870 konnten Teile der Festung an die Reichsbahn (Hauptbahnhof 1874 gebaut) und die Stadt (Hasselbachplatz für sechs Millionen Mark) verkauft werden.

Bodenspekulation und Baufieber bestimmten das Baugeschehen nach dem gewonnenen Deutsch-französischen Krieg. Prachtstraßen mit Bauten in Neorenaissance und Neobarock mit industriell gefertigten Stilelementen entstanden auch in Magdeburg. In der Hinterhofbebauung (südliches Stadtzentrum beziehungsweise im »Knattergebirge« östlich der Jakobstraße) lebten die Arbeiter in düsteren und unhygienischen Wohnungen. Für 40–50 Personen waren oft nur zwei Aborte und eine Wasserzapfstelle vorhanden.

Bruno Taut schrieb 1922 im »Frühlicht«, Heft Nr. 3, über »Neu Magdeburg, eine realistische Stadtbetrachtung«: »Wie sieht denn das Erbe ›unserer Väter‹ aus? Ich stand auf dem Domturm und sah – nun – seinen Organismus. Das Alte, die Kirchen stehen wie verkümmerte Blumen

in einem wüsten Unkrautacker, und wo man keinen alten Straßenzug, keine organische saubere Dachmasse mehr sah, nach Süden, Fermersleben, Sudenburg usw., da war nur ein Geschiebe von wüsten Kräften, in die mit dem Messer schnurgerade »Fluchten« geschnitten sind – die schöne Welt des Pflastertreters. [...] Ich fuhr im Flugzeug über die Stadt: tief unten das Werk der winzigen Menschentiere. In dieser schönen Welt, wo die Elbe wie ein Silberband leuchtet, in dem grünen Meer von Feldern und Bäumen – mit Scham sieht man von da aus, was wir Menschentiere geleistet haben. Wenig schmeichelhafte Vergleiche drängen sich angesichts dieses Steinwirrwarrs auf, wenn wir nicht an der sauberen Anlage des Doms und seiner Umgebung einen Halt für unser Selbstbewußtsein fänden, daß wir Menschen doch zu den »besseren« Tieren gehören. – Von oben sieht man es: ›Stadt‹ – so etwas gibt es eigentlich nicht mehr. Es breitet sich weithin ins Land aus, man sieht keine ›Grenze‹, an der man sagen könnte: hier hört die Stadt auf und das Land beginnt. Aber es strahlt nicht organisch zusammen zu einem Gipfel, zu einem Höhepunkt, es kumuliert, häuft sich nur, ohne jede Form, ohne jeden Sinn.«

Die Verbesserung der Situation im Wohnungswesen war in den 20er Jahren ein dringliches Problem.

Jahr	Bewohnte Wohnungen	Leere Wohnungen	Wohnungen überhaupt	Bewohner (ohne Anstalten und Stifte)	auf eine Wohnung entfallende Bewohner
1886	35.675	1014	36.689	150.666	4.23
1890	45.178			190.322	4.26
1895	48.996	2866	51.862	203.466	4.15
1900	53.797	417	54.214	219.573	4.08
1905	58.319	1879	60.198	228.989	3.93
1910	63.976	1415	65.728[1]	241.083	3.77[2]
1925	82.310	106	82.416	290.391	3.53

[1] Einschließlich 337 Wohnungen mit vorübergehend abwesenden Bewohnern
[2] Ohne Rothensee, Südost, Lemsdorf, Cracau und Prester

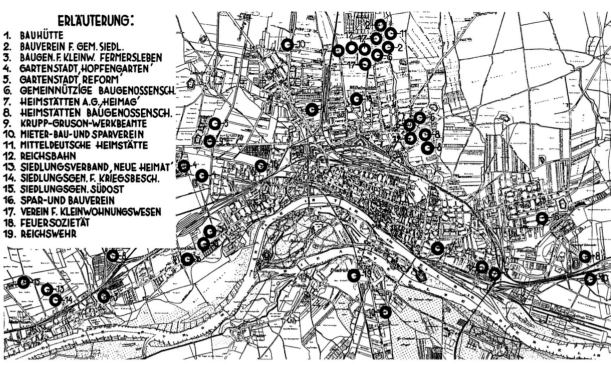

ERLÄUTERUNG:
1. BAUHÜTTE
2. BAUVEREIN F. GEM. SIEDL.
3. BAUGEN. F. KLEINW. FERMERSLEBEN
4. GARTENSTADT „HOPFENGARTEN'
5. GARTENSTADT „REFORM'
6. GEMEINNÜTZIGE BAUGENOSSENSCH.
7. HEIMSTÄTTEN A.G. „HEIMAG'
8. HEIMSTÄTTEN BAUGENOSSENSCH.
9. KRUPP-GRUSON-WERKBEAMTE
10. MIETER-BAU-UND SPARVEREIN
11. MITTELDEUTSCHE HEIMSTÄTTE
12. REICHSBAHN
13. SIEDLUNGSVERBAND „NEUE HEIMAT'
14. SIEDLUNGSGEN. F. KRIEGSBESCH.
15. SIEDLUNGSGEN. SÜDOST
16. SPAR-UND BAUVEREIN
17. VEREIN F. KLEINWOHNUNGSWESEN
18. FEUERSOZIETÄT
19. REICHSWEHR

216

Baugenossenschaften mit den Baustellen in der Stadt 1927

Gefördert durch die Ideen der Gartenstadtbewegung, begannen Stadtverwaltung und Baugenossenschaften, neue städtebauliche Pläne für Magdeburg zu entwickeln. Ziel des sozialen Wohnungsbaues war es, für breite Kreise der Bevölkerung gesunde Wohnungen zu erschwinglichen Preisen bereitzustellen. Wohnungsbau sollte nicht am Gewinn der Wohnungseigentümer, sondern an den Bedürfnissen der Bewohner orientiert sein. Dazu war ein umfangreicher Siedlungsbau erforderlich, der an Hygieneforderungen (Licht, Luft, Sonne), ausreichenden Wohnungsgrößen und an seiner Funktionserfüllung gemessen wurde. Mit beschränkten wirtschaftlichen Möglichkeiten mußten diese Forderungen erfüllt werden.

Um die Jahrhundertwende waren mit Unterstützung des Stadtbaurates Otto Peters die ersten sieben Wohnungsbaugenossenschaften entstanden. Ihr Ziel waren gesunde Wohnverhältnisse und sparsame Grundrisse bei vergleichbaren Mieten. Am Rande der Stadt wurde billig Land gekauft, bereits 1912 waren die ersten Wohnungen in »Reform« und Hopfengarten gebaut. Bruno Tauts Wirken in Magdeburg, gestützt vom Baurat Otto Peters und dem Genossenschaftler Willy Plumbohm, begann.

1890 Mieter-, Spar- und Bauverein/Kleinstwohnungen
1893 Spar- und Bauverein (Neustadt)
1909 Gemeinnützige Baugenossenschaft

(für den Mittelstand/Wilhelmstadt)
Gartenstadt Kolonie Reform (Arbeiter)
Gartenstadt Hopfengarten (mittelständisch)
Bauverein Grusonwerk Fermersleben
(Beamte, »Protzenheim«)
1912 Baugenossenschaft für Kleinwohnungen

Die Bodenvorratspolitik der Stadt führte dazu, daß in dieser Zeit auch die ersten innerstädtischen Siedlungen in Neustadt, Fermersleben, Stadtfeld und im Westernplan entstanden. Nach dem Ersten Weltkrieg verursachte die Demobilisierung enorme Kosten, Reparationsleistungen waren zu zahlen, und die Inflation lähmte auch die Bautätigkeit. Die Wohnungsnot war groß. Behelfswohnungen wurden an der Rothenseer Straße und am Westring errichtet. 1919 wählte die Stadtverordnetenversammlung Hermann Beims (SPD) zum ersten demokratischen Bürgermeister Magdeburgs. Er war Förderer des gemeinnützigen Wohnungsbaus und leitete die entscheidenden Schritte zum Neuen Bauen in Magdeburg ein. Der Zeitgeist richtete sich eindeutig gegen die Bürgerlichkeit des wilhelminischen Deutschlands, gegen den schachbrettartigen Siedlungsbau mit höchster Dichte und die teilweise überladene Gründerzeitarchitektur in verschiedensten Stilrichtungen.

Die Zeit vor dem Ersten Weltkrieg war die Zeit der Wandlungen, der Ideen und Visionen, die durch den

Krieg einen bedrückenden Dämpfer erfuhren. Während der Kriegsjahre mußte die praktische Arbeit der Architekten zwangsläufig stagnieren. Doch nach dem Kriegsende, als die desolate wirtschaftliche Situation Deutschlands eine aktive Realisierung noch nicht zuließ, zeigte sich auch hier das umfangreiche Potential künstlerischer Erneuerungen und fand Ausdruck in Darstellungen, die in den Zielsetzungen eine geistige Verwandtschaft der Architekten erkennen ließ.

Die sich in allen Bereichen des intellektuellen und künstlerischen Schaffens entwickelnden Neuerungsbewegungen waren gekennzeichnet von der Suche nach neuen sozialen und künstlerischen Lebensinhalten. Einbezogen in diesen Prozeß wurden auch Wissenschaft und Forschung, die sich den fortschrittlichen Technisierungsgrad zunutze machen konnten. Die Suche nach neuen Ausdrucksformen stellte sich sehr unterschiedlich und vielfältig dar. Die Kunstgewerbe- und Handwerkerschule Magdeburg beteiligte sich intensiv an diesem Prozeß (1793 gegründet, 1963 geschlossen).

Die Maler und Grafiker Bruno Beye und Franz Jan Bartels richteten 1919 einen öffentlichen Aufruf an die Magdeburger Künstler, Schriftsteller und Musiker zur Gründung einer Vereinigung für Kunst und Literatur. Die Resonanz war groß und Alfred John, Rudolf Wewerka, Hans-Heinz Stuckenschmidt, Max Dungert, Oswald Pohl, Eberhard Wiegener, Günther Vogler, Katharina Heise, Wilhelm Höpfner, Erich Weinert, Herbert B. Fredersdorf, Hermann B. Nühr, Gerhard Kahlo, Robert Seitz und Maximilian Rosenberg schlossen sich zum Künstlerverein »Die Kugel« zusammen. Schon im Mai 1919 erschien die erste Ausgabe der Zeitschrift »Die Kugel« von Robert Seitz und Franz Jan Bartels.

»In der provinziellen Stickluft Magdeburgs wirkte die Aktivität der Kugelmitglieder wie eine frische Bö. Den Zopfträgern flog der Staub vom Kopf, ihre aufgescheuchten Seelchen fuhren wie Motten aus dem Schrank. Natürlich sammelten sie sich sofort wieder in Scharen und wollten in die Nester zurück. Mit welchem Hallo begrüßten die Kugelleute empörte Kritiken in bürgerlichen Blättern, in denen zu lesen stand, daß ihre Leistungen primitiv, absurd und kunstzerstörend seien.« (Maximilian Rosenberg, vor 30 Jahren, Die Kugel Volksstimme 6.10.1948)

Mitglieder der »Kugel«

Expressionisten, Kubisten, Konstruktivisten und Dadaisten mit ihren spezifischen Prägungen repräsentierten in der Malerei das Kunstschaffen des neuen Jahrhunderts und schufen durch interaktive Beziehungen zwischen der bildenden Kunst und anderen Kunstgattungen ein lebendiges Beziehungsgeflecht. So ist auch die »Gläserne Kette« von Bruno Taut im Jahre 1919 zu interpretieren und auch der umfangreiche Schriftwechsel mit Gleichgesinnten aus der Kunstszene.

Sich von der gegenständlichen Malerei zu lösen, den Begriff des Schönen neu zu interpretieren und die Kraft der neuen Zeit sind Kennzeichen der provokanten Ideen

Titelseite der Zeitschrift »Die Kugel« 1920

bleibt man dezent? Bevorzugt man lange Reihen oder kurze oder Doppelhäuser? Welches Prinzip gibt es da? – Ich bin der Meinung, es gibt keine Regel, so schön alle solche Regeln sind und so wissenschaftlich sie auch begründet sind. Es gibt keine Regel, von der man sagen kann: das ist das Prinzip!

Es ist immer sehr gefährlich, eine einzelne zum Prinzip zu erheben. ›Principium‹ heißt Anfang. Ja, man kann davon ausgehen; aber dieses Prinzip bis zum Ende abzuhetzen, scheint mir doch außerordentlich gefährlich zu sein. Deshalb schließe ich mit dem römischen Sprichwort: Principiis obsta! (Wehre dich gegen Prinzipien!)«

Bruno Taut sah in dem aufkommenden sozial orientierten Denken das entscheidende Element für einen Architekten der Gegenwart, das den akademischen Stilfragen eine wirkliche Alternative entgegensetzte. In einer 1913 gehaltenen und 1914 in den Mitteilungen der Deutschen Gartenstadtgesellschaft (DGG) gedruckten Rede vor der Generalversammlung jener Gesellschaft in Leipzig entwickelte Bruno Taut seine für die kommenden Jahre gültigen Gedanken. Ausgangspunkt seiner Ausführungen war die Frage, welcher Beitrag vom Architekten bei Landaufschließung und Siedlungsbau zu erwarten sei. In dieser ersten großen Rede weigerte sich Bruno Taut, allgemeine Prinzipien aufzustellen, nach welchen Siedlungspläne entworfen werden sollten. Er warnte sogar davor. Vielmehr vertrat er die Ansicht, daß es die Aufgabe des Architekten sei, zunächst darüber Klarheit zu gewinnen, welche Bereiche überhaupt in eine weitere Planung mit einbezogen werden müßten. Ehe eine Aufgabe in all ihren Dimensionen erfaßt sei, müssen geomorphologische, klimatische, verkehrstechnische und soziale Bedingungen gleichermaßen untersucht werden. Daraufhin müßten alle Überlegungen zu einem Ganzen zusammenschmelzen. Für Bruno Taut war die Einheit von Aufgabe und Lösung

des damaligen Stadtbaurates Bruno Taut (1921): »Meine Damen und Herren! Welche Regeln gibt es nun nach all diesem für die Aufstellung von Bebauungsplänen? Ist es die Himmelsrichtung der Straßen, ist es die absolute Befolgung der Höhenkurven? Gibt es nicht eine Formel, mit der man einem Schüler gewissermaßen sagen könnte: davon musst du abgehen!

Man kann natürlich einen Bebauungsplan nicht allein als Plan, als Zeichnung erfinden; der Bebauungsplan ist auch immer plastisch gedacht. – Wählt man flache Dächer oder steile? Geht man farbig ins Zeug oder

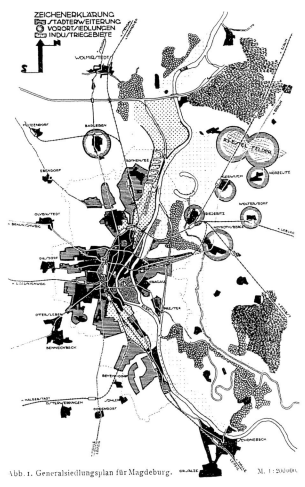

Abb. 1. Generalsiedlungsplan für Magdeburg. M. 1 : 200 000.

Bruno Taut, Konrad Rühl, Generalsiedlungsplan 1924

oberstes Gebot und er sah sich die Eigenart des Ortes besonders genau an.

Mit diesem, 1913 von ihm zum ersten Mal öffentlich vorgetragenen, grundlegenden und vom Tenor damaliger Kunstauffassung abweichenden Gedanken beschäftigte er sich immer wieder. Wie ein Leitmotiv durchzieht er in den kommenden Jahren, an Beispielen verdeutlicht, weitere Vorträge und Aufsätze.

Auf der Basis dieser Überlegungen entwickelte Bruno Taut dann 1923 den Generalsiedlungsplan von Magdeburg, der von seinem Nachfolger Johannes Göderitz in den Jahren 1924 bis 1933 fortgeschrieben wurde. Magdeburg verfügte damit über einen qualitätvollen und weitsichtigen Handlungsrahmen für die städtebauliche Entwicklung – es hätten sicherlich 500.000 Einwohner untergebracht werden können. Unter Berücksichtigung der Entwicklung Magdeburgs zur Großstadt und der Perspektive als wirtschaftliches Zentrum des mitteldeutschen Raumes wurden das Schleifen der Festungs-

anlagen, die Eingemeindung von Vororten, die Grundsätze für die zukünftige städtebauliche Entwicklung und das Wachstum der Stadt sowie Verkehrs- und Wirtschaftsprobleme bearbeitet.

Für den Wohnungsbau von Bedeutung waren die Trennung von Industriegebieten und Wohn- und Erholungsflächen, die vorgesehene Dezentralisierung der Wohngebiete und die Schwerpunktsetzung des Wohnungsbaues im Westen, später auch im Osten der Stadt mit der dann zwingend notwendigen dritten Elbuferquerung über die Südspitze der Rotehorninsel. Hygienische Bedingungen (Hauptwindrichtung, Durchgrünung) und die Wegebeziehung zu anderen Stadtgebieten spielten eine wesentliche Rolle. Auf der Grundlage der städtebaulichen Planung war es sowohl möglich, eine langfristige kommunale Bodenerwerbs- und -vorratspolitik zu betreiben, als auch über Planung, Baulandvergabe, Wohnungsbauförderung und Genehmigungserteilung die Qualität des Wohnungsbaues positiv zu beeinflussen. Die Vergabe von Bauland erfolgte nicht mehr zu freiem Eigentum, sondern im Erbbaurecht, um den Einfluß der Stadt auf die Baugestaltung zu sichern und den Boden sowie die Neubauwohnungen der Spekulation zu entziehen. Es war Grundsatz, daß Bauen keine Ware sein durfte.

Magdeburg war in der günstigen Situation, auf mehrere große und bewährte Baugenossenschaften zurückgreifen zu können. Durch die Arbeit der gemeinnützigen Bauvereinigungen konnte mit nur 16 Bauherren fast der gesamte Wohnungsbau realisiert werden. Eine große Rolle spielte hierbei der 1920 gegründete Verein für Kleinwohnungswesen, ein Zusammenschluß von zunächst sechs gemeinnützigen Bauvereinigungen unter Beteiligung der Stadt Magdeburg unter der Leitung von Willy Plumbohm.

Die Leistungen der gemeinnützigen Bauvereinigungen verdeutlicht die Tatsache, daß in den Baujahren

1925–1928 von den 5.476 errichteten Wohnungen allein 5.184 durch diese Bauvereinigungen erstellt wurden, während sich die restlichen auf die Stadt als Bauherr (60 WE), die Bauhütte (114) und die private Bautätigkeit sowie Einzelsiedler (118) aufteilten. In den 20er Jahren wurde der Wohnungsbau in einem bisher nicht dagewesenen Ausmaß zur Aufgabe für Architekten und Stadtplaner.

Die in dieser Zeit in Magdeburg entstandenen Siedlungen, insbesondere die in den Formen des Neuen Bauens, setzten gestalterisch wie funktionell Maßstäbe im sozialen Wohnungsbau. Auf der Grundlage einer hohen Ästhetik wurden trotz wirtschaftlicher Beschränkungen gestalterische und soziale Ziele verfolgt und auch durchgesetzt:
- einfaches Gestalten in guten Proportionen
- klares Gliedern städtebaulicher Räume
- Betonen der Eigenart vorgefundener Situationen und damit individuelles Planen der Siedlungsform, der Straßen und Freiräume
- Einsatz intensiver Farben, eine durchgehende komplexe Gestaltung
und nicht zuletzt
- der Mensch als Maßstab für die Größe der städtebaulichen Einheiten, der Gebäude und Räume.
Neben den Siedlungen der 20er Jahre sind viele Gebäude geschaffen worden, die richtungsweisend für diese Zeitepoche waren und noch heute das Stadtbild prägen:

Wohngebäude
- Bogenhaus Olvenstedter Platz, ca. 1930
- Wohnhäuser Liebknechtstraße 28 und 40, 1932
- Wohnhaus Brunnerstraße 6/8 Ecke Halberstädter Straße, 1935
- Laubenganghaus Helmstedter Straße, 1930
- Wohnhaus Olvenstedter Straße 28, 1928

- Beamtenwohnhaus Uhlichstraße 11, 1929
- Wohnhaus Nachtweide 66, 1928
- Wohnhaus mit Sparkassenfiliale, Große Diesdorfer Straße 21/22, 1927

Kulturbauten
- Viehmarkt und Ausstellungshalle »Land und Stadt«, Schlachthof, 1922
- Volksbad Südost, Alt Salbke, 1926
- Volksbad Lemsdorfer Weg 25, 1928
- Gemeindezentrum Helmholtzstraße 4, 1929
- Stadthalle Rotehorn-Park, 1926/27
- Ruderhaus-Sportheim, Rotehorn-Park, 1924–1927
- Grundschule Rothensee, Windmühlenstraße, 1925/26
- Schule am Westring, Westring, 1928

Verwaltungsbauten
- AOK-Verwaltungsgebäude, Lüneburger Straße 4, 1927
- Fernmeldeamt Listemannstraße 6, 1926/27
- Faberhochhaus Bahnhofstraße, 1932
- Verwaltungsgebäude Firma Mackensen, Klosterkamp, 1926

Gewerbe- und Industriebauten
- Umspannwerk Buckau, Porsestraße, 1926
- Bahnhof Buckau, 1930
- Apparatehaus ehemaliges Gaswerk Neustadt, Klosterkamp, 1925
- Rindermarkthalle, Schlachthof, 1926
- Schweinemarkthalle, Schlachthof, 1926
- Kohlebunker, Schlachthof, 1928

Bruno Taut war bemüht, für sein Bauamt einen Stamm befähigter und gleichgesinnter Mitarbeiter zu gewinnen, die »Magdeburger Gruppe«. Diese setzte in der Zeit der Weimarer Republik sein Werk fort und konnte vieles von

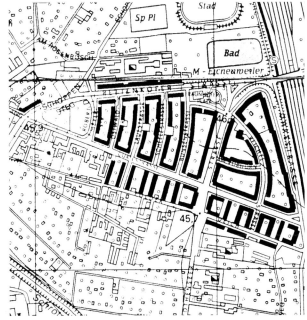

Siedlung Reform, Lageplan und Bunter Weg

Curie-Siedlung, Lageplan und Rothenseer Straße / Am Gutshof

dem verwirklichen, was zu Tauts Zeiten Idee und Planung bleiben mußte. Die für den Wohnungs- und Siedlungsbau entscheidenden Architekten und Stadtplaner waren Johannes Göderitz, Carl Krayl, Konrad Rühl, Gerhard Gauger, Fritz Kneller, Fritz Geissler, Kurt Schütz, Bernhard Lippsmeier, Paul Thürmer, Willy Zabel, Heinz Meyer und Paul Wahlmann. Zu erwähnen sind hierzu auch die fotografischen Dokumentationen durch Xanti Schawinsky, Paul Vohleitner und Rudolf Hatzold.

Seine organisatorischen, beratenden und die öffentliche Diskussion anregenden Tätigkeiten waren für Bruno Taut wichtiger Bestandteil der Arbeit als Stadtbaurat. Sein Wunsch, von einer Idee zu überzeugen, führte zu einer in der hierarchischen Welt der Bürokratie bis dahin unbekannten Art der Zusammenarbeit zwischen Amtsleiter und Mitarbeitern. Von Anfang an bezog Taut alle Mitarbeiter in seine Projekte mit ein. Das Studium

dieser Projekte zeigt, daß kaum eine Zeichnung von ihm selbst ist, und daß an jedem der hier vorgestellten Entwürfe mehr als ein Mitarbeiter beteiligt war. Im kunsthistorischen Sinne gibt es keine »Originale« von Stadtbaurat Bruno Taut. Alle Pläne, Skizzen und Projekte entstanden in »kameradschaftlicher Zusammenarbeit«,

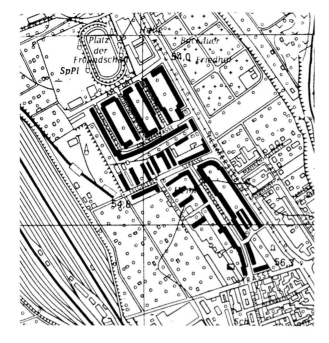

Siedlung Fermersleben, Lageplan und Alt Fermersleben

Siedlung Westernplan, Lageplan und Gellertstrasse

so daß eine heute angefertigte farbige Wiedergabe des alten Generalsiedlungsplanes keine »Fälschung« ist, sondern eine konsequente Weiterführung der 1921 begonnenen Arbeit im ehemaligen Stadtplanungsamt mit modernen Techniken.

Die Entwicklung vom ersten Entwurf bis zum in die Realität des Bauens umsetzbaren Plan war das Ziel der gemeinsamen Arbeit der Gruppe. Der Name des Einzelnen sollte unwichtig werden. Denn der Einzelne arbeitete in Gemeinschaft mit anderen, und das Endergebnis sollte ein gemeinsames werden. Das Ringen des Einzelnen um seinen Stil hatte Bruno Taut verachtet, da nach seiner Auffassung Stilfragen jede ernstzunehmende Arbeit verhinderten! Das in Weimar am Bauhaus praktizierte Meister-Schüler-Verhältnis lehnte er ab. Er wollte nicht Meister sein und auch nicht Schüler unterrichten.

Die politische Umsetzung der planerischen Idee erfolgte durch den Oberbürgermeister Hermann Beims (1919–1931) und später durch seinen Nachfolger Ernst Reuter (1931–1933), gemeinsam mit der Stadtverordnetenversammlung, die den noch heute für Deutschland richtungweisenden Wohnungsbau beschlossen haben.

Die bis heute vergleichbar positive Bewertung der Hermann-Beims-Siedlung, des Westernplans, der Angersiedlung und der Gartenstadt »Reform« aus Sicht ihrer Bewohner dürfte auf die für ihre Zeit vorbildliche Lösung des Wohnungsbaues zurückzuführen sein. Die Qualitäten haben noch heute Bestand und begründen eine historische Kontinuität des Neuen Bauens in Magdeburg. Die Siedlungen der 20er Jahre mit ihrer vor mehr als sechs Jahrzehnten errichteten Bausubstanz bedürfen weiterer und intensiver Sanierung, die die

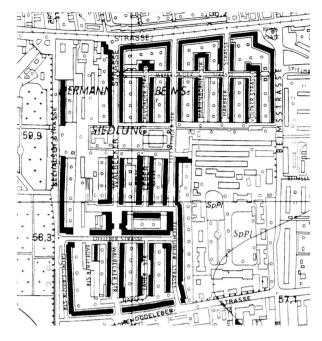
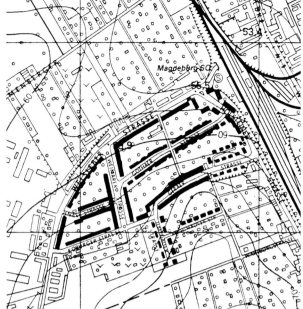

Hermann-Beims-Siedlung, Lageplan und Grünanlagen Flechtinger Straße

Siedlung Westerhüsen, Lageplan und Jenaer Straße

Wiederherstellung ursprünglicher Qualitäten mit einer Anpassung an heutige Bedürfnisse verbindet, aber auch die Gefahr in sich bergen kann, Erhaltenswertes zu zerstören.

Neben den Städten Berlin, Frankfurt/Main, Hamburg und Stuttgart ist vor allem in Magdeburg der soziale Wohnungsbau vom Gedankengut des Neuen Bauens geprägt. Und – abgesehen von Frankfurt/Main und Berlin – sind die Siedlungen des Neuen Bauens wohl in keiner deutschen Stadt so stadtbildprägend und geschlossen wie in Magdeburg erhalten. Hinzu kommt, daß Magdeburg eine durchaus eigenständige Architekturentwicklung durchlaufen hat.

Ziel heute ist es, den Bewohnern Magdeburgs die Augen für das genossenschaftliche Bauen und den neuen Geist des Städtebaus der 20er Jahre zu öffnen, den Blick für die architektonischen Qualitäten zu schärfen und sie für den sorgsamen Erhalt zu gewinnen. Alle Siedlungen haben eine eigene Sprache und sind fast vollständig erhalten. Es gilt gründlich zu überlegen, ob dem herrschenden Zeitgeist und den vordergründigen Wirtschaftlichkeitsberechnungen die Beispiele Neuen Bauens zu opfern sind.

Es handelt sich um die Siedlungen:
- Am Schroteanger (1923–1930)
- Angersiedlung (1912–1921, 1926–1930)
- Cracau (1929–1938)

Der neue Geist des Städtebaus – Eine Stadt blüht auf

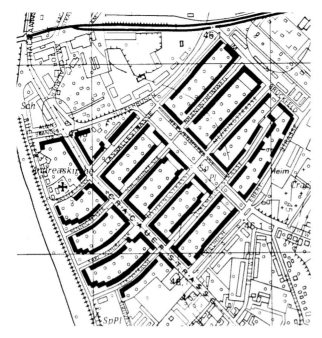

Siedlung Cracau, Lageplan und Otto Braun Straße

Siedlung Brückfeld, Lageplan und Coswiger Straße

- Curie-Siedlung (1929 – 1939)
- Fermersleben (1925 – 1936)
- Gartenstadt »Reform« (1911 – 1915, 1919 – 1930)
- Hermann-Beims-Siedlung (1925 – 1929)
- Bereich Kruppstraße (Raiffeisenstraße, 1921 – 1930)
- Schneidersgarten (1927 – 1932)
- Westerhüsen (Südost, 1926 – 1938)
- Westernplan (1923 – 1936)
- Westring (1924 – 1929)

Auch die Struktur Neu Olvenstedts orientierte sich 1972 unter Leitung von Hans-Peter Kirsch an den Ideen Bruno Tauts und Johannes Göderitz. Wesentliche Stadterweiterungen des heute politisch beschlossenen Strukturplanes (1993) der Landeshauptstadt Magdeburg von Klaus Schulz dokumentieren die Gedanken und die ganzheitliche Betrachtung von Bruno Taut und Johannes

Göderitz. Der Generalsiedlungsplan von 1923 hat nichts an Aktualität verloren, im Gegenteil, er ist aktueller als je zuvor.

Nicht nur die Entwicklung der Großwohnsiedlung Neu-Olvenstedt ist aus ihm entwickelt worden, sondern auch der von Klaus Schulz und seinen Mitarbeitern entwickelte Entwurf des Flächennutzungsplanes der Landeshauptstadt Magdeburg (2000) präzisiert ihn. Die heutige Magdeburger Gruppe hat in den letzten Jahren deutlich Zeichen gesetzt und in vielen Publikationen zu städtebaulichen Fragen richtungsweisende Ideen entwickelt.

Wir verstehen uns heute wiederum im Städtebau als Verfechter eines neuen Bauwillens, wobei die Architektursprache heterogen ist und immer wieder heftig in den notwendigen und gewollten demokratischen Prozessen diskutiert wird.

Magdeburg und das Neue Bauen in Celle, Karlsruhe und Frankfurt am Main

Simone Oelker

Magdeburg galt in den 20er Jahren als wichtiges Zentrum für das Neue Bauen in der Weimarer Republik. Den Anfang hatten Bruno Taut und Carl Krayl mit ihren Farbaktionen gemacht, hinzu kamen in dem Zeitraum von 1921 bis 1924 städtebauliche Arbeiten und Stadtvermarktungsideen, die nicht nur in Magdeburg ihre Spuren hinterließen, sondern sich auch nachhaltig auf andere Städte des Neuen Bauens wie Celle, Frankfurt am Main, Karlsruhe und Stuttgart auswirkten.

Im Mittelpunkt dieser Auseinandersetzung über die architektonische und städtebauliche Rezeption steht Celle mit dem Architekten Otto Haesler, denn dort fand die intensivste Beschäftigung mit den Magdeburger Ideen statt. Auf den ersten Blick scheint die beiden Städte wenig zu verbinden: Magdeburg war im 19. Jahrhundert wichtiger Industriestandort und mit annähernd 300.000 Einwohnern Hauptstadt Sachsen-Anhalts. Kontrastierend dazu steht die ehemalige Residenzstadt Celle mit 25.000 Einwohnern und ohne nennenswerte Industrie.

»Farbenfrohes Celle«

Ein bedeutender Vertreter unter den Architekten des Neuen Bauens war Otto Haesler (1880–1962). Seine Tätigkeit als freier Architekt hatte 1906 in Celle begonnen, wo er sich mit Wohn- und Geschäftsbauten einen Namen gemacht hatte. Erwähnt seien an dieser Stelle nur die Wohnhäuser seines Frühwerks, bei denen er die heimatliche Bautradition des Fachwerks mit den Elementen der englischen Landhausarchitektur zu einer eigenen Formensprache verband.

Nach dem Ersten Weltkrieg sah sich Haesler in Celle mit völlig neuen Bauaufgaben konfrontiert, aber das Umfeld und die wichtigsten Auftraggeber und Förderer waren ihm erhalten geblieben. Dennoch ließen die wirtschaftlichen Probleme der Nachkriegszeit den so dringend erforderlichen Wohnungsbau auch in Celle erst einmal ruhen, so daß Haesler abgesehen von zwei Kleinstwohnungssiedlungen wenige Bauaufträge hatte.[1] Er arbeitete daher einige Zeit in Polen, gewann einen Wettbewerb für Kleinhäuser in Erfurt und hatte in Celle wenige Aufträge für Um- und Neubauten.

Haesler engagierte sich in der unmittelbaren Nachkriegszeit nicht in den avantgardistischen Strömungen in Berlin, wie dem »Arbeitsrat für Kunst«, der »Novembergruppe« und der »Gläsernen Kette«. Doch die Aufbruchsstimmung, die in der Architektur herrschte, ging an Haesler nicht spurlos vorüber, das zeigt seine Auseinandersetzung mit der expressionistischen Formensprache zu Beginn der 20er Jahre. Zum unmittelbaren Vorbild nahm er sich Bruno Tauts »Aufruf zum Farbigen Bauen« von 1919, der 1921 erneut in mehreren Bauzeitschriften veröffentlicht wurde. Die Umsetzung in der »Farbigen Stadt Magdeburg«, die zwischen 1921 und 1922 international Furore machte, schien auch Haesler in den Bann zu ziehen. In seinen Lebenserinnerungen berichtete er von einem Besuch beim Stadtbaurat in Magdeburg: »Ich besuchte Bruno Taut und wurde von ihm geführt.« Allerdings zeigt sich, daß er der Zusammenarbeit von Künstlern und Architekten wie sie im Arbeitsrat für Kunst 1919 propagiert und nun in Magdeburg realisiert wurde, doch eher mit Distanz begegnete: »An den farbigen Zerstörungen hatte ich wenig Interesse, aber in der farbigen Behandlung des Magdeburger Rathauses erkannte ich eine außergewöhnliche Leistung.«[2] Haesler lehnte also die dekonstruktivistischen Fassadengestaltungen von Carl Krayl und Oskar Fischer ab. Stattdessen begeisterte er sich für das auf Einheitlichkeit bedachte Farbkonzept des Rathauses von Karl Völker in den Wappenfarben Magdeburgs (Farbtafel 3).[3]

Karl Völker, ein gelernter Dekorationsmaler aus Halle, leitete zusammen mit seinem Bruder Kurt den väterlichen Malerbetrieb in Halle. Als Mitglied der »Novembergruppe« und Mitbegründer der »Halleschen Künstlergruppe« forderte er das Zusammenwirken von Kunst und Architektur. Er nahm auch an Architekturwettbewerben teil, wie 1920 für ein Volkshaus in Halle, bei dem Bruno Taut als Jurymitglied auf ihn aufmerksam wurde.

Inspiriert von dem Magdeburger Vorbild war es nun Haeslers Ziel, Karl Völker als künstlerischen Berater für Celle zu gewinnen. Er bemühte sich bei den Verantwortlichen der Stadt, ein Bewußtsein für farbige Hausanstriche zu wecken, indem er beispielsweise im Juli 1922 – als in Magdeburg nach dem Ende der Mitteldeutschen Ausstellung der Höhepunkt der farbigen Häuserbemalungen schon überschritten war – den Baudenkmäler-Ausschuß zur Beurteilung einer farbigen Hausgestaltung einlud.[4] Als Resultat setzte in Celle eine erste Welle farbiger Hausanstriche nach dem Magdeburger Vorbild ein, allerdings ohne die Hinzuziehung von Künstlern und Architekten, so daß die Ergebnisse vielmehr als Stadtverschönerungsmaßnahmen zu bewerten sind.

Im Herbst 1924 nahm Haesler eine Auseinandersetzung mit dem Oberbürgermeister Ernst Meyer über einen farbigen Hausanstrich zum Anlaß, um für Celle grundsätzliche Richtlinien für Hausbemalungen aufstellen zu lassen. Haeslers formulierte Grundsätze und Ziele decken sich nahezu mit den schon drei Jahre zuvor aufgestellten Zielsetzungen für farbige Architektur von Bruno Taut. Er forderte zur Genehmigung der Farbanstriche die Hinzuziehung der örtlichen Kunstkommission, verlangte Entwurfsskizzen und die Einbindung von geeigneten Fachkräften. »Sie (die Kunstkommission, S.Oe.) hat ferner die Aufgabe, aufklärend und erzieherisch auf die Allgemeinheit zu wirken.«[5]

Haesler pries nachdrücklich Karl Völker als Experten an.[6] Das Ergebnis seiner Bemühungen waren die von Albert Neukirch, dem Leiter des städtischen Bomann-Museums und Mitglied der Kunstkommission, zusammengestellten »Grundsätze und Richtlinien für Hausbemalungen in Celle«.[7] Darüber hinaus kam es zur »Ausschreibung eines Wettbewerbs für die Bemalung des Marktplatzes«. Dies sollte den Auftakt für weitere Preisausschreiben in einzelnen Stadtteilen von Celle bilden.[8] Auch diese Idee übernahm Haesler von Tauts Magdeburger Initiativen; dort hatte Taut im Juni 1922 einen Wettbewerb für Hausanstriche und Reklame ausgeschrieben, den er im Rahmen seiner »Erweckungsarbeit« hinsichtlich des »Farbigen Bauens« in Magdeburg initiiert hatte.[9]

Die Ausschreibung für den Celler Wettbewerb erfolgte im Dezember 1924 in der Bauwelt. »Nächst Magdeburg ist wohl Celle diejenige Stadt, in welcher der farbenfreudige Anstrich der Häuser unter Beratung des Stadtbauamts am weitesten durchgeführt ist.«[10] Als Preisrichter hatte der Unterausschuß für Baudenkmäler Vertreter konservativer Architektur benannt und stellvertretend für die Moderne, als Werbeträger Bruno Taut und Walter Gropius.[11]

Aus finanziellen Gründen mußte die Stadt von dem Wettbewerb für die farbige Behandlung des Marktplatzes Abstand nehmen, forderte dennoch auf Anraten Haeslers bei den Brüdern Völker in Halle einen Entwurf an. Dieser in Auftrag gegebene Entwurf stieß bei der Stadt zwar auf Zustimmung, konnte aber weder bezahlt noch ausgeführt werden.[12]

Alle von Haesler unternommenen Versuche für ein farbiges Celle, die mehr sein sollten als nur eine Stadtverschönerung, waren in ihren Anfängen stecken geblieben. 1926 unternahm er einen erneuten Versuch,

Otto Haesler, Siedlung Italienischer Garten in Celle, Farbtafel 4

indem er für die Teilnehmer des »Zweiten deutschen Farbentages« vom Bund der Förderung der Farbe im Stadtbild,[13] eine Exkursion nach Celle organisierte. Haesler, der zwischenzeitlich den Weg zur farbigen modernen Architektur konsequent weiterverfolgt hatte, war sehr daran gelegen, seine 1924/25 errichtete Siedlung Italienischer Garten als ein Beispiel moderner farbiger Architektur zu präsentieren. Aber der Besuch in Celle als auch die parallel zur Tagung gezeigte Ausstellung »Farbe im Stadtbild« machte deutlich, daß der Bund zur Förderung der Farbe sich eher der Tradition als der Moderne verpflichtet fühlte und das historische Stadtbild in den Mittelpunkt des Interesses stellte. Die Presse bewertete dennoch als wichtigstes Resultat der Tagung die Ergebnisse des Einsatzes von Farbe bei moderner Architektur. »Von der Farbigkeit neuerer Bauten war kaum einmal die Rede, obschon gerade das neue Haus Anspruch auf Farbigkeit hat. [...] Die Hannoversche Ausstellung weist nur ganz wenige neue Bauten auf. Und unter diesen heben sich die von Otto Haesler, Celle, heraus. Die Teilnehmer an der Tagung hatten Gelegenheit, diese interessanten Siedlungsbauten an Ort und Stelle zu besichtigen und, in der Tat: das war wohl eigentlich mit das wichtigste Ereignis an der Tagung.«[14]

»Celle, die alte Herzogstadt«, lautete ein kurz darauf publizierter Aufsatz des Stadtbaumeister Wilkens im Organ des Bundes zur Förderung der Farbe im Stadtbild, und so blieb auch das Motto der Stadtväter für das malerische Celle in der Lüneburger Heide. Das farbige Stadtbild Celles war durch den Besuch des Bundes der Förderung der Farbe im Stadtbild national bekannt geworden, so daß sogar mißverständliche Vergleiche gezogen wurden wie, »Was Taut in Magdeburg, das wurde Wilkens in Celle«[15], ein in jeder Hinsicht irrealer Vergleich. Haesler hatte mit der schon erwähnten Siedlung Italienischer Garten 1924/25 in Celle als Architekt den Durchbruch zur Moderne geschafft, einen Weg den er über die Farbe und Bruno Taut als wichtigsten Impulsgeber gefunden hatte.

Das gemeinsame holländische Vorbild

Die Entwicklung des Neuen Bauens ist ohne die niederländische Moderne nicht denkbar und so spielte das holländische Vorbild auch für Magdeburg und Celle eine entscheidende Rolle. Ob über Publikationen, Vortrags- und Besichtigungsreisen, eine Auseinandersetzung fand auf vielen Ebenen statt. Bruno Taut reiste im letzten Jahr seiner Amtszeit als Stadtbaurat zu zwei Vortragsreisen nach Holland.[16] Auch wenn er die Anregungen in Magdeburg selbst nicht mehr umsetzen konnte, so empfahl er Oberbürgermeister Beims nach dem holländischen Modell weiter zu verfahren. Die Siedlung in der Diesdorfer Straße entstand hinsichtlich der städtebaulichen Anlage und der Verknüpfung von Innen- und Außenraum nach diesem Modell.[17]

Als Bruno Taut im Januar 1924 nach Berlin zurückkehrte, war insgesamt eine stilistische Umbruchphase bei den Protagonisten der Moderne zu spüren. Zeugnisse dafür sind die frühen Wohnbauten Erich Mendelsohns, der Brüder Luckhardt und auch die ersten Siedlungen Bruno Tauts.[18] Bei Otto Haesler zeigt sich zeitgleich das Ringen um eine neue Form in den ersten Entwürfen für die Siedlung Italienischer Garten, die die von Haesler mitbegründete Wohnungsbaugenossenschaft Volkshilfe eG errichete. Ob Haesler in dieser Zeit eine Reise nach Holland unternahm, oder sogar an dem »Internationalem Städtebau-Kongreß«[19] im Juli in Amsterdam teilgenommen hat, ist nicht bekannt. Auffällig ist aber, daß er unmittelbar nach dieser wegweisenden Tagung seinen neuen Entwurf für den Italienischen Garten anfertigte.

An den Eingang der Siedlungsanlage stellt Haesler zwei mit einem Walmdach gedeckte und mit expressionistischen Details versehene Torbauten. Den eigentlichen Siedlungskern bilden acht in Zweiergruppen parallel zueinander stehende Flachdachbauten. Die im ersten Entwurf mit einem Walmdach gedeckten rechteckigen Baukörper bestehen jetzt aus drei ineinander verzahnten flachgedeckten Kuben. Aber erst durch die Farbe tritt die Wirkung der Architektur hervor. Für die Farbgestaltung war Karl Völker verantwortlich, der ab 1928 zum engsten Mitarbeiter Haeslers werden sollte. Völker orientierte sich hinsichtlich der Farbe, einem Wechsel von Grau mit Rot und Grau mit Blau, und ihrer Bedeutung für die Architektur an holländischen Beispielen. »Die neue Architektur gestattet die Farbe organisch als direktes Mittel des Ausdrucks ihrer Beziehungen nicht real, sondern unsichtbar. Das Gleichgewicht organischer Beziehungen erhält nur durch das Mittel der Farbe sichtbare Realität.«[20] Wie untrennbar die Farbe mit der Architektur in Verbindung steht, kommt insbesondere heute durch den immer noch andauernden kontrastlosen Zustand der Siedlung zum Ausdruck.

Hinter den farbigen Kuben der Siedlung Italienischer Garten verstecken sich aber ganz traditionelle, repräsentative Grundrisse. Dies ist ein weiterer Beleg dafür, daß Haesler in seiner stilistischen Umbruchphase verschiedene zeitgenössische Strömungen – ein Phänomen, das für seine gesamte Architektur charakteristisch ist – miteinander kombinierte. So steckt in der Siedlung Italienischer Garten das »Baukastensystem« von Walter Gropius, das seit der Weimarer Bauhausausstellung von 1923 bekannt war. Für architektonische Details, wie die runden Balkone an der Gartenseite, die übereckgeführten Fenster und die ziegelsteinbesetzten Dachkanten dienten sicherlich auch holländische Beispiele als Vorbild, die zu dem Zeitpunkt auch durch die Literatur hinreichend bekannt waren.[21]

Die Siedlung Italienischer Garten läßt sich städtebaulich allein schon wegen ihres geringen Umfangs nicht mit holländischen Siedlungsbauten vergleichen. Haesler hatte zu diesem Zeitpunkt wahrscheinlich die holländische Architektur auch noch nicht im Original erlebt. Er adaptierte nur äußere Formen und die Farbe.

Haesler hatte mit seinem Bekenntnis zur farbigen Architektur in einer modernen »Hülle« den Sprung zum Neuen Bauen geschafft. Er konnte sich unter Bezugnahme auf zeitgleiche und holländische Bauten in die Gruppe der modernen Architekten einreihen und entwickelte sich mit seinen rationalen Ideen zu einem der führenden Vertreter im Siedlungsbau. Die Rezeption holländischer Vorbilder blieb auch bei späteren Bauaufgaben bestimmend.[22]

Celle – ein Zentrum des Neuen Bauens nach dem Magdeburger Vorbild?

Den Auftakt zur modernen Architektur in Celle, den Haesler mit der Siedlung Italienischer Garten (1924/25) gesetzt hatte, mit der Siedlung Georgsgarten (1926)

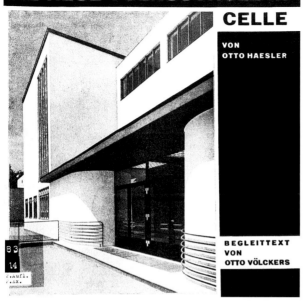

VERLAG ENGLERT UND SCHLOSSER IN FRANKFURT AM MAIN

DIE NEUE VOLKSSCHULE IN CELLE

VON
OTTO HAESLER

BEGLEITTEXT
VON
OTTO VÖLCKERS

Otto Haesler, Die neue Volksschule in Celle 1928

weiterverfolgte und zusammen mit der Volksschule (1928) seinen ersten Höhepunkt fand, stieß in der Stadt Celle auf unterschiedliche Resonanz.

Im Vergleich zu Magdeburg, das sich unter dem Einfluß Tauts mit seinem Nachfolger, dem Stadtbaurat Johannes Göderitz, zu einer »Stadt des Neuen Bauwillens« entwickelte, war die Ausgangssituation in Celle eine ganz andere. Haeslers Bemühungen für ein farbiges Celle waren in den Anfängen stecken geblieben, er selbst hatte aber den Weg zur Moderne über die Farbe gefunden. Mit der Gründung der Wohnungsbaugenossenschaft Volkshilfe e. G. im Dezember 1923 war es ihm möglich geworden, unabhängig von Stilfragen nach seinen Vorstellungen zu bauen.[23]

In Oberbürgermeister Ernst Meyer, der erst seit April 1924 im Amt war, fand er den wichtigsten Fürsprecher und Förderer seiner Wohnungsbauideen.[24] Haesler konnte in der folgenden Zeit Meyer für alle seine Wohnungsbauprojekte begeistern. Seine Befürwortung und Begünstigung der Bauten Haeslers ging so weit, daß er die Berufung des neuen Stadtbaurats Wilhelm Mohr von dessen positivem Urteil über Haeslers Architektur abhängig machte.[25] Meyer förderte die Durchsetzung der Moderne bei städtischen Bauten auch gegen den Willen der örtlichen Heimatschutzverbände und der Celler Bevölkerung. Die Wertschätzung der Architektur Haeslers in Celle zeigte sich aber auch auf höherer Ebene.

Regierungspräsident Krüger und sein Nachfolger Lüdemann setzten sich dafür ein, daß bei der Siedlung Georgsgarten der berühmte Gartenarchitekt Leberecht Migge für die Gestaltung der Nutzgärten herangezogen wurde. Lüdemann vermittelte später den Besuch der Siedlung »Georgsgarten« durch eine »Berliner Delegation«, der auch Bruno Taut angehörte.[26]

Einen weiteren wichtigen Fürsprecher hatte Haesler auch in Karl Elkart, dem Stadtbaumeister Hannovers und ehemaligen Gegenkandidaten von Bruno Taut bei der Wahl um das Amt des Stadtbaurats in Magdeburg 1921. Elkart, der in Hannover die gemäßigte »Backsteinmoderne« umsetzte, trat außerhalb als Förderer der radikaleren Moderne Haeslers ein.[27]

Dennoch kam es in Celle nicht zu einem Effekt wie in Magdeburg, bei dem die Stadt das moderne Bauen als Werbeträger nutzte – was sie bis heute auch nicht tut.[28] »Celle, die schöne Herzogstadt« blieb das Motto. Haesler hingegen verstand es aufs Beste, seine Werke öffentlichkeitswirksam zu präsentieren, indem er einen der führenden Architekturfotografen der Zeit, Arthur Köster, für die Dokumentation fast aller seiner Bauten der 20er Jahre engagierte[29]. Den MERZ-Künstler Kurt Schwitters aus dem nahegelegenen Hannover gewann er für die Gestaltung von Werbeblättern und Prospekten.[30]

Celle bot Haesler in vielerlei Hinsicht ideale Möglichkeiten, seine neuesten Erkenntnisse im Wohnungsbau zu erproben, um sie dann in anderen Städten in größerem Maßstab umzusetzen. Seine Impulse, die er für die farbige Architektur und das moderne Bauen und auch mit seinen Ladenbauten in der Altstadt Celles setzte, nahm die Stadt nur in Ansätzen auf. Bei dem abgebildeten Beispiel des Café Kiess setzte er sich über die vorhandene Fachwerkstruktur der Häuser hinweg und verwen-

Otto Haesler, Großer Plan mit umgebautem Café Kiess um 1927

dete moderne Lichtreklame. Als freier Architekt hatte Haesler nicht die Stellung und den Anspruch, ein neues Gesamtkonzept für die Stadt zu schaffen. Darin unterschied er sich wesentlich von Taut.

Ausblick auf die Zentren Karlsruhe und Frankfurt am Main

Frankfurt am Main und Karlsruhe begannen erst ab 1925 beziehungsweise 1929 für die Moderne interessant zu werden. Bekannte Architekten wie Ernst May in Frankfurt am Main und Walter Gropius und Otto Haesler in Karlsruhe wirkten an diesen Orten. In Karlsruhe war es der Planungs- und Baubürgermeister Hermann Schneider, der in Zusammenarbeit mit dem Oberbürgermeister Dr. Julius Finter die bekannteste Zeilenbausiedlung der Weimarer Republik – die Dammerstocksiedlung – umsetzen konnte. Finter gehörte wie Ernst Meyer in Celle und Ludwig Landmann in Frankfurt am Main der bürgerlichen Mitte an. Die ehrgeizigen Planungen, eine »Gebrauchssiedlung« nach den modernsten Erkenntnissen des Wohnungsbaus errichten zu lassen, orientierten sich an den Lösungen der großen Vorbilder Frankfurt am Main und Berlin. In der Verbindung von

Siedlungsbau und Architekturausstellung hatte der im Sommer 1928 ausgeschriebene Dammerstock-Wettbewerb auch große Präsentationen wie die Werkbundausstellung am Stuttgarter Weißenhof von 1927 zum Vorbild. Im Gegensatz zu früheren Architekturausstellungen betonte Schneider aber, daß bei der Karlsruher Dammerstocksiedlung »nicht etwa versuche angestellt (werden, S.Oe.) zum zwecke der ermittlung von vor- und nachteilen des einen oder anderen wohnungstyps, es wird vielmehr der versuch unternommen, nach dem heutigen stand der bauwissenschaft bestes und vollkommenstes im sinne der gebrauchswohnung mutig zu verwirklichen.«[31] Die Wettbewerbsausschreibung orientierte sich an den und bereits erprobten Erkenntnissen des Neuen Bauens. Das Preisgericht war mit führenden Persönlichkeiten der modernen Architektur besetzt.[32] Der Zeilenbau wurde erstmals verbindlich vorgeschrieben, die Wohnungsgrößen orientierten sich an den Standards der Reichsforschungsgesellschaft für Bau- und Wohnungswesen.[33] Bei dem beschränkten Wettbewerb erhielten Walter Gropius den ersten und Otto Haesler den zweiten Preis. Für Haesler war es die erste Möglichkeit, außerhalb Celles seine Erfahrungen im Wohnungsbau umzusetzen. Gropius erarbeitete zusammen mit Haesler einen gemeinsamen Lageplan und legte für die zehn beteiligten Architekten Gestaltungsricht-linien fest.[34] In Mehrfamilienhäusern, freistehenden Einzelhäusern und Reihenhäusern wurden 23 Wohnungs-typen und insgesamt 228 Wohnungen errichtet.

Für die publikumswirksame Vermarktung engagierte die Stadt Karlsruhe Kurt Schwitters, der das Dammerstock-Signet und zwölf weitere Arbeiten für die zur Eröffnung stattfindene Ausstellung »Die Gebrauchswohnung« entwarf.[35] Für diese Idee des »corporate design« diente Frankfurt am Main als Vorbild. Die dort tätigen Graphiker Hans Leistikow und Walter Dexel gehörten dem von Schwitters initiierten Ring »neuer werbegraphiker« an. Nahezu parallel gestaltete der zuvor an der Magdeburger Kunstgewerbeschule tätige Johannes Molzahn in seiner

Funktion als Professor für Gestaltung an der Breslauer Akademie das »cooperate design« für die Breslauer Werkbundausstellung »WUWA«.

Die Bestrebungen für eine neue Baukultur in Karlsruhe setzten sich auch nach der Dammerstocksiedlung weiter fort. »Durch die Erstellung der Dammerstocksiedlung hat sich die Stadt Karlsruhe einen beachtenswerten Ruf in der Fachwelt verschafft. [...] Gleichzeitig ist aber auch das Städt. Bauamt in Karlsruhe nicht müßig gewesen. Bürgermeister Schneider darf ja für sich das große Verdienst verbuchen, daß er die Wirklichkeit zeitgemäßer Baukunst rechtzeitig erkannt hat. Im Geiste des Fortschritts sind von den städtischen Bauämtern zwei Anlagen geschaffen worden, die als erfreuliche

Siedlung Dammerstock in Karlsruhe, Gesamtansicht 1929

Magdeburg und das Neue Bauen in Celle, Karlsruhe und Frankfurt am Main

DAS NEUE KARLSRUHE

STÄDTE SIND IN DER HAUPTSACHE TRÄGER UNSERER HEUTIGEN KULTUR. IN IHNEN ENTSTEHEN DIE NEUEN BAUAN-
LAGEN, DIE AUF JAHRHUNDERTE HINAUS VON DER ARBEIT UNSERER ZEIT KÜNDEN. IN DIESER BEILAGE, DIE IN ZWANG-
LOSER REIHENFOLGE ERSCHEINT, SOLL DAS RINGEN VERSCHIEDENER DEUTSCHER STÄDTE UM DEN FORTSCHRITT
UND DIE MIT DEM WIEDERAUFBAU VERBUNDENEN KULTURÄUSSERUNGEN NIEDERGELEGT WERDEN. INTERESSENTEN
FÜR SOLCHE STÄDTEBEILAGEN WOLLEN SICH MIT UNS IN VERBINDUNG SETZEN

Luftbild
vom Strandbad
Rappenwört
bei Karlsruhe

Planbearbeitung
der Gesamt-
anlage
Städt. Tiefbau-
amt Abt. Stadt-
erweiterung
Karlsruhe
Stadtbaurat
K. Pfißterer

Neuere Bauten der Stadt Karlsruhe

Durch die Erstellung der Dammerstocksiedlung hat sich die Stadt Karlsruhe einen beachtenswerten Ruf in der Fachwelt verschafft. Litt auch dieses Gemeinwesen unter den schweren Folgen des verlorenen Kriegs, war es plötzlich Zentrale eines Grenzlands geworden, dem das früher so wichtige Vorgebiet Elsaß-Lothringen genommen wurde, so hat es sich doch in den letzten Jahren auf seinen alten Ruf besonnen.

Baden galt lange Zeit als das Musterland. In seiner Landes-hauptstadt Karlsruhe wurden viele vorbildlichen Leistungen auf allen kulturellen Gebieten vollbracht. Heute ist diese Stadt nun wieder eingerückt in die Reihen der Kulturzentren Deutschlands, die der Welt wohl noch manches zu sagen haben werden.

Zwar ist die Dammerstocksiedlung in Karlsruhe zum größeren Teil von ortsfremden Architekten ausgeführt worden, doch war innerhalb ein ansehnlicher Stamm Karlsruher Baukünstler daran beteiligt. Die letzteren haben also Gelegenheit gehabt, sich auf dem Gebiet neuzeitlichen Bauens zu betätigen und wichtige Er-fahrungen zu sammeln.

Gleichzeitig ist aber auch das Städt. Bauamt in Karlsruhe nicht

müßig gewesen. Bürgermeister Schneider darf ja für sich das große Verdienst verbuchen, daß er die Wichtigkeit zeitgemäßer Baukunst rechtzeitig erkannt hat. Im Geiste des Fortschritts sind von den städtischen Bauämtern zwei Anlagen geschaffen worden, die als erfreuliche Kundgebung eines zeitgemäßen Bauwillens gedeutet werden können. Das ist das Rheinstrandbad Rappen-wört und die Vogelwarte im Rheinpark Rappenwört bei Karlsruhe.

Als bei der 10. Tagung des Ausschusses für wirtschaftliches Bauen und bei der gleichzeitigen Eröffnung der Dammerstock-siedlung sich zahlreiche Vertreter der Fachwelt in Karlsruhe ein-gefunden hatten, wurde diesen auch Gelegenheit geboten, einen Einblick in die baulichen Anlagen der Stadt Karlsruhe zu ge-winnen. Besonders reizvoll gestaltete sich die Fahrt auf dem Rhein, welche von dem imposanten Rheinhafen in Karlsruhe aus-gegangen ist. Hierbei kam man an dem Rheinstrandbad Rap-penwört vorüber und jeder der Besucher konnte sich von der Großzügigkeit dieser Anlage überzeugen. Wir versäumen daher nicht, dieses Rheinstrandbad und die Vogelwarte in diesem und im folgenden Heft unserer Zeitschrift unseren Lesern mit ver-schiedenen Einzelheiten zu unterbreiten.   Schriftleitung.

51

Kundgebung eines zeitgemäßen Bauwillens gedeutet werden können. Das ist das Rheinstrandbad Rappen-wört und die Vogelwarte im Rheinpark Rappenwört bei Karlsruhe.«[36] Mit dieser positiven Beurteilung der Bautätigkeit in Karlsruhe führte die Schriftleitung der Bauzeitung in die Sonderbeilage »Das Neue Karlsruhe« ein. Nach dem Vorbild der Zeitschrift »Das Neue Frankfurt« erschienen 1930 zwei Ausgaben in »Die Bauzeitung«. Zeitgleich warb man in Magdeburg ebenso nach dem Frankfurter Vorbild mit der von Xanti Schawinsky gestal-teten Zeitschrift »Stichwort« für die Aktivitäten der Stadt.[37]

Die Vorbildfunktion, die Magdeburg Anfang der 20er für die Moderne innehatte, übernahm ab 1925 Frankfurt am Main. Dort entwickelte das Trio »Landmann-Asch-May« in dem Zeitraum von 1925 bis 1930 eine weg-weisende Wohnungsbaupolitik, die die »Formung einer neuen, geschlossenen Großstadtkultur« zum Ziel hatte.[38] Oberbürgermeister Gustav Landmann stattete den 1925 zum Leiter des Hochbau- und Siedlungsamtes gewählten Ernst May mit übergreifenden Kompetenzen aus, so daß »das Siedlungsamt künftig die Stelle sein (soll, S.Oe.), in deren Händen die organisatorische Ausstattung der Stadt liegt.«[39]

Verbunden mit einem vorbildlichen Finanzierungs-modell konnte May mit einem großen Mitarbeiterstamm innerhalb von fünf Jahren zehn Siedlungskomplexe mit insgesamt 30.000 Wohneinheiten schaffen. May schuf für alle Lebensbereiche vorbildliche Lösungen, wie zum Beispiel das System der »Frankfurter Küche« von Grete-Schütte Lihotzky, das »Frankfurter Bad« aus vorgefertigten Einzelteilen, genormte Möbelent-würfe und vorbildliche Gemeinschaftsanlagen. Die Rolle der »neuen Frau« wurde dabei besonders berück-sichtigt.[40]

Der Graphiker Hans Leistikow hatte als Drucksachen-berater des Städtischen Siedlungsamtes die Aufgabe, alle Druckschriften zu gestalten; ihm oblag auch ab 1928 die Gestaltung der Monatszeitschrift »Das Neue Frankfurt«. Als »Berater für Reklamegestaltung im Stadtbild« kam aus Jena der Maler Walter Dexel nach Frankfurt, der im Auftrag des Hochbauamtes Richtlinien für eine städtische Reklameordnung ausarbeitete. Die Zusammenarbeit der Frankfurter Kunstschule – zum Bedauern Landmanns konnte keine Kunstakademie eingerichtet werden – mit dem Frankfurter Hochbauamt war eine der wichtigsten Zielsetzungen Landmanns und Fritz Wichert, dem Leiter der Kunstschule.[41] Der

Hans Leistikow, »Das neue Frankfurt« 1930

publik vorangetrieben haben, zeigt, wie unter den verschiedenen personellen und politischen Konstellationen moderne Architektur entstehen konnte und bewußt gefördert wurde.

In Celle, dem »kleinsten« Zentrum des Neuen Bauens, orientierte sich Haesler in seiner unabhängigen Position als freier Architekt an Tauts »Erweckungsarbeit« für Magdeburg. Durch die Mitgründung der Wohnungsbaugenossenschaft Volkshilfe e.G. konnte Haesler unabhängig von Stilfragen und politischen Strukturen in der Stadt Celle eines der frühesten gebauten Zeugnisse des Wohnungsbaus in der Weimarer Republik im äußeren Gewand der modernen Architektur errichten: Die Siedlung Italienischer Garten. In konsequenter Weiterentwicklung dieser Ideen und mit der dann einsetzenden notwendigen Unterstützung der Stadt sowie der Förderung durch einzelne Persönlichkeiten war es ihm möglich, in Celle »Prototypen« des Neues Bauens zu entwickeln, die dann in Städten wie Karlsruhe und Frankfurt am Main rezipiert wurden.

Magdeburg war Anfang der 20er Jahre mit Bruno Taut als Stadtbaurat für die anderen Städte der wichtigste Impulsgeber für den Aufbruch in eine neue Zeit. Für neue Lösungen im Wohnungsbau war die Zeit in Magdeburg aufgrund der allgemeinen wirtschaftlichen Situation nicht reif. Diese Ideen konnte Bruno Taut erst unter Martin Wagner in Berlin umsetzten.

Frankfurt am Main löste Magdeburg nach 1925 in seiner Vorbildfunktion ab. Ernst May war wie kein anderer Stadtbaurat der Weimarer Republik zuvor mit umfangreichen Kompetenzen ausgestattet worden. Mit seinem in alle Lebensbereiche eingreifenden Konzept wurde ab 1925 Frankfurt für die »Stadt des Neuen Bauwillens« das Vorbild.

Anspruch, den gesamten »städtischen Lebensraum« gestalten zu wollen, kam in der engen Zusammenarbeit der beiden Institutionen zum Ausdruck. Darüber hinaus bot das Siedlungsamt Kurse zum modernen Bauen an. Das Ausstellungswesen wurde in Verbindung mit der Kunstschule ebenso gefördert. Der CIAM-Kongreß von 1929 zum Thema »Wohnung für das Existenzminimum« in Verbindung mit einer gleichnamigen Ausstellung stellte einen der Höhepunkte dar.[42]

Nach der Frankfurter Gemeindewahl im Jahr 1928 hatte es das Trio »Landmann-Asch-May« wesentlich schwerer, sein wegweisendes Wohnungsbauprogramm fortzuführen, das bisher von den Parteien der Weimarer Koalition, Zentrum, DDP und SPD getragen worden war. Dies veranlaßte Ernst May 1930 von Frankfurt am Main aus für städtebauliche Aufgaben in die damalige Sowjetunion zu wechseln. Für seine Nachfolge empfahl May Otto Haesler, den auch Ludwig Landmann favorisierte, jedoch ließen die fortschreitenden, sich radikalisierenden politischen Veränderungen in dieser Spätphase der Weimarer Republik eine Berufung Haeslers nicht mehr zu.[43] Auch Walter Dexel verließ Frankfurt, um in Magdeburg eine feste Stelle als Lehrer an der Kunstgewerbeschule anzunehmen.
Die Gegenüberstellung der vier Städte – Celle, Magdeburg, Frankfurt am Main und Karlsruhe, die maßgeblich die Entwicklung des Neuen Bauens in der Weimarer Re-

»Das Neue Karlsruhe« wollte unter der Federführung des innovativen Baubürgermeisters Schneider die bisher gewonnenen Erkenntnisse im Wohnungsbau 1928/29 in eine »Gebrauchswohnung« umsetzen. Dafür dienten insbesondere die bisher in Magdeburg, Frankfurt am Main und Celle gefundenen Lösungen als Vorbild. Haesler wurde zur Teilnahme aufgefordert, das Preisgericht mit Ernst May und ersatzweise mit Bruno Taut benannt. Daß die Dammerstock-Siedlung die umstrittenste und meistpublizierteste Siedlungsanlage in den Weimarer Republik werden sollte und hinsichtlich der Auseinandersetzung um das Neue Bauen einen Höhepunkt bildete, hatte Schneider sicherlich nicht geahnt.

1

Unmittelbar nach Kriegsende beauftragte der Magistrat der Stadt Celle Haesler mit dem Entwurf und Bau einer Kleinhaussiedlung mit 32 Häusern »Auf der Heese« und als weitere Notsiedlung entstand 1920 die Bergmannssiedlung Mariaglück in Höfer.

2

Otto Haesler, Mein Lebenswerk als Architekt, Berlin 1957, S. 5.

3

Ute Maasberg, Im Auftrag der Farbe. Die Idee einer farbigen Stadt und ihre Realisation durch Carl Krayl, phil. Diss. Braunschweig 1997, S. 161–164.

4

Auf der Einladung des Baudenkmäler-Ausschusses vermerkte Bürgermeister Wilhelm Denicke handschriftlich: »Ich vermute, daß es sich um die Nachahmung der Magdeburger Häuseranstriche handelt, der seit etwa zwei Jahren dort aufgekommen ist. Vor einigen Monaten enthielt die »Denkmalpflege« einen Artikel hierüber. Wollen Sie bitte ihn besorgen, damit ich die betr. Nummer mit nach der Versammlung nehmen kann.« Sta Celle 61/680-5.

5

Sta Celle 61/680-5, B. 9.

6

»Als geeignete Kraft verweise ich nochmals auf den Maler Karl Völker i. Firma Gebrüder Völker in Halle a/Sa., der bereits von den künstlerischen und technischen Leitern verschiedener Städte zur Durchführung umfangreicher Aufgaben auf dem Gebiete der farbigen Architektur herangezogen wurde. So von Stadtbaurat Taut nach Magdeburg für den Entwurf des dortigen Rathauses, von Stadtbaurat Jobst für die farbige Gestaltung des Hallenser Rathauses, vom Magistrat der Stadt Merseburg und dem der Stadt Mücheln ebenfalls für die farbige Durchführung der Rathäuser. Eine annähernd geeignete Kraft ist mir auf diesem Gebiete zurzeit nicht bekannt.« Ebenda, B. 9/10.

7

»Die anerkannt schlechte Architektur, besonders der 70er und 90er Jahre, wie sie in Celle leider an sehr markanten Stellen vordrängt (Wahlfeld, Lange, Schnell, Hannoversche Bank, Sparkasse usw.) erfordert je nach dem Einzelfall besondere Behandlung, etwa nach dem Vorgang Tauts, auch möglichste Umgestaltung solcher Formen, durch die Farbe, gegebenenfalls unter Anpassung an bessere Nachbarbauten.«
Albert Neukirch, Grundsätze und Richtlinien für Hausbemalungen, 24.12.1924. Sta Celle 61/680-5, B. 58-60.

8

Vgl. Das farbenfrohe Celle, in: Cellesche Zeitung (CZ) 29.10.1924.

9

Regina Prinz, Neues Bauen in Magdeburg. Das Stadtbauamt unter Bruno Taut und Johannes Göderitz (1921–1933), phil. Diss. München 1997, S. 101.

10

Wettbewerb über farbigen Häuseranstrich in Celle, in: Bauwelt 1924, H. 24, S. 1150.

11

»Oberbaurat Fischer (Norddeutschland), Architekt Bruno Taut (Mitteldeutschland), Stadtbaurat Lehmann (Süddeutschland) von auswärts als praktisch erfahrene Herren auf diesem Gebiete (ausgewählt, S.Oe.). Als Vertreter der Stadt werden vorgeschlagen Oberbürgermeister Meyer, Dr. Neukirch, Baumeister Wilkens. Genannt wurden ferner Gropius, Bauhaus Weimar.« Sta Celle 61/680-5, B. 34.

12
Sta Celle 61/680-5, B. 89. Im Jahr 2016 sind die bis dahin als verloren geglaubten Entwürfe der Gebrüder Völker in den Beständen des Celler Bauamts wieder aufgetaucht und werden nun im Stadtarchiv Celle verwahrt.

13
Der Bund zur Förderung der Farbe im Stadtbild e.V. ging aus dem ersten deutschen Farbentag hervor, der 1925 auf Anregung des Senats der Stadt Hamburg stattfand. Es wurde die gleichnamige Zeitschrift »Die Farbige Stadt« herausgegeben.

14
Farbentag in Hannover-Celle, in: Der Bürger 12.9.1926.

15
A. Bierwirth, Die bunte Stadt Celle, in: Weserzeitung 10.6.1924.

16
Bruno Taut, Architektonische Vortragsreise im besetzten Gebiet Deutschlands und in Holland, Februar 1923, in: Bouwkundig Weekblad, 1923, S. 292–295.

17
Vgl. Prinz, Neues Bauen, S. 193/194.

18
Erich Mendelsohn, Doppelvilla am Karolingerplatz, 1923; Brüder Luckhardt und Alfons Anker, Versuchssiedlung Schorlemer Allee, 1924/25; Bruno Taut, Siedlung am Schillerpark, 1924–1928 und Wohnblock Trierer Straße, 1925/26.

19
Thomas Kellmann, Architektur und Anschauung, Münster 1992, S. 169–178.

20
Theo van Doesburg, Auf dem Wege zu einer plastischen Architektur, 1924, zit. n. Ulrich Conrads, Programme und Manifeste zur Architektur des 20. Jahrhunderts, Bauwelt Fundamente 1, Berlin 1964, S. 73–75.

21
Für einzelne Motive der Siedlung Italienischer Garten lassen sich mögliche Vorbilder benennen: charakteristische Einzelformen wie die hochgeführten Dachkanten, die runden Balkone an der Gartenseite und die farblich angedeutete Übereckführung der Fenster finden sich auch bei dem Wohnkomplex von Michel de Klerk und Pieter Lodewijk Kramer »De Dageraad« in Amsterdam (1919–1922), für die Großform können die Bauten von von Jakobus Johannes Pieter Oud, wie das Baubüro der Siedlung Oud-Mathenesse in Rotterdam (1923) und der Entwurf für eine »Häuserkomplex Strandboulevard« (1917) eine Anregung gegeben haben.

22
Bei der Wohnhausgruppe Waack (1928) übernahm Haesler den Typus der doppelgeschossigen Wohnungen des Galeriehauses, das M. Brinkmann 1921–1923 in Rotterdam baute; bei dem An- und Umbau der Villa Steinberg (1928) und der Volksschule (1928) lassen sich für einzelne Elemente in Holland stilistische Vorbilder finden.

23
Wilhelm Jäger, Celler Kaufmann und Mitglied der DNVP, Estenfeld als Bürgervorsteher und Otto Haesler gründeten am 23. Dezember 1923 die Celler Volkshilfe e.G. Jeder Bürger, der ein unbelastetes Grundstück besaß, war aufgerufen, dieses mit einer Hypothek zu belasten und diesen Betrag der Volkshilfegesellschaft zur Verfügung zu stellen. Als Gegenwert bekam er einen Vermögensanteil an der Volkshilfegesellschaft, einen Genossenschaftsanteil. Aber auch Bürger ohne Grundbesitz konnten Mitglied werden. Für 50 damalige Goldmark konnte ein Genossenschaftsanteil und somit die Mitgliedschaft in der Volkshilfegesellschaft, die juristisch eine sogenannte Genossenschaft war, erworben werden.

24
Ernst Meyer regierte als Mitglied der DNVP eine bürgerliche Mehrheit. Gemeindewahlen in Celle 1924: 44,3 % »Bürgerliche Einheitsliste«, 18 % SPD, 10,6 % Kommunisten, 6,9 % Hausbesitzer- und Mittelstand, 5,0 % DDP.

25
Sta Celle, PA Wilhelm Mohr, B. 22/23.

26
Besuch im Georgsgarten, in: CZ vom 8.11.1927.

27
Karl Elkart, Das neue Celle, in: CZ vom 15.6.1926.

28
Alexander Gallus, Hilfe, ich muss wohnen. Komfort oder Moderne: Streit um das »Blumläger Feld« in Celle, in: FAZ vom 23.9.1999.

29
Arthur Köster wurde ab 1926 von Erich Mendelsohn, den Brüdern Luckhardt & Alfons Anker, Bruno Taut u.a. mit fotografischen Arbeiten beauftragt. Für Otto Haesler dokumentierte er in Celle die Siedlung Georgsgarten, den An- und Umbau der Villa Steinberg; der bekannteste und umfassendste Auftrag war die aus 31 Fotos bestehende Dokumentation über die Volksschule in Celle (1928). Vgl. Otto Völckers, Die neue Volksschule in Celle von Otto Haesler, Frankfurt am Main 1928.

30
Kurt Schwitters entwarf für Haesler 1929 die Werbeblätter für die Celler Volksmöbel (cvm), gestaltete 1931 den Katalog für die »heimtyp a.g.« und durch die Vermittelung Haeslers im gleichen Jahr eine Werbebroschüre für das »Erste Celler Hartsteinwerk G.M.B.H: Celle«.

31
H. Schneider, Das wohnungspolitische Ziel der Dammerstock-Siedlung, in: Ausstellungskatalog Dammerstock-Siedlung. Die Gebrauchswohnung, Karlsruhe 1929, S. 7.

32
Brigitte Franzen, Die Siedlung Dammerstock in Karlsruhe, Marburg 1993, S. 17–20.

33
Franzen, Siedlung Dammerstock, S. 17–20.

34
Vgl. Simone Oelker, «kein raum ohne sonne!» Dammerstock und die Siedlungsbauten von Otto Haesler, in: Ausstellungskatalog Neues Bauen der 20er Jahre: Gropius, Haesler Schwitters und die Dammerstocksiedlug in Karlsruhe, S. 107–122. Annemarie Jaeggi, »brauchbare typen sind ständig zu verbessern«. Die Dammerstocksiedlung im Werk von Walter Gropius, in: Neues Bauen der 20er Jahre, S. 91–106.

35
Es ist nicht mehr nachweisbar, wie Schwitters den Auftrag für die Gestaltung der Drucksachen erhielt – denkbar ist eine Vermittlung über Haesler. vgl. Franzen, Siedlung Dammerstock, S. 93–101.

36
»Neuere Bauten der Stadt Karlsruhe«, in: Die Bauzeitung, 1930, H. 5, Sonderbeilage, S. 51–56.

37
Die Zeitschrift war zuerst nur als Theaterzeitung gedacht. Es erschienen 1930/31 18 Hefte mit verschiedenen Themenschwerpunkten, wie Bühne, Zeitstil, Städtebau, Architektur u.a. Vgl. Prinz, Neues Bauen, S. 247.

38
Ernst May, zit. nach Walter Prigge, Verflechtung, in: Ernst May und das Neue Frankfurt 1925–1930, Berlin 1986, S. 14–19.

39
Gerd Kuhn, Landmann, Asch, May, in: Ernst May und das Neue Frankfurt 1925–1930, Berlin 1986, S. 23.

40
Erna Meyer, Der neue Haushalt. Ein Wegweiser zur wirtschaftlichen Betriebsführung, Stuttgart 1926.

41
Rosemarie Höpfner, »das publikum wird gebeten auf den stühlen platz zu nehmen.« Frankfurter Kulturverflechtungen, in: Ernst May und das Neue Frankfurt 1925–1930: S. 25–34.

42
Martin Steinmann (Hg.), CIAM-Dokumente 1928–39, Basel 1979.

43
Sta Frankfurt am Main, Magistratsakten 47/69, Nr. 3.645.

Weiterführende Literatur

Ahuis, Helmut Wilhelm (Hg.)
Johannes Göderitz zum 80. Geburtstag, Stuttgart 1968

Amann, Renate und von Neumann-Cosel, Barbara (Hg.)
Wohn Reform in Magdeburg,
85 Jahre Gartenstadt-Kolonie
Reform, mit einem Beitrag von
Winfried Brenne, Viola Beil und
Thomas Krayl, Magdeburg 1994

Antz, Christian (Hg.) und Hillger,
Andreas
Land der Moderne, Annäherung
an einen Aufbruch in Gesellschaft,
Wirtschaft und Kultur, Wettin-Dößel
2013 (Kulturreisen in Sachsen-Anhalt 15)

Asmus, Helmut (Hg.)
Geschichte der Stadt Magdeburg,
Berlin 1978

Asmus, Helmut (Hg.)
1200 Jahre Magdeburg: Von der
Kaiserpfalz zur Landeshauptstadt,
Eine Stadtgeschichte, Magdeburg
2005

Ausst. Kat., Akademie der Künste
Bruno Taut, 1880–1938, Berlin 1980

Barnstone, Deborah Ascher
The break with the past, avantgarde architecture in Germany,
1910–1925, London 2018

Bauhaus Dessau (Hg.)
Xanti Schawinsky Magdeburg
1929–31/Fotografien, Leipzig 1993

Berger, Hans
Magdeburg Klassenkampf der
Dominanten, in: K. v. Beyme,
W. Durth, N. Gutschow, W. Nerdinger,
T. Topfstedt (Hg.), Neue Städte aus
Ruinen, Deutscher Städtebau der
Nachkriegszeit, München 1992,
S. 299–312

Berghahn, Volker R.
Der Stahlhelm, Bund der Frontsoldaten 1918–1935, Düsseldorf 1966

Bergner, Reinhard
Magdeburger Schulversuche mit
Berthold Ottos Schulkonzept zur Zeit
der Weimarer Republik, in: Ulrich
Amelung, Dietmar Haubfleisch,
Jörg W. Link, Hanno Schmidt (Hg.),
»Die alte Schule überwinden«,
Reformpädagogische Versuchsschule
zwischen Kaiserreich und Nationalsozialismus, Frankfurt a. M. 1993,
S. 158–182

Bergner, Reinhard
Zum Streit um die weltlichen
Sammelschulen in Magdeburg, in:
Reinhard Gotz, Wolfgang Mayrhofer
(Hg.), Beiträge zur Bildungsgeschichte in Sachsen-Anhalt, Ein
Kolloquium und seine Anregungen,
Bad Heilbrunn 1993

Bergner, Reinhard
Magdeburger Schulversuche mit
Berthold Ottos Schulkonzept zur Zeit
der Weimarer Republik, in: Ulrich
Amelung, Dietmar Haubfleisch,
Jörg W. Link, Hanno Schmidt (Hg.),
»Die alte Schule überwinden«, Reformpädagogische Versuchsschulen
zwischen Kaiserreich und Nationalsozialismus, Frankfurt a. M., 1993

Bergner, Reinhard
Zu einigen Aspekten der Rezeption
von Raabes Erziehungsauffassungen in Magdeburg, in: Wolfgang
Mayrhofer (Hg.), Die alte und die
neue Wilhelm-Raabe-Schule in Magdeburg, 175 Jahre Schulgeschichte,
in: Magdeburger Beiträge zur Bildungs- und Kulturgeschichte, Schriftenreihe des Lehrstuhls Historische
und Vergleichende Erziehungswissenschft an der Otto-von-Guericke
Universität, Magdeburg 1994,
S. 20–24

Bergner, Reinhard
Die Berthold-Otto-Schulen in Magdeburg, Ein vergessenes Kapitel reformpädagogischer Schulgeschichte
von 1920 bis 1950, Frankfurt a. M.
1999

Berlinische Galerie u. a. (Hg.)
Visionäre der Moderne: Paul Scheerbart, Bruno Taut, Paul Goesch,
Zürich 2016

Berndt, Roswitha
Das Projekt »Mitteldeutschland« in
den Reichsreformplänen der Weimarer Republik, in: Jahrbuch für Regionalgeschichte, Bd. 16, 1989,
S. 147–155

Berndt, Roswitha
Das Territorium Sachsen-Anhalt in
der Weimarer Republik, in: Geschichte Sachsen-Anhalts III, Bismarckreich bis Gründung der Bezirke 1952, München 1994,
S. 81–134

Brenne, Winfried
Bruno Taut: Meister des farbigen
Bauens in Berlin, Salenstein 2005

Bröhan Design Foundation
Wilhelm Deffke, Pionier des modernen Logos, Berlin 2014

Brülls, Holger
Funktionalismus und Monumentalität, Der Magdeburger Vieh- und
Schlachthof von 1893 und seine
Erweiterung in den 1920er Jahren
durch Johannes Göderitz, in: Denkmalpflege in Sachsen-Anhalt, H. 1
1994, S. 64–76

Brülls, Holger, Honekamp, Dorothee
und Ullrich, Sabine
Landeshauptstadt Magdeburg,
Denkmalverzeichnis, Magdeburg
2009

Buchholz, Ingelore, Ballerstedt,
Maren und Buchholz, Konstanze
Die Straßen der Magdeburger Altstadt, Magdeburg 1991

Buchholz, Ingelore
Magdeburg, Ein Stadtbild im Wandel,
Gudensberg-Gleichen 1995

Buchholz, Ingelore
Geleitwort, in: Landeshauptstadt
Magdeburg (Hg.), I. Reuther,
M. Doehler (Text), Magdeburg – Die
Stadt des Neuen Bauwillens, Zur
Siedlungsentwicklung in der Weimarer Republik, Magdeburg 1995

Buchholz, Matthias
Der Wirtschaftsverband Mitteldeutschland 1921–1936, Sachsen-Anhalt, Beiträge zur Landesgeschichte, Heft 13, Halle/Saale 1998

Bursian, Hans
Zur Begründung der Microverfilmung der »Magdeburgischen Zeitung«, in: Wissenschaftliche Zeitschrift der Technischen Universität
Otto von Guericke, 36 (1992), H. 1,
S. 106–110

Dexel, Walter
Neue Reklame, Einführung: F. Friedl.
Ed. Marzona. Düsseldorf 1987

Die Hermann-Beims-Siedlung, Zur
Typik eines Wohngebietes der 20er
Jahre, Schriften der HAB 44, Stadtentwicklung und Wohnmilieu, Weimar 1987, Teil II, S. 183–208

238

Drechsler, Ingrun
Allen Gewalten zum Trotz, Hermann Beims' Weg an die Spitze des Magistrats, in: E. E. Meckel (Hg.), Hermann Beims, Magdeburgs großer Oberbürgermeister 1919–1931, Beiträge zur Gedenkveranstaltung der Friedrich-Ebert-Stiftung anläßlich des 60. Todestages von Hermann Beims, Magdeburg 1992, S. 7–17

Drechsler, Ingrun
Die Magdeburger Sozialdemokratie vor dem ersten Weltkrieg, Magdeburg 1992

Drechsler, Ingrun
Die rote Stadt im roten Land: Die Magdeburger Sozialdemokratie unter besonderer Berücksichtigung ihrer Gründungsphase und Entwicklung vor dem Ersten Weltkrieg, als sozialdemokratische Hochburg im Spiegel ihrer Wahlergebnisse während der Weimarer Republik und ihrer erfolgreichen kommunalen Wohnungspolitik, in: Internationale wissenschaftliche Korrespondenz zur Geschichte der deutschen Arbeiterbewegung, 29, 1993, S. 177–194

Drechsler, Ingrun
Von Fehden und Kämpfen: der schwierige Weg der Magdeburger Arbeiter bis zur Gründung einer sozialdemokratischen Partei 1900, in: H. Grebing (Hg.), Demokratie und Emanzipation zwischen Saale und Elbe, Essen 1993, S. 42–53

Drechsler, Ingrun
Die Magdeburger Sozialdemokratie vor dem Ersten Weltkrieg, Ziethen 1995

Durth, Werner
Deutsche Architekten, Biographische Verflechtungen 1900–1970, Braunschweig 1987

Eisold, Norbert
Die Vernunft der Utopie, Walter Dexel als Lehrer in Magdeburg, in: Ausst. Kat. Walter Dexel, Bild, Zeichen, Raum, Bremen 1990, S. 74–77

Eisold, Norbert
Die Kunstgewerbe- und Handwerkerschule Magdeburg und ihre Geschichte von 1911–1945, unveröff. Man. Blankenburg 1993

Eisold, Norbert
Texte in: Ausst. Kat. Mathias Puhle (Hg.), Die Kunstgewerbe- und Handwerkerschule Magdeburg 1793–1963, Magdeburg 1993

Eisold, Nobert
Magdeburg, Rostock 1998

Expressionismus und Neue Sachlichkeit, Moderne Architektur in Deutschland 1900–1950, Ausstellungskatalog des Deutschen Architektur-Museums Frankfurt, Stuttgart 1994

Expressionist Utopias: paradise, metropolis, architectural fantasy, Ausstellungskatalog Los Angeles County Museum of Art, Leitung: Timothy O. Benson, Los Angeles 1993

Gisbertz, Olaf
Bruno Taut und die Mitteldeutsche Ausstellung Magdeburg, in: Landeshauptstadt Magdeburg (Hg.), Symposium Bruno Taut, Werk und Lebensstadien, Würdigung und kritische Betrachtung, Magdeburg 1996, S. 246–266

Gisbertz, Olaf
Bruno Taut und Johannes Göderitz in Magdeburg, Architektur und Städtebau in der Weimarer Republik, Berlin 2000

Gotschlich, Helga
Zwischen Kampf und Kapitulation, Zur Geschichte des Reichsbanners Schwarz-Rot-Gold, Berlin 1987

Gottschalk, Hans, Jäger, Kathrin, Kraft, Ute, Reuther, Iris und Ullrich, Sabine
Magdeburg – Architektur und Städtebau, Magdeburg 2018

Gries, Christian
Die ZZ-Gruppe. Eine kunsthistorische Spurensuche im Magdeburg der Zwanziger Jahre, in: Christof Römer (Hg.), Mitteldeutsches Jahrbuch für Kultur und Geschichte, Weimar/Köln/Wien 1996, Bd. 3, S. 191–205

Gries, Christian
Johannes Molzahn und der »Kampf um die Kunst« im Deutschland der Weimarer Republik, Diss. Augsburg 1996

Hagedorn, Renate
»Die Kugel« – eine Künstlervereinigung der 20er Jahre, Spätexpressionistische Kunst in Magdeburg, Ausst. Kat. Magdeburg 1993

Hain, Simone
»Ex oriente lux«, Deutschland und der Osten, in: V. M. Lampugnani, R. Schneider (Hg.), Moderne Architektur in Deutschland 1900 bis 1950, Expressionismus und Neue Sachlichkeit, Stuttgart 1994, S. 133–160

Hartmann, Kristiana
Trotzdem modern, Die wichtigsten Texte zur Architektur in Deutschland 1919–1923, Bauwelt Fundamente 99, Braunschweig. 1994

Heer de, Jan (Hg.)
Kleur en Architectur, Ausst. Kat. Groningen 1986, Rotterdam 1986

Heller, Cornelia (Hg.)
Neues Bauen im Land von Reformation und Moderne, Petersberg 2017

Hochschule für Architektur und Bauwesen in Weimar (Hg.)
Stadtentwicklung und Wohnmilieu Magdeburg, Soziologische Studie, Weimar 1987

Hörner, Unda
Die Architekten Bruno Taut und Max Taut: zwei Brüder, zwei Lebenswege, Berlin 2012

Hüter, Karl Heinz
Neues Bauen in Magdeburg, in: form und zweck, Fachzeitschrift für industrielle Formgestaltung, H. 2/1983, S. 26

Hüter, Karl-Heinz
Neues Bauen in Magdeburg, in: Schicksal der Dinge, Amt für industrielle Formgestaltung (Hg.), Dresden 1989, S. 104–133

Hüter, Karl-Heinz
Sprache des Neuen Bauens, in: Schicksal der Dinge, Amt für industrielle Formgestaltung (Hg.), Dresden 1989, S. 134–152

Huse, Norbert
Neues Bauen, 1918–1933, München 1975

Junghanns, Kurt
Bruno Taut 1880–1938, Berlin 1998, 3., überarbeitete und ergänzte Aufl.

Köster, Gabriele und Stöneberg, Michael (Hg.)
Bunte Stadt – Neues Bauen, Die Baukunst von Carl Krayl, Berlin/München 2016

Krase, Andreas
Xanti Schawinsky, Magdeburg
1929–31, Fotografien, in: Xanti
Schawinsky Magdeburg 1929–31/
Fotografien, Leipzig 1993, S. 8–17

Krekel, Christoph, u. a. (Hg.)
Expression and sensibility, art
technological sources and the rise
of modernism, London 2018

Krenzke, Joachim (Hg.)
Magdeburg: ein Jahrhundert in Geschichten und Bildern, Fischerhude
1998

Krenzke, Joachim und Neubert, Elke
Magdeburg, Luftbilder von gestern
und heute, Eine Gegenüberstellung,
Gudensberg-Gleichen 1998

Landeshauptstadt Magdeburg (Hg.)
und Nippa, Annegret
Die Anger-Siedlung, Magdeburg
1994

Landeshauptstadt Magdeburg (Hg.),
Amman, Renate und Neumann-
Cosel, Barbara
Wohn Reform in Magdeburg,
85 Jahre Gartenstadt-Kolonie Re-
form, mit einem Beitrag von Winfried
Brenne, Viola Beil und Thomas Krayl,
Magdeburg 1994

Landeshauptstadt Magdeburg (Hg.)
Hermann-Beims-Siedlung, Magdeburg 1994

Landeshauptstadt Magdeburg (Hg.)
Siedlung Cracau, Magdeburg 1994

Landeshauptstadt Magdeburg (Hg.)
Bruno Taut in Magdeburg, Eine Dokumentation: Projekte – Texte – Mitarbeiter, Magdeburg 1995

Landeshauptstadt Magdeburg (Hg.),
Brenne, Winfried, Beil, Viola und
Krayl, Thomas
Gartenstadt-Kolonie Reform, Mag-
deburg 1995

Landeshauptstadt Magdeburg (Hg.),
Büro für Landschaftsarchitektur
Heidemarie Titz (Text)
Parkanlagen der Stadt Magdeburg I,
Magdeburg 1995

Landeshauptstadt Magdeburg (Hg.),
Kopetzki, Ch. und Fischer, F.
Gartenstadt- und Erwerbslosensied-
lungen aus der Zeit der Weimarer
Republik in Magdeburg, Magdeburg
1995

Landeshauptstadt Magdeburg (Hg.),
Reuther, Iris und Doehler, Marta
Magdeburg – die Stadt des neuen
Bauwillens, Zur Siedlungsentwick-
lung in der Weimarer Republik, Mag-
deburg 1995

Landeshauptstadt Magdeburg (Hg.)
und Schmidt-Kraft, Ute
Siedlung Fermersleben, Magdeburg
1995

Landeshauptstadt Magdeburg (Hg.)
und Wille, Manfred
Magdeburgs Aufbruch in die Moderne, Magdeburger Kommunalpolitik
vom Ausgang des ersten Weltkrieges bis zum Beginn der NS-Diktatur,
Magdeburg 1995

Landeshauptstadt Magdeburg (Hg.),
Amman, Renate und Neumann-
Cosel, Barbara
Soziale Bauherren und architektoni-
sche Vielfalt, Magdeburger Woh-
nungsbaugenossenschaften im
Wandel, Magdeburg 1996

Landeshauptstadt Magdeburg (Hg.)
Symposium Bruno Taut, Werk und
Lebensstadien, Würdigung und kriti-
sche Betrachtung, Magdeburg 1996

Landeshauptstadt Magdeburg (Hg.)
Jutta Boennen, 100 Jahre Westfriedhof, Magdeburg 1999

Landeshauptstadt Magdeburg (Hg.)
Magdeburgs Aufbruch in die Moderne. Kommunalpolitik vom Ausgang des Ersten Weltkrieges bis
zum Beginn der NS-Diktatur, Magdeburg 1995

Landesheimatbund Sachsen-Anhalt
e. V. (Hg.)
Geschichte Sachsen-Anhalts, Bd. III,
Bismarckreich bis Gründung der Bezirke 1952, München Berlin 1994

Losse, Vera
Rudolf Bosselt, Erneuerer der deutschen Medaillen-Kunst, Bildhauer
und Reformpädagoge, Köln 1995

Maar, Nadine
Die Mitteldeutsche Ausstellung in
Magdeburg vom 1. Juli bis 31. Okto-
ber 1922: der Einfluss Bruno Tauts
auf die »Miama« und sein Wirken in
Magdeburg, in: Christiane Wolf (Hg.),
Das »Land der Mitte«, Weimar 2004,
S. 21-39

Maasberg, Ute
Carl Krayl – Künstler und Architekt,
in: Landeshauptstadt Magdeburg
(Hg.), Symposium Bruno Taut, Werk
und Lebensstadien, Würdigung und
kritische Betrachtung, Magdeburg
1996, S. 122–130

Maasberg, Ute
Im Auftrag der Farbe, Die Idee einer
farbigen Stadt und ihre Realisierung
durch Carl Krayl, Eine Studie über
die Einflüsse der modernen Kunst
auf die Architektur von Carl Krayl
und Bruno Taut, Microfiche Berlin
1998

Magdeburg
Stadtentwicklung und Wohnmilieu:
Soziologische Studie, Schriften der
Hochschule für Architektur und
Bauwesen Weimar, Heft 44, Weimar
1987

Magdeburg
Ein verlorenes Stadtbild, Historische
Fotografien, Gudensberg-Gleichen
1996

Meckel, Ernst-Eugen (Hg.)
Hermann Beims, Magdeburgs
großer Oberbürgermeister
1919–1931, Beiträge zur Gedenkveranstaltung der Friedrich-Ebert-
Stiftung anläßlich des 60. Todestages von Hermann Beims, Magdeburg 1992

Meckel, Ernst-Eugen (Hg.)
Ernst Reuter, Oberbürgermeister von
Magdeburg, Bonn 1991

Mende, Roswitha
Die Provinz Sachsen und das Her-
zogtum Anhalt im Kaiserreich, in:
Geschichte Sachsen-Anhalts III,
Bismarckreich bis Gründung der
Bezirke 1952, München 1994,
S. 41–80

Nerdinger, Winfried (Hg.)
L'architecture engagée, Manifeste
zur Veränderung der Gesellschaft,
München 2012

Nerdinger, Winfried und Hartmann,
Kristiana und Speidel, Manfred (Hg.)
Bruno Taut 1880–1938: Architekt
zwischen Tradition und Avantgarde,
Stuttgart 2001

Neumann, Anett
Magdeburg – Fluggeschichte einer
Stadt im Herzen Deutschlands, in:
Schriftenreihe der Deutschen Ver-
kehrswissenschaftlichen Gesell-
schaft e. V., Reihe B169, Bergisch
Gladbach 1994

240

Pehnt, Wolfgang
Die Architektur des Expressionismus, Stuttgart 1999

Pfannschmidt, Martin
Landesplanung im engeren mitteldeutschen Industriebezirk, in: Raumordnung und Landesplanung im 20. Jahrhundert, Veröffentlichungen der Akademie für Raumforschung und Landesplanung Bd. 63, Hannover 1971

Prinz, Regina
Der Generalsiedlungsplan für Magdeburg 1923 und seine Folgen, in: Landeshauptstadt Magdeburg (Hg.), Symposium Bruno Taut. Werk und Wirkung. Lebensstadien und kritische Betrachtung, Magdeburg 1995, S. 267–277

Prinz, Regina
Neues Bauen in Magdeburg, Das Stadtbauamt unter Bruno Taut und Johannes Göderitz (1921–1933), München Diss. 1997

Puhle, Mathias (Hg.)
Ausst. Kat. Die Kunstgewerbe- und Handwerkerschule Magdeburg 1793–1963, Magdeburg 1993

Puhle, Mathias (Hg.)
Magdeburg in Bildern von 1492 bis ins 20. Jahrhundert, Magdeburg 1997

Putz, Oskar
Über das Verhältnis von Farbe und Architektur am Beispiel Bruno Taut, in: Umbau 1984, H. 8, S. 37–64

Radde, Gerd
Fritz Karsen, Ein Berliner Schulreformer der Weimarer Zeit, mit einem Bericht über den Vater von Sonja Karsen, Frankfurt a. M. 1999

Reuther, Iris
Die Hermann-Beims-Siedlung in Magdeburg, Zur Typik eines Wohngebietes der 20er Jahre, in: Deutsche Architektur 38, 1989, H. 10, S. 41–45

Reuther, Iris
Das Bild der Stadt im Zeitalter der Schwarz-Weiß-Fotographie, Über die Arbeit von Xanti Schawinsky im städtischen Hochbauamt Magdeburg 1929–31, in: Xanti Schawinsky Magdeburg 1929–31 / Fotografien, Leipzig 1993, S. 18–26

Rieger, Hans Jörg
Bruno Taut en het bonte Magdeburg, in: Kleur en Architectuur, Ausst. Kat. Groningen 1986, Rotterdam 1986, S. 40–56

Schied, Michael (Hg.), Bruno Taut, Weltsicht, Erbe und Visionen, Berlin 2009

Schmidt, Hanns H. F.
Bruno Taut in Magdeburg, Carl Krayl, Beiträge zu Architekturgeschichte Magdeburgs zwischen 1912–1933, Magdeburger Schriftenreihe, Magdeburg o. J.

Schmidt, Marianne
Johannes Göderitz, Architekt, Stadtplaner und Städtebautheoretiker, masch. Manuskript Braunschweig 1988

Schumacher, Angela
Otto Haesler und der Wohnungsbau der Weimarer Republik, Marburg 1982

Speidel, Manfred
Ausst. Kat. Retrospektive Bruno Taut 1880–1938, Natur und Fantasie, Berlin 1995

Stephan, Cora
Geschichte der Magdeburger Arbeiterbewegung, Magdeburg 1977 (Manuskript)

Tullner, Mathias
Hermann Beims, Magdeburgs großer Oberbürgermeister 1919–1931, in: E. E. Meckel (Hg.), Hermann Beims, Magdeburgs großer Oberbürgermeister 1919–1931, Beiträge zur Gedenkveranstaltung der Friedrich-Ebert-Stiftung anläßlich des 60. Todestages von Hermann Beims, Magdeburg 1992, S. 18–44

Tullner, Mathias
Geschichte des Landes Sachsen-Anhalt, Magdeburg 1993 (1. Aufl.) Tullner, Mathias Geschichte des Landes Sachsen-Anhalt, Opladen 1996 (2. Aufl.)

Tullner, Mathias
Unser Land Sachsen-Anhalt und seine Geschichte: Traditionen, Probleme und Standpunkte, in: Sachsen, Anhalt, Land mit Geschichte, Wissenschaftliche Beiträge zur Landesgeschichte Sachsen-Anhalt, Magdeburg o. J., H. 2, S. 5–25

Tullner, Mathias
Ernst Reuter als Kommunalpolitiker, in: E. E. Meckel (Hg.), Ernst Reuter, Oberbürgermeister von Magdeburg, Bonn 1991, S. 13–27

Tullner, Mathias (Hg.)
Persönlichkeiten der Geschichte Sachsen-Anhalts, Halle/Saale 1998

Tullner, Mathias
180 Jahre Regierungsbezirk Magdeburg. Der Regierungsbezirk Magdeburg im Spiegel der Zeit 1816–1996, 2., berarbeitete Aufl., Magdeburg 1998

Ullrich, Sabine
Magdeburger Schulen, Magdeburg 2006

Vokoun, Gerhard, Meißner, Kurt, Schröder, Klaus-Dieter und Tullner, Mathias
Quellensammlung zur Geschichte der Arbeiterbewegung im Bezirk Magdeburg, Teil 2, 1917–1945, Magdeburg 1970 (Beiträge zur Geschichte der Stadt und des Bezirkes Magdeburg 2)

Whyte, Iain Boyd
Bruno Taut, Baumeister einer neuen Welt, Stuttgart 1981

Wille, Manfred
Die Goldenen Zwanziger, Magdeburg vom Ausgang des Ersten Weltkriegs bis zum Beginn der NS-Diktatur, Magdeburg 1994

Wille, Manfred
Metropole mit »lichter« Zukunft: Magdeburg 1933–1945, Magdeburg 2008

Zucker, Heinz und Seitz, Robert
Um uns die Stadt, Anthologie einer neuen Großstadtdichtung, 1. Aufl. Hamburg 1931, Braunschweig 1986

Personenindex

Abkürzungen und Abbildungsnachweis

Abkürzungen

AsD   Archiv der sozialen Demo-
        kratie, Bonn
GA   Generalanzeiger
IRZ   Illustrierte Reichsbanner-
        zeitung
MA   Magdeburger Amtsblatt
MTZ   Magdeburger Tageszeitung
MZ   Magdeburgische Zeitung
PA   Personalakte
RB   Das Reichsbanner
Sta   Stadtarchiv
StaM   Stadtarchiv Magdeburg
VS   Volksstimme

Abbildungsnachweis

Baudezernat Magdeburg,
Untere Denkmalschützbehörde:
Farbtafel 10–13

Bomann Museum Celle:
S. 227, Farbtafel 4

Das neue Karlsruhe, Karlsruhe
1930: S. 231, 232

Das neue Frankfurt,
Frankfurt 1928: S. 233

Das Rote Hochwasser,
Magdeburg 1929: S. 68

Das Stichwort, Magdeburg 1931:
S. 165, Farbtafel 9

Der Neubau 1924: S. 79, 219

Die Sichel, 1919, H. 5: S. 90

Die gegliederte und aufgelockerte
Stadt, 1957: S. 88

Edition Marzona, Walter Dexel:
S.157

Familie Papzien: S. 127

Festschrift 50 Jahre
Stadttheater Magdeburg,
Magdeburg 1926: S. 157

Haesler, Otto, Die neue Volksschule
in Celle, Frankfurt 1928: S. 229

Hagedorn, Renate, Die Kugel, Magdeburg 1993: S. 25, 189, 217, 218

Illustrierte Reichsbannerzeitung:
S. 196, 199, 200, 201,
203, 207, 208

Jahrbuch Städtische Bühnen, Leipzig 1925: S. 155

Johannes Molzahn Centrum,
Kassel: S.154

Katalog zur Mitteldeutschen Ausstellung Magdeburg (MIAMA), Magdeburg 1921: S. 38

Ausst. Kat. Expressionismus in
Thüringen, Erfurt 1999:
S. 18, 19, 22

Kultur- und Tagungszentrum
Merseburg in Zusammenarbeit mit
dem Landratsamt Merseburg (Hg.),
Ständehaus Merseburg, 1991: S. 45

Magdeburger Wissenschafts-
journal 2/98: S. 46, 47, 50, 53

Magdeburgische Zeitung 1928:
S. 71

Magdeburger Wohnungswesen,
Magdeburg 1927: S. 216

Maske Magdeburg, Magdeburg
1926: S. 65, 188

Nachlaß Willy Gärtner: S. 202

Neuß, Erich, Geschichte des
Geschlechts von Wilmowsky,
1938: S. 47

Privatarchiv Heinz Meyer,
Magdeburg: S. 34

Privatbesitz: S. 32, 52, 150, 230

Privatbesitz Bruno Krayl, Nachlaß
Carl Krayl, Magdeburg: S. 59, 63,
93, 108, 110, 111, 112

Privatbesitz Reinhard Bergner, Magdeburg: S.132, 138, 139, 140, 141,
143, 146

Privatbesitz Beatrix Herlemann,
Hannover: S. 197, 198, 204

Puhle, Mathias (Hg.), Ausst.
Kat. Kunstgewerbe- und
Handwerkerschule Magdeburg,
Magdeburg 1993: S. 156

Rote Stadt im Roten Land, SPD
Parteitag in Magdeburg, Magdeburg
1929: S. 56, Farbtafel 2, 67

Speidel, Manfred, Ausst. Kat. Bruno
Taut, Berlin 1995: S. 182, 183, 184

Stadtarchiv Magdeburg: S .6, S.14,
29, 31, 33, 35, 36, 39, 44, 49, 51,
57, 58, 62, 64, 66, 72, 76, 77, 78,
79, 80, 81, 82, 83, 84, 85, 86, 99,
101, 102, 104, 106, 107, 121, 131,
133, 145, 148, 151, 152, 153, 158,
160, 164, 166, 167, 168, 169, 170,
171, 172, 173, 174, 178, 179, 180,
181, 185, 190, 192, 211, 212, 214,
Farbtafel 3, Farbtafel 8

Stadtplanungsamt Magdeburg:
S. 221, 222, 223, 224

Taut, Bruno (Hg.), Frühlicht,
Magdeburg: S. 60, 92, 215

Taut, Bruno, Die neue Wohnung, Die
Frau als Schöpferin: Farbtafel 6

Wirtschaftsamt der Stadt
Magdeburg (Hg.), Magdebourg,
la ville de l'architecte,
Magdeburg 1931

Wirtschaftsamt der Stadt
Magdeburg (Hg.), Warum Magde-
burg, Magdeburg 1931: S. 163,
Farbtafel 1

Wirtschaftsamt der Stadt Magdeburg (Hg.), Hafengelände,
Magdeburg 1931: Farbtafel 5

Wouters, Luc, Paris: 113

Zehn Jahre Neues Magdeburg,
Magdeburg 1929: S. 69,
Farbtafel 14

Die Fotografien von Xanti Schawinsky im Stadtarchiv Magdeburg
sind von Frank-Heinrich Müller und
Dr. Iris Reuther wiederentdeckt und
zugänglich gemacht worden.

Tafel 1: Xanti Schawinsky, Titel der Broschüre »Warum Magdeburg?« 1931

Tafel 2: SPD-Parteitagspublikation »Die rote Stadt im roten Land« 1929

Tafel 3: Karl und Kurt Völker, Farbanstrich am Rathaus Magdeburg, 1921

Tafel 4: Otto Haesler, Siedlung Italienischer Garten

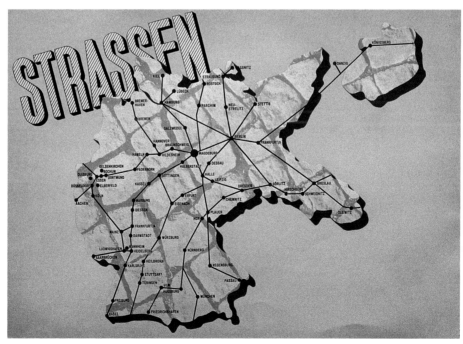

Tafel 5: Xanti Schawinsky, Broschüre zum Hafengelände

Tafel 6: Johannes Molzahn
Umschlagentwurf für Bruno Tauts Buch »Die Neue Wohnung«

Tafel 7: Johannes Molzahn
Plakat zur »Mitteldeutschen Handwerkerausstellung«

Tafel 8: Johannes Molzahn, Reklameentwurf für den Faber-Verlag

DAS STICHWORT

MAGDEBURGER BLÄTTER FÜR BÜHNE, MUSIK UND GESTALTENDE ARBEIT

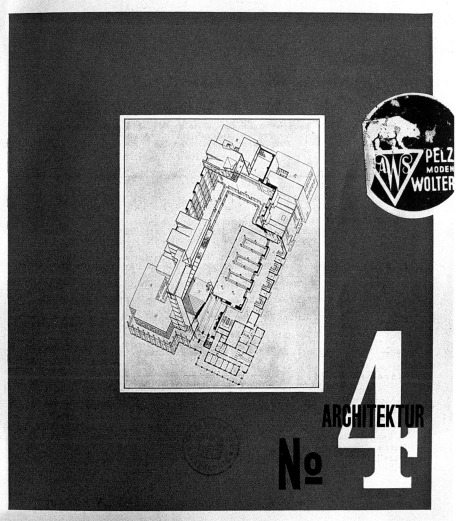

ARCHITEKTUR

№ 4

Tafel 9: Xanti Schawinsky, Titelblatt der Zeitschrift »Das Stichwort« Nr. 4

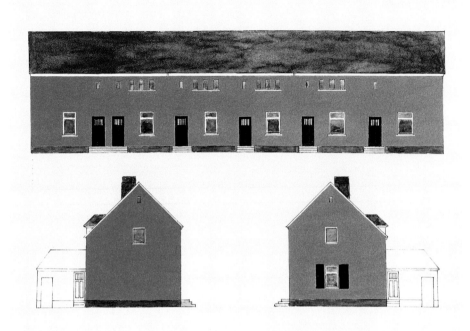

Tafel 10: Gestaltungskonzeption Heckenweg 2, Straßenfassade und Giebel, Zweite Farbfassung, 1996

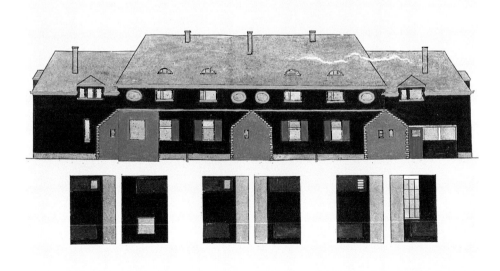

Tafel 11: Gestaltungskonzeption Heckenweg 2, Gartenfassade, Zweite Farbfassung, 1996

Tafel 12: Gestaltungskonzeption Bunter Weg 11, Straßenfassade und Giebel, Erste Farbfassung, 1996

Tafel 13: Gestaltungskonzeption Bunter Weg 9a, Straßenfassade und Giebel, Erste Farbvariante, 1996

Tafel 14: SPD - Wahlkampfbroschüre »Zehn Jahre neues Magdeburg« 1929